清水江研究丛书 第一辑 张应强 / 主编

集体中的
自由

黔东南侗寨的
人群关系
与日常生活

孙旭 / 著

社会科学文献出版社
SOCIAL SCIENCES ACADEMIC PRESS (CHINA)

本书的研究和出版承蒙

中山大学历史人类学研究中心承担的国家社科基金重大项目"清水江文书整理与研究"（11&ZD096）

教育部人文社科重点研究基地重大项目"山地、流域与族群社会：西南民族地区的生态、文化多样性与社会变迁研究"（17JJD850004）

国家社科基金青年项目"侗族传统'款组织'参与少数民族地区乡村治理创新研究"（17CSH053）

资助

总　序

　　以一条江来命名一套研究丛书，确实需要做些说明。

　　贵州东南部的清水江，是洞庭湖水系沅水上游支流之一，亦名清江。清雍正年间设置的"新疆六厅"，其中就有因江而名的清江厅。历史上因江清而名的江河或相应治所不在少数，至今湖北西部仍有清江；民国初年改清江厅置县，也因与江西清江县重名而改名剑河县。清水江之名则渐至固定，用以指称这条源出贵州中部苗岭山脉、迤逦东流贯穿黔东南苗族侗族自治州多个市县的河流。

　　清水江是明清时期被称为"黔省下游"广阔地域里的一条重要河流，汇集区域内众多河流，构成了从贵州高原向湘西丘陵逐渐过渡的一个独特地理单位。特别是在清水江中下游地区，气候温暖、雨量充沛且雨热同期的自然条件，非常适于杉、松、楠、樟等木植的生长。是以随着明代以来特别是清雍正年间开辟"新疆"之后的大规模区域经济开发，清水江流域尤其是中下游地区，经历了以木材种植和采运贸易为核心的经济发展与社会历史过程。以杉树为主的各种林木的种植与采伐，成为清水江两岸村落社会最为重要的生计活动，随之而来的山场田土买卖、租佃所产生的复杂土地权属关系，杉木种植采运的收益分成以及特殊历史时期发生于地方社会的重大事件等，留下了大量契约文书及其他种类繁多、内容庞杂的民间文献。基于对清水江流域整体性及内在逻辑联系考虑，我们把这些珍贵的主要散存于清水江中下游地区的汉文民间历史文献统称为"清水江文书"，这一命名得到了学界的普遍认可和采用。不过需要进一步说明的是，与其说这种整体性及内在逻辑联系是一个客观事实或既有认识，毋宁说是一种理论预设，正需要通过精细个案研究去加以探索与论证。这可以说是组织这套丛书的一个最单纯直接的因由，也是本研究丛书出版希望可以达致的一个目标。

　　具有现代学术意义的对于清水江流域的深度关注和系统研究，吴泽霖先生或为开先河者，1950 年代完成调查并成书的《贵州省清水江流域部份地区苗族的婚姻》是重要代表作。而后1960 年代由民族学者和民族事务工作者所进行的少数民族社会历史调查，也直接在清水江下游的苗侗村寨收集整理了一定数量的民间文书，并于 1988 年整理编辑出版了《侗族社会历史调查》。正是在这些已有的学术探索和积累的基础之上，笔者开始关注这个区域的材料和问题，并在 2000 年真正进入清水江流域开展调查研究工作。如果说两三年成稿、后经修订出版的《木材之流动：清代清水江下游地区的市场、权力与社会》，是对区域社会文化发展历史进程的综观式考察，那么其后继续推进的相关学术工作，包括清水江文书的收集、整理与研究，以及指导研究生在清水江两岸及更大地域范围的苗乡侗寨开展人类学田野调查等，则可视为既带有某种共同关怀，又因田野点不同或研究意趣迥异而进行的学术尝试。

　　或许，"清水江研究"可视为一个学术概念，一种其来有自的学术理念传承发展的研究实践，是围绕共同主题而研究取向路径各异的系列工作成果，也是在特定地域范围内密集布点开展深入田野调查，同时充分兼顾历史文献收集解读的研究范式探索。事实上，要想对这些论题多样、风格各异的研究进行总括性的介绍与评述，不仅徒劳而且多余，其间确有误解误读乃至抹杀不同研究独到见解及学术贡献的可能风险。因此，围绕以"清水江研究"名之的这套丛书，余下的就是这个研究群体在实践、交流、互动过程中遵循的原则或认可的价值，以及一些不同研究渐至形成的共识，可在此言说一二。

当我们把"清水江研究"看作一个整体，自然首先是清水江流域可视为一个整体。流域绝非一个纯粹的自然地理概念，流域的历史亦非单纯的自然史，而是与人类的活动交织和纠缠在一起。是以当我们在清水江流域不同地点开展田野工作，这些工作本身即包含了某种内在的共同性。这是显而易见的，构成了我们以为必然存在的整体性的最基础部分。这是流域内干支流水道网络形成的自然条件影响（支持或约束）人们实践活动的基本方面。其次，从政治、经济、社会、文化等层面，我们也不难看到，特定地域在其历史发展进程中形成了或者说呈现出某些共同的特性。如果说"新疆六厅"的设置，标志着地域社会进入王朝国家的政治体系，那么以杉木贸易为核心的区域经济社会生活，更是充分地表现出一种共同性和一致性。当原有的社会组织、社会制度在共同面对王朝国家的制度性介入，以及经济生活中出现一些适应市场机制的制度规范的时候，我们也看到了社会文化层面的某些同步改变与整合。这是一幅生动而丰富的历史画卷，如果说国家治理和市场经济共同构成了画卷材料的经纬或质地，那么杉木的种植与采运则是清水江故事的基本底色。

这样的一种整体性也具体体现在每个基于精细田野调查与深度文献解读的个案研究中。诚然，每项具体研究都自成一体，都有其自身的整体性，且这种整体性是由各自的问题意识以及相关材料的收集和运用所决定的。无论是聚焦山居村寨与人群以杉木种植为核心的经济社会生活，还是着重考察临江村落木材采运贸易的制度运转或人群竞争；也无论是对一个特定苗寨侗村日常生活深入细致的观察与剖析，还是多个相邻相关村寨复杂人群构成及相互关系的历时性比较；亦无论是从婚姻缔结及婚俗改革等传统主题入手探讨社会文化变迁，还是洞悉传统社会组织延续与转型对当下社会生活的意义赋予等，都无不明显呈现出各自的整体性。实际上，这也都是由整个流域整个区域的某种内在整体性所决定的。特别是当我们把"清水江研究"这样一个概念，扩展到超越了清水江流域，而包括了相邻的都柳江流域、舞阳河流域乃至下游的沅水干流等其他一些相关地区的时候，背后所考虑的其实也正是由清水江研究所引出的一些基本问题及某些内在的关联性或者说一致性。

编入"清水江研究丛书"、主要基于不同乡村聚落长期深入的田野调查的这些研究，在某种程度上可视为中国传统人类学关于乡村社区研究的一种延续。这一传统可以追溯到被誉为社会人类学中国时代的 20 世纪三四十年代。吴文藻先生曾强调，社区研究应结合空间的内外关系和历史的前后相续。正如有学者在回顾和反思后来的一些研究时所指出的，在实际的研究过程中往往存在不无偏颇的情况，即将中国乡村社区看成是不太受外界影响的一个整体，以致缺乏对乡村社会的历史性以及内外关系体系等的整合性考虑。在这个意义上，"清水江研究丛书"所涉及的不同村寨，虽说它们都是清水江流域整体的某些局部，但这样的一些局部，又是镶嵌在整个区域社会乃至中国社会文明的一个更大的系统之中的。故此，这些研究实践所带出的关于清水江流域的总体认识，同时提供了看待整个清水江流域如何进入中华文明系统的独特视角。这绝非简单的局部与整体关系、局部如何说明和构成整体、整体又如何在局部里面得以体现的问题，实际上涉及我们所践行的历史人类学研究如何兼顾内外关系和过去现在的方法论视角。

田野工作的重要性已无须再予强调，富有挑战性的是不同的田野点都或多或少地保留了清代以来的各类民间文献。当结合这些文献资料和田野调查以了解某一历史过程中的具体事件及特定人物时，不仅作为史料的各种文献的建构过程值得进行深入的发覆，而且作为历史主体的人的活动，以及历史事件在他们身上留下的痕迹等，都成为田野调查时需要高度的敏感性才能有所觉察和了解的。也因此之故，将过去与现在联结起来的历史民族志就成为"清水江研究"的基础性工作。它不仅是书写村落社会历史甚或"创造"其历史的独特方法，而且是探索和丰富历史人类学取向的有学术积累意义的研究实践。相信这些立足于精细个案及丰富材料，又富含区域和全局关怀的非常有层次感的民族志，都从不同的侧面充分展现了人、社会、自然关系的复杂性与多样性。

"清水江研究丛书"作为一个研究团队在中国历史人类学研究十分难得的试验场的系列工作成果，不能不说也得益于非常系统而完整的清水江文书的遗存。这一由民间收藏、归户性高、内在脉络清晰的民间文书，显然不只具有新史料带出新问题这种陈旧观念所能涵纳的一般意义，其更重要的价值在于提供了完整看待一个地方社会发展历程的全新眼光和别样视野，带给研究者一个回到历史现场的难得机会，帮助我们把探索的触角延伸到非常生动具体的过去，回到文书所关涉的那样一些特定历史时刻的社会生活之中。尤其是在清水江文书呈现出来的文字世界里，既可看到地方人群对主流文化的认同，也可见到在与文化他者的复杂关系中对自身主体性的确立。因此之故，结合深入细致的历史田野工作，我们可以真切感受到清水江文书中包含的极具地方性的思想意识和历史观念，同时也获得了探索特定地域社会动态发展极富价值的历史感和文化体验。

不难发现，在不同专题研究的民族志材料中，均以具体而鲜活的人的历史实践活动为中心，并且饱含研究者真实而丰富的同情之理解。我们的研究都建基于一个个既有共性又个性鲜明的村寨的田野工作，尤其是其中具体的人的实践活动，是探寻国家制度影响、了解不同人群互动交融、理解社会文化历史建构的根本着手点。在某种意义上来说，田野工作的深度不仅关乎对作为一个整体的区域社会的了解认识，更直接影响到立足历史文化过程生动细致描述的历史民族志的独特价值和魅力展现。可喜的是，在"清水江研究丛书"中，在研究者为我们呈现的栩栩如生、极富画面感的历史情境的描述中，不仅可以见到研究者与对象社会人群真情实感的互动与共鸣，还饱含了研究者对对象社会人群思想观念和表述习惯的充分尊敬和理解。或许，正是这样细致有力量感的民族志决定了这些研究的基本学术价值。至于是否在此基础上建立和发展起有关西南地区甚或中国社会历史文化的新视角和新范畴，以及在这样带有方向性的学术努力中贡献几何，则作者自知，方家另鉴。

张应强

2018 年初秋于广州康乐园马丁堂

目 录
CONTENTS

图表目录

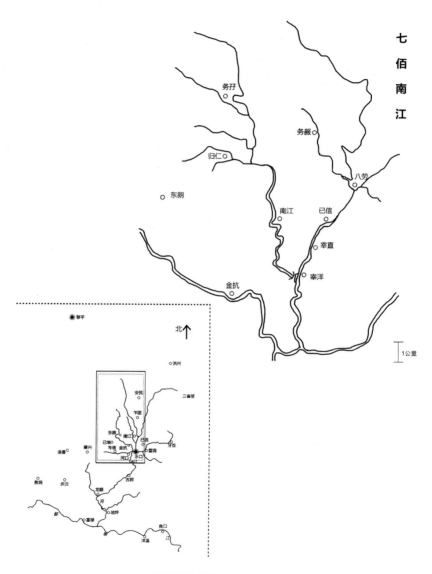

七佰南江

南江河流域七佰南江示意

I

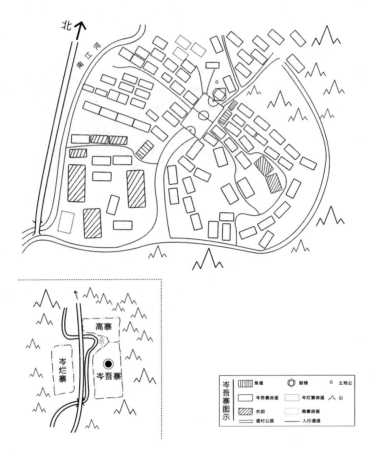

南江村岑吾寨村落示意

远眺南江村

俯瞰岑吾寨

导　言

一　研究缘起

当我从广州乘火车出发，经由广西三江县转汽车，沿着都柳江边崎岖的山路前行，转而北上入都柳江支流的南江河流域，一路颠簸前行抵达南江村时，并没有感到太多的震撼。这里虽然是侗人聚居的山区村落，但给我的第一感觉是，他们和我们太像了。他们虽然有自己的语言，但是也可以用汉语和我交流；他们穿着 T 恤、长裤、拖鞋，闲聊见到的或听来的身边人的事情，讨论着一些与政府治理有关的话题和电视上的新闻。

一开始我多少有些惶恐，我本来是想对一个侗族传统的自治组织——款组织——展开调查。文献资料这样描述侗族的款组织：一个多村寨联合，层级分明，依靠款首、款兵和款约不仅有效地实现了侗族社会内部的自治，在面对外人入侵时，还能集结成有规模的武装抵抗力量。选择南江，是因为历史上这里曾有一个覆盖南江河流域的被称为"四脚牛"的款组织，而南江也成为一个在文献中被多次提到的地方。面对缺乏"文化震撼"（culture shock）的初体验，我担心是不是真的如很多学者的判断，款组织随着新中国基层政权的建设，已经不复存在。然而很快，我的惶恐稍微有所缓解，我了解到南江所属的水口镇政府正在努力发展旅游业，他们用以宣传的对象就是"四脚牛"。一些地方上的文化人也在积极地配合，广泛收集相关的口传历史，勾勒着"四脚牛"的概况。南江与周边村寨有着一个当地人自称为"七佰南江"的联合。在政府的推动下，他们已经组织了两次七佰南江各村寨共同参与的节庆活动，同时还在积极地制定新的"七佰南江侗族民约"，进行自我治理。而当我到达南江时，南江三寨同时要修建古楼，这是如今被看作侗族文化象征的特色建筑。我隐约地相信，这里原来还是有着自己的"文化"和"历史"的。

然而真正使我产生文化震撼的，不是对于这些现象的了解，而是当我参与其中的时候，遭遇到的复杂性。水口镇政府力图将"四脚牛"宣扬为一个体现了"民族和谐共生"的区域性少数民族特色的文化标杆，尽管在口传资料中，四脚牛的形成是一个以南江为中心不断向外拓展的过程。当下的情况是，那些出现在口传词句中的"七佰南江""佰二己流""三佰水口"等村寨联合，不仅彼此不通婚，而且有着紧张的对抗关系。"七佰南江侗族民约"的制定过程，也体现了政府治理和地方传统延续的两面性。由 12 个侗寨构成的七佰南江，以从南江分拓的血缘联系为基础，构建了他们的内向凝聚和认同。凭依南江村中一块咸丰元年的规约碑，自定规约进行自我治理一直被视作当地的传统，政府的立意在于利用这一传统实现村民自治形式的法制建设，因而此后的规约制定过程，基本是由七佰南江内部各村村干组织和管理，以结合国家法律和地方礼俗的方式开展的。然而规约的制定和效力的发挥，也有着地方社会自有的逻辑。上一次以七佰南江为单位制定规约，已经是 30 年前的事情，此次制定新一轮规约的动员，也是七佰南江对于其联合再认识的过程，其促生的组织化的"七佰南江协会"更强化了这一认识，从而激发了七佰南江的共同体意识。此外，规约的效力并非完全依靠政府的保障和国家的法律法规，而是建立在其自身的内部认同之上，规约限定的条目要经受地方礼俗的过滤，而且作为监督者和执行者的人物，也是在七佰南江内部人群认可的基础上，才获得了执行力。

让我感受最深的还是南江岑吾寨古楼修建的过程。修建古楼的缘起和村干的动员，透露了政府重建民族文化标识、发展旅游业的意图。岑吾寨人却将其动因归结为自身文化的需求。然而在古楼修建的过程中，岑吾寨人慢慢开始将旅游发展的思考逻辑内化为他们的建设目标。等到古楼修成，岑吾寨人对于古楼修建和旅游开发的关系又有了更为清晰的认识，他们发现即便旅游发展是个漫长的过程，他们的文化展示也可以成为一种向市场和政府争取资源的资本。岑吾寨修建古楼的集体活动过程，基本就是个体和权威不断被集体消解的过程。每个人都归属于依据一定原则组成的群体中，而他们共同构成的"寨集体"又是一个如涂尔干所言的"集体意识"①的存在。并不是说个人没有能动性，而是说他们发挥能动性的实践必须和他们所归属的群体以及"寨集体"关联起来才有意义。这让古楼修建的过程呈现个体和权威不断被消解，不同群体之间对抗、博弈，争吵不断的状态，但是即便处于这样的状态中，古楼还是顺利地修建完成了。

种种经历让我意识到，一方面，要通过款组织去理解侗人社会当下的运作和经历的变迁，便不能贸然地将之当作一个自成一体的单元，只从其内部观看，来自国家治理和市场的影响不可忽略。另一方面，只从制度和概念的角度去探讨侗人的生活，也无法达至对于他们生活复杂性的透彻领悟。七佰南江不是一个先验的概念，而是其中各个侗寨在社会生活和意义体系上的联结，它不仅是一个组织或制度，同时也是基于地方社会文化经验的人群关系的展现。进一步说，侗寨是构成七佰南江的基本单位，而七佰南江联结的建立，就是侗寨内部基于不同原则凝聚的群体及基于他们所赋予的意义和规范的实践活动拓展而生的。一个以款组织为切入点的研究，款组织并不是研究的起点，它更像是一座灯塔，透过它我们可以看

---

① 〔法〕埃米尔·涂尔干：《社会分工论》，渠东译，生活·读书·新知三联书店，2000。

到其内部的复杂情况，而对于这些复杂的人群活动日渐清晰的理解，便成为最后抵达对款组织洞悉的研究过程。所以本书要做的是一个由内及外、由下至上的研究。换言之，即是说我既关注侗人社会运作的地方性经验，也关注来自其所属的一个更大的社会体系带来的影响；既关注侗人结群的规则和具体实践活动，也关注他们通过实践活动赋予其的意义。因而我将研究的重心放在他们的人群关系和日常生活之上，以一种"辩证的结构过程"的进路①来理解行动者和社会结构之间的互致关系。南江侗人的经验与实践以及我的理论思考与对之的阐释，共同构成了本书呈现的内容。

二　问题意识与研究取径

本书是一个立足当下，在跨越时空的情境下，对黔东南一个侗族款组织中的人群关系与日常生活进行研究的成果。

我无意于在政治经济学中大做文章，而是想从既有的现象和研究中挖掘我们当下研究有待拓展的视角。首先，任何一个可供准确定位和定义的研究点，都已经在全球化的背景中被置入一个现代性的情境之中，即是说，它们不再是封闭的，而是充满开放性的。因而针对小村寨或特定区域的研究，就有必要将其所处的并且发生联系的更大的社会文化体系也纳入考察的范围，同时探讨这种联系是

---

①　对于"辩证的结构过程"的理论思考可参见萧凤霞（《反思历史人类学》，《历史人类学学刊》第 7 卷第 2 期，2009 年 10 月，第 112 页）的论述："我们强调'辩证的结构过程'（根据 Anthony Giddens、Pierre Bourdieu 及 Philip Abrams 一脉相承的思路）。也就是说，每个结构都蕴含着事物发展的过程，而每个过程都包含结构和人的能动性。我们不能把结构当作既定的东西来组织我们的研究。相反，结构是种种历史和文化过程的最终产物。我们需要解构这些概念分类，了解在这些分类形成过程中所暗含的叙事策略（narrative strategies）和论述意涵（discursive implications）。与那种认为经验'事实'存在于固定不变的物质载体之中等等着我们发现、量化和比较的理论进路不同，我们强调主体和客体、研究者和研究对象（前者赋予后者以阐释性意义）之间的不确定性及互动性。"

如何建立的，产生了怎样的影响。其次，为了避免一种"冲击－回应"式的论断，我们有待深入到调查地点内部，通过当地人的社会文化生活，去探究他们的"地方性知识"。基于这种内生逻辑的人群实践，构成了我们通常称为"传统"的文化和社会关系，也是当地人赋予其变动的生活以意义的凭依。最后，面对变迁的现实，传统并没有消亡或者原模原样地"复兴"，它更多地展现为依据当下现实的重构或者"发明"，能动的主体——人——的实践活动与传统的发明构成了一种辩证的关系，理解这一辩证关系的作用过程，既可以帮助我们把握一个小地方的人群在面对充满复杂性和不确定性的变迁中的生活实际，也有助于我们通过这一小地方的人群为生活寻找确定性的努力，基于地方性的多样性展示，反思一些有关人类社会生活的一般性论题。

聚焦于南江侗人，对于他们的生活，我们可以从他们的传统社会结构及其在经济和政治两个领域经历的变迁予以把握。南江侗人的传统社会结构，展现的是一系列相互嵌套的人群组织、相应的规范和互动关系。最小的组织是依照血缘关系结成的房族，其次为多房族构成的寨集体，多个村寨又因为血缘、姻亲和地缘的结合凝聚成了一个具有共同体意识的款组织。此外，依照递增的年龄，侗人被划分为不同的群体——年轻人/腊汉、中年人、老人/宁老。不同的人群结合内部有着相应的权利义务，群体之间亦有着约定俗成的交往规则，同时人们也要面对一种广泛的地方性礼俗规范对于个人言行的制约。这些基于一定原则的结群和交往方式，并不是静态地呈现在我们面前的，应将之当作其动态过程的一个切面。当下侗人依照这样的方式结群和交往，和他们的历史经历息息相关，他们也通过特有的历史讲述方式赋予当下生活"理应如此"的合理性。同时，面对不断变化的社会文化环境，他们一方面在延续这些传统，一方面又在赋予其新的意义。

虽然南江所在的水口地区在清中期之后成为都柳江河道运输

网上的一个重要的贸易节点，但市场的主控集中在来自河流下游的汉族商业移民手里，周边村寨的参与度并不高，仍然以农业作为基本的生计方式。20世纪50年代陆路运输开始逐步取代水道运输之后，该地区日渐边缘化，在随之而来的计划经济体制下，该地区不但丧失了对自身经济生活的掌控，且由于生产生活受到影响，贫困程度逐渐加深。改革开放并没有改变这一格局，反倒拉开了城乡之间的差距。随着市场经济的逐步确立和东部沿海城市制造业的兴起，当地村民为了生存，被卷入广阔的市场之中，开始了他们的外出务工生活。及至当下，这些地处黔东南一隅的村寨，已经成为打工型的村寨，一多半的人口每年都周期性地如潮水般涌入广东沿海地区打工，而当地的基本生计方式也由农业变为打工。

从政治上的归属与管辖来看，款组织的自治为清王朝对该地的开辟制造了不小的麻烦。为了更好地管理，咸丰年间胡林翼在该地采取了编保甲、办团练的方法，希望将侗人的传统社会组织纳入国家的管理之中。但是款的联结并没有完全被破坏，一方面，保甲团练仍然是以款组织为基础来架构的；另一方面，这些地方组织也在以"人心不一""户口不繁"为借口抗拒被纳入国家管理。这一境况一直持续到新中国成立之后，虽然国家的土地改革和阶级成分的划分，力图重构地方的权力格局，而公社制度的设立和其后乡镇体制下村落基层政权的建设，都深度地涉入地方政治，但是款组织联结的村寨仍然通过共同体的凝聚，寻找到了与国家行政并行的延续空间。不过，国家在基层的控制力的强度亦不容小觑，这也使得村落和基层政府处在一种持续的博弈之中：其一，村委的设置，作为基层政府在村落的延伸，并没让村落实现全然的自治，反而为村落政治制造出了多元的权威。村寨人群对权威的认同处在地方传统和国家的二元并立的状态，增加了社会控制中的复杂性（反抗与归附兼有）。其二，国家掌握资源，基层政府掌握资源分配的权力，使得地方村寨对之产生了依赖，但基层政府为了地方秩序的维持和政策的推行，又必须依靠地方传统的社会联结和规则，使得这种依赖关系并非单向的而是双向的。其三，基层行政治理（如村民小组、行政村的设置）为地方人群的区界与认同添入了更多的分类模式，原有的血缘和地缘的人群结合方式仍在延续，在国家的行政分类下，对人群的区分制造了更多的冲突，而在传统结合中，国家行政治理又面临被架空的境况。

综上所述，我将更为细化地阐述我的研究主题和目的。南江人面对的是国家力量步步深入、市场生活的转变与扩展、地方传统社会结构的延续和重构多重汇集的情境。我希望在这一复杂的情境下，首先对一个由12个侗寨构成的款组织自清中期以来的变迁做细致而微的考察；其次以结构化过程为理论切入点，观察并理解这一款组织内部的人群关系和日常生活；最后以进入现代性情境中的遭遇（如现代国家建设、发展主义的植入、外出务工村寨的形成）作为落脚点，阐释款组织内部的传统人群关系结构和运作规则如何通过人的实践在历史过程中延续、变迁，以及生活于款组织中的人如何因应并达至自我人生意义的实现。

为了回应这一主题，以下几个具体的相互关联的问题就成为研究开展的引导：款组织中的人群结合与互动的结构和规则，是怎样通过人群具体的实践活动展现的？当该地方与国家这一更广阔的社会文化体系联结在一起时，在不同时期遇到怎样的变革？当地人在不同时期的经历中如何行动？在当地人的理解中，过去的经历和当下的生活如何发生关联，继而成为他们延续并重构传统、处理地方生活与国家关系的话语？改革开放之后，基层治理的方式、当地人的生计方式和经济生活都发生了深刻的变迁，而大量的人群外出务工，也使得他们的社会文化联系的空间与过去截然不同，在如此的变迁中他们原有的人群关系和社会生活方式经历了怎样的"变"

与"不变"?

探究这些问题，自然会面对一些来自概念上的和调查中遇到的桎梏和挑战，对之的探讨成为我在学术脉络和实地调查中开展研究的主要进路。

第一，对于变迁的研究，应将特定地方人群的生活置入历史过程中来看待，同时也有必要对当地人如何看待历史做更为清晰的分辨。对此，我将从历史人类学和地方性历史观念的两重角度对该地区所经历的历史和历史的意义展开研究。前者是一种兼具人类学关怀和历史视野的研究方法，弥补了人类学缺乏历史过程的关注和历史学过于注重上层而忽略了地方历史过程多样性的不足。[①] 秉持这一取向的华南研究，通过文献资料、口述历史和田野调查，细致而微地发掘了中国不同地区在国家开发中富有地方性的多样化的历史过程。本书也将沿着这样的脉络，在关注国家力量与地方社会的互动中，以地方传统的生活和人群实践作为叙述历史的基底，同时将他们当下的人群关系和日常生活置入历史过程之中予以理解。但是，华南研究的旨趣，多是在"国家－地方"的框架中展开，其对地方社会的解释出发点在于"地方社会的模式，源于地方归纳在国家制度里的过程"[②]，而其目的在于"从具体而微的地域研究入手，探讨宏观的文化中国的创造过程"[③]，使得微观的历史难以真正超脱宏观的汉人中心主义的线性历史的窠臼。

杜赞奇（Prasenjit Duara）就曾批评中国近代史中民族国家历史的线性叙事方式掩盖了中国内部不同族群的主体性和他们所拥有

---

① 张小军：《史学的人类学化和人类学的历史化——兼论被史学"抢注"的历史人类学》，《历史人类学学刊》第 1 卷第 1 期，2003 年 4 月，第 4 页。

② 科大卫：《告别华南研究》，华南研究会编《学步与超越：华南研究会论文集》，香港：文化创造出版社，2004，第 29 页。

③ 程美宝、蔡志祥：《华南研究：历史学与人类学的实践》，《华南研究资料中心通讯》第 22 期，2001 年 1 月，第 1 页。

的复线的历史可能性。① 其关键在于，历史不仅是一种对于过去是什么的确切表述，而且同时也是一种可以灌注意义的话语。侗人没有文字，他们会通过口传古歌的形式讲述过去的故事，其中并不全然是他们与国家互动的过程，而是蕴含着有关他们的起源、迁徙、人群互动和礼俗规范的内容。如何理解历史对于他们的意义？罗萨尔多在研究菲律宾伊隆戈人的时候，富有创见地指出，对于一个无文字的民族而言，他们"讲述的人生故事，成了评估他们生活价值观的文献，和表述具体意义的文化形式"。② 换言之，"只有洞察（而不是顾盼旁观）伊隆戈人表述自身生活的文化形式，才能理解他们的生活方式"。③ 对于南江侗人，我认为历史于他们也有着同样的意义，不仅表现为一段充满地方性的过程，同时也承载着价值、生活的意义、社会行动的结构和规则，从而具有"超时间性"，指导他们理解并践行当下乃至未来的生活。

第二，对于南江人的人群关系和日常生活的实践，我将之放入社会空间和地理空间两个层面去探究。人类学和社会学有关空间的议题让我们意识到，空间并不仅仅是人们生活和居住的场所，它同样具有社会和文化属性。福柯（M. Foucault）指出，空间作为公共活动的场所，也成为蕴含着权力关系的展演场，知识和权力的空间化，不仅成为支配关系的产生方式，而且通过对于规则或"纪律"的暗示，使得在具体空间中的人因此而有了自我控制的一面。④ 列斐伏尔（H. Lefebvre）有关"空间生产"的论述，接续了福柯的观点，

---

① 〔美〕杜赞奇：《从民族国家拯救历史：民族主义话语与中国现代史研究》，王宪明等译，社会科学文献出版社，2003。

② 〔美〕罗纳托·罗萨尔多：《伊隆戈人的猎头：一项社会与历史的研究（1883～1974）》，张经纬等译，北京大学出版社，2012，第18页。

③ 〔美〕罗纳托·罗萨尔多：《伊隆戈人的猎头：一项社会与历史的研究（1883～1974）》，第18页。

④ 〔法〕米歇尔·福柯：《规训与惩罚：监狱的诞生》，刘北成、杨远婴译，生活·读书·新知三联书店，2003，第219～255页。

从人们的具体实践出发，讨论了空间和空间中的人的互致关系。一方面，特定的空间是通过人们的实践生产出来的；另一方面，这一被生产出来的空间又成为再现并形塑人们的社会关系、观念和行为的工具。①

要理解侗人的人群关系和实践，就有必要在他们的公共空间中开展研究，并理解他们的公共空间对他们的社会关系行构与实践规则发生作用的意义。侗人崇尚集体性的生活方式，也就十分重视公共的活动空间。古楼一直被视为南部侗族文化的象征。对于侗人的日常生活而言，古楼不过是他们集体生活的一个场所，即便是在古楼被火烧毁或被拆毁的时间里，他们仍会选择一个固定的坪子或房屋，作为讨论集体性的公共议题、解决争端和闲聊的场所。在这里，个人的结构性身份和角色被彰显，议论、争吵和说闲话频频发生，争执常常以集体之名来调和。我认为，正是通过对公共空间的确立和认可，侗人在其中的活动，赋予一个悬置于个人之上的"集体"以权力，而蕴含在集体生活中的人群关系和礼俗规范，也具有对个人的钳制力。换言之，无论是集体对个人能动性的消解还是集体凝聚力的产生，对于侗人来说，都必须依托具体的公共空间才具有效力。

作为对这一问题的延伸，我们也看到，地理空间上的村寨和七佰南江构成的区域，因为人们对之构建的认同和制定的规范而具有了社会属性。但当地人在当下遇到的情况是，随着外出务工的人日渐增多，他们活动的地理空间有了极大的扩展，但定期的回流使得他们同时要面对在广东生活和在家乡生活，他们原有的人群关系和礼俗规范，在这种活动的地理空间上的扩展，将会以怎样的形式展现出来？是脱嵌还是维持？对于流动人口在城市中的生活，以及他们如何通过社会网络和具体实践生产在城市中形成独具特色的空

---

① Henri Lefebvre, *The Production of Space*, Oxford：Blackwell Press，1991.

间，已有一些学者进行了研究。如项飚和张鹂对北京"浙江村"的研究，前者揭示了位于北京的流动人口如何通过中国日常生活中所说的"关系"，层叠地构建出一个"既不同于西方的'市民社会'，也不同于中国传统的'民间社会'"的"新社会空间";① 后者则在国家 - 社会的框架下，通过"浙江村"这一特殊空间的生产过程，展现了其中空间、权力和政府之间的关系。② 这些研究关注到这些流动人口传统的社会关系和交往方式对于他们构筑在城市中的社会网络的基础性作用，却都忽略了流动人口在城市的生活与在流出地的生活之间的联系。为了探究这一问题，我不仅在黔东南开展我的田野调查，还随着村寨外出务工人员的脚步，来到广东，在揭阳、南海、广州与他们一同生活了一段时间，观察他们在打工地的生活以及村寨生活如何将他们卷入传统的人群关系和礼俗规范之中。在我看来，基于血缘和地缘的传统联系被"搬"到了广东，同时因为现代通信工具建立的联结，形构传统人群关系和规范的空间在电信网络上也得以延续。由于他们面对着社会流动的限制，家乡仍然是他们生活的归宿，与其说他们是在广东生活，不如说他们是在广东讨生存，回家乡生活。他们必须观照一种在家乡可持续的生活状态，因而传统的人群关系和礼俗规范，在地理上也呈现"跨空间"的属性。

　　第三，款组织的性质、结构和运作方式始终是我理解南江人的人群关系和日常生活的基础。侗人并没有用"款"来具体指代他们传统的社会组织。"款"在侗语里的意思是"谈话、讲话"，其引申义就是"聚众议事""商定协约"，这一引申义和侗人传统社会组织的组织方式相契合。自宋以降有关侗人社会生活的汉文文献

---

① 项飚:《跨越边界的社区——北京"浙江村"的生活史》，生活·读书·新知三联书店，2000，第 499～500 页。

② 〔美〕张鹂:《城市里的陌生人:中国流动人口的空间、权力与社会网络的重构》，袁长庚译，江苏人民出版社，2014。

中，出现了如"环地百里合为一款，抗敌官军""千人团哗、百人合款"的记载，结合侗语引申义和汉文文献记载，后来的侗族研究者便用"款组织"或"合款组织"来指称侗族传统的社会组织，这成为学界的共识。[①]

由于侗人生活的区域长期处于中央王朝统治的边缘地带，所以他们和中央政权的互动，总是以征服与反征服的形式展开的。因而汉文文献对款组织的记载，常常将之描绘为一个地方军事组织。而其后对于款组织内部规约的收集以及侗人社会生活的考证，则反映出款组织内部自治的面向。所以款组织的具体定位，是一种"民间性的自治联防组织"。[②] 学界依照款组织地理空间的大小和人群参与的多寡，将之分作小、中、大、超大联合四个层级。小款一般是邻近几个村寨的结合，几个小款合成中款，依此类推，超大款常常是成百上千个村寨的联合，比如在侗人口传中就有"头在古州（今贵州榕江），尾在柳州（今广西柳州）"的超大联合款。侗人对于款组织的层级并没有清晰的划分，他们只是以结合的方式表现出来。我所调查的南江所处的南江河流域的"四脚牛"，就是一个通过盟誓整合了区域中的各小款组织的地缘联合，可看作一个中款，而其中包括的"七佰南江""佰二己流""三佰水口""二佰古邦"，则是邻近的几个或几十个村寨通过血缘或拟制亲属关系结合成的小款组织。

有关款组织的组织运作方式，有学者指出了其平权的特质。[③]虽然有作为领袖的款首，但其通常是通过个人能力获得权威，受众人认可而推举产生，既不世袭也不拥有统治的权力，且时时受到款

---

① 姚丽娟、石开忠：《侗族地区的社会变迁》，中央民族大学出版社，2005，第28~47页。

② 杨昌嗣：《侗族社会的款组织及其特点》，《民族研究》1990年第4期。

③ 林淑蓉：《"平权"社会的阶序与权力：以中国侗族的人群关系为例》，《台湾人类学刊》第4卷第1期，2006年。

组织内部众人的监督。各层级款组织之间也没有支配与被支配的关系，而是采取平等和少数服从多数的原则。① 此原则也适用于款组织内部，无论是款约的制定、纠纷的调解还是公共事务的商议，每个成员都有平等的发言权，且以少数服从多数作为最终决定的方式。

尽管当前有关侗族的研究对款组织有了比较多的探讨，但大多数学者的分析，仍然限于款组织制度层面的讨论。当然，也有一些学者关注到款组织和侗族其他社会组织之间的关系，如石开忠就指出款组织与侗族的血缘组织、年龄群体之间在层次和组织方式上的相通性；② 邓敏文和吴浩也将侗族的家庭和房族看作款组织的细胞和基础。③ 但这样的研究仍然是以揭示款组织的组织结构为出发点，分立地看待款组织和其他社会组织，认为其虽有关联，却也有着各自的运作逻辑，总让人觉得有所隔阂，缺乏对"以'款'为核心的社会组织结构"对于侗人生活整体性的社会文化意义的深入探讨。

对此，林淑蓉对贵州龙图小款的研究颇有启发意义，她指出侗人社会是以平权理想作为其建构社会的原则的，侗人社会中存在着各类具有差异的人群范畴，如先来者/后来者、同姓人/外姓人、本寨/分支以及通婚/不通婚，而侗人正是凭借生活实践中的行为、言说乃至仪式去规范这些"差异"，来贯彻基于平权理想的社会运行机制。④ 林淑蓉的观察，采取了人类学"整体观"的立场，其所揭示的侗人社会的平权特质，在侗人的款组织、年龄群体、血缘组织、村寨集体的日常实践中均获得表达。要通过作为社会运作核心

---

① 吴大华等：《侗族习惯法研究》，北京大学出版社，2012。

② 石开忠：《侗族款组织的文化人类学阐释》，博士学位论文，中央民族大学，2007。

③ 邓敏文、吴浩：《没有国王的王国——侗款研究》，中国社会科学出版社，1995。

④ 林淑蓉：《"平权"社会的阶序与权力：以中国侗族的人群关系为例》，《台湾人类学刊》第4卷第1期，2006年。

框架的款组织来洞悉侗人的人群关系和日常实践，就有必要深入到款组织的内部，用一种整体的、贯通的视角来探究在不同的人群范畴中，款所蕴含的平权的社会理念如何体现和形塑他们的活动与彼此之间的互动。就像侗人古歌中所言"从前我们做大款"，款组织是通过人群的实践活动"做"出来的，而在凝聚的过程和实际的运作中，款又象征性地体现了侗人在不同的人群范畴中实践一贯秉持的同一的社会理念：崇尚集体生活，以集体议事来解决争端和商讨公共事务，注重平等和少数服从多数的原则，推举领袖有权威无实权，以集体共同认可的礼俗规范来牵制个体在日常生活中的言行，通过共同的节庆和仪式来增强集体凝聚力。要言之，侗人并不是因款结合，而是通过特有的实践和互动原则结合成款，款组织的运作秩序，同样也是侗人在不同的人群结合（房族、年龄群体、寨集体、村寨联合）和日常生活（起房子、生命周期性中各种仪式和宴会、闲聊与议论）中活动的秩序。这使得款有了莫斯（Marcel Mauss）所言的"整体性社会事实"[①]的意义。

第四，人群关系不仅表现为一套可供清晰描述的人群归类方式和相应的行为规范，同时也深植于人们的日常生活中，既为他们的实践提供指导，也是他们实践本身的意义所在。侗人（或许任何人都是如此）不会细致而又条理清晰地表述有关他们人群关系的结构、规则以及日常生活中的各种礼俗规范，而是通过特定事件中的具体行为和言说表现出来。正如斯科特（J. C. Scott）所言，"行为从来不能自我解释"[②]，为此，我们必须以"深描"[③]的方式去

---

① 〔法〕马塞尔·莫斯：《礼物：古式社会中交换的形式与理由》，汲喆译，上海人民出版社，2002。
② 〔美〕詹姆斯·C. 斯科特：《弱者的武器》，郑广怀等译，译林出版社，2011，第54页。
③ 〔美〕克利福德·格尔兹：《文化的解释》，纳日碧力戈等译，上海人民出版社，1999。

把握行为"何以发生、何以可能"背后蕴含的当地人理解中的意义、经验和价值，以此为基础进一步对行为本身做出解释，观察人群关系和规范如何在具体的实践行动中被再生产。继续借用斯科特的话，"我们既关注行动者的经验，又关注行动本身；既关注人们头脑中的历史，又关注作为'事件流'的历史"[1]，既关注人群关系和礼俗规范如何被认知和理解，又关注他们因此而生的具体的实践行为。

为了达至这一目标，虽然我清晰地划分出具体的章节，并以分立的概念引导，对当地人的生活进行研究，但是在每一个框架之下，我都在论述概念的基础上，展示了一个个富于情境化的故事。故事本身看似繁复，有时还相互牵连，彼此交错重复，这是为了更为细致地展现事件和行动者的背景，事件本身和侗人身处的宏大社会结构之间的关系，以及人们在任一事件中的行动和言说实际或预期达到的效果。

对事件中实践行动的分析解释，相较于格尔兹将之"文本化"的取向，我更愿意采取一种"常人方法论"（Ethnomethodology）的方式。简言之，常人方法论"既研究实践行动，也研究产生行动的实践逻辑"。[2] 其与现象学、实用主义哲学和符号互动论、语言学和心理学的发展与交叉影响相关。作为一种具有可操作性的方法，它通常通过四个方面来理解实践行动：第一，行动具有局部性，即行动是在具体的场景和情境中组织而成的，并且与之前和之后的行动有着持续的关联；第二，行动具有索引性（indexity），即人的行动和场景之外的社会结构有着复杂关联，对特定实践行动意义的理解必须诉诸其他的表达或实践；第三，

---

① 〔美〕詹姆斯・C. 斯科特：《弱者的武器》，第55页。

② 〔美〕迈克尔・林奇：《常人方法论与实践的逻辑》，〔美〕夏兹金、〔美〕塞蒂纳、〔德〕萨维尼主编《当代理论的实践转向》，柯文、石诚译，苏州大学出版社，2010，第151页。

行动具有可说明性（accountability），任何行动都可以被参与者和旁观者部分地说明，使之可以被理解；第四，行动具有反身性（reflexivity），行动、说明和情境具有相互关联、构成与被构成的辩证关系。①

本书中出现的大多数事件和活动，作为调查者和解释者的"我"都身处其中。这并不是说因为我的参与观察就使自己"变成了当地人"，从而获得了对于当地人生活的社会文化意涵的解释权和理解的准确性，而是因为我的"在场"，会成为理解"他者"的一部分。我的研究涉及的是侗人的人群关系，当我面对在"局内人"和"局外人"之间的转换时，因为我的融入和参与，当地人也会面对如何定位我的问题。人群关系会涉及归属、身份、角色、规范等方面的内容，我如何归属、具有怎样的身份、在活动中扮演何种角色、是否要受到同样的礼俗规范的制约，都会通过当地人的言行表现出来，这恰恰是洞悉他们如何认识和理解人群关系的结构、规则与礼俗规范的一个重要切入点。举例来说，当我初到南江的时候，因为是通过政府介绍的，当地人会考虑我和政府的关系，所以我的身份有一段时间十分暧昧。他们对我的态度也若即若离，他们与我试探性的接触，正反映着他们对于政府的态度。当我在寨子中住下来后，住在谁家，就成为其所在房族的成员，在各类活动中，不断被提醒作为这个房族成员的立场和相应合适的行为是怎样的。作为寨中的一员，当我做出了违背礼俗规范的行为的时候，他们也表现出了同情和气愤交织的立场。总而言之，作为一个调查者，我并不是一个悬浮于他们生活之上的观察者和解释者，而是一个身处他们之中的"介入者"，如何处理和理解我的身份归属与行为，成为他们生活和行动的一部分。当他们通过自身的人群关系结

---

① Harold Garfinkel, *Studies in Ethnomethodology*, New Jersey: Prentice-Hall, Inc., 1967.

构和规范去归纳我的时候，也是我和他们的意义之网相互缠绕的时候，[1] 彼此理解的可能性也获得了拓展。

接下来，我将会在人类学和社会学的理论脉络中讨论我的研究主题涉及的主要概念——人群关系，说明我的研究受到了怎样的理论影响，并对上述四点研究取向予以回应和深化。

三　理论思路

1. 结构化的人群关系

人群关系通常会涉及一个社会之中人的分类和归属原则、规范、角色和身份以及人的活动。在人类学中，对于这些问题的探讨，主要是通过社会结构和人的活动之间的关系来展开的。

在 19 世纪末，涂尔干在创立社会学的同时，便对这个问题给出了他自己的解答。在涂尔干看来，社会是一个客观存在的，对人有强制力的各部分嵌合有序、各有功能的有机体。人类学"结构－功能主义"的创始人拉德克利夫·布朗承袭了涂尔干的衣钵，作为一个坚定的无政府主义者，回答"社会何以有序"，是布朗寻求国家之外的"乌托邦"亟待解决的问题。人类学的经验和无政府主义的立场，让布朗走到国家之外的社会，对他来说，"结构"一词本身意味着凌驾于人及其生活之上勾画出一幅明确的、相互联系又秩序井然的图景。故拉德克利夫·布朗将社会结构定义为"由制度即社会上已确立的行为规范或模式所规定或支配的关系中，人的不断配置组合"[2]，使得人们对社会结构的理解，如同分子式一般。承接这一观点，同样受到"结构－功能"理论影响的弗思（Raymond Firth），对社会结构、人群关系和人的活动，有了更为清晰的定义：

---

① 〔美〕保罗·拉比诺：《摩洛哥田野作业反思》，高丙中、康敏译，商务印书馆，2008，第 153 页。

② 〔英〕拉德克利夫·布朗：《社会人类学方法》，夏建中译，山东人民出版社，1988，第 148 页。

　　社区生活，是指把人们的个人利益加以组织，使他们的行为相互协调，以及把人们组织起来从事共同的活动。由此而产生的人和人之间的关系，可以说是有计划的或成体系的，我们可以称它为社会结构。这套关系在实际活动中对于个人生活和社会性质的影响，可以称为社会功能。

　　……

　　一个社区的社会结构，包括当地人民组成的各种群体和他们所参加的各种制度。我们所说的制度，是指一套社会关系，这套关系是由一群人为了要达到一个社会目的而共同活动所引起的。我们可以看到，作为群体和制度的社会结构都是以一定的原则为基础的。性别、年龄、地域、亲属，是一切人类社会结构的最基本的原则。①

　　这样的观点将社会结构想象成了"一个社会系统中人际之间和群体之间关系的形式体系"②，人们依照相应规则结群，依照结构给定的规范活动，从整体意义上维持了社会的有序和稳定。在同时代及后继的学者看来，这种过于理想化的理论与田野调查的事实时常存在冲突，而对之的批评也接踵而至。

　　"结构－功能"理论存在的问题在于：首先，它忽略了人在结构和规则中的能动性；其次，过于强调稳定均衡，缺乏对过程的关注，也就无法解释结构的生产与再生产；最后，人类结群的方式是多样的，行动者的社会身份通常会体现出嵌套在不同的层次中，结构过于标准化的分类无法解释这种多层次的关系。

　　对这些理论缺陷首先发起挑战的同样是一批"结构－功能"

---

① 〔英〕雷蒙德·弗思：《人文类型》，费孝通译，商务印书馆，1991，第76页。
② 〔英〕埃蒙德·R.利奇：《缅甸高地诸政治体系——对克钦社会结构的一项研究》，杨春宇、周歆红译，商务印书馆，2010，第107页。

论学者，他们希望通过丰富结构的动态性来反思原有理论均衡的假设。如利奇（E. Leach）通过对历史的追溯，揭示了克钦人社会结构曾在平权与集权间做着"钟摆"式的摆动；① 巴特（F. Barth）则批评已有研究只重视结构的静态描述，他以人是追求权力的为公设，对斯瓦特巴坦人的社会结构做了生成性分析；② 特纳（V. Turner）强调社会中存在着矛盾、冲突，正是仪式中展现出的"结构"与"反结构"的"社会过程"消解了这些冲突。③ 但是这类动态结构仍然建立在结构对人的制约的前提下，缺乏对人和结构互动的观照。

直到20世纪80年代，随着社会科学理论的"实践"转向，个人能动性在人类学理论中的重要性才被凸显出来。中介、行动者、他人、自我、主体等概念成为实践理论的核心，对"结构对个人是约束性的"之观点予以反思，更注重人在实践行动中表现出来的意图、动机、情感这类能反映个人主观能动性的因素。④但是我们对于社会事实的观察是，人总是生活在一定的文化之中，而他们也会在其生命历程中，身处不同的团体、组织、层级，面对相应的规范，因而对于人的实践的强调，必须要回答一个重要的问题：作为行动者的人和他们所处的文化与社会的关系是怎样的？

如果将这一问题置入我的研究，可以看到，南江侗人一直都存在着一些有关人群分类的结构性范畴：房族、年龄群体、寨集体、

---

① 〔英〕埃蒙德·R. 利奇：《缅甸高地诸政治体系——对克钦社会结构的一项研究》。

② 〔挪威〕弗雷德里克·巴特：《斯瓦特巴坦人的政治过程——一个社会人类学研究的范例》，黄建生译，上海人民出版社，2005。

③ 〔美〕维克多·特纳：《仪式过程——结构与反结构》，黄剑波、柳博赟译，中国人民大学出版社，2006。

④ 〔美〕谢丽·奥特纳：《20世纪下半叶的欧美人类学理论》，何国强译，《青海民族研究》2010年第2期。

"七佰南江"款组织（多村寨共同体），不仅每一个范畴都赋予人们相应的权利义务，对人们的认同和实践活动产生影响，而且每个人通常会同时处于多个结构范畴嵌套的情境中。或许，这几重的结构范畴并不是分立的，房族关系和活动方式可以被看作一个基础存在，而其上的寨集体和"七佰南江"的多村寨结合所展现的规则和人群活动方式，是人们基于地缘的结合而将房族关系和活动方式拓展的一种建构。那么，平权的社会理念，到底是一种先验的存在还是被人们基于人群结合和实际的日常生活而"生产"出来的？平权理念和集体生活的规范之间是否存在一种辩证的关系？进一步，这样的生产和建构又如何反过来影响人们的活动？此外，我们也看到了来自村寨外部的力量带来的改变，国家的制度化管理、经济环境的改变引发的当地生计方式的变化，以及因而产生的人们对于自己身份地位认识的转变，那么，当地的人群关系又因为这些外部力量发生了怎样的改变？

这些问题仍然是有关结构和个人能动性之间关系，以及结构的再生产、宏观与微观之间关系的探讨。吉登斯（Giddens）有关社会构成的结构化理论对这些问题有着颇具洞见的表述，我的研究也受到其理论的很大影响。

吉登斯认为，不应区别对立地看待结构和人的行动，而应将之看作实践活动的两个侧面。他用结构二重性（duality）的观点消解了一种结构与行动二元对立（dualism）的观点，即社会的构成既包括来自结构的制约，人也能够发挥其主观能动性。我将从三个方面来梳理吉登斯的理论，以此来说明其对我研究的启发。

第一，吉登斯认为结构是兼具制约性和使动性的。[1] 一方面，结构表现为"社会再生产中会反复涉及到的规则和资源"，从而具

---

[1] 〔英〕吉登斯：《社会的构成：结构化理论大纲》，李康、李猛译，生活·读书·新知三联书店，1998，第89页。

有客观的制约性。另一方面，结构也会形同"记忆痕迹"一般存在于人们的头脑中，吉登斯称之为"实践意识"。"所谓实践意识，指的是行动者在社会生活中的具体情境中，无需言明就知道如何'进行'的那些意识"。[①] 通过实践意识，结构以观念的形式表现出了其主观性的特点，它并不如涂尔干所言是"外在的"，而是"内在于"人的活动，指导着具有认知能力的行动主体在具体情境中的言行。

第二，实践意识提出的意义在于，作为有能动性的行动者，他们在日常活动中虽然受制于结构，但他们也明白（虽然无法清晰表述）他们行动的限度，具有认知能力。这就和结构的客观论，甚至仍然认为结构先验存在的布迪厄的"惯习"有了区别。此外，行动者的能动性还体现在，他们在具体情境中的行为是具有意图的，这是通过行动的反思性监控、行动的理性化和行动的动机激发过程三方面表现出来的。[②] 即是说行动者能够对自己的行为基于具体的情境做出"实践意识"以内的理论性理解，同时也期待着参与活动的他人能够如是反应。对此，我们可以理解为，行动的主体有着"去个人化"的意涵，我们对于行动和结构的互动，关注的对象应该是能够共享"实践意识"的群体和他们对于规则与情境的理解。如吉登斯所言，当我们对行动者进行研究时，就要了解他们"已经知晓了什么东西，必须知晓什么东西"。[③]

第三，吉登斯强调要在日常生活中去探究结构和行动的互动。在他看来，日常生活有着如下三个前提：客观的时空限定、情境化和人与人的共同在场（copresence）。在这三个前提之下，结构原则和个人的能动性分别通过例行化的"惯例"和定位表现出来。就

---

① 〔英〕吉登斯：《社会的构成：结构化理论大纲》，第 42 页。
② 〔英〕吉登斯：《社会的构成：结构化理论大纲》，第 65 ~ 76 页。
③ 〔英〕吉登斯：《社会的构成：结构化理论大纲》，第 412 页。

前者而言，是指在特定的时空、情境及群体生活中人们为了寻找某种本体性安全感，循环往复地按照一种大家都默许的方式行动着，从而形成一种人们认可的制度或规则。就后者而言，"任何一个个体都既定位于日常生活流中，又定位于他的整个生存时段，即寿命中，同时还定位于'制度性实践'的绵延，即社会制度'超个人'的结构化过程中"。因而"每个人都以'多重'方式定位于各种特定社会身份所赋予的社会关系中"。① 而他们所具有的认知力，不仅让他们清楚这种定位之下的社会身份相应的权利、义务和规范，同时也能意识到他们可以根据相应的定位获得的资源、权力和采取的策略。

由此，吉登斯有关结构再生产的阐述也有了双重的内涵。其一，结构与行动构成辩证关系，我们可以理解为结构既是行动的结果，也是行动的中介。其二，结构化不仅是一种辩证的过程，也是一种蕴含着变迁的历史过程，当日常生活所处的时空、情境和人们对于本体性安全感的定义发生变化后，他们也会通过有意识的行动去应对，从而生产出新的结构（规则和制度）。

对于集体中的自由，似乎也可以沿着吉登斯结构化过程的思路去理解。我并不认为存在一个可以清晰定位的集体，集体如同侗人社会所有的基于不同原则结成的群体和日常生活中的礼俗规范一样，是多重的，也是相互嵌套多层次的，个体必须在集体生活中不断定位自己。并不是说个体没有自由，而是说他在群体化的生活中，必须面对和集体发生联系的实际境遇，个体是集体中的个体，因而他们所拥有的自由也是受限制的自由。这一限制并不是来自别处，正是他们在结群的过程中为寻求稳定生活而创造出来的。他们同样拥有改变限制的自由，他们可以感知到时空和情境变化带来的局限，集体中的部分人或许可以掌握更多的资源，

---

① 〔英〕吉登斯：《社会的构成：结构化理论大纲》，第44～45页。

采取更多的策略，把握到变化的趋势并引领其他人做出改变的行动，只不过，在这一过程中，他们正在创造着新的限制。[①]

2. 乡村变迁中的人群关系

尽管我想将本书尽可能地呈现为一部关于"异文化"的研究，但必须承认，作为"他者"的南江人，首先必须被定位为中国农村的村民。农村的概念在历史上原本只是一个关于农业生产的人的聚居地，然而其后不断对之附加的定义让学者将之作为一个在社会经济政治制度、组织、人群交往、风俗习惯等方面都与城市有别的小型自足社区。这种定义将农村置入了一种有关"传统－现代"的结构性分类中，乡村社会成为传统的代名词，从而有了和现代的城市生活截然不同的社会生活方式。

有关中国农村的研究基本都是在这样的思路下开展的。在对汉人乡村的人群关系研究中，血缘和地缘一直是乡村社会结构的基础。早在20世纪三四十年代，已经有学者将人类学和社会学的调查方法应用于中国汉人乡村的研究，其中亲属制度的社会性功能受到重视，如葛学溥（D. H. Kulp）针对凤凰村的研究提出"家族主义"的概念，[②] 费孝通在开弦弓村的研究对于家庭生活继嗣制度的关注，[③] 林耀华对义序"宗族乡村"的研究，[④] 杨懋春对山东台头的研究呈现的通过家庭和宗族关系建立起"家庭—村庄—集镇"三个层级的联结。[⑤] 这一时期的研究开启了以村庄作为单位的社区研究取向，汉人的亲属关系成为对汉人乡村社会运作分析的主要切入点，依靠

[①] 一如王铭铭在"安东尼·吉登斯现代社会论丛"译序中对吉登斯社会结构化理论颇为精辟的概括：我们在受制约中创造了一个制约我们的世界。见〔英〕吉登斯《社会的构成：结构化理论大纲》，第9页。

[②] 〔美〕葛学溥：《华南的乡村生活——广东凤凰村的家族主义社会学研究》，周大鸣译，知识产权出版社，2012。

[③] 费孝通：《江村经济》，上海人民出版社，2007。

[④] 林耀华：《义序的宗族研究》，生活·读书·新知三联书店，2000。

[⑤] 杨懋春：《一个中国村庄：山东台头》，张雄等译，江苏人民出版社，2001。

血缘构成的家庭或宗族成为乡村社会活动的主轴。在此基础上，乡村中人与人的关系，体现为家庭或家族本位的伦理秩序的延伸。

值得一提的是，上述研究中以费孝通为代表的学者，受到英国结构－功能主义学说的影响，在认识论上采取了人类学整体观的取向，以亲属关系为切入点，通过对经济生活、社会组织、信仰、风俗习惯、节庆等方面的关注，力图说明彼此之间的关联与相互影响，勾勒出一个社区生活的全貌。对于整体观的运用，也体现在与上述研究者同时期的美国学者奥斯古德对云南汉人社区高峣的研究中。[①] 奥斯古德对高峣的物质文化、制度文化和精神文化进行了翔实的记述和分析，并将之视为一个相互关联的文化整体，不仅深度展现了 20 世纪 30 年代末高峣人社会文化生活的全景，也为后继学者深入了解当时中国西南乡村的情况，并继续开展变迁分析提供了丰富的材料。人类学的整体观，也是本书秉持的取向。

与此同时，日本学者对华北农村做的中国农村惯行调查，则借用了滕尼斯（Ferdinand Tonnies）提出的"共同体"概念，对汉人村落展开研究。[②] 围绕着村落是否可以被视作一个"共同体"的争论，仍然建立在滕尼斯有关共同体和社会、涂尔干有关机械结合和有机结合的区分之上，认为乡村与城市有所不同，将乡村社会作为一个传统的自成一体的单元。"共同体"强调的是一种以自然为纽带的人群结合的类型，经由自然纽带，如血缘的家庭、宗族或地缘的村庄、临近村庄之间等在历史过程中形成的相互依赖的、情感共通的共同体意识。历史记忆、文化习俗、节庆与仪式和社会规范，

---

① 〔美〕科尼利尔斯·奥斯古德：《高峣：旧中国的农村生活——对云南高峣的社区研究》，何国强译，香港：国际炎黄文化出版社，2007；何国强、〔美〕保罗·霍金斯：《论奥斯古德对昆明高峣社区的人类学研究》，《云南民族大学学报》（哲学社会科学版）2008 年第 6 期。

② 参见李国庆《关于中国村落共同体的论战——以"戒能－平野论战"为核心》，《社会学研究》2005 年第 6 期。

既是这一共同体意识的表达，同时也是共同体内部人群为了维护共同体的延续所进行的实践。①

以上二者的共同点在于将汉人村落看作一个因血缘和地缘结合的、稳定自足的、自治的单元。其不同点在于，前者主张的社区研究，受到结构－功能主义的影响，强调作为血缘结合产生的亲属制度在村落社会结构中的本质性，人群关系无论在纵向上还是横向上，都受制于亲属关系及其衍生的秩序规范。后者则从“共同体”的角度凸显了在乡村社会中的熟人关系和精神层面联系的重要性，有边界的生活空间和共同的经历所形成的面对面的相处和情感的相通成为“共同体”结构的内核，而人群关系体现出集体的特征，即共同体内部的“社会行动者并非只关心自己的兴趣，而几乎总是留意其他人的希望、需求和行为”②，成为规范产生牵制力的基础。

这两类研究取径构成了早期中国汉人乡村研究的两大范式，对于村落社会的运作和社会结构的特点固然有着解释力，但是其过于强调村落封闭、稳定、自成一体的内在结构也成为研究的缺陷所在。后继的学者在其基础上做出了不同面向的反思，核心在于将农村视作更大的体系中的一部分。

施坚雅（William Skinner）通过市场体系来考察中国传统乡村社会的结构，跳出了限定于村落内部的封闭视野。他视基层市场为超越村落的自足的社区，村民的社会生活如婚姻、宗族、社会交往、宗教组织都以市场的区划为单位开展，③ 拓宽了人们对于村落基于血缘和地缘建立起的人群关系活动的空间和形式的理解。弗里德曼（Maurice Freedman）带着与普理查德（Evans-Pritchard）等学

---

① 〔德〕斐迪南·滕尼斯：《共同体与社会》，林荣远译，商务印书馆，1999。
② 毛丹：《村落共同体的当代命运：四个观察维度》，《社会学研究》2010 年第 1 期。
③ 〔美〕施坚雅：《中国农村的市场和社会结构》，史建云、徐秀丽译，中国社会科学出版社，1998。

者有关"无国家社会"秩序如何建立①这一问题对话的理论思考，运用世系理论（lineage theory）再次将宗族在中国传统乡村社会结构中的主导性凸显了出来。作为宗族研究的继续，他结合世系群分支裂变体系（segmentary lineage system）与中国汉人本土经验，将宗族视为一个分合系统，认为其具有超村落性，宗族内部的关系和宗族之间的互动决定了地方社会的格局。更重要的是，他指出宗族还具有超出亲属关系的政治属性，既可以阻挡国家对乡村生活的过度干涉，又作为国家代理发挥着稳定地方社会秩序的功能，为地方社会与国家建立了沟通。②杜赞奇对华北乡村的研究，则通过"权力的文化网络"这一分析性概念，试图反思施坚雅和弗里德曼过于强调结构功能因而只见制度不见人的形式化倾向，指出在国家和地方社会并接过程中，权力在文化层面的象征性表达和人群结合与互动的实践内涵。③

对于三者的研究，质疑和赞许兼而有之。他们模式化的和具有决定论的论断，遭到了在不同区域开展研究的学者根据地方性事实的多样性发起的挑战。但他们对于超村落的区域联系、国家和地方社会的互动的重视，使我们认识到乡村社会以血缘、地缘或业缘组织起来的人群在结合和活动中所具有的附加意义，即这些地方性的关系不仅是一种实践活动中的产物，同时也受到来自更大层级的体系的制度和意识形态的影响。这一开拓的视角成为 20 世纪 80 年代以来学者研究乡村变迁的主要路径。

其中，华南历史人类学研究团队的开创性研究最具影响力。他们将上述路径与社会经济史的关怀紧密结合，进一步借鉴法国社会

---

① 〔英〕M. 福蒂斯、〔英〕E. E. 埃文思 - 普理查德：《非洲的政治制度》，刘真译，商务印书馆，2016。

② 〔英〕弗里德曼：《中国东南的宗族组织》，刘晓春译，上海人民出版社，2000。

③ 〔美〕杜赞奇：《文化、权力与国家——1900 ~ 1942 年的华北农村》，王福明译，江苏人民出版社，2003。

经济史年鉴学派的历史认识，开启了区域文化建构及其变迁的区域社会史研究。[1] 既关心历史中不同概念、身份和社会关系的流变，也注重其体现的权力关系和社会文化结构，更将地方人群视为能动的主体，从地方人群的因应中理解结构和人的实践之间的辩证关系，重在发现国家制度安排在地方实现中的运作机制。[2] 如科大卫对明清以来"宗族"的生成性分析，突破了弗里德曼的结构－功能分析范式，揭示了明清时期国家认同如何经由宗族意识形态向地方社会扩张和渗透而得以在华南地方确立的过程。[3] 萧凤霞和刘志伟分析了明清时期珠江三角洲地方人士如何灵活运用中央政权赋予的族群符号和本土文化手段，不断重组和确立地方社会的人群关系，来宣示自己的特性，并占据区域市场和地方政治中的优势。[4] 张应强则将这一问题意识延伸到了华南以外的地区，通过对清代以来清水江下游地区木材贸易兴起的研究，不仅呈现了经由木材市场的建立和运行，国家力量如何步步深入贵州东南部，形塑了我们今日所见的黔东南的宏观政治－社会－文化格局，同时立足于具体的苗寨，指出地方人群参与市场过程中的积极因应，也改变了地方社会原有的人群关系和权力结构。[5] 张应强的研究成为本书从清中期开始探讨"款组织"的延续和转型，并从黔东南都柳江流域开展比较研究的基础。

相较于上述学者对于新中国成立以前的"传统时期"乡村的研究，一些学者开始关注比较早期学者的判断和乡村在 30 年的社

---

[1]　黄国信、温春来、吴滔：《历史人类学与近代区域社会史研究》，《近代史研究》2006 年第 5 期。

[2]　刘志伟：《地域社会与文化的结构过程——珠江三角洲研究的历史学与人类学对话》，《历史研究》2003 年第 1 期。

[3]　科大卫：《皇帝和祖先：华南的国家与宗族》，卜永坚译，江苏人民出版社，2009。

[4]　萧凤霞、刘志伟：《宗族、市场、盗寇与蛋民——明以后珠江三角洲的族群与社会》，《中国社会经济史研究》2004 年第 3 期。

[5]　张应强：《木材之流动：清代清水江下游地区的市场、权力与社会》，生活·读书·新知三联书店，2006。

会主义改造（革命）之中与之后的变迁，这也弥补了华南历史人类学研究团队和早期学者对 20 世纪 50 年代以来乡村变迁历史关注的不足。由于社会主义改造时期国家在乡村改造中所表现出的强制与威压的形象，学者根据各自的研究做出了不同的判断，其一是认为国家权力和意识形态的渗透遮蔽了村民的生活，也引发了乡村社会结构的巨大转型。如萧凤霞对华南农村的研究就指出，由于农业人口被限制在一个封闭的生产与行政管理单位中，华南汉人村落格局也由原本基于宗族的大范围结合转变为"细胞化"（cellularization）的区隔形态，[①] 甚至于"在 70 年代，我所看到的村，是 30 年刻意社会改造后的结果"[②]。张乐天则借用格尔兹的"剧场国家"概念，认为乡村在革命年代成为一个仪式压制现实的"剧场社会"，农民"争先显示革命，他们抛弃了传统"。[③]

其二是认为集体化的改革与村落传统生活有着并接及相互强化的一面。如朱晓阳就指出由于村落凝聚力仍然依赖血缘 - 地缘性的网络和非正式的联系，因而集体化的意识形态和社会控制在这一基础上得以推行，与村落集体主义的伦理观念是相互渗透的过程。[④] 卢晖临则指出集体化改革用一种制度化的手段激发了本来蕴含在具有分化的乡村社会中的平均主义理想，并延续至后集体化的时代。[⑤]

其三是认为在革命之下，传统乡村的文化和社会结构仍维持其连续性。如应星就认为"从表面上看，国家政权确立了它在农村的

---

① Helen F. Siu, *Agents and Victims in South China: Accomplices in Rural Revolution*, New Haven: Yale University Press, 1989, p. 5.

② 萧凤霞:《反思历史人类学》,《历史人类学学刊》第 7 卷第 2 期, 2009 年 10 月, 第 130 页。

③ 张乐天:《告别理想——人民公社制度研究》, 上海人民出版社, 2012, 第 5 页。

④ 朱晓阳:《罪过与惩罚: 小村故事 (1931 ~ 1997)》, 天津古籍出版社, 2003, 第 136 页。

⑤ 卢晖临:《集体化与农民平均主义心态的形成——关于房屋的故事》,《社会学研究》2006 年第 6 期。

唯一组织权威，但它并不能消除家族关系的影响"。① 李怀印对集体化的乡村历程的研究意在说明，村民可以通过非正式的、隐性的制度与集体化话语下的正式制度对抗，传统的社会纽带、权力网络通过限制干部的权力或将之纳入其中，依然调解着生产队人际关系。②

　　三种关于集体化时代对乡村中人群关系与社会结构影响的研究并不意味着必须持某一方的立场才能认识真实的乡村历史与当下，其不同的观照都给予本书研究以启发和反思。具体而言，萧凤霞通过作为国家政治代理人的村落精英兼具能动性与被动性的实践来揭示社会主义革命带来的华南乡村结构的转型，这与杜赞奇对 20 世纪上半期华北农村"经纪"的变动③和黄树民通过乡村书记人生史书写 1949 年以后乡村变革④具有相近的旨趣。本书亦将沿着这一思路，通过档案和口述史梳理从新中国成立以来直到 21 世纪初几代村干参与乡村治理的历程，作为理解乡村人群关系变迁的窗口。不过，不同于萧凤霞"革命－断裂"的认识，本书基于对南江地方"款组织"延续性的探讨，既关注"款组织"特有的人群分类和国家制度安排对村镇政治精英的制约，也关注村镇政治精英如何并接传统权威与法理权威、尝试改变传统"款组织"的结构进行自我治理以与现代行政治理并行不悖的创造性实践。

　　应星和李怀印对乡村文化和社会结构经历革命年代维持其连续性的机制的讨论，无疑对我的启发最大，也促发我在一个更长程的历史时期中发掘"款组织"及其内在人群关系对国家治理的因应与延续。但这一路径偏重于社会维度，难以将侗人的历史隐喻、仪式与

① 应星：《农户、集体与国家——国家与农民关系的六十年变迁》，中国社会科学出版社，2014，第 43～44 页。

② 〔美〕李怀印：《乡村中国纪事：集体化和改革的微观历程》，法律出版社，2010，第 159 页。

③ 〔美〕杜赞奇：《文化、权力与国家——1900～1942 年的华北农村》。

④ 黄树民：《林村的故事：一九四九年后的中国农村改革》，素兰、纳日碧力戈译，生活·读书·新知三联书店，2002。

礼俗纳入分析。恰是张乐天将文化 – 象征的维度带入集体化的研究中，通过南江的历史档案和人们在集体化时代结束后的历史重述便可以看到，人们在意识形态层面确实在接受着国家建立起来的新话语，但同时也在"以仪式抵抗仪式"，不仅没有抛弃传统，甚至还强化了传统。

乡村传统的集体主义和平均主义与集体化时代的政治伦理相互强化的讨论，对于我们立足当下开展田野研究时思考"何为传统"尤为重要。朱晓阳和卢晖临的研究提供了一种我们今日所见之"传统"是"层累叠加"的理解进路。侗族款词、碑刻、历史文献的研究已经揭示了侗族以"款组织"为基础的社会在历史上就具有集体、平权和朴素民主的特性，那么在田野调查中，今日人们强调的集体、平权和朴素民主，究竟是新中国成立以来社会主义革命的深刻印记，还是"款组织"内在的运作机制，二者如何并接又有怎样的不一致？对此，有待通过具体的历史过程予以分析。

对集体化时代之后乡村变迁的研究，仍然围绕着国家治理和市场影响展开，关注的主题则在于乡村进入国家现代化过程中的遭遇。如贺雪峰所代表的"华中学派"从村民自治研究到乡村治理研究，再到乡村治理的社会基础研究三个阶段的推进中，就不断讨论国家行政治理和村民传统社会基础的自治之间的结合和对立关系，关注现代化的村落实现可能性的问题。[①] 而更多的学者通过对村落自治、纠纷解决、法律实践、道德秩序等方面的探讨，揭示了当下乡村社会中不同规则相互发生作用，彼此牵连又有冲突的复杂景象。[②] 这也为进一步的调查和深入研究开辟了巨大的空间。

---

① 贺雪峰：《乡村的前途——新农村建设与中国道路》，山东人民出版社，2007。

② 相关研究可参见王铭铭《社区的历程：溪村汉人家族的个案研究》，天津人民出版社，1997；赵旭东《权力与公正：乡土社会的纠纷解决与权威多元》，天津古籍出版社，2003；苏力《送法下乡：中国基层司法制度研究》，中国政法大学出版社，2000；谭同学《桥村有道：转型乡村的道德权力与社会结构》，生活·读书·新知三联书店，2010；等等。

由于社会主义经济体制改革，乡村生活日渐被卷入市场之中，市场对乡村变迁的影响也开始受到学者的重视。其不仅关注市场带来的村民经济生活的改变，更关注市场逻辑引发的村民日常生活、人群交往和观念的改变。阎云翔对东北农村农民私人生活的研究试图揭示"市场逻辑"已经融入村民的日常生活中，从而使得原有的基于父权家庭"合作社模式"的传统联系为一种基于"自我中心式的个人主义"建立的联系所取代。① 这一分析和西方学界有关现代性的论述中"个体化"的出现有一定的关联。消费主义的蔓延和国家制度的改革使人们从原有的村落传统人群关系中"脱嵌"。② 个体化的解读，强调了市场和国家制度的影响，凸显了个人的能动性实践在重构人群关系中发挥的作用，但根据当下中国的乡村城镇化发展、基础设施和网络的建设、城乡二元格局的限制、地方社会组织的重组等多方面因素，是否存在个人"再嵌入"乡村人群关系中的可能性？本书将基于南江地方的经验做出回应。

市场化改革的另一个影响是大量农民开始外出务工谋生，他们的务工体验和生计方式、观念的改变引发的社会结构与人群关系的变迁也受到学者的重视。郭正林和周大鸣认为外出务工是村民现代化获得的过程，由此也引发了村落从封闭到开放、从传统向现代的过渡。③ 周晓虹通过温州流动人口的研究则指出，外出务工带来的人口流动，不仅改善了乡村经济生活，也增强了农民对新事物的接受性，并且使村民建立起了超越地缘和血缘限制的各种新型

① 阎云翔：《私人生活的变革：一个中国村庄里的爱情、家庭与亲密关系（1949～1999）》，龚小夏译，上海书店出版社，2006。

② 〔德〕乌尔里希·贝克、〔德〕伊丽莎白·贝克－格恩斯海姆：《个体化》，李荣山等译，北京大学出版社，2011；阎云翔：《中国社会的个体化》，陆洋等译，上海译文出版社，2012。

③ 郭正林、周大鸣：《外出务工与农民现代性的获得》，《中山大学学报》（社会科学版）1996年第5期。

社会关系。① 当然，也有学者对于外出务工给乡村生活带来的问题表示了忧虑，杨小柳对广西瑶族村庄的研究就揭示了贫困地区更容易因为外出务工而对打工产生依赖，从而被纳入现代发展主义的范畴，成为"强制商品化"的对象，从而面对"不得不与现代化发生联系，却又无法在发展过程中掌握自己命运"的困境。②

外出务工对生计方式的转变有着根本性的影响，但也不能忽视观念层面的变化，其直接导致了侗寨内部人群关系的冲突和重构。伴随对基础设施的建设带来便利交通后可能性的预期，外来资本进入、旅游开发、自主创业几乎同时涌现，却又和传统的区域社会秩序的限制、开发的竞争、市场发展的不平衡纠缠在一起。在城乡格局变化的宏观背景下，它们共同构成了南江地方及其所属更大区域在 20 世纪 90 年代以来的变迁图景。诸多复杂因素使得这一图景并不清晰，其包含着人们对未来的期待、对当下的体认和对历史的承袭，从社会层面的人群关系及其互动、从文化层面的礼俗规范及其对日常的指导、从叙事层面的务工体验及其对社会和自我③的确认综合分析，有助于我们在这一不清晰的图景中发现复杂因素交织并将其影响加诸集体与个人的机制，本书希望在后半部分着力探讨这一点。

---

① 周晓虹：《流动与城市体验对中国农民现代性的影响——北京"浙江村"与温州一个农村社区的考察》，《社会学研究》1998 年第 5 期。

② 杨小柳：《外出务工与少数民族贫困地区的社会变迁——以广西凌云县背陇瑶为个案》，《贵州社会科学》2012 年第 5 期。

③ 本书对叙事的关注，受益于流心（Liu Xin）的研究，他整合了哲学、文学和人类学关于经验问题的讨论，指出叙事具有作为人类经验的根本特性，并将叙事结构视为社会存在的历史形式，依此对中国南部一个新兴城市中不同人物关于自我身份、成功经历、历史感知和集体认同的不同版本的故事及叙事结构展开分析。从中发现，面对社会高速变迁，当代中国人难以以连贯的方式表述个人自身与"我们自己"之间的关系，不仅个人因身份不断转变和充满不确定而丧失了主体性，人们面对事件的高度重复和错综，其历史感和记忆也表现出"今日之今日性"，生活丧失了方向感。〔美〕流心：《自我的他性：当代中国的自我系谱》，常姝译，上海人民出版社，2005。

　　综上所述，尽管引述的理论脉络很大程度上是在汉人村落研究的基础上延展的，但这并不关涉研究问题的核心，即其出发点在于对一个有自身运作逻辑的社会的理解，在此基础上的观察和反思产生了许多可供参考的分析框架和理论视角。学者们试图回答的问题固然有对于中国社会一般化理解的缺陷，但同时也是在回答这些有着特殊性和地方性的社会或人群如何组织起来、如何互动、如何应对现实生活中的问题并赋予其生活以意义。尤其是在有关国家治理和市场影响的讨论中，国家现代化的进程的确日渐遍布中国的每一个角落，我们不论怎样从族性上去区别汉与非汉在社会文化变迁中的异同，他们都在遭遇一些共有的具有一般性的问题。当然，要做的不是去提问"乡村发展的问题是什么"，而是要通过深入的民族志调查，细致地理解不同地域中的地方社会其自身构建社会的方式、人群关系和生活意义的多样性，并在此基础上观照他们在遭遇现代性的过程中的实践和关怀。

　　3. 侗"款"研究与侗族人群关系

　　有关侗族款组织的研究，可以大致分作三类：一是溯源性研究；二是款词研究；三是制度性研究，或称综合性研究，常涵盖前两方面，注重侗款的社会功能、款与侗族社会组织结构的关系，兼及历史变迁。

　　款的溯源性研究，是要回答款是什么、款存在的年限以及由来。这类研究常和侗族的族源相联系，从侗族自身的社会性质和外人对之的描述两方面展开讨论，通过考察历史典籍，基于外界之记述来分析侗款的起止时代。如将款视作侗族社会自治组织或古代原始部落的军事联盟，认为侗款雏形出现于侗族初民的氏族社会，及宋代已有记载，延续至民国后衰落。[①] 或是指出侗款是侗族古代

――――――――

　　① 粟定先：《论侗款源流》，《中南民族大学学报》（人文社会科学版）1992 年第 4 期。

"石头法"的发展，其后因与中央王朝的接触，内化了王朝行政款约，进而将汉语的款融入侗族的语言中。[①] 也有学者对于上述讨论持批评态度，从款字本身讨论侗族自身自治制度如何经由王朝的记载而成为一种被称为侗款的事实组织。[②] 这样的讨论并没有定论，至今处于争鸣状态。款出现的年代，更有春秋、唐、宋等不同说法。虽如此，学者们还是认可了款的自治性质，都认为在侗族尚处原始部落时期就有了以款为主的自治组织形式，且延续并逐渐稳定至清末民初，继而断言其随着新中国的建立和基层政权的建设自然消失。如此研究，在我看来，固然对我们了解侗款的源起流变贡献良多，却缺乏对于侗族社会文化及侗人的生活与款之关系的深入探讨。但这一研究仍构成了后期款研究展开的背景基础。

款词方面的研究。由于有语言而无文字，所以侗人有着深厚的口述传统。口述的文本记录了他们的起源、迁徙，也包含约法和习俗等内容。这些口述的文本被视作记录侗族款组织活动内容的载体，因而也被研究者称为"款词"。相关研究，包括款词的收集记录、内容分类整理和解析以及相应的诠释。由于流传地区不同，有相对集中于某一地区的款词分析，如王显家分析了湖南城步苗族、侗族的款文，指出款文不仅包含地方法规，也记载了地方人群的迁徙、源流、神话传说等内容，款词反映出苗人、侗人结寨群居、破房结亲、族内通婚、好饮酒等风俗习惯;[③] 而邢志萍对广西三江侗族款词做了法律款词和娱乐款词的区分，认为款词的出现与款首为款民铭记款约而对之文学化加工有关;[④] 也有在各侗族聚居地区收

---

① 吴治德:《侗款初探》,《贵州民族研究》1983 年第 1 期;《〈侗款〉的"款"字探源——兼谈"都"字》,《贵州民族研究》1992 年第 2 期。

② 杨进铨:《侗族款的名称》,《民族论坛》1990 年第 2 期;《再谈侗族款的名称——〈《侗款》的"款"字探源——兼谈"都"字〉质疑》,《民族论坛》1993 年第 1 期。

③ 王显家:《城步苗族、侗族款文述略》,《民族论坛》1991 年第 2 期。

④ 邢志萍:《三江侗族的"款"和"款词"》,《民俗研究》1991 年第 2 期。

集的基础上汇编出的《侗款》，其对款词进行了细致的分类。①

　　利用这些收集到的款词，学者们多尝试从"民间习惯法"的法学视角去解释款词的内容和意义。吴浩和邓敏文就指出，尽管作为自治组织的款组织消失了，但出于对地方社会治安秩序的维持，款组织制定规约实行自治的习俗在 20 世纪 80 年代之后以村规民约的形式得以延续，其间也发生了由"族自为治"向"村自为治"、由"款首制"向"老人协会"的变迁。② 石开忠区分了侗族习惯法的不同文本，并分析了习惯法的特点，其中尤其值得注意的是，他提及通过作为习惯法的款词可以看到，侗人对以寨为单位的自己人与外人的区界、强调人人同罪的平等观念以及法规中对婚俗的偏重。③ 伍光红同样指出，习惯法款词制定和执行中民主与平等的一面，同时他还强调"维系侗族社会的最高权威并非是个人或几个人，而是'非人格化'的约法款"，款首和寨老没有特权，且受到款民监督，凡事由众人民主协商，侗族社会因而也具有"有款无官"的传统。④ 这一看法虽然仍有待商榷，但无疑对于我们理解侗人构建社会的理想、消解个人权威的追求及其人群关系的社会功能，都颇具启发性。郭婧在研究作为侗族习惯法组成部分的款约的变迁时认为，新中国成立后的地方款约和带有自治性质的村规民约，既有相同之处——强调有款无官、自治性和地方性（即哪怕与国家法令相抵触，只要与地方诉求相合，也不会招致异议），也

---

① 湖南少数民族古籍办公室编，杨锡光、杨锡、吴治德整理译释《侗款》，岳麓书社，1988。该书将侗族款词分为九类：款坪款、约法款、出征款、英雄款、族源款、创世款、习俗款、祝赞款、祭祀款。

② 吴浩、邓敏文：《侗族"约法款"对现实生活的影响》，《贵州民族研究》1993 年第 1 期。

③ 石开忠：《侗族习惯法的文本及其内容、语言特点》，《贵州民族学院学报》（社会科学版）2000 年第 1 期。

④ 伍光红：《"侗款"的最高权威非人格化及其借鉴价值》，《广西民族学院学报》（哲学社会科学版）2005 年第 4 期。

有相异之处——前者通过款组织集体商议制定，后者由乡政府和村委制定。这一相异引发了当下侗族社会的"双罚"现象。[①] 根据南江的经验，"双罚"并非新中国成立后地方法制建设推行时和地方习惯法遭遇后才出现的现象，而是早在清末已经存在，然而这一现象在实际生活中是怎样的？这种情况是否反而会带来国家律法与地方习惯法双重失效的可能？对此，我也会根据南江地区几次地方款约的制定与失效进行讨论。

正如前文所指出的，款词在各地普遍流行，现有的收集几乎是九牛一毛，难以全括。而具体地区的人群流传的口述文本，必须与当地社会历史文化相互印证才可以理解其内涵。我并不期望能够解析款词，而是希望依靠具体的款词内容，通过侗人记述自身社会与历史的方式，把握所研究区域的社会脉络。

侗款的制度性或综合性研究与我的研究颇为贴近。这类研究主要讨论侗款作为一种组织的特征、功能及其文化意涵，并将之视作侗族社会的基本组织结构和运作方式。雷广正和李知仁将款组织定义为"以村寨为基础的地域性社会基层组织"，因而侗寨的构成和内部治理，就成为款组织的基础。继而，他们详细描述了侗寨构成的特征：以个体家庭为单位、以房族组织为细胞；一个侗寨由同姓或异姓的几个房族组成；鼓楼（古楼）是房族的标志也是房族集会、议事、宣讲历史和娱乐休息的场所；房族有自然形成的房族长作为领袖，负责调解和处理房族内的纠纷；房族通过"改姓入众"的仪式吸纳寨外成员；房族有自己的坟地、山田、鱼塘等公共财产；房族扩大后有可能分成几个房族，另立姓氏互相通婚（亦称"破姓开亲"）。[②] 这也成为学术界对于侗族社会较为统一的认识，

---

① 郭婧：《侗族习惯法的变迁》，载吴大华等《侗族习惯法研究》，第 224～258 页。
② 雷广正、李知仁：《侗族地区"洞"、"款"组织的特征和作用》，《民族研究》1980 年第 5 期。

奠定了后继学者将款组织置入侗族社会结构中去理解的基础。如邓敏文和吴浩细分出了作为款组织细胞的家庭、作为款组织基础的房族、款的底层组织村寨、中层组织小款、高层组织大款或扩大款，并深化了每一层级的特点：家庭中父亲为家长，劳动分工，家庭成员平等；房族内部成员有相互扶持和互相帮助的义务，寨中活动多以房族为单位，房族之间关系复杂；村寨内的婚姻交往只认房族不认姓氏，寨集体拥有公共财产，村寨观念强烈，村寨荣誉感强，具有在全寨性公共事务中产生的无特殊权力有威信的乡老或寨老；小款一般以水域或河段划分地域范围，由邻近的几个自然村寨组成。①

　　款组织对于传统侗族社会具有整合功能，而侗族社会的组织结构是以"款"为核心的，② 这已经成为学界的共识。因而对于侗族社会结构及其运作的研究，就要透过款组织的结构和运作来洞悉，而相关学者也依此提炼出了侗族社会的一些一般化特点。如杨秀绿就指出，款体现了社会控制、巩固民主议事制度、通过凝聚多村寨共同体协调村寨关系的功能。③ 杨昌嗣则透过款组织的特点指出，侗族社会具有平等性、自治联防性等特点。④ 张世珊则认为，侗款文化形成了独特的意识形态，包括原始共产主义意识、维护遵守款约的自觉意识、强烈的群体意识。⑤ 关于群体意识，值得一提的是傅安辉的研究，他分别从思想观念、价值取向和行为准则三方面，通过侗人的神话传说及村寨中的日常活动与公共管理，揭示了侗族所具有的群体创造、群体至上、群体享受的浓厚群体意识，以及从

---

① 邓敏文、吴浩：《没有国王的王国——侗款研究》。

② 冼光位主编《侗族通览》，广西人民出版社，1995，第 85 页。

③ 杨秀绿：《"侗款"的产生、功能及承传试探》，《中南民族大学学报》（人文社会科学版）1988 年第 6 期。

④ 杨昌嗣：《侗族社会的款组织及其特点》，《民族研究》1990 年第 4 期。

⑤ 张世珊：《侗款文化》，《求索》1991 年第 2 期。

众的个体意识。① 石开忠在基于人类学的视角对款组织的综合性研究中，继承前人的成果，亦将基于血缘的房族组织、基于地缘的自治单位村寨及基于年龄的宁老、腊汉等年龄组织与款组织的行构并接在了一起。② 这一看法与上述雷广正、邓敏文的观点基本一致，即要理解侗人社会的运作，对这些社会组织的关注十分必要。简言之，款组织的结构及运作与侗族社会生活的整体面貌的关系，通常是以侗寨作为基本单位，向外和内两个方向延伸，向外便是村寨之间的合款，而向内则是侗寨内的家庭、房族、年龄群体及村寨集体。

　　集体与个体的关系，一直是本书关注的核心问题。这与侗族社会体现出的集体主义的倾向直接相关。罗义云在其博士学位论文中，细致分析了对于收益程度不同的个体来说，集体行动凝聚力实现和维持的原因。在他看来，对于侗寨的集体行动中的个人行动逻辑，不能从"理性人"的角度去理解，而应将侗寨视为"道义"的共同体，其呈现的是分中有合的社会结构模式，以家户为单位的小农经济体现了分的一面，然而在个人与村寨整体的层面，则体现出村寨具有的强大合力，个体的差异被忽视，村落社会成为一个统一体。他还进一步指出，能够将个体与集体衔接起来的媒介，正是侗寨的寨老，其体现为寨老拥有的权威实现的社会控制。③ 在我看来，罗博士的论文已经触及侗族社会运作的核心，他通过多元化的田野事实，揭示了无论是集体行动中个体的遭遇，还是寨老权威本身，都具有复杂性。然而他希望通过寨老的社会控制来回应集体何以可以消解个体的问题，混淆了集体对于侗人来说的双重内涵：作为社会互动结构的集体和作为侗人文化心理（或曰人观）的集体。

---

① 傅安辉：《论侗族的群体意识》，《原生态民族文化学刊》2010 年第 1 期。
② 石开忠：《侗族款组织的文化人类学阐释》。
③ 罗义云：《侗族社会结构与生存策略——桃源村的个案研究》，博士学位论文，中南民族大学，2012。

因而他忽视了自己收集到的一些田野事实，如寨老的权威受到寨集体的监视，寨老有被边缘化的可能；寨老和侗人社会因敬老而存在的宁老（老人）身份并不重合，因而影响力亦不相同；个体之所以受制于集体，不仅和寨老管理有关，也和个体寻求村寨中稳定良好的声誉、人际关系等因素有关。这些问题仍需要认真对待，并加以深入探讨。

必须承认，上述对于侗款研究的区分，并非代表相应的研究就如此泾渭分明，只因它们讨论的内容侧重不同，可以将相近的归为一类。为了论述的需要，每篇文章中，仍或多或少地涉及溯源、性质、款词和变迁的内容。而在制度性、综合性研究中，侗款研究的各个方面都在总结前人成果的基础上获得了充分的扩展。它们提供了一个关于侗族社会有待推进的研究路径，即不再单一地分析侗款的特点、功能和组织形式，而是和相应社会的文化、其他社会组织联系起来，以翔实的田野调查资料构建的社会脉络来理解侗款的结构、作用机理和变迁机制，进而反观侗族的社会文化生活。本书亦将取径于此，通过房族、侗寨、年龄群体的结构规范，以及侗人基于此的人群关系的构建与日常实践，就侗人的社会文化生活及结构与个体之间的辩证关系，展开进一步的探讨。

四　田野概况及调查过程

南江村位于水口街以北 5 公里处，为群山阻隔。水运时期挑货所走之路，是山上的羊肠小道。[①] 虽然 1976 年修通了水口至安民的公路，但南江并未在公路沿线，故从村子到公路，仍要走山路。直到 1999 年才经由村干努力从县里拉来经费修通了水口—安民公路与村子连接的通村公路。这条路虽填过几次沙土，却一直坑坑洼

---

① 《黎平县志》载黎平县内有古道"黎平—中潮—水口路"。参见黎平县志编纂委员会编《黎平县志》，巴蜀书社，1989，第 345 页。

洼，一到雨天便泥泞难行。与之相对的是省内交通的高速发展，尤其是2008年"两高"（夏蓉高速、贵广高铁）的建设，在水口设了高速公路的出口，在距水口约半小时车程的洛香设了火车站，使水口与西南腹地和珠三角连接了起来，改善了水口经济发展的区位条件。水口人笑言他们是全国交通最发达的乡镇。这一改变的影响有待进一步观察，但如今不仅水口镇政府正在以交通发展为契机开始旅游业和特色农业的宣传与开发，亦有不少南江人乃至水口人视此为机遇，跃跃欲试。早年水运的兴盛，已经造成了大量的人口流动，但终归以外地商人为主，进来的多，出去的少。而市场改革和陆路交通之便利，不仅吸引了更多的当地人开始在水口街谋求发展，更将他们大量引入珠三角的劳工市场。1992～1993年，岑吾寨及周边村寨的侗人陆续外出至广东打工，拉开了此地打工潮的序幕，而地方之开放亦由此愈演愈烈。

对于岑吾寨人来说，他们可能认为自己的寨子从落基于此就是一个自成一体、边界鲜明的寨子，但是其所处的南江村及水口镇，过去百年间却经历了不断的建置变动。民国初期（1913年），洪州县府驻水口，历三届县政府。1923年废县设区，水口属黎平县第四区，区以下乡村设保甲以自治，并由民选之保董（长）、甲长管理。岑吾寨一人的祖辈，就曾担任过保董一职。1932年，水口区下设乡，时南江为乡，仍施行保甲制度。直到中华人民共和国成立，此地于1950年冬废原民国建置，设区、乡、村人民政府，水口属六区，南江设乡，南江三寨合为一个行政村。1954年起在乡村建置下，南江乡下辖各村开始组织互助组；1955年成立初级社，1952年土改后的私有土地收归集体所有；1956年成立高级社；1958年成立南江公社，自此政社合一。南江公社下辖7个大队，南江三寨合为南江大队，每寨2个生产小队。虽然已全面集体化，但直到1970年，南江公社还在为消灭单干而头痛，南江公社因单干较多，还被水口区革命委员会冠上了"难讲"公社之头衔。

1977 年推行"大寨化小寨、远田变近田"政策，6 个生产小队分为 12 个生产小组，每寨 4 个组。1980 年当地开始放宽政策的培训，1981 年施行包产到户，同期南江公社变为南江乡管理委员会，属水口区管辖。1984 年分山林到户，南江乡管委会改为乡人民政府，至此政社分开，恢复了原有的乡、村建置，乡以下恢复行政村，村以下恢复村民小组，村干、组长的选举采取民主集中制，政府推行村民自治。水口于 1992 年撤区并镇，七佰南江诸村寨除东郎外都属南江行政片，延续至今。

按照当下的行政区划，我久居的岑吾侗寨乃贵州黔东南州黎平县水口镇南江行政村所辖的一个自然寨。这个行政村里还有两个自然寨，分别叫岑烂寨和高寨，三个寨子分布在一条弯曲的河流的两边，这条河流在水口与另几条河流交汇，一同流入都柳江，是为南江河。故以河流论之，则岑吾所在的这一片区域，可称为南江河流域。这一流域东临湖南，南接广西，恰在三省边陲；平均海拔 200 米左右，山地居多，素有"九山半水半分田"之称。即便田地稀少，这里仍然是一个以稻田耕作为主兼顾山林种植的农业社会。只是田里的庄稼在 20 世纪 60 年代以前以糯禾为主，后随农业现代化而改种水稻，主要的粮食作物为杂交水稻。而山林则杉树、杂树和油茶树兼有，20 世纪 50 年代以前，以杂树和油茶树为主，杉树只有个别富户成规模种植。20 世纪 50～80 年代，集体林场和国有林场主要种植杉树，却只限于个别地区。直到 20 世纪 80 年代分山到户后，各家各户才开始遍种杉树，同时因为电和燃气的普及，对木柴的需求急剧减少，形成了当下看到的漫山杉树之景象。杉树一般 18～20 年成材，当地民居建筑就地取材，以杉木构建。以 1984 年分山为起点，至 20 世纪 90 年代后期，随着杉树种植的普及和木柴需求量的减少，当地人开始积累木材以建筑新屋，故现在在这一区域的侗寨见到的房屋，多数都是 90 年代后期开始修建的。副业以鱼、牛、猪的养殖为主。因当地采取稻鱼同田的养殖方式，故鱼在田中的养殖受水稻种植周期影响，为弥补稻田收割放水而造成的空档，当地人还专门将一些田改为鱼塘，养草鱼并安置从放干的稻田中捞出的鲤鱼。养牛为耕地和食用，且以前者为主。开始养牛的时间，难以追溯，或不会迟于农耕时期开始太久，但随着 20 世纪 80 年代以来机耕的推广，现在如南江这样处于平坝的村寨已经无人养牛。水口南江一带，直到 20 世纪 60 年代基于国家大力发展农业积肥之需要才开始推广养猪，而现在猪的养殖已普及，寨中基本每户至少养一头。鱼、牛、猪的养殖，形塑着侗人的食俗，烤鱼、冻鱼、牛瘪和猪血红都是今日当地人在节日和红白喜事时不可或缺的食物。

以 2012 年时的民族身份来看，岑吾寨（78 户，464 人）是一个全侗族的村寨，即便是整个南江村（312 户，1457 人），亦全为侗族。而在人口总数为 33827 人的水口镇，90% 以上的人口是侗族，此外还分布着苗族、水族、瑶族和汉族，其中汉族主要聚居在水口街上。岑吾寨人有一条清晰的迁移路线，相传他们的祖先来自江西，随军队抵达当时的潭溪司，继而又沿加索—安民一路分支落户南江。其中岑吾寨俱是吴姓，而另两寨则都为石姓。根据新中国成立后的档案，南江人口一直有增无减，从 1964 年的 853 人增加到 2012 年的 1457 人。随着 20 世纪 90 年代外出务工日渐兴盛，如今不仅南江，整个七佰南江平均每户都有一到两人在广东打工。

住进南江岑吾寨是个巧合与计划同时作用的过程。2010 年我在水口地区进行田野调查时，本意是对"四脚牛"区域内各个村寨联合组成的小款组织做概览式的了解，所以在南江短时间地待过几日，结识了岑吾寨人吴昌德①，并和他的儿子吴永学成为好朋友，后来的两年里我们时有联系。2012 年，当我决定以一个具体

---

① 根据人类学调查和写作伦理规范，为保护当事人隐私，本书中的人物均采取化名。

的小款组织内部的人群关系作为调查主题时，被认为是"四脚牛"中心的七佰南江就成为首选，作为"中心的中心"的南江自然可以作为一个长久居住的地点。于是我在 2012 年 6 月底到达水口短暂地停留了两日，和吴永学聊定住在他家后，便来到了南江。

　　第一次的田野调查持续到当年 11 月中旬，本以为 4 个月的调查可以以南江村为核心展开，然而在岑吾寨的居住生活却让我感到，南江尽管是个行政村，但人们活动的开展和认同却是以寨为单位的。初步的印象源于岑吾寨人写在电线杆和墙壁上的"水口镇岑吾村"，以及各个寨子独立修建古楼的过程。修建古楼的工程起始于 2012 年初，本来是三个寨子都要起古楼，岑吾和高寨已经陆续开始了工程，但岑烂因为风水问题拖至 2014 年才开始。三个寨子有关古楼的自我治理，让我感受到寨子作为当地人群活动的范畴，有着本质上的意义，尤其是当我渐渐了解到南江三寨因为临近的居住关系彼此时常竞争对抗时，这种感受更加明显。于是跟随着当地人的认同和区界，我暂时将以村为单位的研究改为以寨为单位的研究，却发现原来一寨之内也暗涌密布。岑吾寨因为父系的同宗关系，分作六个房族，他们彼此之间并没有想象中那样"和谐"，而是有对抗、有争执。我住在吴昌德家，自然地就被当作他们房族中的一员，我也不得不面对房族身份所带来的附加效应，房族内部和房族间交往的种种规则和潜在的好坏关系，让我很难超脱其外做一个外来者去看待寨中人们的生活，在不断地被人定位和自我寻找位置与调和中，我开始了自己在田野中的"地方社会化"的过程。

　　当我抵达岑吾寨时，他们的古楼修建工程已经开始了一段时间，他们的生活几乎每日都围着古楼转，活动、言谈无不关涉古楼修建的进展和其中的人事安排。在一个集体的活动中，每日人群间的张力就像沸腾的开水一样一波波地往外涌，争吵和埋怨充斥其间。我渐渐发现，这一张力的发生，在于当地人和我一样不断处于被人定位和寻找自我位置的过程中，定位的对象，就在于不断加之

于身的归属集体。在参与他们的活动中，我慢慢地学习着侗语，在
3 个月左右之后，已经掌握简单的对话，虽然无法流利地表达，但
是他们日常的闲谈我已经能够听懂大半。

对于生活的调查，不同于早期有关款组织历史的调查，我不
再是进了村子就找老人问这问那，而是逐渐和年轻人有了接触，
和他们结交为朋友，对于岑吾寨中乃至更大范围的年龄群体的关
系有了初步的了解。这是以往有些忽略的地方。在接触年轻人的
过程中，我发现岑吾寨乃至周边侗寨都面对着一个现实情况——
年轻人大都在外打工，这也将我引向了有关外出打工所带来的影
响的问题上。

11 月中旬回到广州之后，我有意地去广州看了看南江人在广
州打工地的生活，也参与了他们在广州过节的活动。

2013 年 1 月初，我再次回到岑吾寨，整个春节期间都待在岑
吾，开始了对于上述关注更为细化的调查，因为在外的年轻人陆续
回来了，我也加入寨子的篮球队，开始随他们在七佰南江内部各寨
比赛，了解他们以寨为单位的联系和互动，并参与了各类节庆和仪
式活动。

这一阶段的调查持续到 3 月中旬，为了了解打工群体的生活，
我随他们一同踏上前往揭阳的汽车，在揭阳待了 20 天，白天随他
们找工，晚上做一些访谈，渐渐发现在务工地的活动中，寨中的人
群关系依然是他们建立关系和活动的重要基础。家乡和广东，并没
有断然区隔开。

5 月份我再次回到南江，此次我开始在七佰南江各个侗寨集中
调查，这让我更具体地感受到一个款组织内部各寨的特点和彼此的
分合关系。集中于岑吾寨调查获得的关于人群分类、房族、年龄群
体和礼俗规范的信息和对之的理解，通过和其他寨子的比照，也有
了更为具体和整体的认识。

2013 年 8 月，在我准备结束调查之前，一位本科时的朋友前

来短暂游玩，恰好吴昌德家中来了同房族的老人，一同吃饭时，老人频频劝酒，我的朋友不胜酒力，很快就醉了。次日一早，当我们在寨中时，发现老人在古楼中被寨中众人责难，称其将客人灌醉，影响了寨子的声誉，让人觉得岑吾寨"不文明"。朋友愕然。在后续几日，不断地有不同的人邀我带他同去吃饭，辗转间，我向他简单讲述了房族之间的关系和这些"好客的饭"背后的含义。他再次愕然。当我联系古楼中老人受到责难的事情，向他描述侗人生活中重重叠叠的"集体"之所在和当下生活的状态时，他也讲起他那远在普宁的客家村寨，人们的生活和此地一样，人被束缚在强烈的集体意识中，又为市场经济改变着有关生活、生存、生命之意义的理解，令他从这个村子里走出的大学生感到难受。

那么，作为研究者，该如何建立民族志的理解呢？该如何表述他们的生活呢？又该如何放下价值判断呢？表达他们的尊严，或许有意义地活着就是一种尊严，而这一意义不再是我们限定的，而是他们有关自我实现的理解。若是如此，集体和自由这一组看似相悖的概念，就有了更多的面向，对于不同的人而言，集体既可能是一种束缚，也可能是一种解放，集体成为意义实现的载体，自由亦是如此，有的人在追求它，有的人在放弃它，人们都在寻找意义的路上历尽磨难。

这或许将我带入一个思考的原点，从人本身出发，从自我出发，而不是偏重于文化或社会的机制，不再以框架、关系的制衡去理解人的行为，而是逆向为之；集体与自由，都成为一种实现道义/尊严的选择，人们生活在其中，也意识到，通过自身的践行，达至自我的完全。

五　章节安排

除导言和结语之外，本书正文由六章构成。

第一章为南江所在区域的自然地理、历史变迁和人群构成的述论。虽是立足当下之研究，但当下之情景却源自一个生态的、动态的背景。河流带来的贸易与人口流动、自然生态影响下的生计、人群身份的变化和认同都需要交代。同时款也被一并纳入这一部分中，款毕竟是当地人群活动的一个基底，这一区域社会文化之变迁，与款和人群的变迁相伴始终。同时，我将结合历史文献、口传资料对南江河流域的"四脚牛"款组织以南江为中心的分拓过程进行梳理，最后关注南江人如何通过他们自身的历史话语解释区域中的人群关系。

第二章延续第一章对变迁的关注，但将重点放在国家政治和村寨内的微观政治上。土地改革以来的国家政策和对基层组织、政权的建设，不断重构着岑吾寨人群生活的组织方式。本书关心的主要问题之一恰是当地人的人群结合与组织。由于国家之强势，尤其是集体化时代对地方的严格管制，人们当下的生活很可能源自那时的经验，但决然不是延续或继承，而是因新的政治、社会背景产生变化，故必须将当下村寨内、行政村、镇与村寨之间的管理和权力运作与过去半个多世纪的国家之政治过程联结起来，梳理出一条脉络。

第三章是基于岑吾寨来讨论寨里寨外的人群结合的结构性范畴：房族、寨集体、年龄群体。其涉及的是不同的人群的聚合方式，亦是一个人所处的多重的人际关系运作的规则。现实情况是这重重范畴是叠加在一起发生作用的，个人的行动就处在这样一种并不清晰的状态中。如何去定位自己，或者借着诸多原则赋予自身选择之意义，是我关注的另一个方面。

第四章算作一个整体性的个案研究，以岑吾寨自 2012 年初开始的历时近一年的集体活动——起古楼、修球场展开。活动中有太多的争执与矛盾，却将寨众之集体观、平权观，基于各类原则聚合的人群之运行规则，人们爱争吵、讲闲话、讲礼性、爱面子的"细碎"文化，通过具体的日常实践展现出来。对实践的参与观察和理解，更有益于把握这诸多方面缠绕在一起而带来的复杂性。

第五章我将通过个人经历和许多小故事，来展现我所谓的"细碎"之文化。言其细碎，是因为对侗人的理解，通常建立在宏大的款之运作和民族特色（如古楼的功能意义、萨信仰及其功能、婚姻、习惯法等）之上。而我想说明正是这些细碎的文化，在具体的日常实践中发挥着非比寻常的作用，制约着每一个人的言行，从而影响到集体和政治生活的运行。甚至所谓的"款之运行机制"也受缚于其间。

第六章开始涉及近 20 年的新变化，这是随着当地人外出打工开始的。岑吾人不仅在物质生活上有了改变，因为走出了村寨，对外界的了解、生活阅历也使他们对于村寨生活的看法有了变化。那么这种改变是什么？具体的过程如何？是这一章要探讨的问题。我从口述史展开，对岑吾寨的外出打工者或有打工经历的人开展有关他们打工历程之访谈；通过在广东打工地的调查来展现他们在广东的生活；也会关涉他们在这一过程中心态、观念的变化以及这些变化对他们生活实践的影响；继而关注他们原有的人群关系如何跨空间地将打工者和他们的家乡联系起来。而在这一过程中，他们正在经历怎样的变化，遇到怎样的限制，当下的生活状态如何？这是这一章要逐一讨论的问题。

有关第四章的写作，我想在这里做一个简要的说明。与本书的其他章节不同，这一章我采取了一种故事过程式的连续叙事方式。之所以不能详细地区分章节并设立不同的论述主题，在于事件本身的连贯性和其中每一个环节的复杂性所拥有的展现侗人生活世界的重要意义。它几乎是有关侗人社会观念、结群活动、人群互动、外部影响、正在发生的变迁多方面不停相互作用的集合。一旦对之拆解，也就失去了连贯的事件所拥有的丰富的说明力。在此，我并不是要追求一种"深度个案"或是"拓展个案"的方法，相反，其实是对于民族志写作的还原，是一种比较"老派"（old school）的民族志呈现方式。在思考如何写作这一章的时候，我的脑海中总是浮现马林诺斯基随特罗布里恩德岛民乘着独木舟在西太平洋中完成"库拉"交易的航行过程，这样的民族志呈现方式的意义，早在田野调查奠基之初，便由马林诺斯基指出，其在于唯有将那些体现着不同的行动者的目的、动机和按照一定规则的行动进行整合，对之加以前后一致的诠释，才能够获得一个有关他们社会制度/结构的整体性的图景。[①] 我对于岑吾寨古楼建造过程参与式的述论，正是抱持着这样一种目标的尝试。

①　〔英〕马凌诺斯基：《西太平洋的航海者》，梁永佳、李绍明译，华夏出版社，2002，第79页。

第一章 时空与人群：流域背景、款组织活动与南江人的历史记忆

我一直希望能够梳理出关于南江所在区域的历史，从而达至对生活在这方土地上的侗人以及他们的社会结构、经济生活、文化互动和政治秩序的理解。然而，就像柯林伍德（Collingwood）在《历史的观念》里面对古希腊"历史之父"希罗多德的评述所表达的，这一切，所谓的历史，不过是我们通过不断询问，而使表达者形成的一套对于自己过去的知识序列。① 若如此，那么我追寻的东西，不过是一个外来的学人"观看"和"询问"的结果，就像许多前人已经做过的一样。

没有文字只有语言的侗人生活至今关于历史的表述，经过时间长河的淘洗，留存下的唯有那些朗朗上口的词句和故事，那些片断的词句和背景模糊的故事。但他们并不是拒绝历史的，词句和故事中没有具体时间指涉的过去，依然为他们当下生活的情境、关系和实践的必然性提供着支持。关系的维持和行动的践行，并不依靠确凿的诉诸口头和文字的记载。如果说他们生活的当下，必有历史提供意义的话，那么应该看到，他们的历史和我们理解的历史有着巨大的区别，他们的历史是依靠具体的文化来承载、延续和表达的。

姚丽娟和石开忠曾指出："侗族之所以是一个民族，是因为他们有自己的文化，他们利用款组织来将自己联系起来，用规约来巩

---

① 〔英〕柯林伍德：《历史的观念》（增补版），何兆武等译，北京大学出版社，2010，第 26 页。

固自己的礼俗，用婚姻来维系自己的文化。"① 这样的看法的确抓住了侗人生活的核心。换言之，社会组织、规约礼俗和亲属关系成为时间流逝中一代代侗人凝聚认同和继续其生活方式的范式，我们可以称之为他们的"历史"。

当然，我们不能忽略在这里发生过的事。这需要从国家的视角来观照，原因有二：其一，如果要以一个外来人的身份了解没有文字族群生活的地区发生的故事，唯有佐之以王朝或国家的记述才能得其梗概；其二，国家对于这个地方而言，在很长的一段历史时期都是在场的，我们唯有对国家渗入和影响的过程有所了解，才能结合当地人的表述和记忆，清晰地看到他们如何在国家基层治理之中凭依自身的文化活出别样的人生。

国家视角下的历史，只能看作一般意义上的线性历史记述，这种历史观强调事件的继替发展和其中蕴含的因果联系。过去的确发生了许多事情，侗人也会在他们的词句和故事中零星夹杂这些事件，但必须要看到，与国家视角下的记述不同，对于他们专注记忆的过去，他们更为强调的是"关系"，并用组织、规约礼俗和亲属联结表现出来。若我们这些外来者不是用自身惯用的历史观念去串联补充，就一定会发现二者的不同。我们往往忽略了他们对"关系"的强调，而将那些片断式的故事和词句当作我们构建当地历史的佐证材料，并将这种记忆片断化视作缺乏文字和口传遗漏的结果，实在是过谬了。

以一种国家视角的线性历史观，如何去"观看"这片地区呢？地处贵州省东南角的南江，位于云贵高原的东南边缘，经南江河与都柳江相连。从自然地理上看，这片地区既是山地又是流域。在现代意义上的民族国家建立以前，山地一直给中央政权对这一地区的统治制造着困难，河流却至少是在经济层面，将其与

---

① 姚丽娟、石开忠：《侗族地区的社会变迁》，第15页。

上下游联系起来。因而在这一时期有限的文献记载中，征服、治理、商贸和移民成为主题。随着民族国家的建立，这一地区已经完全被纳入国家治理之中，自清末至当下的 100 多年中，政权几经更迭，时事与政策变幻，但政治和经济一直是国家治理地方的主轴，且屡屡涉入地方文化中。对于地方文化，中央政府或责令更改，或强令杜绝，或借而用之，其目的均是为了巩固国家在该地方的政权。

在这一章中，我将沿着文献记载和民间口传两条脉络展开论述，二者有时会相互缠绕，一同勾勒出"可能"发生在南江河流域的过去。这么做并不是为了讲述历史，而是要将他们的和我们的历史观区辨出来。南江人依靠陈述过去而强化着他们的文化观和社会观，一种依靠亲属关系拓展出的社会联结才是记忆过去的核心。

第一节　"四脚牛"：南江河流域的款组织

一　流域的政治经济史

（一）明清以降南江河流域的"乱/治"史

如果从广州乘船溯珠江西行，经过广西壮族自治区内的西江抵柳州，入都柳江，继续西行，在广西高安转折北上时，便能看到南江河大桥，从此逆流而上，就进入贵州省界，而此时唯一可以行船的河流，就是南江河了。沿河一路前行，会依次经过河边几个比较大的村寨——地坪、龙额、古邦，最后直达水口，再无可行船的河流。水口汇聚着来自西、北、东三个方向的金抗河、南江河、八劳河和几条小支流，是为南江河的源头。

南江河是都柳江入贵州境内的第一条支流，南江河的干流和几条小支流如同一只小臂连带着张开五指的大手形构出整个流域，其中囊括了大大小小几百个村寨。河流蜿蜒穿行在崇山峻岭间，虽然流域所经已是云贵高原东南一隅，山势渐缓，平均海拔约在 500 米，但连绵的山地与河谷还是造就了该地区村寨立体分布的特色。河流灌溉的便利和温和的气候是河谷吸引人们定居的生态条件，这里丰沛的雨水和肥沃的土壤也使得山上的居民在狭窄的土地上依然能够维持他们的生活。所以从河流冲击出的相对平阔的河谷到陡峭的山顶，都能看到木屋成群的村落。

山地隔阻和优良的生态环境，为这里营造出一派"桃花源"的景象。对于中央王朝来说，这里在很长的一段时期确是政治上的"生地"。唐宋针对边疆民族施行的羁縻政策，只是象征性地将这里纳入了王朝管治，所设立的行政单位峒，并没有实际的管治能力。而基于羁縻政策在西南建立起的土司制度所奉行的依然是地方自治的原则。本意是为了强化王朝对地方的管治而设立的土司，却并没有产生预期的效果，或是因为势力日渐膨胀反而对王朝政权的稳固造成威胁，或是虽设立却无钳制地方的能力，所以到了明初洪武年间，明廷为了加强对西南的控制，于是"拨军下屯，拨民下寨"，在西南地区广泛"开屯设堡"，开始"改土归流"。[①]

都柳江和清水江流域的改土归流自明初开始，到清中期才达到高潮。从大范围来看，尽管贵州东南部仍处于时治时乱的状态，但随着明代贵州布政司的设立和关键府县与卫所的设置，除里古州（即今古州）之外，该地区大部分地方都已成为王朝政治体系中的一部分。然而行政与军事中心的周边地带，仍然由地方土司管理。本书主要关注的"四脚牛"一带包含的南江、水口、古邦、己流等村寨，自明永乐之后，便属于黎平府所辖洪州司管辖，这一情况

---

① 吴大旬：《清朝治理侗族地区政策研究》，民族出版社，2008，第 11～29 页。

延续到清初。①

　　治理的过程并不平稳，武力征服和激烈反抗构成了该地方的时代主题。不仅土司时有叛乱，而且因该地处于黔、湘、桂交界地带，地方苗民也易于连横结众敌对。② 至康熙十二年（1673）更因吴三桂的叛乱而"全黔皆陷"，此后历七年叛乱被平定，③ 但对于清廷来说，贵州东南部盘踞的"生苗"，始终是不安定的因素，清王朝从康熙朝开始就试图对西南的人群归类识别，然而百苗图上对这一地区记录的空白，从一个侧面反映出清廷的无力。④ 雍正时，任云贵总督的鄂尔泰在《剿抚生苗情形疏》中就直言：

　　　　上游之贵阳、安顺、南笼诸属，并直抵粤界之生苗、侬仲，皆已陆续向化，纳赋输诚；惟下游之黎平、镇远、都匀、凯里等处，生苗盘踞于黔楚粤三省接壤之间，阻隔道途，难通声教，仍然夜郎自大、肆意横行，地方官从不敢过问。⑤

---

① 关于黎平府及下辖长官司的设置，光绪《黎平府志》卷2上《地理志》作"（永乐）十一年，思州田氏废，始置黎平、新化二府。黎平府在官团，辖长官司七，曰潭溪，曰八舟，曰古州，曰洪州泊里，曰福禄永从，曰西山阳洞，曰曹滴洞。新化府辖长官司七，曰新化，曰欧阳，曰亮寨，曰湖耳，曰中林验洞，曰赤溪湳洞，曰龙里。二府皆资五开卫，为捍御并隶贵州布政司……（宣宗宣德）十年，省新化府入黎平，遂领土司十四……。此府卫同城始（旧志）"（《黎平府志（点校本）》下册，黎平县县志编纂委员会校注，方志出版社，2014，第1085页）。洪州司所辖村寨，可参见光绪《黎平府志》卷2上《地理志》，《黎平府志（点校本）》下册，第1143～1144页。

② "（康熙）五年二月，湖广通道县吴老以潘妖术称王号，煽惑永从、顿洞、洪州、黑洞、口团等寨，从者数万。"光绪《黎平府志》卷5下《武备志》，《黎平府志（点校本）》下册，第1716页。

③ 光绪《黎平府志》卷2上《地理志》，《黎平府志（点校本）》下册，第1086页。

④ 杨庭硕、潘盛之编著《百苗图抄本汇编》，贵州人民出版社，2004。

⑤ 光绪《黎平府志》卷5下《武备志》，《黎平府志（点校本）》下册，第1718页。

　　对此，清廷开始进一步推动贵州东南部改土归流的进程。雍正七年（1729），清廷拓殖的范围继续扩展，瞄准了古州一带（古州，今贵州榕江。历史文献中的里外古州，包含今贵州黎平、从江、榕江的大部分区域），着手开辟"新疆"，① 设立"新疆六厅"，誓要将这片广阔的疆土完全纳入王朝的统治中。②

　　至雍正九年，苗疆初定，此番军事征服，千余寨受到波及。清廷以为可就此安定，但该地方民众的反叛却不断。其原因是多元的，既与边界地带的区位特性有关，也因清政府在此地的严苛统治，同时亦有当地族群紧密的姻亲关系建立的联结以及不同族群的联动作为支持，③ 清中后期兴起的民间教会的动乱也推波助澜，④但更重要的是当地延续已久的以侗族为主体的社会组织，例如六硐（今从江一带）、"四脚牛"，成为侗、苗等民族能够一呼百应、群起而"乱"的基础。⑤

　　其实，在咸丰元年（1851），面对不停的结伙叛乱活动，为了对地方进行有效控制，时任思南府知府的胡林翼调任黎平知府，对

---

① "按:《古州厅志》曰:古州有里外之分，自宋至元明，建寨设州，设长官司，皆外古州也，而里古州历代俱为化外生苗。雍正七年，始开辟而版籍之，以隶府属。"光绪《黎平府志》卷2上《地理志》，《黎平府志（点校本）》下册，第1088页。

② 清廷开辟"新疆"的动因、历程及"新疆六厅"的设置，可参见张应强《木材之流动:清代清水江下游地区的市场、权力与社会》，第23~28页。

③ "……又奏分兵剿抚六爽丢寨雷洞己留山白东郎诸寨捕拿逆首。查南江距黎平府城一百五六十里，东南接连湖南，西南接连广西，三省苗猺，呼吸相通，俱有姻亲。是以石金元得以奔窜容隐，先驻军前，务使首逆就缚，为一劳永逸之计划。"《大清高宗纯皇帝实录》卷141，乾隆六月下，见《清实录》，中山大学数字古籍资料库。

④ 可参考徐庆坚《太平天国时代贵州苗民起义》，《史学月刊》1959年第5期。

⑤ "黎兆勋《上何观察事宜策略》:……南路为永从六硐地方县令所有，惟一空城，此路苗匪首恶为少硐，其寨地甚险要。少硐左通四脚牛，右通八硐，前通丙妹，后抵县城，旁通古州。不剿少硐则南路定不能平，此南路之大概也。"光绪《黎平府志》卷2下《地理志》，《黎平府志（点校本）》下册，第1225页。

水口一带进行了整治。① 胡林翼认识到该地的复杂情况，开始实行保甲团练，期待以此整治地方政治，以绝后患。② 但在上述多种因素影响下，咸丰、同治年间，当地民众和清廷之间还是爆发了大规模的武装冲突，"四脚牛"所在的南江河流域正处于斗争中心。

战乱持续了三朝，在光绪初年，新任黎平知府袁开第集三省兵力才将之平复，方志有载：

> （光绪）二年，知府袁开第莅任。正月，三省会剿六硐、四脚牛，战皆捷。先是，倪应复乞楚军龚继昌、吴自发、储裕立，广西提督苏元春（镇远人），顺字营刘德顺、总兵张文德，并何东山、林国泰，率师会剿。时逆首张瑞麟、吴老贡、石大力等踞六硐、四脚牛，裹胁苗民，肆行骚扰……三、四年，屡次歼除，根株殆尽，苗疆平。③

清军最终攻下了南江河流域，苏元春幕僚徐家干详细记录了军队的遭遇，其中，对于"四脚牛"这一地方组织有较为详细的描

---

① "咸丰元年，知府胡林翼莅任，剿贼纪南坡、水口等处，皆战胜，贼退入粤。"光绪《黎平府志》卷5下《武备志》，《黎平府志（点校本）》下册，第1737页。

② "（咸丰）元年七月，接黎平府篆。黎平界连粤、楚，地杂民、苗，久为盗薮。公访查情形，亟求安辑之法。以为御外寇莫于团练，清内匪莫为保甲。严定条约，实力奉行。如本寨有人出外为盗，则责成本寨乡正、团长、牌长交人。如外寨有匪而不就援、不追捕，则责成本寨、邻寨乡正、团长，罚钱入寨充公备用，而官不经手。其乡正、团长因公来署，待以殊礼；送贼到府，给以重资。一刻不迟，一钱不花，随到随审。又因营兵捕盗，见盗即弃械先逃；差役不能捕盗，反安拿良善。乃自行招募壮勇百余人，分散游徼，如明参将沈希仪、国朝傅臬司重庵'雕剿'之法。行之半年，士民用命，盗首黄浪子等次第剪除。二三十年不见天日之区，始获安辑。"《胡文忠年谱》，任可澄、杨恩元等纂民国《贵州通志·前事志》卷22，贵州省文史研究馆点校，贵州人民出版社，1985，第506页。

③ 光绪《黎平府志》卷5下《武备志》，《黎平府志（点校本）》下册，第1756页。

述。关于何谓"四脚牛",徐家干有言:

> 地名四脚牛,初不知其何意,即执苗人问之。凡地方有事,需众会议者,则屠牛分四脚传之以为之约,因即以四脚牛名。曰水口,曰南江,曰古邦,曰高岩,号称四脚首寨,余各随所近者附之。主其寨者皆称曰"头公",而首寨头公尤见尊大。牛传毕至,相应如响,故一旦狡启,数千之众随时可集,其称伪王、将军、元帅、先锋、总理者,皆即所谓"头公"也。楚军至,踏平首寨,禽首要,余悉不战降。毋亦牛盟无主,约散而胆落矣![1]

徐家干参与平乱,所以所言虽非全然,但也未必会差太多。对于平乱过程的艰难,徐家干也详细地写了出来:

> 四脚牛苗"乱",退守蜡树坳,卡紧不可犯。光绪二年正月十四日,苏君元春领楚军千人由平架进逼九厥,距蜡树坳五里。日既夕,合命前营黄政德率勇十八人哨探形势,既抵卡,闻无人声,即有骄捷者数人猱而入,苗适晚餐,不知觉也。黄以去勇未还,恐有失,派勇报大营,即一面亲督各勇缘栅以升。黄见前勇,询知苗餐未毕,意欲乘而敝之,又虑众寡,乃伏坳右林箐,饬各以随带洋枪连环轰放。苗惊骇,相率停餐接仗,铳炮齐施,而尚不知我军多少,不敢前。正相持间,适大队驰至,砍开卡栅,一拥而入,苗败溃,我军遂据卡驻之。天明,苗忽倾巢至,更番扑斗,或败之去,又复摇旗发喊而来,自晨至日中,战凡数十次。客见将士劳惫,乃商退敌之计,

---

[1] (清)徐家干:《苗疆闻见录》,吴一文校注,贵州人民出版社,1997,第232页。

曰：苗之屡来，殆以我军人少，今拔坚卡无多杀伤，而左右苗寨又复依然完善，苗虽败，岂不欲转而侥胜；若焚其寨而毁其积聚，则我之军威震，而苗无所恋，可一战而走矣。于是，分拨二队，一出左坳旗下，一出坳前水塘，各带药弹分途迎敌。苗复败，遂焚毁旗下、水塘，并宝塘、三百、地垛、五寨、新寨、花柳塝、蜡树塝、地青塝等十寨，而苗气果慑，不敢复至。越日袭水口，二十一日取古帮，二十二日夜拔高岩，进兵九日，巨寨悉平。时有：四脚牛，皮已剥；苏军门，得三脚之谣。①

及平定之后，清廷无任何懈怠，袁开第立即在水口设了衙署，并屯军量田、制庠序、兴科举，政治、经济、文化多管齐下，力图彻底稳固在此地方的政权。

由洪州司趋南五十里，距府城东南一百二十里地，名水口。水道由古邦入广西怀远界，可通舟楫。地产杉木茶油，为商贾辐辏之区。拟于水口围筑土城墙，设立衙署，移吏目驻之。所有杖笞以下案件准其讯理。向抽之屯田，久经废弛，现已逐一清厘，拟即分拨东南路屯田于该处，酌养屯军，以资镇抚。再次第兴立义学，以化之，此四脚牛善后之长策也。②

此后，南江河流域终于被纳入王朝的管治之中，在清末再无大的动乱。

然而，正如贝思飞（Phil Billingsley）所言："边界地带的主要

---

① （清）徐家干：《苗疆闻见录》，"蜡树坳之战"，第229页。
② 此折不仅讲善后，也将水口当时作为贸易集散地的情况做了简述，并提及河道对这一区域的影响。袁开第：《请迁洪州吏目、改建永从县城启》，光绪《黎平府志》卷2上《地理志》，《黎平府志（点校本）》下册，第1090～1093页。

特征是不安全，它往往造就组织严密的团体，形成近亲相交、因循守旧的社会关系，但是他们具有流动性，比起其他人来更不顺从于'劳动的专制'。"① 南江河流域的"四脚牛"地方，似乎总要比其他地方更动荡一些，如咸同年间因与湘、桂毗邻，受白莲教和太平天国运动的影响在此地形成的"苗匪""教匪""发匪"合流之势力。在光绪朝政治稍平之后，此地方成为王朝治理体系中的一部分，且是"因乱而治"，得以从偏远成为中心。由清朝衙署、屯兵、团练辖控之地，却在后来的历史变动中，又"因治而乱"，成为辛亥年革命武装攻击的目标。

一份在水口镇岑遂村收集到的手稿，将我们带入了清末民初时的变革之中，尚未长治的"四脚牛"地区，再次被卷入兵荒马乱之中。

四脚牛遭匪蹂躏记②

（岑遂陆怀先于中华民国廿七年六月手稿）

从来四脚一土，素本弹丸之地。土瘠民贫，森山峻岭，田亩希坵。勤耕若种，民乐雍熙，手足勤劳，拮据不息，乡俗农民，全会异习。询其为盗者伊谁，询其为匪者伊谁，询其为魁首者又伊谁。

忆自穆宗皇帝以来，年过数旬，家无鼠狗之盗，里有仁原之风，此之谓朴实良民者也。岂意于宣统庚戌己酉二年，悖星叠见，天降不测之风云，人遇暂时之祸患。忽于辛亥年八月十

---

① 〔英〕贝思飞：《民国时期的土匪》，徐有威等译，上海人民出版社，2010，第27页。

② 手稿由水口的石定礼和吴通海拍摄照片并登载存留于"四脚牛南江侗族网"，可参见 http://www.sijiaoniu.com/page/article/20131123/546.html。石定礼和吴通海将手稿整理为简体字版。本书在两人整理的文字版基础上，根据原手稿照片，对一些字句做了校正。校正过程中得到了重庆大学人文社会科学高等研究院黄铭博士的协助，在此特表示感谢。

九日，湖北陆军首领，兴师起事，于武昌推倒，满清退位，恢复汉室江山。不一月，中华一十六行省，四方响应，而北伐可观。各省道阑庭等，乘隙倡乱，始于粤西柳州府怀远县，呈阳江猛团江腮江等处，采湾放召，结盟拜会，剪发先行，充当革命。继出效匪之首杨大林、吴老报、廖世德、杨安仁、李子廷、吴老三、侯兴沛、杨永芝、莫仁昌、覃老南等，其此不过数拾为群。拉生勤赎，其后遂至盈千累万，抢掠烧杀，愈集愈众，图霸僭王，自称独立，如水益深，如火益热。

于十月初九日，而动干戈，扰入予邦之内，攻入牙双。环而攻之而不胜，嗣后布攻数路，由三坡土地坳、蛤蟆岭、当俾冲血战数场，匪溃奔北。忠奋以敌其忾，凡关律隘口，朝暮梭巡，匪党不能撺扰，适中可怜亚罕寨、三山村、弄播寨、美劳村等处附近匪巢，互昆连通匪道衢，实是进退维谷，不必赘言。

至于十一月十七日纠集六合团，忠义款，并谢哨官，与廖君快枪约有壹百杆，人马总计数万。正在议军未决，逆料：刘麻子、吴老三、吴老报等，率带匪党百余人，蜂拥扑入。霎刻溃于匪人。即纵火焚新寨，小寨尽灰烬矣。况又水口衙署，皇室建封，一旦被于匪首，岂不可惨乎。是日兵多将广，无防入虎之虞。匪即驻扎于斯地。况水口乃四脚之胜地，适中所临天下之人，何不弃之大厦，扶老携稚，搬运庐生灵密箐箐幽谷。返其旄倪，穴居野处，其庐结草，搭篷栖身。所以余房屋，任匪蹂躏，搜寻掠抢，惨莫堪言。不但此也，威勒捉成，不然，擅行纵火并将老幼杀毙。近因此时，叠用羽书，详注申

上宪□请兵救援，未灵呼吁，四顾踌躇，嗟呼。不得已，只救目前之急，佯往捉匪之诚，有输投款者，有之矣。有议投款者，亦有之矣。所以屡次暗由绕道，飞赴王公顾理，揆济扶危。所恨中途从匪之人，屡传屡据。迨至公率队，始抵岑遂寨。二十九日，王公联洽俺款，协同攻入水口，破其匪巢，团

兵奏凯，而逐救得我方，数万生灵，并救若百千镪。不然，溺于匪藉［籍］者，不知其几，输于匪党者，亦不知其几。嗣至王公反后，匪风尚存，复又设立防营。亚城溪宰洋河衙署岭，广堆坳堵守搜巡，防虞流匪窜。

未暇爆竹桃符已毕，辛亥年之光景，又壬子年，正月内，匪气复炽，又窜黔疆。人人奋勇，个个争先。自恨我等地方，家资匮乏，难赎针枪，所以己流寨，古邦龙额八甲诸乡，遭火焚罄尽。又岑比寨，被匪毒毙数命。南江驻扎，煽感善人拜入匪籍，兼又掠夺资财。呜呼。望兵若渴，禁匪如汤。二十三日，匪田孖温溃散，经过返粤，岑遂岑厦，经匪蹂躏卷席无遗，并拉毙数命。二十八日，福蒙艾管带，率队至于我境，驻扎月余，匪方退潜粤地。我等地方，得以安耕，各归桑梓。此四脚之斯土，人民疾苦，加以洪匪猖獗，业经半载，贫者无路以获青蚨，富者无门以括白镪，火上交油，雪上加霜。四脚之内，被匪烧焚，十有八九，未被掠杀者，十无二三，种种祸害，深痛骨髓。

屡曾有圣天子之龙藏我邦早政虎拜。

纶音，要伊府县某，立出剿字，扫贼荡乎境，将为之人尽行斩讫，方可雪其心头之恨也。

是谨将四脚被匪扰乱情形大概累陈，俚言一篇，示后世之鉴。

在对民国土匪的研究中，贝思飞特别指出，任何政体都会污名化其政治对立者。清朝以前，寻求这种伎俩的官方记录经常使用的是盗、贼、寇这些词，但是到了 18 世纪末期，出现了"匪"这个新词。[①] 文献的记载，总能体现"国家的视角"或"当政的视

---

① 〔英〕贝思飞：《民国时期的土匪》，第 20 页。

角"，站在清王朝的立场上，时过十数载，"匪"的对象已由"苗"转为"革命党人"，尽管仍如贝思飞所言，"和世界其他地区一样，在中国，'土匪'一词传统上是损害政敌最有用的用语，不论是从前（称呼民众叛乱）还是现代（称呼国民党和共产党）都是如此"。[①]然而，叙述主体亦随之变换也是引人注目的：曾为"匪"的苗人经安顺归化，转又将"匪"这一抽象的标签，贴在了一群与时之"正统"对立的团体之上。在清季民国的动荡中，自咸同到光宣，两个辛亥年，恰一甲子，对于南江河流域"四脚牛"地方的人群，任何寻求平稳生活与"正义"的努力，都成为他们被卷入兵燹（以匪乱与平治为名）的缘由。

这份手稿中还值得注意的是地方团练作为主力与辛亥革命武装的对峙。清王朝面临内忧外患，在全国范围内推行"官督绅办"的地方民兵防御组织——团练之前，胡林翼在任黎平知府期间就实施了大规模的办保甲团练的举措。清政府借用地方力量治理地方，也从侧面凸显了地方组织形式的相对强大。[②]在手稿中，地方团练六合团、忠义款尤为醒目，这些团练不仅在辛亥时义勇当先，在咸同年间的平乱中也"战功赫赫"。[③]然而，孔飞力（Philip Alden Kuhn）观察到，胡林翼在维护地方秩序、解决地方治安问题中，采取了在地方名流的帮助下保甲和团练合编的办法，完全依赖农村中真正的权力因素，也引发了名流控制地方权力的增强。[④]在清王朝尚有力管辖地方的时期，这一办法效果显著，然而，其蕴含的力

---

① 〔英〕贝思飞：《民国时期的土匪》，第 19 页。

② 〔美〕孔飞力：《中华帝国晚期的叛乱及其敌人：1796～1864 年的军事化与社会结构》，谢亮生等译，中国社会科学出版社，2002，第 62 页。

③ 可参见光绪《黎平府志》中有关咸丰五年至七年地方团练参与御贼的记载。光绪《黎平府志》卷 5 下《武备志》，《黎平府志（点校本）》下册，第 1738～1741 页。

④ 〔美〕孔飞力：《中华帝国晚期的叛乱及其敌人：1796～1864 年的军事化与社会结构》，第 124～125 页。

量和趋势在于，地方组织的权力过度膨胀及其对地方行政的干涉。清末，地方名流势力扩大的过程中，甚至传统名流因制度变化而解体的过程中，以团练为基础的地方武装组织，转而又呈现出"地方自治"的面向。当然，面对寻求自治的地方武装，无论是国民党还是共产党的叙述谱系，仍以"匪"视之。

到了 1941 年左右，国内军政纷争，地处三省交界、临近广西的水口地区，再次陷入失政的状态。此时崛起的地方武装不再是"四脚牛"，而是杨标率领的地方部队。杨标本是土霸王，国民党有意拉拢，分了他一个"湘桂黔三省边防总司令"，实际并无钳制之力，仍然任他自由。所以只要是外部势力，不论哪个党的军队，他一律拒抗。水口既作为一个贸易重镇，聚集了不少富商，又是一个重要的战略要地，也就成为杨标反复争夺的地区之一。①

直到 1950 年，中国人民解放军才肃清了杨标盘踞在水口一带的武装势力，正式宣告解放该地区，建立起了县乡管理体制，随后便开始了土地改革运动。20 世纪 60 年代之后，和中国大多数乡村一样，该地区也进入了集体化时代，尤其是随着人民公社的建立，基层政权的进一步巩固，政治渗透进人们的日常生活，不但原有的

---

① 需要说明的是，对杨标的认识，对于理解辛亥之后到新中国成立初期，黔东南乃至三省边界地区的历史，有着重要意义。这段历史，一直是该地区历史研究中模糊的一段。国民党军伍出身的杨标以及以他为首的"黔湘桂边区游击总指挥部"，在新中国的叙述中，被视作国民党特务、土匪和武装叛乱组织，自 1945 年之后统管着黔湘桂 18 个县，1950～1951 年解放军"黎榕从合围"方被歼灭（可参见琼仁《黔湘桂边区剿匪记》，贵州人民出版社，2005；中共黎平县委党史研究室、中共榕江县委党史研究室、中共从江县委党史研究室编《黎榕从合围》，1991）。然而，对这一历史过程的认识，并不会如此"单线"，如孔飞力提到，地方团练的扩大，地方权力向士绅转移，中央政权钳制无力，地方转为无政府且寻求自治，这些问题在杨标的故事里，或有可探讨的空间，例如他与周仲良等地方名流、辛亥革命党人的接触，置入黔湘桂这一边界地区，又尤其复杂。笔者曾在黎平县档案馆收集到一些杨标与部下往来的书信、军政管理文件和告示等资料，但稍显零碎，也未及做深入解读，更多历史资料亦有待发掘，而这或许是今后汇集发微之处。

社会组织和人群结合的方式被要求按照集体化的组织方式重构，且地方权力格局也因阶级斗争的话语、公社三级组织的设立和领导干部国家任命的选任制度而受到影响。

这一时期地方上在政治层面的变化并不如我们所想的那样"上行下效"，国家的强力也遇到地方上有组织的或零散的反抗。比如阶级的话语作为一种意识形态的灌输并未完全"落地"，那些被划分为"地、富、反、坏、右"的地方权威，仍在国家所不能完全控制的层面享有人们的认可。集体的管理同样并不是那么彻底，当地人常常会在公社的分类制度下，以原有的人群结合方式行动，人们也会联合起来偷偷地"单干"或者"包产到户"。其中最出名的莫过于南江公社，其还因此获得了"难讲"公社的名号（以国家的视角）。

随着 20 世纪 80 年代初人民公社的解体和政治改革，尤其是 1987 年《村组法》的制定，村委会的设立和村主任（俗称村长）的直选，行政村又成为自治单位。基层治理以乡镇－村组开展起来。其中"四脚牛"地方的多数村寨，在乡村自治的推行下，延续了曾经以一寨为中心、多寨附和联合的形式，跨行政区划，建立起松散的自我治理组织，将地方传统权威纳入基层，与基层行政人员共同制定乡规民约参与自治，这又让我们看到了"四脚牛"曾经的影子。而 2006 年税费改革后，地方人群面对基层政府和乡村干部从地方治理中抽离、地方恶势力崛起、公共权益无法得到保护的境遇，进一步尝试发挥传统"款组织"的联合与自治作用，并尝试以现代的形式参与到基层治理中，本书将在后续章节对其复杂过程做细致探讨。

（二）都柳江疏浚与南江河流域的经济变迁

伴随雍正年间对贵州东南部武力征服、开辟"新疆"的重要事件，便是对清水江和都柳江的疏浚。对都柳江的疏浚，有运输粮食资济军需、为行军至生苗盘踞腹地的上游古州一带便利征剿和供商船通航的多重考虑。鄂尔泰在《全定古州苗疆疏》中特别言明：

> 清水江一带虽已黔楚通行，商民称便，而都江一带则阻于
> 生苗塞外……欲使都江开导直达粤西，非勒兵深入遍历各寨，
> 亦剿亦抚，则其势必至阻挠，清理终难就绪……河道现阻，更
> 属切近之忧。是以臣调两者之兵，竭二年之力，严饬将裨毋得
> 苟安，迄今夏秋，始或全定。①

河道的疏浚打通了商道，沿江的贸易往来逐渐繁盛，古州、富禄和柳州等都成了重要的商业据点，湖南、两广商贾云集。下游的食盐、糖、布匹、煤油及各种日用百货溯江而上，上游的大米、桐油、茶油、药材及木材等又沿河而下，同时大量的商业移民陆续进入贵州东南部。② 因为货物可经南江河入水口中转运入贵州腹地，水口也成为从湖南和两广入黔的重要商埠码头。

但是贸易的地利并没被当地"土著"安享，随货物而来的外地商人，陆续入驻水口，利用经济手段逐渐占据生活在水口河道附近的侗苗人群的房屋，在水口中心位置定居下来，将之发展成了一个重要的贸易集镇。整个南江河流域的人群参与水口贸易的活动通常有三种，其一是船运，据说民国时期水口码头最多可泊船35只，多属于古邦等地的村民。古邦曾有一个巨大的"三王庙"，但在20世纪50年代之后被毁坏，其残破的建庙碑文上，隐约能识别出水口、福禄（即现在的广西富禄，同是都柳江上重要的商业集镇）等地前来捐款重修的字样，其辐射的范围和参与的人群，或许也从

---

① 光绪《黎平府志》卷5下《武备志》，《黎平府志（点校本）》下册，第1723页。

② 关于都柳江的疏浚与沿江贸易的兴起，可参考王彦芸《水道开辟、土客互动与区域建构——以都柳江下游富禄镇商业化为例》，周永明主编《中国人类学》第一辑，商务印书馆，2016。

侧面印证了当地参与河道市场网络的情况。其二是木材的放运，木材生意主要掌握在水口街上的外地商人手中，[①]周边村民主要是负责砍伐和运输商人买定的树木。其三是"赶场"，水口成为一个贸易集镇后，商铺林立，几乎天天都在赶集/赶场，当时有"百日场"之称，一年四季周边的居民都会前往水口街卖山货和农产品，并购置所需。

依靠都柳江水运而从事商业活动的水口一带，其兴盛一直延续到新中国成立之初。对这一时期的商贸，水口镇精于文史的孟明兴有所述：

> 水口街是古时商埠码头，是内运外销的商品流通集散地。清末民初起，水口主要以水路交通运输为主，用木船运载货物，大的能载 1.2 吨，小的 0.5 吨~1 吨。两广输入的商品有盐巴、煤油、各种布匹、糖类（红、白糖制品）、日杂百货等等。水口输出的有生猪、大米、油类（茶油、桐油）、各种药材、竹器制品（饭篓、箩筐、晒席、各种鸟笼等）。输入的商品，外销至中潮、洪州、黎平等地区。木船运输延续到解放后的 1960 年代时终止。从此修通公路，运输主要以汽车运载货物，货源仍以两广为主，湖南次之。[②]

正是由于 20 世纪 50 年代开始的公路建设，水道运输日渐衰落，尽管水口作为周边村寨集会之地，依然吸引着周边人群在此集散和买卖，保持着农历逢三、逢八的集期，但其区位优势不复，水口一带也由于山地阻隔，道路修建不充分，反而成为闭塞

---

① 黎平县林业志办公室编《黎平县林业志》，贵州人民出版社，1989，第 187 页。其中提到民国时期水口街上有一张姓广东人在水口、双江河流域设置了"木业公司"，专门收购大杉木，放运到广东。

② 孟明兴：《水口村（街）志概述》，未刊稿。

的西部欠发达地区。其后的经济变迁如前文所述，即以农业为主，在集体化时代，经济活动被纳入国家计划经济之下，田地和粮食都不再归个人所有并自由使用，而是以集体的方式生产、提取和分配。

该地地处山区，以农业为生，资源匮乏，交通闭塞，加之固有的人地矛盾使得改革开放和放宽农业政策之后城乡之间的差距日益扩大。随着沿海一带加工业的兴起，生活于南江河流域一带的人为了讨生活，开始了外出打工的生活。及至21世纪初，打工经济基本取代了农业经济，成为该地区主要的生计方式。这一转变的副作用是人们高度地被卷入市场，生活资料和人都被商品化，使得他们生活的维持和改变都得依靠打工经济，也只能依赖打工经济。

近十年来在"西部大开发"的背景下，高速公路和高速铁路的修建将这一地区与更大的区域连接了起来，改变了其原有的闭塞境况，政府也有意挖掘和树立有地域性的民族特色，开发旅游业，依此来发展地方经济。面对被卷入市场却无法掌控的境遇，该地区的人群也希望通过产业发展来摆脱单纯依赖打工的生活。"四脚牛"作为这一地区曾经"著名"的传统社会组织，成为可供操演的文化资本和历史资源，再次被重提。仿佛经历了一个曲折循环，"四脚牛"曾经以反抗中央政权的姿态出现，如今又成为国家和地方共谋之下的"创造物"，再次回到人们的生活之中。

值得一提的是，作为都柳江支系的南江河流域，至少是从清代中期开始，随水道疏浚和地方归治，和清水江、都柳江主干道沿江地一样，逐步融入下游市场，因而在政治、经济、社会、文化、习俗等方面产生影响深远的变化。但是，当我们细考文献与记忆，南江河流域并没有凸显其作为贸易要道的特殊性，其历史既未与清水江下游地区展现的因"享清江之利"自雍正之后就积极地参与市场，文化化程度日益深入而在族群意识、社会关系和权力结构方面深刻变革的历程保持一致；[①] 亦与都柳江下游主干道地区因大量商业移民涌入，土客复杂互动引发的区域社会在权力格局、地方信仰、族群关系、节庆习俗等方面的再创造有所不同。[②] 在贵州东南部因市场扩展而引发的社会变迁的整体历史进程中，南江河流域以其"乱/治"的历史主题和"四脚牛"于其间的活跃，凸显了侗、苗等民族传统地方社会组织的强韧。因而，对于"四脚牛"的存续与变迁以及其内部分合情况的探讨，或可以理解该地方历史过程特别的一面，希望这样的探讨能够拓宽对贵州东南部社会文化认识的论域。

二　"四脚牛"——一个南江河流域"款组织"的延续与变迁

2010 年，我第一次从三江转车，沿着南江河河边崎岖的公路北上来到水口时，怀揣着明确的目标，我就是要来到光绪年间战乱频发之地，寻找当年令黔军和湘军头疼不已的地方组织"四脚牛"的踪迹。当然，当时我所有的知识储备，不过是徐家干笔下五六百字的描写和散见于《黎平府志》和《清实录》里被一笔带过的记录。

虽说不上意外，但能够在当地收集到的信息的确屈指可数，提到"四脚牛"，几乎没有人知道是什么东西，好像它从来没存在过一样，更别提那段轰轰烈烈的反抗史了。过了一阵，我跑了一些南江河流域的村寨，也知道用简单的侗语询问，于是"四脚牛"变成了"sei54 ting54 tu34"（侗语译，sei54：四；ting54：脚；tu34：

---

① 张应强：《木材之流动：清代清水江下游地区的市场、权力与社会》。
② 王彦芸：《区域的结构过程与文化创造——以都柳江下游富禄为中心的人类学研究》，博士学位论文，中山大学，2013。

牛），终于有一些老人听出了熟悉的名词，告诉我他们以前听老人讲过这个词，这一片地区，南江河流经的地方，从最北边的乍团，一直到最南边的高安，就是"四脚牛"。然后呢？老人们莞尔，却再没有更多的信息可以提供，好像记忆只剩下了简单的词句，无法连成故事。这样的词句在后来的日子里，我渐渐也收集到一些，关于定约立碑的，关于战争设营和关卡分布的，都是一两个词或零散的句子，再无更多。后来，也听到几个村寨关系的故事，时间都已模糊，却让我看到整个南江河流域确实存在着千丝万缕的联系，但关于"四脚牛"清晰的内容，依然没有显现出来。

当然，我并不只是从记忆和口传故事中去勾画"四脚牛"，也在关注当地人的具体生活、组织和社会结构。在这一层面，似乎能够更为清楚地看到在他们的口传之外"四脚牛"的延续。徐家干记载中的几个首寨，自北向南沿河分布，每个寨子都形成以该寨为核心的十几个乃至数十个村寨的联合，牙双、己流等皆是如此。这些村寨联合有事相帮、内部通婚、有统一齐聚的节日，认同清晰甚至设立了内部统一遵守的规约，俨然是"四脚牛"这一大体系下细分的地方社会组织。

2010 年我只在水口停留了 3 个月，离开时，虽然已经对当地几个大的村寨联合的基本情况有了大致的了解，但对于"四脚牛"的背景、来历和变迁等细节仍未探得更多的信息。

时隔两年，2012 年 7 月，当我再次来到水口时，大吃了一惊——"四脚牛"竟然成了一个在政府和乡间都被广为谈论的热门话题。细问之下才知道，在我离开的这两年时间，水口镇换了书记和镇长，新一任书记当年在黎平县委宣传部工作，来到水口镇之后，就想大力发展旅游，而彰显"地方文化特色"则成为旅游产业发展的前提。于是在强调"讲侗话、唱侗戏、穿侗服、弹侗琴、品侗族美食"，着力凸显侗族文化的同时，区域性的"四脚牛"文化也被挖掘出来，并被视作"民族大融合，多民族和谐共生"的水口精神的一部分，作为宣传主题重点打造。

水口政府为此事做了不少工作。他们要求下属的各村村干收集寨老或者能说会道的老人的名单，希望以座谈会的形式把他们聚集起来，了解他们听闻口传下来的有关"四脚牛"的故事；并且还专门指定了调查员，一个是水口中学的老师石定礼，一个是镇财政局的吴通海。他们两人都是当地的侗族，且早就对侗族的文化有兴趣，在此之前已经以个人名义注册了一个名为"七佰南江侗族网"①的网站，专门在上面记录有关南江一带的风土人情、传说故事和风俗。在政府的任命下，走访有了主题，他们开始到处打探有关"四脚牛"的信息。

以"四脚牛"作为关键词来搜寻，想要找到一套完整的知识体系，在一个无文字而纯凭依口传记事的地方，绝非易事。就如他们在网站上所言："为了追溯'四脚牛'的历史，我们在深入村寨进行访、问、查的过程中发现，很少人知道自己就是'四脚牛'的人。他们只说，生活中常听唱一些叙事歌，不知道编写者是谁。"

这和我当时的感觉如出一辙。不仅如此，即便因为政府的宣传，"四脚牛"成了一个热门话题，可若再深究下去，那些言谈者也说不出个所以然来。就好像"四脚牛"是个政府提出来的新事物，而非他们一贯生活于其中的存在。然而，在政府的大力动员和他们的努力下，大浪淘沙，还是发现了不少珍稀的"贝壳"。两位当地文化的热心人找到了几位能够用侗歌或朗朗上口的词句叙述出一点"四脚牛"经历的老人。从他们的记述来看，虽然其中囊括了对"四脚牛"兴衰的描述，故事的核心却还是和战争联系在了一起，这也成了弥足珍贵的地方口述文献。根据两位地方人士的整理，有关"四脚牛"的口传文献被用两种形式呈现出来，一种是

---

① 后改名为"四脚牛南江侗族网"，见 http://www.sijiaoniu.com。

汉字记侗音，也是侗人歌师常用的方法；另一种则是汉语的对译
（见表 1-1）。

表 1-1 侗歌："四脚牛"的地理位置和兴衰史

侗语口述 （汉字记侗音）	汉语对译 （石定礼、吴通海编译）
范范众卡腰舵梅嘎噶怕登独晒笑听，众卡为敏听腰表：管家公不朗甚打咯江西出，千甚万路吗透条孖南，夺甚孖南地方号，累苟累靠又累油，想透太平兑加宁当撤，撤下高岑高格鸟高"四登独"（四脚牛，下同），高"四登独"下利七十八嫩寨，村村寨寨摆利活。高牛营上尾鸟高岩得，压忙登借归龙念光兑，压忙登化牙双念光瓮，嫩胸大中鸟甚南，少宁喔蓓到鸟四登囊，杠"四登独"娘团结，到"四登独"管利况，管利七十八寨团户那，侗苗噶瑶细喜利，同赛一坤嫩衙门，宁团地捻嫩拜况，杠透朝中道光皇……	相传 14 世纪中期（洪武年间），"四脚牛"的先祖从江西吉安举家移迁贵州，千里迢迢来到黎平东南方向的幽静深邃的南江河流域一带。这里山清水秀，景色宜人，物产丰富，是人们安居的好地方。于是，先祖们分居在以南江河为脊梁骨的"四脚牛"山境内。他们有的到牛首"营上"一带居住，有的到牛尾巴"高岩"方向落居，有的到牛左两腿归龙和"光兑"居住，还有的到牛右两腿牙双和光瓮落居。只剩下族长及老小等七佰人（后人称"七佰南江"）居住在"四脚牛"心脏南江"三告"，分布均匀合理，一共有七十八个村寨。七十八寨中有侗族、苗族、汉族和瑶族等各种民族。三四百年后，各村各寨人口增多，家业兴旺发达，老人小孩怡然自得，各民族团结一心，形成了一个强大的少数民族部落——"四脚牛"部落。富强、团结、易守难攻的"四脚牛"名声远扬，直至惊动朝廷，让道光皇帝都忧心忡忡。
透嗝亥年念春闷地乱，管故压忙细杀宁，官府强盗扫洗舵，笨卯为恶舵地方，派将派兵四方守，千军万马骂怕"四脚牛"，七十八寨下盖笑，高牛甚甲为宁头，闷烤盖困单，占烤盖砍独，兵将滚计转败谋，谋利计策又转将，对囊骂解射高牛，四单抖怕下难极，牙双献计朽抖湖，三百岑多补抖怕，六百压垮害空宁，千格高牛宁补歪，五百尾牛补补雍，岑甚滚董补抖盗，盗透归伯亚罕烂败那，三百水口补抖怕，百你己流言都空，七百南江舵当大，嘎树嘎压怕金刃，怕透务孖收兵洽，嘎乃为揽对嫩甚引踏，怕了六十六寨揽败囊，盖俄习怒怕克道光皇帝闷地太平乱。梅嘎蒙噶怕甚舵透乃，舵梅嘎乃报后人。	到 1851 年（辛亥年），官府严重腐败，天下大乱，到处滥杀无辜。"四脚牛"部落一样在劫难逃。这年春三月，官府派千军万马进攻"四脚牛"部落，尽管"四脚牛"的七十八寨地理位置险要，易守难攻，但听说是官兵来打，大家都十分地害怕。于是，居住在"四脚牛"心脏的南江"三告"的族长首先召集居住在牛首"营上"的首领来南江寨商议对策。两人商议达成一致后，火速通知"四脚牛"其他各寨寨老到南江集中，人员到齐后立即部署防敌大事：为了"四脚牛"老小平安，财产不受损，凡年轻力壮的男子，均要出力奋战，都要做好应战准备，各寨还要建立烽火台，以烟火为信号，官兵攻打哪寨哪寨就点燃烟火，其他村落

续表

侗语口述 （汉字记侗音）	汉语对译 （石定礼、吴通海编译）
	看到信号必须立即集中信号发出地点，齐心协力应战抵抗。刚刚部署完毕，各寨老有的还没回到寨上，官兵就四处大举进攻。"四脚牛"的青壮年男子们，在武将首领的统一指挥和带领下，坚守阵地，团结抵抗，打退了官兵一次又一次进兵。官兵失败后，就回去商量进攻对策。不久，四十牙双寨有一个软弱的人，他想投靠官兵，在城墙上给探子架设高梯，让探子进寨，打开寨门。于是大兵首先攻入牙双，烧毁修得很牢固的牙双寨门楼后，就血洗牙双寨，抢杀三佰独坡，六佰亚垮的老人小孩全被杀光，接着千户"营上"一带被攻破。牛首千户"营上"被攻破后，"四脚牛"牛尾五佰高岩、滚懂、地坪，还有归迫亚罕也不例外，被打得惨不忍睹，狼烟四起；三佰水口、佰二己流、金池、几埃以及居在中心位置的七佰南江都一样被洗劫一空。那些穷凶极恶的官兵们一直打到务孖寨上才收兵离开。这次惨绝人寰的大屠杀中，"四脚牛"部落一共有六十八个村寨遭难。余下的人民看到"四脚牛"大地一片幽暗，天日昏黄，百草枯死，飞鸟无处可栖，在天上乱窜，许多怪兽争斗激烈，失群狂奔；听到明凤悲号，无不痛苦至极，他们多么渴望有明君推翻当道的道光皇帝，以求得天下太平。

资料来源：四脚牛南江侗族网。

对于这个版本，两位收集者坦言是"以民间口传为客观事实依据，综合了各种说法进行编写的"。侗语的部分相对精练，是基于一个已经比较完整的母本，结合一些别处听来的相类似的片断，增补串联而成。汉译的内容则多了许多解释，对之进行了小说化和艺术化的处理。艺术化的处理写意而不写实，多了许多渲染气氛的文字，是为了烘托他们所要表达的内容之惨烈，但陈述的脉络并无偏颇。

而文中出现的"少数民族部落"这样的概念，则和两位编译者的知识构成有关，"少数民族"自然是指他们自己，放在语境中讲虽然不合，但在现有的国家民族划分中确实如此，他们只是袭用了当下的话语。而"部落"，似是当地人对于村寨联合的一种普遍定位，我听到不少人讲这些村寨联合，比如七佰南江、佰二己流、三佰水口，其实就是一个个的部落，因而这个词也要从他们对于自身所处村寨联合的认识来理解，而非其一般化的含义①。至于翻译的内容超出侗语所指，则是因为他们收集的材料过度片断化所致。那些关于村寨联合商议、寨老订约、点燃烟火的情节，在不同的地方都有类似的片断化记忆，构成了一个故事的"原型"，而他们在翻译中，对简单的几句侗歌词句的内容进行了扩充。

在面对地方历史的时候，我们通常要处理三重混融的历史叙事：官方的、本土/政权导向的和本土/民间导向的。即便将上述经过后人修饰的口传内容还原为相对简单的侗语叙述，也能察觉到其中两重逻辑的叠加：一重是"四脚牛＋兵燹"的治乱/乱治的历史，一重是"四脚牛＋迁徙建基分拓"的根基历史。

西佛曼和格里福在对爱尔兰汤马斯镇的历史人类学研究中意识到，一个地方的历史，常常因地方经验而与该地方所属地区的"民族/国家的历史"迥异，那些在历史学家看来重要的"过去"，或被地方人群遗忘，地方人群则会根据他们自身的文化脉络和观念体系，构建和认识自己的历史。② 这指涉的是历史的主体是谁，以及历史究竟为何的问题。

带着这样的问题意识，我们势必会反思为何在崇尚口传的侗人中，过去不过百年的兵燹历史以及"四脚牛"的聚合，会被淡忘。

---

① 即所谓"原始社会民众由若干血缘相近的宗族或氏族聚合成的集体"。
② 〔加〕玛丽莲·西佛曼、〔加〕P. H. 格里福编《走进历史田野：历史人类学的爱尔兰史个案研究》，贾士蘅译，台北：麦田出版股份有限公司，1999，第15～16页。

观照已有的文本，与兵燹相伴的是地方历经侵扰和苦难的历程，苦难通常会成为记忆中最根深蒂固的部分。我在后续的口述史访谈中却发现，对于"四脚牛＋兵燹"的治乱/乱治的历史尽管零散地出现，但并未成为流传的主题，反而是南江河流域"四脚牛"所囊括的不同的村寨联合之间的分合关系，成为记忆的主流。

针对这一问题，人类学和历史学相互砥砺，不仅强调口述历史和历史记忆研究的重要性，还提出将口述历史与历史记忆——那些在地方流传的、广为认识的乃至具有教育意义的、被认为是"故事"的内容——视作一种历史的"文类"，通过收集和比较，并结合地方社会文化脉络，探讨其中蕴含的"历史心性"①、"口承传统"②或"深层结构"③，由此揭示人群如何通过绵延的超时间性的文化意识、社会理想和生命体验"为过去赋权"。

具体而言，人们对于"四脚牛"的记忆已逐渐淡化，以至于在我调查期间，除了些许的片断，少有人知道"四脚牛"为何。但是"四脚牛"内部的小款组织的结构方式和人群交往的规则，却一直延续下来。他们不仅将"四脚牛"内部的运作以实际的行动（仪式、节庆、婚俗等）而非"固定的知识"记忆下来，还通过特有的表述历史的方式，建立起过去和当下的联系，蕴含在他们的历史故事中的价值和理念，成为他们有关人群关系的实践的指导。

---

① "我以'历史心性'指称人们由社会中得到的一种有关历史与时间的文化概念……在此文化概念下，人们循着一固定模式去回忆与建构'历史'。"参见王明珂《历史事实、历史记忆与历史心性》，《历史研究》2001 年第 5 期。

② "如果我们将自身定位为口承传统的研究者，那么，我们的关注点，就不是故事的哪个情节是真的，哪个情节是假的这些问题，而是亦真亦幻的'故事'在口口相传中如何造就一个'文化的圈子'。"参见王铭铭《口述史·口承传统·人生史》，《西南民族大学学报》（人文社会科学版）2008 年第 2 期。

③ 王晴佳、古伟瀛：《后现代与历史学：中西比较》，山东大学出版社，2006，第 105～111 页。

第二节 "四脚牛"内部的组织及其运作

——历史片断与历史记忆的同构

一 "四脚牛"的内部组织结构

虽然文字和口述的文献简单地勾画出"四脚牛"的"经历",但对于了解其结构和组织运作其实并无太多帮助。可知的只是:(1)它是一个囊括南江河流域的村寨群;(2)村寨群中包含着多族群;(3)凭依一个相同祖先的起源传说,村寨群以"四脚牛"为单位形成内部凝聚力。

对于"四脚牛",后来的学者都将之视作一个"侗款组织"。类似被定义为侗款组织的村寨群的联合,在贵州、湖南和广西的侗族地区十分常见,如六洞、九洞、千三、千七等。

现在学者常用以指代侗族地区社会组织的"款组织",是结合了侗人自称、他们的实际生活组织方式和外来者的观察与记录的结果。对此,还有几点有必要说明,使我在后面对南江实际生活的论述能够放到一个更具灵活性而非套用"款"之僵化概念的情境中去。第一,与其说款组织是侗人的一种社会组织,不如说是侗人社会运作的基本方式,换言之,即侗人生活所凭依的原则的理想化的组织图式。他们的生活实践,未必时时都以规整的款组织的形式开展,但是事无大小,都是以聚众民主讨论、自然生成有权威无实权的领袖指导、制定规约的方式来实现的。第二,虽然款组织被冠以"侗款"之名,但它主要是一种基于地缘而非族群身份的组织。在苗族、瑶族聚居的地区,也有类似的组织,或言社会运作的方式,皆以其族群语言记之,如苗族的"议郎"、瑶族的"石牌",只是在侗族聚居区,它被称为款组织。因而我们也会看到,"四脚牛"这一款组织里面也包括少量的苗族、瑶族、水族聚落。第三,款组织和侗人其他的社会组织关系紧密，亲属群体、村寨群体和村寨联合作为一些侗人结群的社会结构性范畴，构成款组织及其运作的基础。结合上一点，甚至可以说，他们都是按照款组织所代表的一种社会运作的理念来活动的，款内含于其中。而这些社会组织，可将其看作同一社会理念在不同层级上的表达，从亲属到寨到村再到村寨联合，是一种层级上推、空间扩大而又相互牵连的作用模式。第四，侗人解决纠纷和讨论事务尊崇一种朴素的民主形式，领袖人物通过能言善道、办事公平等标准公推产生，事情以少数服从多数来决定，故在对外显示出的"团结"之下，其内部仍有极大的不一致性和矛盾。所以要从具体人物、事件和情境出发，方能展现其内部的复杂性。

"四脚牛"作为一个整体，多限于咸同年间清廷大规模武力征服时留下的记录和记忆，其内部的分化，或才是在非常时期之外当地生活的一般运作单位。南江、水口、高岩、古邦等寨，徐家干的文字中有提及，是为首寨，而本书表1-1的侗词中，亦提到三佰水口、佰二己流、五佰高岩、六佰亚垮、七佰南江、金池己埃。其所指称的，不仅是个别的单一村寨，而是以这些村寨为中心的村寨群，或曰村寨联合。务赖村的吴成良老先生，曾口述了一段侗词，时间模糊，专讲这些村寨联合（见表1-2）。

表1-2 关于村寨联合的侗语口述及其汉语对译

侗语口述（汉字记侗音，个别汉侗同音）	汉语对译
四十牙双边王侯	四十牙双边关候
三百西口守地边	三佰水口守田园（田坝）
百你己流守广瓮	佰二己流守广瓮（坳，地名）
百你金习守广当	佰二金池广当（地名）行
百你孖南应广九守广书	佰二南江堵九坳（南江界的第九个坳）
	又要驻守广书坪（地名）
百你金习应广腊	金池再加广腊坳（地名）
百你孖南加广共	南江还守广共林（地名）

按照口述者的解释，这些侗词是以前老人传下来的，本来很丰富，现在只能记得这些片断，内容是以前有外敌来犯时，整个"四脚牛"地区守卫重要关卡的安排。守卫的地点，均是山谷间的坳地，然而模糊的时间，未必真的能和咸同年间的战乱对上号，且在访得这段侗词后不久，吴成良老先生便驾鹤西去，再无深追的可能。

不过，不单出现在吴老先生的口述片断、表1-1的款词和徐家干的记述中，这些在一个寨名前冠以数字（如七佰、三佰、佰二等）的村寨联合，时至今日仍然鲜活地存在。限于时间及精力，我并没有走完南江河流域全境，但对于几个主要的村寨联合的情况，还是有了大概的了解。在此做铺陈比较，或可以看到"四脚牛"内部的具体运作和南江河流域之中人群生活的实际单位。

七佰南江

七佰南江包括（水口镇的）高寨、岑烂、岑吾、务孖、务赧、归仁、己信、八劳、宰洋、宰直、东郎和金抗12个侗寨。早在一块立于咸丰元年的"万古章程"石碑上，七佰南江以"七佰大口"的形式出现，碑文之章程，正用于约束七佰南江所囊括的村寨。及至1983年，七佰南江各村干部与群众联合起来将商定好的"七佰南江乡规民约"刻于此碑之另一面。七佰南江作为一个整合体，一直是他们自我认同的概念。就集体活动来说，七佰南江并无三佰水口那样规整。20世纪60年代以前，每逢中秋各寨之人就会集于南江村举行斗牛活动，但后来中断并未再复办。直到2006年才又打造出"七佰南江民间文化艺术节"，确定此后每隔三年举行一次，地点并不固定，第一届之后都由抽签来决定。第一届定在南江，也算尊重和确立南江作为核心的地位，第二届在己信。这个活动和水口的比起来要新得多，而且七佰南江并非只有一个共同供奉的萨坛，而是每个寨子各有萨坛各自拜祭。南江有一个"石牛坪"，传说是历来各处寨老相聚议事的场所，如今已经被沙泥淹没。通过描述这个石牛坪，南江村人还有另一番暗示，即南江在七

佰南江中的地位非常重要。接续这种证明方式，南江村还将自己的
核心地位辐射到整个南江河流域。他们认为南江实为这一流域的
"政治中心"，而"三佰水口""二佰古邦""佰二己流"处于南江
的从属地位。这种看法并非南江人以自我为中心的表达，在上述几
个地方，的确也有类似的说法。

图 1-1　位于南江村中的款约碑

图 1-2　款约碑正面"万古章程"

三佰水口

三佰水口如今由 24 个寨子组成，依照现在的行政区划，它们分属水口镇和雷洞乡，包括属水口镇的对门江、新寨、河口、甲对、金岩、滚干、岑比、新言、滚正和属于雷洞乡的归格、美样、必义（苗）、厦头（苗）、己敏（苗）、美老、弄大、弄格、归赧、岑显、己马、三山（瑶）、戏劳（水）、王兔（水）、厦米。[①] 按照我在前文所述，当地人相信水口本有 300 户，后来逐渐分出，形成了如今 24 个寨子的格局。

三佰水口的寨子之间在平日里鲜有集体性的活动，难以看出他们是一个联合体。只有到了正月间，这种联合的关系才显露出来：一是以村落为单位的彼此间的做客，二是 24 个寨子共同参加的三佰水口祭萨活动。我在这里要详细说明的是后者。"萨"信仰在侗族地区非常常见，"萨"为侗语之音译，侗语意思为"祖母""奶奶"，所以用汉语附会后，也有许多地区将之称为圣母娘娘，作为侗人的至高神，几乎在每个寨子都能见到供奉萨的萨坛或萨堂，每逢农历初一、十五上香，正月初一全寨拜祭，以求庇佑。

三佰水口并不是寨寨有萨坛，而是在新寨有一个总萨坛，祭萨的活动据说自此地有人落户便已开始，而现在所见之萨坛，据老人回忆修建于 80 年前。此处有萨坛而别处没有的情况，成了当地人确定三佰水口的确是由此地（新寨）分出去的凭据。新寨、对门江和河口村对这个萨坛拥有管理权，因为他们认定自己祖上为最早落户于水口的人，而今日分离之格局，则是汉商在水口发展贸易和定居占地的结果，当然这属于另一个故事。因为三寨所宣称祖宗之地位，因而享有"父寨"之身份，三佰水口其余各寨，是为"子寨"。正月初八的芦笙节，相传古已有之，每隔一年举行一次。本来时间只定在正月，需当地会看日子的师傅选定吉日后通知各寨，

---

① 寨名后括号中标明的是现今民族识别后的族属，未做说明的均为侗寨，下同。

后因过于烦琐而于 2003 年经共同商议后固定于正月初八这一日举行。父与子地位上的区分在这一日尤其明显，芦笙坪位于萨坛之前，被视为神圣之地，需待三父寨先进入后，其余各寨才能陆续进入。三寨的寨老可悉数参与活动，子寨只能派一二代表参与。

二佰古邦

二佰古邦包括古邦、亚改、亚罕（苗）、德过、起凡（苗）、美更、思故、平金和弄播（瑶）9 个村子共 22 个自然寨，古邦是这些寨子的父寨。古邦的集体活动在农历八月十五举行，起源于何时已难以追溯，活动也是隔年举行一次，每次两天，第一天是全寨集合于古邦芦笙坪赛芦笙，第二天则是在村子另一头的坪地上"赶坪子"①。作为父寨，古邦不仅要承担起组织活动的责任，也要做好接待各子寨的工作，主要就是准备甜酒以飨芦笙队伍。子寨若是不按时前来，就会受到其他各寨的责难。我在调查期间，有机会参加农历八月十五的活动，亚罕就在未通知各寨的情况下没来参加。虽然我未看到结果，但在离开前，古邦已经和各寨在商议惩罚亚罕的事情。古邦人自然也言称其余各寨是本寨人分出去而形成的，但彼此依然通婚，保持着密切联系。

佰二己流

佰二己流，全称为"一佰二己流"，包括己流、青塝、迫东、花柳和水塘几个村寨。佰二己流在 1997 年的时候聚集几个村子捐款在己流村重建了飞山庙和萨坛，并于次年正月以庆祝两建筑落成为名，在己流举行了为期三日的"佰二己流大庆典"，几个村子悉数到齐，着盛装吹芦笙、踩歌堂。不仅如此，镇上搞大型活动时，这些村子亦以佰二己流为单位参加。例如 2012 年国庆期间举行的水口镇篮球赛，他们就以"佰二己流联队"的名义，从各村寨抽选年轻小伙参加。

---

① 赶坪子，即姑娘围坐唱侗歌。其他各寨也可以派姑娘前来参加。

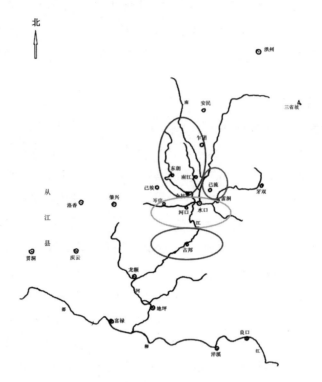

图 1 - 3　七佰南江、佰二几流、三佰水口、二佰古邦分布示意

　　这样的村寨联合，成为当地人寻找归属、保持认同的生活实践的具体单位。然而认同形成了一种彼此紧张的对立关系，强调内部通婚、彼此不通婚的习俗和道德强制一直发生着作用，更让这种对立变得不可弥合。因而"四脚牛"对外显示出的"团结"和其内部的分化对立在同一空间不同时间中并行地被展示出来，更显出这种矛盾之尖锐，也凸显了"款"之理念下人群生活实际的复杂性。

二　村寨联合的关系：凝聚与分立

　　关于这些村寨联合的创生，只能依靠片断化的侗词去了解，然其何以按照如此安排，实在无据可考，只能说在黔东南，类似的村寨联合甚为普遍，却都无确凿的资料可供探究。对于其内聚力和认同的生成，或可从通婚关系、仪式节庆来理解。

（一）通过传说界定的通婚禁忌

追根溯源讨论通婚圈的确立与村寨联合的划分之间的关系，如同讨论先有鸡还是先有蛋的问题一样，并无益于我们了解当地的实情。但可以凭依事实断言的是，这种村寨联合内部通婚而彼此之间禁婚的习俗，在当地人的生活和观念中，已经根深蒂固。仍需一提的是，侗人崇尚姑舅表婚，外来的不同管理者屡禁不止，这和通婚圈及村寨群边界的树立彼此影响，难分因果，但确是一个值得关注的方面。

村寨联合内部通婚由来已久，再加上"亲上加亲"的姑舅表婚的盛行，以七佰南江为例，整个九村十二寨的人，即便不是房族兄弟，也都是亲戚。在乡土社会，亲属群体是人们生活的重要依赖，侗人生活中的大事小事，都需要亲属群体的协作帮忙，因而他们对于亲属关系尤为重视。七佰南江乃至其他村寨联合能够凝聚起来，其内部广泛而复杂的亲属关系的联结可以说为之打下了深厚的基础。村寨联合之间的禁婚，斩断了建立认同需凭依的原生性的联系，也就使得这些村寨联合被人为分隔起来。然而，村寨联合之间不仅有分隔，还存在一种紧张的对抗关系，这就要从回答"它们何以彼此禁婚"讲起。这个问题与南江有关，而南江人也讲述了三个传说故事。

第一则。听老人讲，以前，南江、己流、水口之间都是可以结亲的。但当时是规定好了接亲时送礼挑担子的数量，都由南江来定，来南江挑数最多，去己流和水口挑数就少（南江60挑、水口50挑、己流40挑）。后来己流和水口的人就觉得南江人太霸道，觉得不公平，都想自己来定挑数，那干脆就分开搞。于是三个地方的寨老就聚到一起，开了个会，商定了从此以后彼此不结亲了，各自内部结，各自内部管理挑数。

第二则。以前南江和己流之间是结亲的，离得近嘛，翻过山就到了，田都紧挨着。但是从己流嫁到南江的，都是长相俊俏的女孩子，而南江嫁到己流那边的，都是长得有点丑的女孩。己流的人就不愿意了，于是两边的寨老就到岭上，就是宰洋背后上去的山头，翻过去就是己流地界了，聚在那里互相商定立了约，己流那边的寨老就说以后己流再不把女孩嫁到南江这边了，据说还放了块石头为证。从此以后南江和己流就不结亲了。

第三则。以前南江和己流之间是结亲的。后来不结亲，是因为一件关于牛的纷争的事情。有一天，南江村有个人跑到了己流那边，进了寨子，见到个人，就问："哎，那个谁谁谁在不在家啊？"那人说不在，南江人就说："哦，那我把他牛借一下啊。"那人一听，以为是亲戚，就没多管，任他把牛牵走了。牛主人回来一听说，纳闷儿，那人我不认识啊，心想坏了，肯定是来骗他的牛的，于是赶忙追去了南江。到了南江，他便一户户地看过去，果然看到了自家的牛就在一户的房子里，于是就冲上去要牛。他刚进到屋里，还未张口，那骗牛的南江人就热情地迎接了过来，要他坐下准备吃饭。己流人就说要他的牛，南江人说你不急嘛，来了这里不吃顿饭喝点酒，怎么行呢，什么事我们吃好喝足了细讲。说着还叫来几个人陪酒。己流人禁不住劝，就坐下喝起酒来，正在喝酒的当间，那个南江人赶忙跑下去召集房族的人立即把牛宰了，就在村子中间的一块坪子上面杀牛，并嘱咐说通知全村的人，妇女都围起来哭，杀了的牛到时候全村人平分。这么说妥了，才又回来吃酒。看着吃得差不多了，那边牛也杀起了，于是他就慢慢地问那己流人："你说你要你的牛，你有什么凭证？"己流人就说："我的牛我当然认得，就在你家屋头下面拴着呢。"南江人就说："那我领你下去看，如果没有，我可要告你诬陷人。"说罢就带着己流人下了楼，己流人一看，傻了眼，是有一头牛没错，但已经不是他那头了。他急了，说："我来的时候才看到的，一定是你趁着喝酒又把它藏起来了。"南江人两手一摊，说："那好嘛，全村你一家家找，看能不能找到。"己流人一听，就一家一家挨着看，可怎么也找不到他的牛，他倒是发现了村中坪子的异常，围着一大堆哭喊的女人。己流人心里生疑，想要过去一探究竟，随行的南江人却告知，那是村里老人死了，妇女们在哭丧。己流人恐不好也不吉利，遂没有过去查看。这样转了一圈下来，没有收获。南江人倒得意了，说："你大白天来找我麻烦，冤枉好人，我不和你计较，你赶紧回去吧。"己流人空口无凭，有冤无处说，只好生着气回去了。但南江平白无故分吃牛肉的事情还是传了出去，回到村子的己流人也听说了，这才恍然大悟，原来上了南江人的当。对此，他十分生气，将自己的牛被南江人骗去吃了的事情详细地告诉了寨老和寨众。己流众人听了无不愤怒，认为南江人太狡诈太坏了，于是决定以后再也不与南江人结亲。大家一致决定了，己流的寨老就找南江的寨老到接壤的山头上商定，立了约，从此彼此再也不结亲了。

这样的口传故事，自然不能说是真实发生的事情，即便说是后来人编造的，也没有依据否认。但故事所传递的信息，以及故事本身流传的广泛性（南江不少人都知道这几个故事，只是版本稍有出入），却赋予故事本身以意义。这几个口传故事，有着比较相近的逻辑，几乎同样有"结亲—南江霸道—交恶—不结亲"这样的主轴，只是以不同的故事表现了出来。可以说，这些故事，无论本身的真假，为众人认可、接受并传述，是因为它们成为村寨联合之间紧张关系的投射。进一步说，彼此不通婚的村寨联合之间，并未因没有亲属的瓜葛而分立开来，各行其是，反而借着不通婚建立起的文化语境，将彼此置入一种不满和对立的关系之中。

在生活实践中，村寨联合之间的婚姻禁忌，使得生活在其中的侗人面对着严苛的舆论压力。在七佰南江，人们普遍认为，如果一个男孩子在七佰南江内部的村寨找不到老婆，而要跑到外面去找，那么就说明这个男孩子还有他家里没本事，全家人都会被村里乃至全七佰南江的人看不起。即便话说得如此密不透风，对禁忌的强调也俨然一副绝不可违反的样子，我还是想看看事实上是否有特例存在。在追问下，我了解到了两种情况。

有一个岑吾寨的大学生，叫吴顺文，我和他交流多，就问他："现在出去打工多了，在外面谈起恋爱来了，家里人也难干涉吧？"他的回答和我的预设恰恰相反，他告诉我："现在虽然外出的人多了，但是年轻人在外面打工的，也是找七佰南江的，或者是早早在家看好了，或者是家里父母负责为他们决定。"他平时放假，经常帮母亲干活，妇女们有什么活路做，都是三五结伴一起干的，干活中就会传递各种听来的信息，而且在家里，妇女对于婚姻有着非比寻常的影响力。他就听说有一个南江的男孩，找了己流的女孩，都准备结婚了，本来都是偷偷背着家里的，但是在外面有人知道了，又传回家里，在妇女的言谈间，一下子全七佰南江的都差不多知道完了。她们极为反对，给男孩家造成了很大压力，后来婚事就没有成。吴顺文说，如果出了这样的事（指找七佰南江之外的人结亲），妇女们就会有很多闲言碎语，当事人受不了这些闲话（搞不成）。另一种情况与信仰和子嗣有关，我了解到两个个案，内容并不翔实，都是已经成婚的，一个是南江和己流的，一个是南江和水口的，告诉我的是岑吾寨上的老人，他们似乎并不愿意过多地谈论，只是告诉我，和外面结亲了，不吉利，对家庭也不好。讲到这儿，他们言简意赅地告诉我了这两个事例，说他们婚是结了，但结果都不好，一直没有男孩出生，家里也不清吉，老是出事，后来那个和已流人结婚的男人还是离了婚，回南江找了老婆。他们用模糊的事例暗示着打破了婚姻禁忌可能带来的恶果，从而强化着通婚圈的界限。

（二）节庆仪式的凝聚功能和规范

节庆仪式是村寨联合对内构建认同、对外彰显其团结最为直接有效的方式。每一个村寨联合，都有其内部所有村寨共同参与的节庆。水口有隔年一次的正月祭萨芦笙节，已流有大庆典，古邦有隔年一次的八月十五芦笙节，南江则有文化艺术节。这些村寨联合的集体节庆活动，有的包含着信仰的因素，如水口和古邦，其村寨芦笙队集中时，都要首先拜祭他们共同祭祀的萨母神，继而才开展节庆的其他活动；有的则没有这层含义，只是集中起来举行庆典，其中不仅有吹芦笙，更有唱侗歌、踩歌堂等文艺内容。从功能性上讲，这类活动为村寨联合内部人群的认同凝聚提供了卓有成效的情境。首先，它制造出了区隔，这是一个准入与否的问题。每个村寨联合的节庆活动，都有规定好的时间、地点、形式，村寨联合之外的村寨，即便想来参加也不允，只能是过来看看热闹，而村寨联合之内的所有村寨，则必须参加规定好的活动，并提前准备，不来反而要受到惩罚。

其次，它提供了交往和互动的机会。村寨联合，虽为联合，但因为山地隔阻，日常的交往通常是亲戚之间的大小红事白事，或是两个寨子芦笙队之间的做客，人群基本的活动空间仍是在各自的村寨内部，而这种集体节庆，是所有村寨男女老少全体参与的活动。那些虽属同一个村寨联合，却彼此不认得的人不在少数，借着节庆混个脸熟，也为之后的婚姻缔结做了铺垫。

再次，这类节庆通过仪式象征性地确立了村寨联合内部一直存在的父子寨关系（它以象征性的父子关系确立了村寨联合创基以来的内在紧密关联）。每一个村寨联合，其命名方式都是"数字＋一个村子的名称"，数字暂不论，只说这个村子，按照他们普遍的说法，即是最早落基之所在。其后因为人口渐长，田土有限，不得已必须向外迁徙，另建聚落，但这个最早的建基寨子，仍为向心所在。由于多是子孙外分、祖父留守，故分出去的村寨即为"子寨"，而建基的寨子即是"父寨"，以血脉关系的比喻，建立并铭记了村寨联合之间的根深蒂固的原生联系。节庆活动，一般都强调要在父寨举办，如二佰古邦和三佰水口，已经形成了传统，每一次芦笙节和祭萨，都分别要在古邦村和水口村举行，古邦有一直保留下来的芦笙坪子，专供所有村寨芦笙队赛芦笙，而水口则有一个公共的萨坛以供祭祀。南江和己流稍有不同，他们考虑到每次举办这样的集体活动，参与人数众多，父寨每每负责接待事宜，消耗财力人力巨大，负担过于沉重，于是商议轮流承办，但第一次一定要在父寨，即各自在南江和己流举办，之后选出下一届承办的村寨。

　　南江、己流与水口、古邦活动举办地点的流动与固定，并不影响他们各自对于父子寨关系的确认。但这种区别，值得一谈，有利于我们更为全面地理解这些集体的节庆活动。虽说这类活动，举办者在言谈间总在彰显其传统的一面，至于是否古已有之，仍待商榷。因为至少是在可考的近百年间，节庆活动就经历了为期不短的中断，即是说，这些活动都是在近二三十年里陆续"复兴"的。因此，前文所做的功能性分析，也必须将其放置在近二三十年的情境中去理解，而不能将之视为一种贯穿历史始终的效力。古邦和水口一直强调节庆活动有传统可以凭依（前者讲有古老的芦笙坪，后者讲有古老的总萨坛），可以回忆到"文革"之前仍然在举行，虽然因为接连不断的政治运动，未必能够隔年一次如期举行，只是在"文革"前后停办了近二十年，"文革"之后，政策放宽，便又蔚然兴起。活动举办的形式也和以前没有大的区别，以赛芦笙为主要内容。南江和己流则不然，他们对于以前是否有这样大的节日没有太多的记忆，只说以前也有聚在一起搞活动，但和现在的形式不太一样，以前要么是在一起斗牛，要么只是吹吹芦笙。但现在，这些节庆几乎成了侗人文艺的大联欢，侗歌、芦笙、踩歌堂乃至篮球赛，无所不包。这或许和南江、己流的活动没有传统可供参照，而是"创制"出来的结果有关。这两个地方举行节庆，都有其动机。己流的"佰二己流大庆典"，是借着己流村萨坛和另一个庙重修落成举办的，类似水口，一个共同祭拜的神灵成为契机。南江则没有这方面的凭依，他们举办庆典的原因有着黔东南旅游开发的背景，如其在网站上的宣传所言："为了弘扬七佰南江文化，打造侗族生态旅游品牌，在水口镇人民政府的关怀下，由七佰南江民间文化协会筹备，于2006年农历十二月十九日举办第一届'七佰南江民间文化艺术节'。"可以说，七佰南江的节庆，在这几个村寨联合中，是最"无根"的一个，但从结果导向上来看，这并不影响我在前文对之进行的功能性分析。只能说这些热热闹闹的村寨联合的集体节庆，从发生学的角度来看，充满了差异性和复杂性，仅从其自身和传统来理解只是管中窥豹，更多需要从经济文化的大背景和政治等多方面去体察。

事实上，虽然南江节庆的动机最为直白，但其他几个地方的节庆，无不被置入旅游开发的背景中。古邦的芦笙节，邀请了省、州、县的政府官员和媒体前来参加；水口的祭萨也在网络上进行宣传。只是这两个地方的节庆，持续的时间长，已经形成自己的特色和"品牌"，而南江和己流的活动，经历的是一个从无到有的过程，难免需要包装，于是呈现出侗族文化大杂烩的面貌。然而就以2004年己流举办第一届大庆典开始观察，几个同中有异的节庆，正在沿着不同的脉络发展。水口的祭萨可以说是最平稳的一个，成为水口镇旅游宣传的一个重要部分，有政府的协助，活动一直如期举行。古邦的芦笙节也在如期举行，但要面对其内部的矛盾，二佰古邦中草庙村寨亚罕的执意退出，是对传统的一次直接挑战，节日的认同构建和族群的认同构建针锋相对，尚无结果。己流和南江的节庆，因其给承办寨带来的沉重负担和村寨联合内部村寨在人口、整体财力上的不平均，已经难以为继。己流的庆典只办了那么一届，第二届原本商量好了去花柳村，却因为花柳是小村承接不了而停办了。南江文化节在己信办了第二届，第三届本决定去务粮，却因其和花柳一样，力有所不逮，推了一年又一年。但是七佰南江借着办文化节，其另一个组织——七佰南江民间文化协会（以下简称七佰南江协会）却获得了"生命"。

这个协会在南江艺术节举办之前已有雏形，但是个比较松散的存在。成立它的本意是调解七佰南江内部的纠纷。其前身是20世纪80年代末为制定七佰南江乡规民约成立的监事会和理事会，成员都是七佰南江人，但大部分都身兼政府行政职务或各村的村干。由于前次立约成效不大，监、理事会没了下文，其中个别主导者因为能力为众人所认可，遂成了民间纠纷的调解者。这种状态持续了二十多年。直到南江文化节的创制，一个动员、管理的组织应运而生，也借用了原来延续的习惯。新的协会的架构，仍然以"与政府有关系的南江人"为主导，以各村寨寨老为支持，并寻找积极的青年为寨中负责人。新任会长、副会长分别是己信村支书和南江村支书，年龄一个四十多岁，一个三十多岁。协会在管理文化节运作之外，以立约自治为头等任务，在己信举办第二届南江文化节时，就制定了新的七佰南江乡规民约，又在三年后将之再次修订。协会既是规约的制定者、监管者，也是惩戒和调解的执行者。由于通过规约，深度地涉入村寨联合内部人群的生活，协会获得了广泛的认同和凝聚的力量。在与其他村寨联合以及政府的互动中，协会甚至展现出"协会即七佰南江"的姿态来。

第三节　"中心的中心"："七佰南江"与南江

一　人群分拓与地理空间下的七佰南江

在有关"四脚牛"的历史记录和当地人对之的历史记忆中，南江作为中心的地位一再被凸显。"七佰南江"成为"四脚牛"的中心，而南江又成为七佰南江的中心。南江的中心地位，不仅表现为在当地侗人的历史记忆中有关落基和分拓建立起的父子寨的格局中处于父寨位置，也表现为当地人通过传承这一历史记忆，以各种传说故事，来强调七佰南江和南江人能力的显耀和对周边的治理能力。

（一）南江人落基的历史传说

南江侗人一直强调自己的本家在江西吉安，这和流传在黔东南地区大量村寨有关他们迁徙的传说相近，虽然有人认为这与洪武年间"拨军下屯，拨民下寨"引发的江西一带人群的内迁有关，[①] 但对于南江人来说，这种说法并无实际的历史资料可考，只能说如同流传在南侗地区的款词《祖宗寻江而上》[②] 一样，是他们关于自身来源的历史记忆。

然而南江人关于他们如何落基于如今这个群山环绕的坪子，则有一个特别的且普遍认同的传说故事。

据说南江现在所在的地方，以前住的都是大苗，南江人的先祖从江西到了安民磊洞一带生活，他们有一次外出打猎，发

---

① 侗族简史编写组编《侗族简史》，民族出版社，2008，第17页。
② 杨锡光等人在湘、桂、黔侗族地区收集的口传款词《祖宗寻江而上》载"当初住在哪里？住在江西吉安府，太和鹅劲大丘"，杨、吴等十三姓祖先，都是从江西吉安府一路沿江而上，沿途分留的。参见《侗款》，第304～316页。

现了现在住的地方，河水穿寨而过，气候适宜、渔产丰富，便想搬迁至此。但无奈已经有苗人居住。于是南江人的先祖便接着和苗人闲聊，问起了他们害怕什么。苗人们说他们害怕红、绿色亮的东西。南江人先祖将之暗暗记在心中，回去之后发动众人，用红绿色的纸扎了许多的灯笼，乘着一晚夜黑从四周的山上一哄而下。苗人惊恐，举寨外逃，南江人先祖便把这块好地占了下来。

但是不想，连续几年，天干地旱，种下的禾怎么也不成熟，生活难以为继。他们中有人打听到当初的苗人跑去了广西那边居住，于是便派了一个记忆力好的人装成外出逃难讨生活的，跑去苗人那边打探。问询之下才知道，原来苗人居住在南江时，有一只石头的鹅，年年拜祭它，才保了地方风调雨顺、物产丰富，他们在逃离南江的时候，将石鹅沿颈折断，带着鹅头一起逃跑了，南江失了庇佑，因此才连年遭灾。这个聪明人就慢慢地哄骗，学得了咒语，偷走了鹅头返回南江。将之安置在了本来放石鹅的"己榜"坡上，祭祀祈福，大雨随之而至，禾谷也成熟了。从此在此安居繁衍。以后只要遇到旱情，便上己榜祈雨，每每灵验。

南江人之所以对这个故事言之凿凿、深信不疑，一是在解放前当地还在己榜举行过祈雨的仪式，寨中一些七八十岁的老人对之还有隐约的记忆；二是尽管现在已经不再祈雨了，己榜坡上的石鹅却还被保留着，只是因为己榜坡上原来安放石鹅的地方修建了小学，所以石鹅被移到寨后的一个角落里。学校建成之后，在原处建起了一座小庙，农历每月初一、十五供奉，却没有再将石鹅移回去。

（二）七佰南江的形成与地理分布

虽然我一直在用"南江人"来指代生活在如今南江行政村的侗人，但是"南江"首先应该被看作一个聚居着侗人的地理空间

图 1 - 4　位于寨脚的"石鹅"

图 1 - 5　近看"石鹅"

的名词，而不是具体的寨名。南江有三个寨子，通常人们如果指称居住在南江的人，仍然会具体指明属于哪一个寨子。

"南江"就是侗语的直译，意为"江水的南边"，何以得此名，当地人也一直难以说明。南江三寨分别是岑吾寨、高寨、岑烂寨。在侗语里，岑吾即是"姓吴的人"；高寨如其本意，就是"上面的寨子"；岑烂在侗语里为"对面"的意思，岑烂寨就是"对面的寨子"。这样的称呼值得注意的一点是，高寨和岑烂寨都是以寨子坐落的位置而得名的，且其建立坐标的中心是岑吾寨，即站在岑吾寨的角度去定位另外两个寨子。我们不仅能够从中看出三寨到来的先后，从当地人的讲述中，还会发现其中蕴含着寨与寨的地位与交往关系。

按照南江人的说法，最早来到南江的是高寨和岑吾寨的人，他们落定之后，岑烂人才来。因为先来的两寨势力大，岑烂人来了之后都是帮助高寨和岑吾寨的人看田挑谷，地位并不平等。最明显的就是每年八月十五，三寨都要聚在岑烂寨一侧的石头坪子上斗牛，岑吾和高寨因为在河的另一侧，过去要过河，当地有讲究，老人过河，不能湿鞋子，因而每次斗牛，岑烂人都要为高寨和岑吾寨的老人搭桥。后来岑烂人渐渐多起来，势力壮大，开始反抗，不仅开拓出了自己的田地，也不再为另两寨搭桥了。由于这先来后到确定下的亲疏关系，所以虽然高寨和岑烂都是石姓，两寨的关系却并不如高寨和岑吾那样亲近。①

三寨落定，人口渐多，南江附近的田地也日渐不足，因此陆续有人开始向周边开拓，寻找新的田土和坝子。以南江为中心，石姓的人沿江而上，向西北方向拓展，吴姓的人顺江而下向东南方向拓展，他们分别在南江河其他的支流附近寻找到适宜生存的地方，落

---

① 本书第二章提到 2013 年正月间高寨和务覜发生山林纠纷事件，岑吾人迅速前来帮忙，岑烂人却找理由没有来。他们对此的解释就是岑吾和高寨共享一条龙脉，关系好，而岑烂要生疏一些。这可作为辅助来理解三寨的关系。

基建寨，形成了七佰南江九村十二寨的格局。具体来说，同为石姓的金抗位于南江西侧南江河支流金抗河的中游，石姓的归仁和务孖位于南江同流以北，吴姓的宰洋、宰直、己信、八劳、务赧位于南江西侧的八劳河，由南至北沿河分布。

每个寨子的名称，都和其所处的地理位置有关。据说刚去的时候，总是叫"那一团"不方便，有时候会搞不清楚叫谁，于是人们按照寨子所处的位置将其命名，从此便固定了下来。

金抗，侗语意思是"有金子在的地方"。据说是因为金抗河在金抗所在处恰好有一个小转弯，其浅滩上的沙子里可以淘出金子。岑烂和高寨都有人分去。

归仁，侗语意思是"寨子的背后"。归仁距离高寨近，就在其寨后，都是高寨分出去的人。

务孖，侗语意思是"在两条小溪相夹的山梁上"。是根据寨子所处的位置命名的，主要是高寨分去的人。

宰洋，侗语意思是"阳地上的寨子"。因为宰洋所处的坪地，对面是一片阴地，是后来搬去坡后的己流人的。与阴地相对，故为阳地。都是岑吾寨分去的人，几个吴姓的村寨都是由岑吾分出的。

宰直，侗语意思是"石姓人的寨子"。据说岑吾人准备外迁至此时，已经有石姓人（不是岑烂和高寨的）在此定居建寨，吴姓人仗着人多，将他们赶到了坡上，使其搬到了己流所在地居住。而吴姓人住进这个寨子后，还是称其为石姓人的寨子。

己信，侗语意思是"山坡上的麻粒柴"。岑吾吴姓搬到这里时，因为住的坡上有许多麻粒柴，所以干脆用这种植物的名字命名。

八劳，侗语意思是"缺口的塘"。其所在的地方，两边被山夹住，如同开口鱼塘，到此居住的人就根据地形称呼这个寨子。

　　　务赧，侗语意思是"在瀑布上"。同是因地形而得名。

　　　东郎，最早来此建基的先祖名为"石东郎"，后人为纪念
　　他，遂以其名字给寨子命名。

　　从南江外扩而形成的七佰南江各村寨，因为血缘上相互联系的
原生性基础，一直保持着内在的凝聚力，其后虽然有潘、张、龙等
外姓人和同是吴、石姓的外地人陆续迁入，但是通过内部通婚建立
起的复杂姻亲关系、定期的仪式和节庆交往、内部规约的制定，构
成了一个有着共同体意识的多村寨小款组织。对于这几个村寨之间
的关系，有两点值得一提。其一，上己榜的仪式在解放前仍有举
行，七佰南江的各村寨都会前来参加，己信的一支成为"大妈"
的房族一定是在整个拜祭队伍的最前面，因为当地人认为他们是最
早落基南江的一支房族。时至今日，即便上己榜的仪式已经不再举
行，对此的确认却仍然存在。其二，因为地理分布上的不同，当地
人对于九个村子有着"直河"（八劳河沿线上的各村寨）和"弯
河"（南江河和金抗河上的村寨）之分，这主要是根据河道走向来
分的，但是也体现出一种相邻远近的关系，也是交往亲疏的关系。
他们认为，直河上的村寨和弯河上的村寨各自关系都比较亲近，但
直河和弯河之间就相对疏远。一次在己信和两个村干谈到他们新的
七佰南江侗族民约的修订过程，两个村干就提到，他们和直河这边
村干来往多，有什么事都相互通告、协助，但和弯河那边走动就
少，办事情也难统到一起，心没那么齐。

二　关于中心的历史话语

　　基于迁徙外拓的关系，南江和七佰南江、七佰南江和其他几个
村寨联合，建立起了拟制的父子寨关系。南江成为七佰南江的中
心，七佰南江又成为覆盖整个南江河流域"四脚牛"的中心。这
一父寨和子寨的关系，并非单纯是为了纪念这种外分关系的象征性

表达，父寨/中心曾一度以对周边的管理和帮助，体现着它们作为中心所拥有的实质性的重要地位。

关于这一点的确认，我是通过在调查期间的访谈获取的，他们提到的故事，或者我们称之为的历史，不能当作"事实"，而是一种传承下来的历史记忆。通过口传的方式记录历史，是一个筛选和创造的过程，在这个过程中什么样的故事被保留下来，成为他们对过去"真实的认知"，才是我所关注的。一如我开篇所讲，南江侗人表述历史的方式是"关系化"的，对作为父寨/中心的强调，是他们有关七佰南江和"四脚牛"的历史表述中最重要的内容，这些故事也成为他们确认自己就是中心的历史话语。

在当地人关于中心的表述中，通常会提到南江一直都是七佰南江的中心，比如：农历八月十五的斗牛是在南江中间的坪子上举行的；七佰南江中有了什么纠纷矛盾或是制定规约，各寨寨老都要到南江集合共同商议，并由南江的寨老主持；上己榜的仪式也是在南江举行，虽然排列在最前面的房族是分去己信的"大妈"房族，但是仪式的主持者和拜祭念咒的人，都是南江三寨的人。而七佰南江作为区域的中心，则有着管理之权，如是南江将"四脚牛"中的各寨分派出去防守关隘的说法；上文中提到婚俗中的挑数，七佰南江相较于其他的村寨联合是最多的，其他地方不能比七佰南江多。但他们提及最多的是两个人（吴万良和吴公旭）和与这两个人有关的两件事，用来分别印证南江和七佰南江曾经重要的地位。

吴万良与"万古章程"碑文

现在立于南江村中间的光绪"万古章程"碑，一直被南江人当作南江作为七佰南江中心的一个证明。而提到这块碑，就一定会与一个人物——吴万良——牵扯在一起。吴万良是岑吾人，在七佰南江的公坟中，还能找到他作为孝子在道光三年为其父立的墓碑。据说吴万良读书多，有文化，能说会道，办事妥帖，获得了远近地方的认可，年纪轻轻就被尊为寨老。不仅南江三寨尊敬他，他在整个七佰南江也有权威，凡是有事了都找他出面处理。当上寨老不久，为了更好地维护七佰南江的秩序，他便召集七佰南江各寨的寨老一同商议，制定规约，立起了这块"万古章程"碑。

在七佰南江的公坟中，始终难以找到吴万良的坟墓。和吴万良同房族的人称，他虽然确为地方名人，最后并未在南江寿终，而是去了北京。传说在立碑后不久，因为能力出众，他的声名甚至传到了朝廷，一日他正在地里干活，忽然来了一个外地人，骑着一匹白马，还牵着一匹白马，二人恰好撞见。骑马的人就问他是否知道一个叫作万良的人，吴万良言称自己就是，那骑马的人便说："找的就是你，快上马吧。"吴万良遂跟着他上了马，直奔京城，做了大官。

由于碑文磨损，吴万良是否真的是立碑人，很难从石碑上找到确凿的证据。但是对于南江人而言，这个故事的真实性毋庸置疑。以至于在我调查期间，吴万良房族的人还问我，是否有机会去北京查找资料，因为他是去当官的，应该都有记录，看看能否找到他的后代。这虽是题外话了，但是南江人讲述这段传说的本意，在于明晰一套"南江出能人—南江管理七佰南江诸寨"的逻辑，其意义是不言自明的。

吴公旭与"南江田"

相较于吴万良，吴公旭在当地的名气要更大一些，有关吴公旭的传说，几乎是以和吴万良相同的逻辑来表述的，只是传说的关系拓展到了南江河流域。

传说在南江出了一个叫吴公旭的名人，思维缜密又能说会道，年纪虽小，却也为七佰南江尊为寨老，有什么事了都找他出面主持处理。古邦有人因为坟山安葬的事情，和寨中财主起了矛盾，对方要告到官府去，古邦没有办法解决，听闻南江有个能说会道的人——就是指吴公旭，于是请他来帮忙。吴公旭一来果然处理好了，古邦人想要报答，就问他想要什么，他指着一片水洼说，就要这个。古邦人见这水洼没什么用，就给了吴公旭，而他并没有将水洼收为私用，而是将之给了七佰南江，并专门派人来将水洼开发成了一丘田，就叫作"南江田"（一称"公旭田"）。南江田由古邦人照看，产的禾谷则归南江。有此一事之后，古邦遂将南江奉为父寨，希望以后有什么事情七佰南江也能够予以协助。

南江人还会将古邦的南江田及作为父寨的地位和他们的切身经历复合在一起。一次我和几个岑吾寨的中年人聊天，将话题引向了吴公旭的故事，他们便讲起在 20 世纪 80 年代末，他们曾成立戏班出外唱戏，派人送帖去古邦询问对方是否要接戏时，当时古邦有不少老人就赶忙说："这是爸爸寨来唱戏了，哪里敢不要。"

至于吴公旭离开南江后，有一段相较于吴万良更为离奇的传说。

> 吴公旭在家洗澡时，每次都是去一间没有窗户的房间里，还专门嘱咐家人在他洗澡的时候千万不要来打扰。他的母亲禁不住好奇，于是一次趁吴公旭洗澡的时候，便从门缝偷偷地探看。没想到，里面根本没有人，而是有一条黑龙盘在房间内的柱子上，吴公旭的母亲看见后惊出了声，这一下让黑龙发现了。黑龙对着惊骇不已的母亲说明，自己就是吴公旭，如今既然被发现了，无法继续待在寨中。讲罢，便飞升上了天，从此再无影踪。

如果说这两个人物传说前半部分的逻辑在于通过"南江/七佰南江出能人"来彰显南江作为中心所拥有的重要地位的话，那么故事后半部分两个人倏然而去，按照同样的逻辑，则混杂了南江人焦虑的情绪，暗示着其因为缺失了"能人"而衰落的境遇。对此的理解，我想将之放在一个可以考察的时间段中来予以说明。

即便关于几个村寨联合之间从何时开始彼此禁婚难以考证，但是从当下来看，七佰南江和佰二己流、三佰水口等村寨联合之间的关系，不仅是彼此禁婚，还相互交恶，且七佰南江在很长的一段时间里都处于劣势。据南江的老人讲，因为己流人都会打银饰，有收入，是七佰南江单靠务农无法相比的，而三佰水口占着水口街市的地利，人也较有钱，所以他们一直都不把七佰南江的人放在眼里。以前去水口赶场时，南江人总是挨打，而他们也只能忍气吞声。在学校里也是如此，来自七佰南江、佰二己流、三佰水口的学生都各自抱团，南江的学生也常常被欺负。只是近十来年，因为七佰南江外出打工的人日渐多了起来，南江整体的经济水平也提高了，且出了不少在政府工作的人，才又找回了气势，对己流和水口的人才没了忌惮。

南江在七佰南江内部也有着类似的境遇。近几十年，南江都没有出过一个能够对整个七佰南江产生影响力的人，真正能够治理七佰南江、令众人信服的人，要么出在务孖，要么出在己信。20世纪80年代开始重定七佰南江乡规民约，无论是发起者还是主持者，都与南江三寨的人无缘。第一次制定的规约后被刻在了"万古章程"碑的背面，更多是为了借用老碑文的象征意义，希冀赋予新的规约更多的合法性。借着制定规约建立起的治理七佰南江事务的七佰南江协会，其领导人物也是在务孖人和己信人之间轮换。南江作为父寨，更多是存在于历史传说中，在现实生活中它越来越少地被提及，变得有象征却无实质。

小　结

黔东南自清中期以来经历的历史过程，通常是以"国家－地方社会"的框架展开的。这一框架的有效性在于，我们可以看到国家治理的步步深入、市场的开发建立和地方社会依据特有的内在逻辑予以回应三者复杂的互动呈现出的区域变迁过程。站在国家的视角上，明代以来将黔省境内都柳江流域纳入国家统治的努力，使得这里的历史在"乱"与"治"中不断往复，而清中期开辟新的疆土遇到的激烈抵抗，更将都柳江在黔省境内的支流南江河流域上一个看似组织完善有序的地方性武装力量——"四脚牛"——凸显了出来。通过这段历史记录，我们看到了一个区域性的社会组织曾经作为当地社会活动重心的痕迹，以及这一组织如何通过国家基层政权和制度的建设，一步步地被改造并纳入国家的治理之下。

当转向一个地方性的视角，希望从他们的历史记忆中一窥这个曾经不断为历代统治者制造麻烦的地域性组织的架构和运作方式时，我们看到了另一番图景。地缘性的联合并非简单通过盟约来结成，"四脚牛"也有其内在的结构，通过亲属关系和拟制血缘关系拓展而出的分立却又相互关联的村寨联合成为"四脚牛"组建的基础。跟随当地人的历史记忆，我们被引向"四脚牛"发源的中心——南江和七佰南江。为了应对动乱和国家的武力征服，最早落基在南江的侗人，分派族人把守重要的关卡，此后这些人各自繁衍，形成聚落和村寨联合，却基于原生性的联系维持着一个整体的认同和凝聚力，"四脚牛"因而得以成形。

然而对于这些有语言无文字的人群来说，他们有着特有的历史表述方式，对他们而言，历史是一些片断性和故事性的古歌和词句，其内涵不仅仅是为了说明过去发生了什么，更在于传递一种价值和理念，从而为当下的生活提供意义。我们看到，即便是有关分拓的传说，国家的影响也变成了背景，他们所强调的并非为了描述如何抵抗了外部力量的侵扰，而是为了给一个区域性的凝聚和彼此之间原生性的联系提供历史话语。当我们不断挖掘那些他们认为重要的、广为流传的、深信不疑的"历史"的时候，会发现所有的言说都和他们内部的人群关系有着紧密的关联，用来确认作为中心的南江和七佰南江的地位、村寨联合内部的凝聚力的延续和村寨联合之间的亲疏。

聚焦于言说历史的人群,对于他们而言,作为展现文化观和社会观的历史表述方式,体现着双向的作用:历史既可以成为一种话语,去解释他们的过去并赋予当下以意义,同样也成为他们表达焦虑和展望未来的途径。毫无疑问,国家政治和市场的深入,已经将他们深切地卷入其中,因而所有地方性的观念都不再是孤单的存在,而是一个沟通的产物。社会主义现代化国家及其经济制度的建设对地方影响的深度和广度是当地人在此之前未曾经历过的。那么,在这一过程中,他们的观念发生了怎样的改变,如何反映在人群关系上,而他们延续的传统人群关系和互动又在怎样的空间中继续发生作用?这是本书接下来要深入探讨的问题。

第二章　制度变迁与社会生活（1952～2013）：
南江人群关系的微观政治

当下南江河流域款组织内部人群的生活所经历的变迁，混杂着延续传统的实践和国家基层政权建设的影响。自清中期中央王朝开始对该地方的治理，"四脚牛"作为一个整体，其内部联系已经渐显微弱。尔后胡林翼保甲制度的推行和地方衙署的设立与行政举措，以及民国政府在地方治理方面的承继，极大地改变了地方政治面貌。原有的血缘和地缘依附，因不断更新的政治区划而有了新构的内容。新中国成立以来，新政权对于现代化的追求，持续地影响着地方的经济生活，为了与经济发展相配合，不断地调试并推出的政治体制在乡村的嵌入，深刻影响着如今乡村基层的权力结构、组织体制和人群的日常生活。

但是，地方性组织和人群关系的力量也不容小觑。一方面，当地人在集体化生活中寻找着自身权利的表达方式；另一方面，款组织的组织形式虽然为国家制度所取代，但作为一个凝聚着认同的共同体，它也在寻求可以延续的发展空间。可以说，个人和共同体面对的是承续的传统与新构的传统同时作用的情境，二者在涵括了国家权力的基础上或积极或消极地实践，构成了当地人生活的实际。

第一节　"坠地"的理想：国家基层政权
建设与集体的重构

南江人在日常生活中，不时会提到"搞集体""老四队、老三队""入股、股份",他们的集体事务,往往也被称为"公益事业"。这些概念与那个离他们不远不近的集体化时代有着千丝万缕的联系。

一 土改、划分成分、互助组——基层政权建设与传统组织的反应

(一)土地改革中的民族文化制力

水口解放后,当地于 1950 年冬废民国建置,设区、乡人民政府,水口属六区,南江设乡,南江三寨也合并成了一个行政村。1951 年 2 月,黎平县作为黔东南第三期土改地区开始了分四批的土地改革,至 1951 年 10 月底基本结束。

作为贵州黔东南地区土改的一部分,黎平县土改有着黔东南土改的一些共性。首先,土改工作人员的构成,基本以冀鲁豫南下干部和通过党委培养的新干部、本地干部为主。其次,动员方式以诉苦运动为主,从意识形态层面对当地民众进行革新,从而经由民众对其日常生活认知的重构树立阶级对立的话语。最后,在阶级划分上,继承了老区土改"依靠贫农、团结中农、中立富农、孤立地主,普遍采取先划地主、富农,后划中农贫农的办法。在农民内部则采取自报公议的办法"。[①]

这些特点带着鲜明的老区土改经验的印记,但在黎平县就显得过于理想化了。在土改预备时期,地方工作组就意识到来自地方文化和传统人群关系的影响。以黎平县第六区(水口、少兴等乡)土改为例,在《黎平县第六区准备土改工作计划》中,尽管多是以按照一般人群或农民身份的认识来安排工作,但在加强农民内部团结中特别提及"应注意民族关系、自然村关系、宗族关系,以

① 中共黔东南州委党史研究室编《黔东南的土地改革》,1992,第 182 ~ 183 页。

促进农民团结"。① 虽是如此，比照工作计划，在土改的工作总结中，地方民族文化仍成为屡次被提及的问题，甚至成为土改划分阶级遭遇困难的症结所在。水口乡的土改总结中就专门指出，"少数民族宗派主义浓厚，寨与寨、族与族的隔阂深，阶级仇恨不大……"②

土改时，房族内部团结与外部紧张的关系，寨集体内部认同与外部竞争的关系，村寨联合体的认同和自我治理诉求，通通显现了出来，并成为工作组在划分阶级时不得不面对的问题，这从黎平县土改总结报告中便能清楚看到。

　　各民族内部又有房族与地域的矛盾。侗、苗、瑶等族都是如此。侗族的房族称为"爪"，五区双江乡一村"四寨"（地名），就是以匪首和大地主杨国参（杨标之兄）为首的一个大"爪"，统治着全乡。地域的矛盾表现得更加突出，一般各乡均少不了有所谓上下半寨的冲突，甚至于同一自然寨子，也有上下鼓楼的矛盾。

　　一般地主，仅有一般剥削，并且还有不满一百二十天的主要劳动。这一类在少数民族地主中占大多数，他们的剥削多半是对外村、外姓、外房，因此本族本房农民很难与他们划清界限。③

黎平县土改虽然取得了成功，但是工作组也认识到这一侗族主

---

① 《黎平县第六区准备土改工作计划》（1952 年），贵州省黎平县档案馆藏档案，档案号：2-1-23。

② 《水口乡已土改村工作总结报告》（1952 年 10 月 22 日），贵州省黎平县档案馆藏档案，档案号：2-1-29。

③ 《黎平县土地改革总结报告》（1952 年 11 月 6 日），贵州省黎平县档案馆藏档案，档案号：2-1-14。

要分布地区的民族文化特性，"一般群众阶级界限比较汉族地区的群众模糊"，取阶级矛盾而代之的是民族矛盾、房族矛盾等。

因此少数民族地区的群运工作，其中心关键是"房族"、"鼓楼"（或自然寨）等基本自然集团的深入掌握和发动。因为如果不抓住这一环节发动群众，很容易卷入民族、房族、寨子、鼓楼的矛盾中，使工作陷于被动，形成僵局。[1]

黎平县土改工作组囿于老区经验，不断陷入与地方社会文化逻辑的冲突之中，虽然过程中采取了争取民族内部有威望的上层人士（寨老、组长、歌师）进行动员，通过少数民族"斗牛""踩歌堂""吹芦笙""青年行歌坐夜"等集体活动进行组织的形式，却最终多以包办和强迫完成土改工作，并未真正改变原有的人群分类、关系和地方权力格局。[2]

（二）成分划分、互助建立中的文化话语

1953 年初，黎平县开始了划分小乡的工作，南江小乡成立，下辖己信、宰洋、宰直、归仁、岑吾、岑烂、高寨七个自然寨。同时期还开展了农业生产互助合作运动，建立了各种形式的互助组，并对各村寨人群以行政小组为单位重新划分，设立小组长管理。如南江三寨就分作六个组，每寨两个组，像己信这样的大寨，就一个寨子分作六个组。

根据当时的统计，南江小乡在 1953 年共有 403 户，1793 人。

---

[1] 《黎平县土地改革总结报告》（1952 年 11 月 6 日），贵州省黎平县档案馆藏档案，档案号：2 - 1 - 14。

[2] 对于黎平侗族地区土改的特点，以及其与汉人地区土改和民族地区民主改革的比较，我在另文做了进一步讨论，参见拙文《20 世纪 50 年代民族地区土地改革的特殊性——以贵州黔东南黎平县侗族地区为例》，《西南民族大学学报》（人文社会科学版）2016 年第 6 期。

在土改过程中共划分出贫农 213 户、中农 165 户、富农 19 户、地主 5 户、游民 1 户。[①] 相关的研究尝试指出，土改的意义远不在于新的土地制度的确立，而在于制造出了一套阶级的话语，重构着乡村的权力关系。[②] 但是，对于当地来说，无论是区划上的变化，还是阶级身份对人群关系的重构，国家在基层的权力渗透和希望达到的目标，都仍然处在一种当地既有的传统结合和关系的影响之下。其中最为明显的便是以寨为单位的交往关系和以房族为单位的基本结合与对立，成分划分和当地人的道德判断不一致，田地均分与习俗中田地不可动的思想相冲突。前者以南江村为典型，后者以己信村为典型，二者的区别是南江行政村为三寨一村，但三寨的对抗关系一直存在，很难用一个行政村来统合；己信村则是自然寨与行政村重合，但寨中三个房族势力不均等，分派明显。南江三寨每个寨子都是多房族，房族的势力不均衡和对抗也长期存在，且这种情况一直到了集体化时期，国家对于基层乡村以公社的方式全面监管后，仍然在延续，构成了公社制度化要求中一系列令地方干部"头疼"的问题。

互助组和行政小组的建立过程遭遇了诸多问题。互助组的组建秉持的是自愿、互利和民主管理三大基本原则。[③] 但是小乡政府却在互助组的"互助"上面遇到了麻烦。本来互助组的建立，为的就是可以在组内的农业生产中调剂耕牛、农机和劳力，为遇到困难的组员解决问题，实现组员互助。然而，侗寨内部因为房族内外的势力不均等和相互之间的冲突与对立，使得这一目标难以达成。南

---

① 《南江乡工作总结》（1953 年 7 月 20 日），贵州省黎平县档案馆藏档案，档案号：85 - 1 - 11。

② 刘握宇：《农村权力关系的重构：以苏北土改为例 1950～1952》，《江苏社会科学》2012 年第 2 期。

③ 《贵州省一年来农业生产互助合作运动的发展情况及今冬明春工作的安排》（1953 年 1 月 18 日），贵州省黎平县档案馆藏档案，档案号：85 - 1 - 1。

江乡政府的工作组在己信就发现，己信一直都有三个房族，分别是吴姓的两个房族和张姓的一个房族，吴姓的两个房族之间关系不和，在婚丧嫁娶和起房子上，一房不帮另一房。张姓的房族来到己信要晚，势力也小，所以就成了墙头草，哪一房吴姓强势，他们就倒向哪一边。房族之间的分立使得要想根据农具、耕地的分布来划分互助组几乎不可能实现，互助组只能在房族内部成立。此外，房族内的互助伦理和自我治理的结构也与互助组的目的不相合。己信其中一个房族内的四兄弟，吴开正、吴开仁、吴开义和吴开诚，尽管在新政权建立后被认定为伪保长和地方恶霸，吴开仁还被土改工作组抓去劳改，但是他们在房族中却是中坚力量，房族内凡有事，尤以他们为重，吴开正更是己信寨以前的寨老之一。当吴开仁被抓去劳改的时候，他家仅留下两个十多岁的小孩，劳力不足。吴开义就带领房族部分成员成立了一个互助组，让吴开仁的两个小孩也加入进来，在收禾谷的时候，集中力量专帮吴开仁家收，工作组的人直言："互助组帮他（吴开仁）比帮助群众帮军属干活还积极得高。"①

如果说一寨一村的村子最大的问题是房族间的对立，那么在南江村这样一村多寨的村子里，几个寨子之间的分立和对抗关系就凸显了出来。南江村虽然分作六个行政小组，但还是以自然寨为单位来分的，即每个寨子两组。村党支部很难以村的形式将三个寨子统辖起来，而寨集体的结合也比小组更为紧密，三个寨子之间长期以来矛盾频发，因为农田、劳作、日常生活产生的纠纷都演变成寨和寨之间的纠纷。南江村因南江河贯穿而分作两半，一侧是相邻的岑吾寨和高寨，一侧是岑烂寨，岑吾和岑烂隔河相对。一次一根木头从上游顺河漂下，恰停在了岑吾和岑烂之间，两边都称木头是自己

----

① 《南江乡工作总结》（1953 年 7 月 20 日），贵州省黎平县档案馆藏档案，档案号：85 - 1 - 11。

的，争执不下，最后发展成两寨人的打斗。而这样的纷争在三个寨子间屡屡发生。

乡工作组的工作开展和村寨与房族的内部管理存在潜在的冲突。侗寨都由几个寨老来管理本寨集体事务，房族内部也有族长，这些人一般都是德高望重的老人。工作组在南江的几个寨子都发现，寨内仍然会隔开工作组私下开会，讨论问题，甚至不经过工作组就将讨论的决议撰写成布告张贴在古楼里，让言语不通的工作组一时间无法掌握他们开会的内容和想法，这成为房族或寨集体在工作组推行的任务之下谋求应变的方式之一。此外，由于房族内部和寨集体对于族长和寨老的信从，在工作组希冀收集"敌人"情况时，在没有得到族长和寨老的"授权"之前，人们往往缄口不言。工作组还发现，由于房族势力不均等，往往只有大房族的个别人会提供一些信息，矛头都是指向小房族内的人，且提供信息的人还有顾虑，讲"不要说是我说的啊，你们说了可不得了"。而大房族的"敌情"却几乎没有人提供，反而说他们（大房族）的人还好，没有破坏什么。

成分划分与当地人的道德判断存在错位。土改中阶级成分的划分，以及对于地主、富农的政治区隔和道德鄙夷，使得这些成分成为具有政治和道德含义的身份符号。[①] 然而当地人的道德观却与这种政治意识形态下的区分不同。对于当地阶级成分的划分，土改工作组还是采取以对土地和财产的拥有量为标准，但是这些成分附加的道德上的批判含义，却并没有被当地人很快接受。势力的不均等和压制对抗关系，是发生在房族之间的，而房族内部的团结使得很难以个人作为定位"压迫"的对象。对于当地人来说，所谓的"阶级敌人"，即是扰乱地方生活秩序的人，通常是那些违反地方习惯法的人，所以他们揭发提供的"敌人"，通常都是那些曾经盗

---

① 谭同学：《桥村有道：转型乡村的道德权力与社会结构》，第101～102页。

窃、抢劫、通奸的人，而这样的评判全寨是一致认同的，并不以成分不同论。此外，对于国家所建立起的"压迫与被压迫"的话语，当地人常常将之与寨集体自我治理混淆起来，不过这倒为乡政府树立批判的典型提供了具体的例证。南江高寨一位被划分为贫农的石姓人士就在一次会议上指出，高寨有一户地主恶霸，恃强凌弱，因为他做了一点错事，这个地主就牵走了他家的耕牛，并在古楼里杀了，给全寨分食。这其实只是寨集体内部惩罚越轨行为的一种方式。这个地主并没有霸占他人财产，而是作为寨子的主持者，以寨集体的身份和力量对个人进行惩戒，与压迫并没有任何关系，却被一套新的是非观之下的解释重构了。

田地均分和习俗中田地不可动思想存在矛盾。土改时土地被重新丈量并按人头均分，南江乡各村寨人均分到了不足四分的田，但是这个过程也遇到了问题，其中主要就是清明田和坟山的划分。当地每个房族都有一块公田，产出的粮食房族清明挂清时共用，每年房族内各户轮流管理。七佰南江一直有一块公共的坟山——坟果，七佰南江所有正常死亡的人，都要葬于其上。清明田和坟果的划分遇到的阻力最大，因为和祖先信仰有关，当地人对之和可耕的田地有着清晰的区分。虽然无法阻止土改的推进，但是这个问题被一直保留了下来，每至清明，抱怨最激烈。[①]

虽然南江乡的土改总结报告中将上述问题归结为"从五大任务到土改的工作不彻底"和"土改结束后工作方面有所放松"，但究其根本，是因为在国家政治话语之下，一种有着深厚历史积淀的地方人群分类逻辑及相应的人群互动关系超越了土改制造的阶级话语，传统人群关系中所蕴含的礼俗规范和道德伦理观念也随之被承续下来。

---

① 《黎平县水口区关于民族政策执行情况的检查总结报告》（1956年6月30日），贵州省黎平县档案馆藏档案，档案号：85-1-3。

二　公社生活："难讲"公社的形成

1955 年，南江乡开始陆续成立初级农业生产合作社（以下简称初级社），初级社的建立和互助组暴露出的诸多问题有很大关系，尤其是作为劳动力的组员在劳力、农具的分配和劳工计分、劳动质量上的摩擦。① 合作社管理采取的是土地所有权和使用权的分离，所有权仍延续土改之后的政策归家户，但以土地入股的形式将使用权转让给了新组建的社，由社来统一安排农作计划、分配劳力和生产资料。为了进一步推进计划经济和加强对社会的全面控制，紧随初级社之后，1956 年南江乡开始建立高级社，每个行政村都是一个高级社，土地和生产资料彻底收归社集体所有，村行政组织同时管理合作社，施行计划经济，统一组织生产和分配，政社合一。由于高级社仍奉行自愿入社的原则，所以仍然难以满足乡村经济的改造和集体动员的理想目标，于是 1958 年国家提出在农村建立人民公社，南江小乡在同年 9 月开始了公社化运动，建立起了南江公社，包括下辖的生产大队和生产队，共三个层级。南江公社和南江小乡的行政区划相同，生产大队与行政村一致，生产队与行政小组一致。南江小乡政府也为南江公社取代，公社既是生产管理机构，也是基层行政组织，管理公社行政事务和五业（农、林、牧、副、渔）生产。自互助组的推进以来，乡村就步入了集体化的时代，随着人民共社的建立，集体化的制度也得以确立，并制造出"集体"的政治话语。

（一）集体管理

公社制度确立以后，形成了"公社党支部—大队党支部—生产队"三级管理体制。"三级所有，队为基础"，生产任务虽然是由公社逐级安排下来的，政治监管也是由公社党委领导的，但是基

① 张乐天：《告别理想——人民公社制度研究》，第 53 页。

本的核算单位还是生产队。生产队里除了民兵连的设置之外，还设队长、会计、保管各一人。

以公社为单位设立的地方干部，获得了公社赋予的权力，却没有继承传统的村寨生活中的控制力，尽管公社以下的管理体制十分清晰，却并未达到想象中的效力。南江公社建立以后，南江大队的首任支书是岑烂人赵兴华。赵兴华并非一直是岑烂寨人，而是在解放前随其父亲一辈从外地逃难而来，来到岑烂之后，因为没有田地，生活困难，寨上就给了他一个古楼管脚的工作做。管脚在当时是最贫困的人才干的活路，负责给古楼添柴火、提醒全寨防火，寨上有什么事情在古楼里决定了，由管脚来逐一通知，全寨每户都出一点粮食，作为其生活的供给。在土改时，赵兴华自然成了贫农的典型代表，可谓"一穷二白""根正苗红"，被乡党支部看重，发展他入了党，1960年就在大队当上了支书。作为大队支书，赵兴华对于南江大队其实并没有实际的控制力，因为之前只是管脚的角色，又是文盲，在村中他一直都没有地位，在村里人看来，他并不聪明，只是穷积极，没有什么主张，别人说怎么搞就怎么搞，自己家里面都照顾不好，还要穿照顾（救济帮扶）的衣服，怎么能当干部。实际情况也的确如此，大队里的六个生产队，都是各自为政，每个大队自行安排自己的生活，赵兴华难以将之统合起来。而他刚刚当上支书之后，政策就发生了一次大的变化，1961～1962年，推行"三自一包，四大自由"，六个生产队基本都恢复了单干，整个大队的集体经济完全解体，而赵兴华的支书一职也就被架空了。

1962年开始纠正单干和包产到户，因为赵兴华的软弱，公社决定选派一名有力的大队长与之配合，时任公社副社长的刘永安被下放到南江担任大队长。刘永安也是岑烂人，与赵兴华不同，他家很早就来到了南江，解放前已经有了自己的田地，并加入了石姓的房族，在南江站住了脚。刘永安1951年参军，1957年复员后就被发展入党，1959 年参加工作，从管理区干部一直做到了公社副社长。

然而，刘永安担任大队长后，并没有按照公社决策来办事，反而是处处与公社希望实现的集体化管理和计划经济背道而驰。同时，因为赵兴华势弱，刘永安实际掌握了管理大队的大权，并将这种公社赋予的政治权力尽可能地动用起来，成为"反上、压下"的干部。刘永安就任大队长之后，并没有立即纠正包产到户和单干的情况，大队支书一直在犹豫，刘永安就出主意，在古楼开全队的群众会议，让大家包产到户先搞着，观望着，别人纠正再纠正，别人不纠正南江也就坚持包产到户。此后在他任职期间，大队都在隐瞒包产到户的情况。在关于鱼塘改田、禾改谷插早秧运动和粮食分配中，他完全站在了村民一边，公开抵制公社的命令。此外，他在大队中也谋得了不少利益，比如独占并买卖集体的耕牛，默许高寨私酿米酒并多吃多占，等等。而他权力盛极一时的表现，则是拆除了高寨的一座桥。南江河在高寨寨前转弯，顺岑烂寨而下，将两个寨子隔开，高寨人要去岑烂总要渡河，十分不便，于是高寨的两个生产队商议之下，便合力修了一座简易的桥。可是刘永安却说从宰洋那里听来，高寨是人形，岑烂是老虎形，修了桥就如同搭了一把箭，要射老虎，对岑烂不好，于是他便发动岑烂寨人将高寨的桥拆了，结果引发两个寨子的矛盾。直到 40 年后，高寨人还记恨着这件事情，这也成了他们记忆中一个说明当时大队干部强权蛮横、只手遮天的事例。

由于对上对下都颇为"过激"的举动，刘永安在 1964 年 7 月不仅被公社撤销了大队长的职务，而且他做的事还被通报到了黎平，最终受到了开除党籍的处分。其后公社又重选了一个高寨人石敬耀接替刘永安的大队长一职，全力纠正包产到户和单干，是年底，南江大队又开始新一轮的集体化生产生活。

公社的成立，使得"村/大队"一级的领导作为政府和村民的中间人的角色得以确立。这是在新的国家体制之下基层治理中十分具有影响力的一个角色。虽然大队长并不是行政干部，但是他是政府决策在村级的执行者，政府力图通过这一级别的领导，来实现对村级的管理。"村/大队"一级的领导，因为有了政府赋予的权力，在政府对村民的资源分配和监管中拥有控制力，作为一种国家话语下的力量，进入了村落的传统权力格局，并占据了重要的位置。中间人的角色面对的是极为复杂的情境，绝非用"调解人"可以概括，他的身份地位和效力常常涉及地方对国家的依赖程度、国家政策和地方实际的匹配度、传统权威的效力、个人能力等多方面的问题。在这个过程中，甚至可能出现"错位"。刘永安实际是灵活运用了国家赋予的权力和能力，在国家治理中，他站在了村的立场上来应对，在村的政治治理上，他又站在国家的立场获取对地方的控制力。这拉大了国家和地方的不匹配程度，因而他自己也落得一个"反上、压下"的名声。他的这一形象，几乎成为一种村级领导作为中间人尴尬处境的刻板模式。一如 20 世纪 80 年代之后的村干，戏称自己是"三骂干部"（政府骂、群众骂、家里骂）一样。事实上，刘永安之后继任的几届大队干部，再没有哪个像他那么强力，那些干部在公社的三干会议中屡次做出检讨，显示出他们的尴尬境况。公社以上的运动命令和农业任务在地方难以落实，大队干部就成了直接的受害者，一方面，他们对地方稍有纵容，就要经受来自公社的压力，不停检讨；另一方面，如果他们推行政策过火，又要受到地方群众的责难。在这类会议中，不同大队的干部都屡次检讨自己，不敢作为，因为害怕群众骂，有什么事都睁一只眼闭一只眼。①

（二）产权与人的双重固定

20 世纪 60 年代初，为了稳定公社"三级所有，队为基础"的

---

① 《黎平县南江人民公社召开大队以上干部会议》（1964 年 9 月 17 日），贵州省黎平县档案馆藏档案，档案号：87 - 1 - 10，第 98~131 页。

体制，开始施行"四固定"的农业政策。"四固定"政策是人民公社经历了"一大二公"的大公社体制缺陷造成的混乱之后改革的一部分，经由《农村人民公社工作条例修正草案》的制定和颁布得以确立。其主要是确立了生产队作为基本核算单位，并对公社社员生产生活资料的所有权、生产经营权和收益分配权等有了更为清晰和完整的确认。[①]"四固定"的内容则在于以土地改革确权和农业合作化为基础，根据实际情况对农村集体所有的土地（山林、水面、草原）、牲畜、农具、劳动力进行统一调整和固定，本着属地原则，兼顾有利生产、方便管理，将土地等生产资料划归就近的生产队集体所有。

"四固定"划定的土地和山林边界，之后一直成为土地产权归属划分的重要依据，却也为南江一带后来频繁发生山林纠纷埋下了伏笔。南江一带村寨以山相隔，彼此之间常常山界田界相连或穿插。有些山林地界甚至跨寨存在，比如南江岑吾寨在八劳寨一带就有一片山地，而高寨与务报的山地也相互交错。但是根据"四固定"的原则，这些山地都要划归就近的生产队集体所有，有些山地在划分时已经种上了树，山地的归属和树的归属不同，成为纠纷的引子。山地划归集体之后，个人没有栽种树木的权利，只有几片集体林场，且农业生产是公社工作的核心，大家并不重视集体林场，所以山地所有权归属的问题并没有冒出来，但是在放宽政策包产到户之后，因山界划定带来的所有权意识和利益诉求，引发了人们关于山上的树木和地界归属问题的频繁争执，甚至屡次导致寨与寨之间的群架发生。

公社建立之后，虽然经历了短暂的包产到户，但随着1964年的强力纠正以及"四固定"的推行，寨众又被卷入集体化和计划

①　辛逸：《"农业六十条"的修订与人民公社的制度变迁》，《中国党史研究》2012年第7期。

经济的农业生活之中。生产队成为基本的核算单位之后，劳动力被固定在生产队之中，日常生活的核心以农业为主，人们随时受生产队调派和安排，生产的目的不是获得粮食，而是获得工分，最后根据工分进行粮食的分配。由于每个个体都被简化成了"劳动力"，并且全权归生产队/集体管理，所以人也被"固定"了。虽然每个人有一定的自留地，数量却只占集体耕地的7%，而其余可供私人使用的，只限于房前屋后的田地，且不能种粮食，只能简单地种一些蔬菜，所以人们对于生产队的依赖一直很强。每个劳力一天的劳动按照12分计算，采取当时干活当时核算的方式，白天执行当日的劳动计划，晚饭过后，就聚在队长家一起开会，算工分，每个人陈述自己当日干了什么，是否完成任务，由会计记下，然后再安排次日的活路。每天都要搞到晚上十二点，有时候要先开会，宣传政策，之后再记，记完已经是凌晨两三点。一天下来什么事情都做不了，每个村民/劳力都感觉到异常受折磨。

公社的农业管理方式并没有得到充分的推行，反倒产生了许多反效果。由于工分和粮食分配直接相关，人们非常计较工分的多少。但是生产队是建立在村寨传统联系基础上的，一个生产队里要么是房族兄弟，要么是亲戚，而队长也来自队内，同样是在这种亲属关系的牵制之下，同样一起干活，谁多谁少记录不均，都会引发房族内部和亲戚之间的矛盾，因而干脆就采取平均记录分配的方式。这种方法在集体生产期间一直是南江几个生产队采取的基本办法，公社一直想要杜绝"平均主义"却难以实现的很大原因是生产队中亲属关系的作用。平均主义的负面影响直接反映在做农活上。因为工分固定了，大家平均了，做活路的质量和实际的分配并没有关系，所以做农活的积极性就受到抑制。公社实际的农业生活，就如同"鸭子翻田埂"（意思是鸭子翻田埂时是一群一群的，劳力下地干活时也是如此），田少、活路少、人多，大家都不积极，你看我我看你，女人围在一起讲话，男人坐在一起或讲话或抽烟，一天就干一两个小时，工效很低。

此外，公社还抽调生产队的劳力从事集体工程建设，如修水库、外出修铁路、建造集体林场，因此粮食一直紧缺。20世纪60年代干过几年南江四队会计的吴泰顺就回忆说，六几年的时候，全队有114口人，但是一年的粮食只有四万五六千斤，不够吃，有时候只能吃木薯，小孩一见到木薯就哭喊，因为太难吃了。没有办法，每年都要去洪州区借粮食，要么就是依靠国家的补助。那时候牛肉四五角，猪肉五六角，也买不起，没有收入。生产队的唯一收入就是出去做工，分一部分人出去，一天还是按照12分算，赚到的钱就全生产队均分，做一天工一人才分得四五角，但因为做工都是上面派下来的，并不是天天有，所以钱还是没得赚。这个时候，就出现了劳动力私自外流的情况。在当晚核算完工分后，一些人偷偷地在家里摸黑织网，编织了一定数量之后，便以生病等借口向生产队请假，去从江一带卖网赚钱，来回快的两三天，有壮劳力的几乎家家都在这么做，成为生产队默许之下的找生计的方式。

生产队中的社员在公社制度之下谋求生活的方式，并不仅限于织网一种，也不仅限于经济领域，而是在社会、文化领域都有体现。

生产队管理方面，生产队长是轮任制，一般是一到两年轮换，采取民众推举的方式。当队长也是好处坏处兼有，坏处是队长责任重，每天其他人回去睡觉了，队长和会计还要核算工分，十分辛苦，面对公社的三干会议，只能常常以脚疼头疼为借口不参加。好处是队长对于全队拥有管理权，所以有的队长会从中牟利，比如分配的时候在自己的工分上动手脚。但是作为寨中一员，对于生产队的需求，他们仍然是以队为重。简言之就是"反上，又利用公社赋予的权力为己谋私"。虽然生产队对于个别队长以权谋私有意见，但是生产队在和公社制度的对抗中其内部还是保持了一定的团结。1964年开始纠正包产到户时，希望能够抓出一些包产到户的头子，矛头就指向了各生产队的队长。可是在细查情况时，南江的几个生产队却口径一致讲，没有什么头子，是生产队一起决定的。此外，在公社的监管之下，队长还和队员一起找漏洞，如南江三队集体的耕牛，统计好了数量，不让杀，生产队要过节，就用小牛换大牛，把大牛半夜偷偷杀了过八月十五。没有酒，不让社员私自酿酒，就找两个劳力，以外出务工的名义，由生产队出钱，派他们去广西独洞买酒回来，不让公社发现。

农业生产方面，虽然 1964 年公社在努力纠正包产到户，但是变相的单干依然存在。水稻种植上监管力度大，每年的计划指标都很清晰，难以单干，于是生产队就采取偷偷扩大自留地的方式，来为每个人争取更多的私人田地。此外，在渔业方面，采取明集体暗家户的方式，鱼塘管理是由生产队的渔业小组来负责，但是并不设定明确的渔业小组成员，大家轮番当，实际都是管自己的鱼，最后便以家户为单位来分配。

文化生活方面，坐姑娘①和婚丧酒宴依然没有停止。坐姑娘是深夜的活动，公社监管不到，生产队和生产大队之间都商量好了，彼此并不禁绝。到了夜深就开始互相走动，彼此帮助隐瞒，对公社绝口不谈。为了防止公社派人查看，一起去坐姑娘的青年人还商量好，专门选一个人在门口放哨，遇到公社的人来了就打信号，好让在楼上的青年及时逃脱。因为粮肉的分配和使用受到限制，家户难以承担婚丧酒宴的支出，但每次还是维持在 15 桌左右的规模，主要依靠传统的亲属关系相互协助，这时候生产队的区分会被打破，不同生产队同属一个房族的兄弟或亲戚仍可以互相借米、肉，帮助主人家将酒宴办好，甚至有的生产队就直接将集体的猪借给个人办酒。

---

① 坐姑娘，亦称"行歌坐月""行歌坐夜"，是侗族男女青年交际恋爱的活动方式。一般是夜间晚饭后，青年男子三五成群，去待嫁的姑娘家中，与之对唱、攀谈、消夜。

（三）南江大队——"难讲"大队

1966 年，"文化大革命"开始，次年贵州省的各级政权机关就为"革命委员会"取代，南江公社也建立起了南江革委会。这一时期的特点是阶级斗争和路线问题又成为地方治理的核心，公社中无论是农业生产还是日常生活，都趋向泛政治化。然而南江公社无论在农业生产的管理上还是在政治运动中，却都处在一种"失控"的状态。公社的三级领导制度，在每个层级上都难以达到国家要求的效力。当时的公社大队支部书记赵兴华就反省，公社的干部普遍"怕"和"软"，不敢揭发，不敢斗争，不敢出头表态，自己只是一个人，易于被拉拢，当老好人。[①] 大队长因为身在队中，更是如此，不仅无力管理生产队，反而成为生产队的保护伞，带头搞单干、赌博、迷信。而生产队队长则彻底站在了生产队的一边，和生产队一同私下反抗公社的管理，变相欺瞒。

这些情况体现得最明显的莫过于南江大队。由于在各方面与当时国家政策相抵触，且治理困难，南江大队被以取谐音的方式冠上了"难讲大队"的称号。1970 年南江公社一份名为《南江大队变为难讲大队》的自我检讨似的材料中，就细数了南江大队十条走资本主义路线的歪风，从中也能看到当时南江大队在生产和生活上的大略情况：（1）单干成风，六个生产队五业全部单干；（2）投机倒把成风，买卖耕牛、贩卖票证、卖毒品等；（3）赌博成风，第一生产队和第三生产队队委变成了赌博场，连十几岁的小孩都参加；（4）封建迷信成风，已恢复土地庙两个；（5）无政府主义成风，历年的储备粮都吃先分先；（6）请客送礼挥霍浪费成风，婚丧嫁娶搞浪费，如富农崀石本恩，结婚时搞了 29 挑黑米饭，浪费后全生产队又向国家要回销粮三万多斤；（7）乱砍滥伐、毁林开荒成风，共

---

① 《黎平县南江人民公社党委召开支部以上干部座谈会以及各种会议记录》（1974年 3 月 30 日），贵州省黎平县档案馆藏档案，档案号：87 - 1 - 65。

毁林开荒150多亩，约有6万根树，其中杉树100多根；（8）扩大自留地成风，69年开荒地大约有180亩，平均每户一亩，最多的户达到三亩多；（9）行歌坐月成风，天黑琵琶到处响；（10）做芦笙成风，芦笙是有几年不搞了，1969年又恢复起来，白天晚上都在吹。[①]

为了纠正这些"歪风"，公社试图通过阶级斗争的方式来实现，队员们也感受到了一定的压力。首先要改变的就是队长带头、内部互相包庇的状况。南江大队的队长们被命令找人出来批斗，开群众大会，如果找不到批斗的人，队长自己就要挨批。因为队员合力隐瞒，公社难以监察，整体的气氛也变得十分偏激，有时候问一句话，被问话的人没应，就被视作单干，要挨批。比如公社的干部看到田里有人放鱼，远远地问一句"今年放鱼，得鱼没有啊？"若是那人没有回应，立即就成为批斗的对象。

公社的政治高压并没有达到预期的效果。直到20世纪70年代中，南江大队还是个"难讲"的存在。其原因仍是干部的不得力和群众的集体反抗，虽然不停地开展批斗大会，进行自我检讨，但是国家政治意识形态并没有全然为当地人所接受，斗争也趋于形式化。从干部自身来讲，一方面，他们并没有以身作则，群众批评大会上对于干部多吃多占、占用集体耕牛、砍伐集体树木给自己盖房子、和女性发生不正当关系这类情况的批评，反而削弱了他们的领导力。另一方面，一些干部还嵌入村寨传统的关系之中，如赵兴华就在1971年的时候被岑烂寨的一户人家的小孩拜了干爹，此后有什么事情都相互走动，仪式性的活动和红白喜酒都得参与帮忙，需要搞副业盖章，也难以推辞。[②] 再如南江五队的石茂良，他是革委

---

① 《南江大队变成难讲大队》，《黎平县南江人民公社革命委员会本公社文件和资料》（1970年5月15日），贵州省黎平县档案馆藏档案，档案号：87-1-41。

② 《黎平县南江人民公社党委召开支部以上干部座谈会以及各种会议记录》（1974年3月30日），贵州省黎平县档案馆藏档案，档案号：87-1-65。

会的委员之一、共产党员，不仅带头单干，而且还和队员们一起喝鸡血酒，亲自杀鸡，并一起盟誓说队里有谁敢将单干之事透露出去，就像这只鸡一样绝灭。[①]

虽然批斗大会一直没有停，但是也落入形式化的境地，阶级斗争并没有揭发出更多的阶级敌人，斗争的对象几乎仍都是土改之后已经确立成分的那些地主、富农和伪保长等。很多时候，公社的批斗大会，已经由大队长和队支书安排好了批斗的对象，批斗如同走过场。意识形态的灌输亦不见成效。虽然在会上严厉批斗单干头子、迷信头子，但是白天批斗，晚上他们在队中寨上依然有话语权，为队员和寨众信服，继续包产到户，看日子、走阴[②]，该办的还偷偷地在办。以队为基础的制度下，公社希望通过对队长施压来改变现状，但是队长们却坚持认为"搞单干才有粮食吃"，对公社的管理采取或软或硬的反抗，借口生病不参加公社安排的会议和学习是软性的反抗方式，而强硬的做法便是罢干队长，不惧撤职，使得公社无从要挟。[③]

20世纪70年代中期的南江人，生活在密集的政治斗争、大规模的集体动员和偷偷摸摸单干的夹缝之中。过于频繁的政治运动不仅没有达到纠正"歪风"的效果，反而占用了人们大量的劳动时间。1974年公社几乎调动了全部的青壮劳动力到八劳村后的石伍山修建集体水库，结果水库修好没多久就废弃了。因为受到稽查，虽然各个生产队都在私下搞单干，可是只能在相对偏远不易发现的田地上，这些田通常产量也不高。南江三队和四队的田都在公路沿

---

① 《南江乡工作总结》（1953年7月20日），贵州省黎平县档案馆藏档案，档案号：85-1-11，第215页。

② 侗族人相信自然的灵或鬼、人死后的魂及崇拜的神明都会影响在世之人日常生活、生产、健康、家庭等方方面面。一旦遭遇不和顺，他们便需要请专职的阴师或鬼师通过仪式与鬼魂神灵沟通或禳解，是为走阴。

③ 《黎平县南江人民公社党委召开支部以上干部座谈会以及各种会议记录》（1974年3月30日），贵州省黎平县档案馆藏档案，档案号：87-1-65，第69页。

线，是南江大队最好的一片田，但是因为沿着公路，成为检查的重点，不停检查的结果是拥有好田的两个生产队，反倒成了大队中最穷的。1975 年南江公社革委会呈报县委的一份关于生活安排的请示报告中就提到"目前已经出现断粮生产队 8 个（213 户、1110 人）。其中南江大队三、四、六队，已信一、二、三、六队，八劳三队。目前这些队都有部分社员流出找生活。……生产不平衡，还借销粮，如南江四队，今年还 1973 年外借 4500 斤，这些队的储备粮已动用完。……目前即需动用借销粮 122100 斤，安排社员生活，还需五个月接新。每人安排 110 斤"。①

（四）从公社到小乡

1977 年伊始，全国政治形势发生了急遽的变动。毛主席逝世，华国锋接权，开始粉碎"四人帮"，推动整党整风运动。虽然仍然强调阶级斗争并且杜绝单干和包产到户，但是整体的政治气氛已经缓和。同时，华国锋对于农业和农业学大寨的明确指示，使得公社的重心又回到了农业生产上。在这样的背景下，南江经历了以下几件事。

农业学大寨和分组。随着对农业学大寨精神的学习，南江公社兴起了改土造田和修建水平梯田的工程。对原来没有开辟的荒地和山地进行开辟，南江大队不仅将田一直开到了十多里外的归仁大队附近，而且在寨中也施行整寨搬迁，向山坡上搬，将寨中的土地造田。虽然后来农业学大寨的风潮过去之后，很多人又搬了下来，但原本的居住格局已经发生了改变。此外，为了方便管理新开垦的农田，公社执行了一项"远田变近田，大寨化小寨"的政策，将南江大队的 6 个生产队分成了 12 个生产小组，分组也是采取自愿的原则，只要愿意，互相合意的就按大概相近的户数平均划分，组里

---

① 《南江公社关于生活中安排的请示报告》（1975 年 2 月 17 日），贵州省黎平县档案馆藏档案，档案号：87 - 1 - 72，第 1 页。

由组员推举组长管理。每个寨子从2个生产队分成4个小组。比如岑吾的第四生产队，就分成了7组和8组，7组分管近田，8组就分去管理远处归仁附近的田，但是还是居住在本寨；高寨的第六生产队分成了11组和12组，其中部分人去了归仁生产队附近居住，负责管理那边的田，这部分人最后在20世纪90年代撤乡并镇时，就归入了归仁村。12个组的建制，一直延续至今。

集体动员。由于华国锋对于农业的强调，南江公社开始高度集中劳动力，狠抓农业生产。为此，南江公社在1978年还专门列了一份决心书，从中可以看到对于劳动力集体动员的管理："1. 逐队劳动力普查，登记造册。2. 60岁以下劳动力要定三基本。3. 16～60岁男女社员，因身体有病，要经群众证明，大队审查，报公社批准。4. 动员一切积极因素，老人、小孩参加集体生产，给以报酬。5. 农忙季节，一律不准外出，不准赶场，需赶场买生猪的，必须请假，违者每人罚2元。6. 还在外劳动力通知限期回队。7. 劳动力要出满勤、整勤，每天要干八小时，每月男26天，女24天。"① 为了进一步动员和促进劳动积极性，公社还开展了"比学、赶帮"的活动："生产队每天评比一次，大队一个星期评比一次，公社半月评比一次。开展对手寨：南江—务孖；宰洋—己信；务叔—八劳。评比后，后进队由支书带生产队长放炮，送红旗给先进队。"②

在这一波动员之中，公社的思维仍然停留在集体下的计划经济时代，粮食所得还是按照工分予以分配，所以决心书所列的手段，对于真正提高粮食生产和劳动积极性并没有实质的帮助。但是，对粮食收入提高的偏重，以及政治风气上的转变，对于本来就一直阳

---

① 《南江公社各种报告、情况和决心书》（1978年3月25日），贵州省黎平县档案馆藏档案，档案号：87－1－97，第22页。

② 《南江公社各种报告、情况和决心书》（1978年3月25日），贵州省黎平县档案馆藏档案，档案号：87－1－97，第22页。

奉阴违地大搞单干和包产到户的"难讲大队"（南江大队）来说，无疑使其获得了更大的变通空间。

包产到户。1977年，6个生产队分成了12个组，吴启信当上了第8组的组长，因为第8组的田都在偏远的地方，公社和大队监管力度最为薄弱，于是他下定决心，开始在全组包产到户。其他的组看到吴启信搞包产到户，公社并没有严查，反倒是睁一只眼闭一只眼，于是紧随其后，在1978年陆续开始包产到户。虽然是包产到户，但形式上还是按照集体生产来办，收到的粮食依然上缴粮库，不过组里偷偷地记着另一笔账，按包得的田的产量来记，记录的工分则是为了应付上面检查，到了分配的时候不再按照基本口粮和工分来分配，而是自己包得田产多少，就得分多少。到了1979年，十一届四中全会肯定了"包产到户"，同年公社干部开始放宽农业政策的培训，南江的包产到户开始公开起来。

1980年伊始，南江开始推行家庭联产承包责任制，1981年田地和山地都分归各家户所有，公社革委会为乡管理委员会所取代，政社合一的体制仍被保留。1984年建立乡镇人民政府，生产队大队改为行政村，设置村民自治管理委员会，生产小队按照1977年划分的小组，改为村民小组，南江村隶属水口区南江小乡管理，人民公社至此解体。

与惯常认为的集体化时期政治高压、集体计划管理、激烈的阶级斗争和地方民众的顺从不同，南江经历的集体化时代，从一开始就蕴藏着传统社会结构和规则之下的人群关系与国家政治过程的交互影响和牵制，同时也有着地方人群对于国家政治、计划管理和意识形态灌输或激烈或隐蔽的反抗。[①] 我们可以看到原有的形塑着人群关系的种种结构和礼俗如何在政治高压下依旧延续，同时也看到新的国家政权在政治管理中制造的人群归类、权力关系、权利意识

---

① 〔美〕詹姆斯·C. 斯科特：《弱者的武器》。

作为激发地方社会文化场域①（social-cultural field）变化的新因素，成了可以为当地人生活提供意义的存在。公社的解体并不代表一个时代的断裂，地方社会文化场域已经发生了改变，并会在吸纳这些新的观念和组织方式的情况下延续并继续变化。

第二节　从"统治"到"管理"：国家政治转型与治理困境

重建乡镇村的体制改革，改变了公社时期政府对村民在经济和生活领域的泛政治化控制，村民在农业生产和日常生活上有了更大的自主性。但是在改革的过程中，国家行政体系下的村民自治却始终未能实现，这来自多方面的原因：首先，由于政策的放开，作为地方政府在村中延伸的村干，其地位和权力逐渐弱化；其次，在乡—村之间的体制管理上，村委会的干部基本都还是由乡政府任命的，其选任和裁撤并没有真正以村民自治为基准采取村民选举的方法；最后，地方传统延续，村干依然嵌入在村寨生活的礼俗、舆论和人际关系之中，村寨人群互动的社会规则和政府治理的错位一直存在，村委会处在夹缝之中，同时受到来自地方政府和村寨人群的压力。

乡镇政府、村委会、村民陷入三重重叠的困境中。20世纪80年代初施行地方财税包干，通过税收，地方政府一方面还对地方保有一定的控制力，另一方面在地方财政相对充裕的情况下，开展了不少乡镇建设的工程。国家税制改革，从分税制到取消农业税，削弱了政府对地方的控制。地方财政逐渐捉襟见肘，在乡镇建设上也难以有所作为。地方政府已经从一个控制资源分配的角色，变成了

---

① "社会文化场域"的提出，在于对刚性结构的社会观的反思，"意味着我们不应该把社会看成一个稳定态，而应该将其看成一个过程；不应该将其看成是一个严格的标准体，而应将其看成是一个连续的、无止境的事件流"。〔波〕彼得·什托姆普卡：《社会变迁的社会学》，林聚任等译，北京大学出版社，2011，第9页。

一个缺少资源、寻求资源的角色。但是村民对于政府的经济依赖依然存在，尤其是在南江一带，自然资源本就匮乏，这种依赖更为严重。政府不得不面对自身财政紧张与基层民众诉求强烈的矛盾，经济依赖关系的紧张化也导致信任关系和治理关系的进一步恶化。

村委面对的情况最为复杂，它要同时处理好和政府、和村民的关系以及个人家庭的问题。作为村民和政府沟通的双向代理人角色，村干可谓两头不讨好，因为政府政策执行的负担，他们被绑定在落实行政政策的工作任务上，难以照顾家庭经济，而十分有限的工资，使他们失去了对村务工作的积极性和主动性。[1] 面对村寨弥漫的对政府缺乏信任的气氛，以及村寨内人际关系和传统社会结构的强力影响，村干游移在政府和村民之间，既要执行政策，又要应对村中的人际关系，他们有时必须站在村寨传统的立场上和政府对峙，即便他们努力澄清自己在政策落实中受政府所驱的被动性，却还是遭到村民的埋怨和敌视。而作为村干，他们获得了政府赋予的一定的政治身份和权限，往往要将其活用，一方面，从村寨建设的角度考虑，由于乡镇政府的财政空虚，他们利用跨级拉项目的方式，直接到县州级政府寻求帮助，这样直接架空了乡镇政府；另一方面，出于个人家庭经济的考虑，借此之便从中牟利的情况并不罕见，这也引来村民更大的质疑和贬损。村干不断地在政府、村寨生活和个人家庭中谋求平衡，但结果往往是难以全身而退。

对于村民来说，传统的社会关系和规则始终是他们生活的核心，所以在政治上和政府、村干的联系一直都很微弱。然而经济生活是他们生活的另一个核心，有限的田地和资源使得他们在经济层面上一直与政府保持着强联系。但事实是政府和村民在经济上面临着相似的困境，所以政府不得不希冀于发展产业和开发旅游，政府

---

[1] 贺雪峰：《论乡村治理内卷化——以河南省 K 镇调查为例》，《开放时代》2011 年第 2 期。

提供的愿景融入村民对自身价值和未来的理解中，这的确调动了村民在农业产业化发展和文化重建上的积极性，却因为现实的付出与回报不成正比，以及村落固有的传统行为原则的制约，导致了村民的困惑和焦躁，甚至引发了更多新的矛盾。

一　公社的阴影下

1981年设立的南江乡管理委员会，是从公社体制向人民政府过渡的临时地方行政组织。这一过渡过程中，乡村干部既有延续也有更替。公社的书记和主任继续担任管理委员会的书记和主任，在南江村，老的大队支书和大队长有换有继。

岑烂人吴明贤是公社时期的最后一任大队长，他继续接任了南江村委会的主任一职，而在公社时期一直当大队支书的赵兴华不再担任支书一职，村支书的位置被同寨的石绍华接任。

（一）"受害"的基层管理者

关于赵兴华不再当支书一事，乡政府的考虑是他年纪已大，且担任支书多年，应该交由年轻的更有积极性的党员干。但村里的人并不这么看。虽然此次换届是政府的决定，换届会议只有原来的大队干部和生产队长参加，村干并非村民选举产生，但大多数村民认为赵兴华下台正合了他们的意。在他们看来，赵兴华之所以不适合当支书了，是因为他在任期间利用权职多吃多占，压迫村民，还和本寨的妇女发生了不正当的关系，已经权威尽失。不仅如此，1981年已经年届五十的赵兴华并没有儿子，在当地人看来，这就是"绝了户"（没有后嗣）。村民也将赵兴华绝户的原因归结为他之前作恶太多。

类似的议论也发生在公社上一任支书杨定宏身上。他在南江担任公社书记期间，因为和工作组的妇女发生不正当关系，在1977年被撤销了公社书记一职，1978年又被开除了党籍。对于这个事情，村民也有说法。他们认为他之所以落得如此下场，不仅是因为个人行为不检点，主要原因还是在村里太恶。之所以这么认为，是因为他在当书记的时候，干了村民们看来最大的一件坏事——以"破四旧"的名义把南江三寨的古楼都拆了，所以遭了"天谴"。直到 2012 年高寨和岑吾寨重修古楼的时候，人们对于杨定宏拆古楼的行为仍然心怀不满，提到他的现状，语带讥讽地说，他现在就在水口的居委会待着，过得也不好，人们都看不起他。

似乎村民对于公社时期的政治回忆已经形成一种混着个人行为、礼俗、利益和地方信仰的解释逻辑，并通过议论形成一种广泛的对于乡村干部个人际遇的判定。这一逻辑的吊诡之处在于，人们弱化了政治运动和决策的发起者——国家——的作用，反而将运动和决策的被动执行者当作矛盾的源头，从而将之纳入地方人际关系的网络之中。

在吴启信看来，他自己也是这套逻辑下的一个"受害者"。吴启信是家里五兄弟中的老大，他的父亲在 20 世纪 60 年代任区信用社主任。吴启信从小聪慧努力，1965 年考上了黎平中学，但是因为"文革"开始，读到二年级就回了南江。16 岁的时候，因为算是知识青年，加入了凯里铁路会战的文工团。1971 年回来的时候，公社安排他加入宣传队，教跳舞唱戏。他热衷地方文化的同时，对于农业生产也有自己的主意，很早就偷偷地组织生产队的人单干，后来 1977 年当上队长后，还率先带领其生产队包产到户，当时也算是被人信服的一个。1978 年后，公社对于地方秩序管理没有凭依，所以就推动各村寨推举寨老，制定规约，由寨老负责管理。吴启信因为在村里的声望和文化程度高，当选了寨老。当了寨老之后的吴启信依然积极，处理了不少纠纷，罚了一些人的款。当了两三年，后来他主动提出不干了，一来是因为当寨老没有工资，而且耽误农作时间，有些麻烦，但主要原因是他当寨老期间虽然按照政府的要求处理了纠纷，却影响了他在村中的声望和人际关系。很多人对他罚款的事情表示不满，议论纷纷，记恨在心。在 2012 年岑吾寨起古楼的时候，吴启信说，很多那时被罚款的人，现在在修古楼出钱时，还要把他提出来说，他这时已经是老人，有发言权，本应得到老人应得的尊重，却被人说三道四。

在政治层面，公社时期的影响并没有因为公社的解体而消失，反倒或凝聚成一套对个人价值判定的是非观，或因实际的人际关系中的互动一直延续到了当下的生活中。

（二）产权意识引发的纠纷

公社之后，在经济领域最大的转变莫过于承包责任制的田地和山林的划分，这也引发了不少问题。首先是分田，田地并不是按照面积平均分，而是按照产量和远近分作三个等级，分到好田的田亩数就少一点，分到差田的就多得一点。刚分田的时候，也是按组来分，由于一开始人们都认为只是临时划分，以后还会做调整，所以这种划分受人群的人际关系因素的影响就更明显。

在组建生产队的时候，房族和亲戚的组合成了基础，岑吾寨共有六个房族，当时吴启信所在的高窄房族、吴泰盛所在的班凳房族和吴世修所在的金盆房族就组成了第四生产队，其中高窄和班凳有联合房族的关系，金盆和班凳则有亲密的姑舅表婚的亲戚关系。1981 年分田时，老四队分作 7 组和 8 组，7 组就是班凳和金盆的人，8 组基本都是高窄的人。之所以要这么分，是因为在公社时期，班凳和金盆的人就老爱往公社跑，拍领导马屁，巴结人，希望分粮食的时候多分得一些，可做活路又不积极，所以高窄的人不爱和他们在一起，恰好他们图便利，选择了去水口路上的坝子田。于是高窄的人就都去了归仁那边的远田，当时还有一个考虑是，远田得多，有九分，近田得少，只有五分，因为粮食紧张，田多，只要吃得苦，还是可以过活的，于是就选择了远田。至于为何班凳和金盆的人没有去远田，吴启信讲那是因为他们懒，吃不得苦，如果他们去了上面（归仁那边），那我们就到下面了，反正不想和他们在一起。然而从班凳和金盆房族那里，我听到的却是截然相反的说法，他们讲是因为 1977 年分组的时候，吴启信做队长，带了自己房族的人去归仁那边把田占下，偷偷搞包产到户，后来分田的时候，因为远田得多，他们房族的人就把那里的田霸占下了，说是自愿选，其实并没有给班凳和金盆选择的机会。

言说不一的背后，既有人地关系紧张、粮食匮乏的原因，也有房族不合的原因。最后田就这么固定了下来，但争执却没有断过。先是上公粮的问题，因为 8 组的田多，上缴的粮食定额也多，但实际上那里的田在坡上，产量并不如坝子里的高，8 组的人就想按照原来的生产队来平摊公粮，7 组的人自然是不愿意的，互相争执不下。后来，因为机耕的推广，且南江至水口的公路修通能走车了，7 组的坝子田因地理位置好占尽了优势，8 组坡上的远田农耕和粮食运输都不方便，于是提出要重新分田，7 组又拒绝了。为此，7 组和 8 组差点打起来，直到乡政府介入才有所缓和。但矛盾并没有真的得到解决，因为分田的问题，房族之间本来的对抗关系变得更为深刻，一直延续到了当下，无论是在岑吾寨的日常交往中，寨集体管理中，还是在集体活动如古楼修建中，高窄房族和班凳、金盆房族之间一直都水火不容，互相攻讦。

产权归属的划定，使许多原本模糊的边界清晰化，也使山林纠纷变得频繁而复杂。个人之间、寨子之间、村与村之间，都存在山林纠纷的问题。1981 年，随着分田开始，也开始给山林划界，林业三定（当地也称"山林三定"）工作由乡政府主持，通过划定山界来稳定山林权属，划分自留山，明确承包责任制。与分田不同，山林不是按人头分，而是按"片—户"来分，先划定一片，再平均分给几户。刚分山的时候，人人都不敢动，还是集体化时候的思维，害怕政策又有变化，自己种了树最后又归国家，因此荒山很多。为了消灭荒山，县政府下了文件，谁造谁有，就是这个"谁造谁有"，成为产生问题的根源之一。据岑吾寨的人讲，如今个人所属的山林面积，有十来亩的比较普遍，有的人却只有几亩，或有二十多亩。当初平均分的山林，何以出现了面积大小不一的差别，这就和"谁造谁有"的政策有关。分山时还在南江小学当民办教师的吴泰昌就只有 5 亩左右的山林。他的山林面积小，就是因为那时候山刚刚分了，他还在小学当老师，孩子都没成年，自己的腿又有残疾，难得上山栽种，有的人就慢慢地在他的山界里栽树苗，栽了之后就归那些人了，渐渐地自己的山林就被蚕食了。他讲起现在寨上山林最多的是吴廷亮，一个人占着四个人的山林。因为吴廷亮比较勤快精明，分山之后，很多人还在观望不知该不该种树的时候，他便一个人上去把自己的山界周围的一大片山地都种上了树苗，等到周围那几户人去的时候，树已经长大了，也没办法，一直在争吵，可吴廷亮家兄弟多，不怕，最后没办法，那几户只能找吴廷亮讲理，这批树成材砍了以后，都归吴廷亮所有，但是之后，山还是按个人分得的，他不能再占。

南江三寨之间也为山林争得不可开交。三个寨子先以寨为单位划片，各自都在想办法多占一点山。高寨和岑吾接壤，两寨中间的一片山林划给了岑吾寨，因为上面枫树多，高寨看着眼红，不愿意，就跟岑吾的人商量，想用另一片山地与之交换，岑吾人也同意了。可刚换完，高寨人就偷偷地连夜在两边的山上都栽上了树，然后就以"谁造谁有"的政策为名，反悔了，两边的山都归了高寨所有。岑烂寨如法炮制，也占去岑吾 30 多亩的山林。这样的山林纠纷，对于那个时候关系本来就紧张的三寨，无疑是雪上加霜。相互之间摩擦不断，比如在田地上谁家放牛不小心越界了，就可能引发一场寨与寨的冲突。

当然，村与村之间的山林纠纷才是最严重的问题。在南江乡内部，村与村之间的山界划分，以当时公社时期生产大队"四固定"的界限为基础，但又添入了"谁造谁有"的标准，标准的错位，成了纠纷的起源。据南江乡党委统计，从农业政策放宽到 1988 年，全乡发生了 12 起山林纠纷，其中 5 起是本乡与外乡纠纷，7 起是乡内纠纷。① 这段时期，区、乡政府强势，他们解决的办法就是拉两边村子的人来到地界，互相辨识，然后签订协议，确立地界。时任南江乡党委书记并负责过林业三定工作的岑吾人吴广德回忆说，那个时候，东郎和南江、务孖和归仁、八劳和务赧、南江和务赧都有纠纷。处理的时候，先让他们两边谈，看能不能谈拢，自己找到办法，比如东郎和南江，彼此山地穿插，各自地界都有对方的山，就商量好彼此分清楚界限，各村管各村的，问题就解决了。但是大多数的纠纷一直争执不下，谈不拢，政府就上去讲，如果他们再争，就把这片山整个收走，谁都没有，村民们也害怕，不再吭声，政府就把争执的山林从中一分为二，划给两村，作为解决的办法。乡政府这种做法，并没有实际解决纠纷，山林地界不清晰成为一个隐性的问题，随时都可能被触发。2013 年正月南江高寨和务赧村的山林纠纷就是一例。

南江高寨和务赧村山林交界处有一座山头，公社时期本是公社的集体林场，后来分田时就划归给了高寨。但是务赧人慢慢地向高寨一侧挪动和侵占，在上面种了不少的杉树和油茶树。高寨对此十分不满，和务赧一直有争吵，但在乡政府的处理下，一边一半将那片本属于高寨的山划分给了两边，暂时平息了纠纷。2012 年底高寨新修古楼之后，在古楼里开会，商量未来的计划，借着修好古楼的高涨情绪，寨上有几个说话算数的人就讲现在古楼修好了，说明大家都团结了，寨子要拿出自己的气势来，便提到了务赧占去的山，说要把山夺回来，还讲这个事情全寨都必须参加，谁不去就把谁赶出寨子。大年初四，全寨人就拿着锄头、镰刀和新买的树苗上了山。山上已经长满了务赧人栽种的碗口粗的油茶树和成材的杉树，高寨人二话不说就开始砍伐。这事很快就被务赧人知道了，先

---

① 《南江乡党委关于深化农村改革的工作报告》（1988 年 11 月 20 日），贵州省黎平县水口镇政府档案室藏档案，无编目。

来了两个人查看了一下，没说什么就回去了，高寨人警觉起来，停了手中的活路，开始准备木棍和石头，说是可能要打架。不出一会儿，务秧人果然开来了装满了石头的拉沙的斗车，并跟着一批骑摩托车的中青年。双方隔着二十多米互相叫板，互不相让，突然有人在人群中骂了几句，一下就激起了愤怒的情绪，两边拿起石头就相互丢了起来。高寨人高喊："这就是我们南江的钓鱼岛，寸土不让！"但眼见自己一个寨子对对方一个村子，人数不占优势，于是赶忙打电话给岑吾和岑烂寨人，邀其来帮忙。没过多久，岑吾的青年就拿着棍子都上来了。倒是岑烂没人上来，因为支书劝阻，并打电话通知了镇政府。镇政府的人闻讯带着派出所的人迅速赶来，在两方正面冲突眼看就要演变成群架的时候，终于赶到，劝阻下来。在山上耗了整整一个下午，把两边寨中有威望的人和村干都召集到一处，百般规劝，以事后一定认真处理，让两村寨各自回村收集证据为由，勉强平息了纠纷。

回到寨上后，高寨特地在古楼设宴，感谢岑吾寨前来帮忙的人，他们当然也埋怨了岑烂寨不来帮忙，讲到高寨和岑吾因为共享一条"龙脉"，所以息息相通。席间就找来当初寨上参与林业三定的人，一一细说分界详情，作为证据收集。而高寨的人还商量，到时要去找政府处理问题，村干、寨老和当年的工作人员都去，其他人谁都不准出门，都在家等着，若是处理有偏颇，就全寨冲去政府讨说法。

时隔三十年的山林纠纷，起古楼挑起的情绪只能算作一根导火索，其中还蕴含着多重的原因。首先是电网的修建和林业经济化的转变。根据当地人回忆，在（一九）九几年电网拉进来之前，周围十多二十里的山都是光秃秃的，只有一些草，杉木都用去盖房子了，其余的杂木都砍去烧柴了，电网拉好后，家里吃饭、照明、煮水都用电了，树才繁茂起来。与此同时，在政府的推动下，全乡的林业生产也渐成规模，杉木以前多是盖房子用，现在成了客观的经济收入，因而变得宝贵起来。其次是"四固定"以及之后的"林业三定"规定的产权归属，使得当地人产生了明确的边界意识。按当地人的说法，纠纷也就是这三十来年才有的，以前虽然也分界，但是都很模糊，种不了那么多树，多占一点少占一点，无所谓，即便是"四固定"后，因为山林归集体，所以热情也不高，直到分山之后，知道是自己的了，要自负盈亏了，才变得斤斤计较，都盯着自己的，生怕被别人占了。

这一边界意识也涉及以村为单位对寨的整合。高寨和务赧的纠纷，最后因为高寨召集岑烂和岑吾前来帮忙，已经从山林的纠纷演变成了村与村的对抗。行政村的划分，是超越过去按照寨集体、姓氏和亲属联系的新的人群结合方式。本来这就是高寨的山，岑吾只是来帮忙，而务赧都是吴姓，岑吾的还有房族兄弟在那边，高寨这边也有不少亲戚在务赧，当互相对峙的时候，我问几个岑吾人，如果发生群架，那边不是有房族兄弟在吗？他们一边跟我指认对面务赧的堂兄弟，一边跟我说："兄弟归兄弟，村归村，这是两码事，现在是为了村子争荣誉，房族的管不了那么多了。"稍后的情况也似乎正如他们所讲，白天相互对峙，因为正值过年，到了晚上又相互走动，仿佛没有发生过争执一样。南江村的主任是高寨人，当时完全站在了寨众的一方，甚至过程中都没有通报政府，一来是作为寨中一员受到寨集体的管理；二来是因为缺乏对政府的信任，认为即便政府来了，也难以采用强硬的手段，只能以协商的方式借重两边村寨的地方权威来调解，而这一怀柔的手段仍然受到寨众的质疑。对此，就要从乡政府的村落治理和社会生活的转变来理解。

二 "乡镇—村"体制下的村落治理与社会经济生活

（一）农业生产与人口外流

自从施行家庭联产承包责任制后，田地划归村集体所有，个人以和村里签订合同的方式自我组织管理、自负盈亏。因此，乡政府对于农业生产的管理也从原来的政治指令式转变为监督指导式。虽然当时乡政府每年都结合国家的"六五""七五"制订五业生产计划，但已经不是强迫的任务，正如张乐天所言："农民只知道粮食任务是'硬'任务，其余的都是'软'任务。"[1] 放宽政策之后，农民的积极性被调动起来，如村民所说，"劳动力不再受折磨"，农民种田是为了生存、生活，再不是为了完成政府的计划、任务。然而对于政府而言，计划还是他们管理农业生产的目标，面对不能强迫且收益不大的情况，他们也采取了多种办法：一是引进和推广先进的生产技术，如机耕、杂交稻和化学肥料，以此来提高生产率。二是采取激励和奖惩的办法，一方面对于能够完成计划的生产组予以奖励，另一方面督促村干组织和动员村民，对于村干予以工资上的奖励或罚款。三是发动地方传统力量，如1988年乡党委的文件中就提到"各房族召开本房族会议，要完成村干部和村民委下达的经济指标，保证完成任务，并督促本房族执行党的路线、方针、政策"[2]。四是将集体林场承包给个人，设立奖惩办法，加快荒山绿化。[3]

人们的生活重心，已经彻底远离计划经济时代的政治任务，放在了农业生产和养家糊口上，其中的核心就是生产率的提高。新的技术引进并不是一个一蹴而就的过程，而是在当地有着漫长的接受期，并需要政府来宣传和示范。1981年和1982年就已经开始推广双季稻，但是南江乡几乎没人敢种。那年县里的农业局送了两斤种子，只有当时还在乡政府里当统计员的吴广德一个人领了。第二年就见了成效，粮食明显增产，全乡30%左右的人都去买了种子，如此历时八年，到了1990年左右，才都种上了杂交稻。化肥和机

---

[1]　张乐天：《告别理想——人民公社制度研究》，第344页。

[2]　《南江乡党委关于深化农村改革的工作报告》（1988年11月20日），贵州省黎平县水口镇政府档案室藏档案，无编目。

[3]　《南江乡—南江界林场合同书》（1985年），贵州省黎平县水口镇政府档案室藏档案，无编目。

耕的推广也都经历了相似的过程。

对于南江人来说，劳动力剩余并不是生产率提高的原因，其更多是源自当地尖锐的人地矛盾。分田之后，南江乡的人均耕地面积只有 0.53 亩，一直处于缺粮的状态，人多的家户还不时出现断粮的情况。① 据岑吾人吴昌德回忆，1988 年的时候，他家里有四口人，一年产的谷子只有 1400 斤，不够吃，有时候一早起来就到处去借粮食。那时一斤米 3 角多，一斤猪肉 1.4 元，5 元够全家吃一天。

因为粮食缺乏的困境，当地人在 20 世纪 80 年代中期，开始陆续外出找钱。当时"还没有广东"，只能去附近的地方，比如从江、洪州、广西富禄一带。如今南江 70 岁左右的老人，在彼时大都有外出打工赚钱的经历。打工的活计，一是织网，二是去帮工收谷子。织网全村几乎都在干，公社时候已经偷偷摸摸地干起来，从江、四寨、双江都去，湖南人也买得多，有的人去十多天，有的人一去就是一个月，有的人是在家织好了拿去卖，有的人是到地方了再织网。一个不足两米长的网，可以卖到一两元钱。去洪州中潮或广西田土等地帮忙收谷子、担谷子，一般都是临时工，只有农忙的时候才有工做，收谷子 100 斤 9 角钱，干一天能得 15 元，按照当时的物价水平，已经算是不错的收入。吴昌德讲，那时候都知道水口这边山多人多田少，吃不饱肚子，去到洪州那边，那边的人一看我们过去的人脸上都是蜡黄的，就知道"哦，是水口一片的人出来做活路了"。

到了 20 世纪 90 年代初期，南江经历了两大变化，一是 1992 年撤乡并镇，南江乡的建制不复存在，水口区变为水口镇，南江乡原辖各村统一由水口镇管理。二是 1992 年之后开始陆续有人外出到广东的手工业加工厂打工。撤乡建镇意味着该地方加快了城镇化的步伐，政府的发展重心开始转向产业转型、新农村建设、旅游开发和

---

① 《关于南江乡缺粮的联合调查情况报告》（1988 年 3 月 12 日），贵州省黎平县水口镇政府档案室藏档案，无编目。

文化教育等方面。

由于外出打工，村民经济收入有了极大的改观，人们开始买得起摩托车、电视机，盖得起新房子。2006年农业税取消之后，更刺激了人们的外出，几乎家家户户都有一两个人在广东打工赚钱，外出务工赚的钱已经成为当地经济收入的主要来源。虽然南江的田都还在种，但已经成为经济之外的考虑，一来是如果不种了要遭人闲话，讲不种田的人太懒且守不住家业；二来家中还有老人和小孩，种田够他们吃，多的用来喂猪、喂狗，省去了一笔不必要的开销。如孙立平所言，农业已难称为一个生产部门/行业，[①] 当地的生计方式和经济结构已经彻底改变了。由于农业税的取消和该地经济结构的转变，无论是对于政府来说，还是对于村民来说，农业生产都变得越来越不重要了。

（二）社会治安的得与失——从七佰南江乡规民约制定讲起

公社时期，因为政治斗争、强硬的计划经济和对于地方文化礼俗的遏制，南江一直处于纠纷频发的状态，公社末期，意识到这一问题的基层政府采取了选举寨老的办法，用以管理地方生活，却成效不大。公社解体后，推行村民自治，制定有效的规约成为一种可取的方式。

作为一个"款组织"的七佰南江，一直都有制定规约进行自我治理和处理纠纷的传统，当地一直流传着与三佰水口、佰二己流互立规约、处理婚姻纠纷的传说。而可见的是南江存有的一块名为"万古章程"的款约碑，其上就有"兹吾七佰大口共口议……"的字眼，一直被当地人视为七佰南江自我治理的历史证明。其可辨识的内容大多涉及当地婚俗，纠纷调解和严禁铺张浪费、赌博、奸情拐带等。

南江一带在政府加强社会治安综合治理和推动村民自治的要求

---

① 郭于华：《转型社会学的新议程——孙立平"社会断裂三部曲"的社会学述评》，《社会学研究》2005年第6期。

下，于 1982 年开始乡规民约的制定工作。参与制定工作的主要成员是南江在职和退休的乡政府干部、各村村干和各村的寨老、房族长以及有威望的人。南江乡政府将希望寄托在了传统之上，并没有让各村各自制定乡规民约，而是以七佰南江为单位，在继承原有规约的基础上，恢复七佰南江内部的自我治理。所以超出了行政区划，在东郎乡的东郎村和金抗村也参与的情况下，于 1983 年制定出了《柒佰南江乡规民约》。为了彰显其在地方上的合法性和自我治理的延续性，规约制定成员还专门将那块"万古章程"碑搬到南江村的中心位置，重修了水泥底座，并将新的乡规民约刻在了石碑的另一面。

图 2 - 1　柒佰南江乡规民约

即便如此，这次的规约没过两年就失效了。对于失效的原因，当地人都认为是当时立约的主导者之一——己信村的吴世学（时任乡长）——首先违反了规约内容，却没有受到相应的处罚，大家也就对规约失去了信任。但究其何以失效，应还有更为深层的原因，即当地文化礼俗和政治治理下的社会生活的断裂。

首先，传统权威结构与行政建制的错位。对于制定这次规约的组成人员当地人非常想往传统的权威结构靠拢，比如寨老、族长的参加，以及村民中老人、中年人、青年人三个年龄群体代表的加入。然而，传统的社会群体只是协商性的存在，真正的主导者是乡村的行政干部，虽然这些干部中也有不少是南江本地人，但他们并不等同于寨老和族长，并没有真正获得七佰南江内部成员的认同和信服，款约的效力因而没有真正获得当地人的认可。

其次，款约组织的不确定性。由于制定款约的主导者是乡村干部，他们有换届的可能，所以组织虽然完善，却没有可持续性，也就无法保证款约效力的持续。

再次，人情和礼俗的影响。一方面，在当地人看来，此次规约虽然是以七佰南江的形式来制定的，但它更多还是一个政府的政治行为，在款约的执行中，执行者代表的是政府而非七佰南江全体的意愿，就如同吴启信当寨老一样，执行规约成了一个"得罪人、破坏当地人际关系"的事情，所以在执行力上也大打折扣；另一方面，在婚丧嫁娶中，当地人习惯于通过排场来表现自己对事情的重视和自己的势力，这已经成了亲属关系中的一种礼俗，比如婚礼中对礼物挑数的要求，即便在公社时期，依然无法禁绝，当地人普遍接受，也就难以通过冠之以"铺张浪费"之名来规制。

复次，新的公私观的形成。这在严禁乱砍滥伐的条目中反映得最明显。这一条目的出现，和地方政府的林业整改有关。自从土改之后，村民的财产被划分为私有和"集体/国家"所有，这和以往的村民自有和公有有着本质的区别。以往的"公"，如寨子或七佰南江的公山，是私人之上的"共同所有"，但现在的集体所有，其实就是私人之外的"国家所有"，所以一种私有和公有断裂的公私观逐渐形成。这在公社时期的农业生产中就表现出来，所以乱砍滥伐多数表现为大家对公有山林的砍伐，而非私人之间的。政府虽然头疼，但对于当地人来说，砍伐公有山林对个人利益没有影响，也不存在道德上的负面评价，因而无法对其产生钳制力。

最后，对处罚办法的隐性处理。几乎规约的每一个条目都设立了处罚办法。正如前述，该乡规民约的组织是由政府人员构成的，乡村干部多吃多占一直为当地人不满，对于罚款金的去向和使用没有地方群众的监督。此外，如果出现了纠纷，若不是太严重的，很多人更愿意私下解决，因为这样不用缴纳罚款，在他们看来更为"经济"，所以少有人举报，款约也就失去了约束的对象。

由于1983年的乡规民约失效，1987年，政府为了推动社会主义法制建设和普法工作，于是又组织了七佰南江乡规民约的修订。此次修订是在上一次修订的基础上做出的，其内容与上一次的基本一样，延续了地方习惯法和政府治理所关注的各个方面。最大的不同在于对违约行为的处理，个别属于违法行为的，加上了"依照法纪处理"或"交司法机关追究法律责任"的字眼。这一修订版的款约中存在的问题，与1983年乡规民约的制定和执行中遇到的问题如出一辙。不仅如此，如果说1983年的规约还寄希望于传统权威力量的话，此次的修订就把更多的治理权交给了地方政府和国家法律。在"双罚"① 的规定下，当地人选择要么当事人双方私下解决，要么直接通过国家法律解决，而不愿"双罚"并存的情况出现，结合上述种种原因，这一次的规约又成了

---

① 吴大华等：《侗族习惯法研究》，第257～258页。

虚设。

　　小事私下调解，大事派出所解决，款约失效的情况一直持续到2012年，其间再没有制定或修订七佰南江乡规民约。2011年1月，黎平县水口法院开始推动地域性的乡规民约的制定，并在南江村召开了一次"七佰南江侗族地域乡规民约研讨会"，希望在分析之前款约失效的基础上，修正不足，结合国家法律制定更符合地方实际的乡规民约；并提到希望在南江做一个试点，如果成功了，就向全县各地方推广。在政府牵头、法院支持、村干组织、群众参与下，到了2012年10月，第一版《七佰南江侗族民约》被制定了出来，依然是以1987年规约为基础，结合当下实际和政府诉求，增添了如机动车管理、计划生育、文化教育等新的内容，"双罚"的条目依然存在。

图 2-2　《七佰南江侗族民约》（一）

图 2-3 《七佰南江侗族民约》（二）

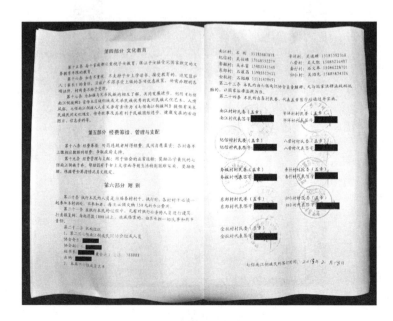

图 2-4 《七佰南江侗族民约》（三）

这一看似和老乡规民约如出一辙的款约，其经历的社会、政治、文化背景，却和前两次的有着很大的不同。

其一，共同体意识复兴。1983年、1987年的乡规民约虽然失效了，但留下了遗产，重要的一点是以七佰南江的框架开展的款约制定活动，让这个传统款组织的共同体意识又焕发了活力。虽然七佰南江之间的联系从未断裂，但在整个集体化时代，其凝聚力也受到一定的影响。尤其是在国家治理下，权界归属的划定、地方权力结构的重构、行政体系与边界的建立、文化节庆仪式的限制，使得七佰南江各村寨之间的联系不再那么紧密，共同体内部的纠纷频现。这一共同体意识真正重新确立下来，要到2006年第一届七佰南江民间文化艺术节的举办，这一文化节是政府推动和地方诉求合谋的结果，但其影响力在于通过"发明传统"①以及象征化的形式，强化了内部的凝聚力。就像吴昌德说的："以前我们这个地方，不太团结，互相争得厉害，说话有几句不合就打起来。现在不同了，尤其是搞了两次文化节之后，大家都熟悉，有个别村子被外面人欺负了，我们都愿意去帮忙，自己人有时候有矛盾了，说几句都是七佰南江的，也就大事化小了，最后还坐在一起喝酒。"

其二，款约的真正主持者发生变化。前两次规约的遗产、共同体意识、年龄群体关系的改变，都是导致款约主导者发生变化的原因。1987年规约的失效和主导者的不被信任是有关系的。其主要的监事会主任、理事会主任、调查组组长，都是吴盛才或吴世学，两人分别是当时南江乡的正、副乡长。此二人能够成为主导者，是因为他们的政府干部的身份，但人们的不信任并不是纯粹因为他们是政府干部，而是因为虽然两人都为南江人，但他们算不上基于传统、群体认可的权威，且吴世学自己就违反了规约。1987年制定

---

① 〔英〕E.霍布斯鲍姆、〔英〕T.兰格：《传统的发明》，顾杭、庞冠群译，译林出版社，2004，第11页。

和管理规约的组织计划三年一换，但之后并没有按规定换届，不过参与其中的组织成员内部，却出现了一个更受认可的领导者——务孖村支书杨敬辉，他既是寨中有威望的人，热心寨子建设的公益事业，又当过多年民办教师，七佰南江中学生众多，所以人们反而更信服他。七佰南江组织者小圈子的主持人一职，就落在了他身上。直到 2006 年南江举办艺术节的时候，在全体成员在场的情况下，组织者宣布要成立七佰南江协会，当时主要为了加强内部管理和维持艺术节的运作，才将这个一直隐身于幕后的主持人杨敬辉搬了出来。但是群众却又有他想：一来认为杨敬辉家里是后面才搬来七佰南江的，虽然也有几代人，算是七佰南江人了，却不是真正的"土著"；二来这年刚好换届，他不再担任支书，没有了去水口开会的机会，难以代表七佰南江与政府沟通。综合这两条，大家都有意见，认为这个会长要重选。后又选出同是务孖的石正光，石正光是水口镇政府的退休干部、老党员，大家更看重大寨子大房族的族长在本地方有威信，讲话有作用。他便成了七佰南江协会的第一任会长。在石正光任会长期间，吴通海、吴道直（吴世学的儿子）、吴盛才任副会长，此三人都是镇政府干部。大家商议认为让政府干部当不合适，处理问题搞活动感觉是政府在压人，于是三个副会长集体退任，整个协会都由石正光来负责，这是七佰南江自我治理中首次在形式上出现了去政治化。及至 2012 年制定新的侗族民约时，协会也随之换届，由己信支书吴世成和南江支书石秀明分别担任会长和副会长。选择吴世成，一方面，是大家认为他有着十多年当支书的经验，可见的事实是他可以为村子做事，代表村子向政府争取资源，建设村寨；另一方面，他在社会上混得开，无论是烂仔还是青年都信服他。这次换届出现的新变化，是主持者的年轻化，吴世成四十多岁，石秀明才三十出头。年轻化的原因，和随着打工开始年龄群体关系的变化有关。以往的地方权威，虽然不限年龄，但老人获得尊重，因而多是从老人中选择产生。而随着打工兴起之后，经济结构的转变和社会开放性的提升，能找钱、见多识广的青年获得了更多的话语权，因而能够笼络青年获得认可变得十分重要。

规约在制定之后的一年多时间里，有了一些成效，解决了婚姻纠纷四起，处罚了违反规约规定的事件两起，但问题也有不少，比如副会长贪占了村民的补贴，不但村民不满，政府也大为光火；南江主动寻衅引发了和务报的山林纠纷，双方差点打架；赌博人人都在赌，包括会长、副会长和老人们，约束形同虚设；婚俗丧俗上，只要没有纠纷，在礼物礼金上还是超出限定，双方都默认了，也没人敢举报；文化教育上要设立基金，却遭到大家的反对，很多人认为学生就学后不会回来回报七佰南江，都是搞好个人生活，资助学生等于大家出钱养他一个人。最后，规约只能立在那里，没有实际用处。

1983年以来陆续制定的七佰南江乡规民约，像大多数习惯法一样，反映了该地方遭遇的社会生活的情况以及地方人群和政府诉求兼有的内容。制定的款约从一开始就希望能够从传统的组织结构中寻找合法性，却又因为国家政治和地方传统治理的错位，而接连失效。但其过程中也激发了七佰南江本有的共同体意识，因而在后续的发展中，结合当地的实际，款约和地方管理者也出现了传统公选的方式、形式上的去政治化、年轻化的变化。

与此同时，国家政治却从未失位，一方面，更多的国家法律条款的引入为国家治理在地方自治中留下了空间，也强化了地方人群法律意识的国家化；另一方面，形式上的去政治化只是弱化了政府在规约中的话语权，但款约主导者党员的身份却没有改变，也就是在意识形态上并没有真正地去政治化。当然款约也遇到了政府治理诉求与地方礼俗之间的矛盾，如计划生育部门希望通过款约有效管理地方计生，却遭到款约管理者和组织者（也就是各村村干）的抵制，而他们的抵制更多是来自地方人群的压力；此外还有地方礼俗同款约约束之间的矛盾，如款约对婚礼丧礼上礼物的数量做了限制，但大家私下并未按此执行。

可见新的规约制定仍然是以能够将地方政府与民间自我治理连接起来为导向的，而其意在通过款约的设置来获得地方民众认可，不至于落入不接地气而被虚置的境地。尤其是通过协定规约，七佰南江协会因而成立，其制度化的架构，村干和民间权威的共同参与，形式上的去政治化和对民众公益事业与礼俗生活的重视，绝不单单是"传统复兴"。它和传统的"款组织"同中存异，从一种文化层面的共同体认同，拓展成为一种基于地方权利诉求的村民实践，亦可看作款组织在现代基层治理中的"再组织"过程。[①]

（三）村干的困境与应对

1982 年的新《宪法》明确将村委会界定为"基层群众性自治组织"。然而 1984 年建立起的村委会作为政府治理在村落的延伸，仍然受到乡政府的管理，村支书和村主任的任免、更换，都由乡政府决定，就如当地人所言："那个时候，乡政府只手遮天，想换谁想留谁都是他们说了算。"

1983 年就当上南江乡副乡长，其后历任乡党委副书记、书记、水口区委秘书，1988 年又调回南江乡任党委书记，1990 年主动申请退休的吴广德，经历了整个 80 年代的行政改革。在我访谈之际，他还能历数他在任的十年间南江乡中各村的村干，并且对他们的优缺点一一点评。他也讲起作为乡政府干部的任人之道。他讲，那时候村委工作主要有两块，一块是农业和政务，另一块是党务工作，前者由主任负责，后者由支书负责，再配一个管理业务的会计，就是理想的村干模式。找太聪明的人不行，他们有时候就跟群众一起和政府对着干，钻空子，给自己捞好处；太积极的也不行，有时候

---

① 对该协会的组织过程、具体实践和其合法性获得，我有专文另做详细讨论，参见拙文《谁来填平沟壑——黔东南南江河流域侗族"款组织"的"再组织"》，《中央民族大学学报》（哲学社会科学版）2017 年第 5 期。

做政府交给他们的事情太过度了，错误理解政府的政策，群众又不愿意。很难找到合适的人，就支书和主任相互搭配，哪边弱另一边就配个强的，比如务孖那时候党员少，支书水平低，就配个好主任。宰洋一直没有得力的村干，就专门去村里了解，找到了吴通海的父亲，他原来当过组长，有能力，就发展他入党，做支书。

自1987年颁布《村委会组织法》之后，规定村委会成员应该由18岁以上的全体村民直选产生，政府没有权力直接任命村干，但是村干的产生仍然受到政府的影响。南江村的情况是，要么是上一任的主任发展党员接任支书职务，要么就是政府在工作中遇到有积极性有能力的村民，首先发展其入党。20世纪90年代后南江村的几任支书、主任在回忆起自己如何当选村干时，都讲因为政府信任"发展我""要我做"。其中以2011年当选主任、2012年又当选支书的石秀明最具代表性。对于他的当选，村民都肯定了他有文化，有想法，年轻人都喜欢。但是村民也提到，石秀明能当上主任，是因为他上学期间的老师现在在水口政府任职，分管南江片，喜欢石秀明，有意发展他，让他当村干，于是在换届选举的时候，政府的人就说提名石秀明，大家都知道这是政府的决定，所以没人反对，就通过了。

政府过多地介入村干的选举，很大程度上是因为政府需要村干执行政策和辅助政府工作在村寨的开展，例如社会主义思想路线教育工作、党政宣传、五业生产管理、征兵、教育、防火安全、粮食税的收取，以及计划生育监管、农业和社会保障等。一来政府将大量的行政任务推给了村干，村干忙碌不堪，加之工资不高（据吴昌德讲，南江的村干80年代末还没有工资，只有粮食补贴，由村民出，1990年工资15元，到了2012年，政府的工资只有800元），工作做得不好还可能被罚款，使得村干难以兼顾家庭经济。二来由于村干掌握了村落事务的管理权，如政府各类补贴的发放、经费的收取和集体经费的管理，难免出现滥用职权的现象。三来村干首先还是村民，嵌入在本地的社会结构、人际关系和礼俗中，受之牵制。三类问题有任何一方处理不当，都会受到自上或自下的责难，所以在南江和村干接触时，他们总是苦笑称自己为"三骂干部"：政府骂、群众骂、老婆骂。

1981年乡村管委会接替了公社之后，南江村的第一任支书是岑烂人石绍华，和主任吴明贤一样，他在1971年参加了凯里铁路会战并入了党，在政府看来算是积极分子，所以就任命他接替赵兴华担任村支书一职。刚当上支书不久，水口政府就要他做防火安全的工作，在全村修防火线。修防火线面临着拆除部分村民房屋的问题，这一工作遇到了很大的抗阻。一个村子里不是房族就是亲戚，一说要拆房子，就有人骂他，他谁也不敢得罪。在政府的督促下，他一边讲着"我们这个寨子几百年没被烧，楼板都换了几次……"，一边在每个屋子下面简单地挖了一条沟，称之为"楼底线"，当防火线应付。可没想到1983年12月，真的因为岑烂寨有人烤谷子的时候大意，引发了寨火，全寨70户人，有59户的房子被烧掉了。事发之后，石绍华不仅受到政府的批评，被撤销了支书的职务，寨众也一致改了口，说他监管不力，当初要是修了防火线就不会这么严重。此后石绍华再没有担任过村干，而村寨中人一讲起20世纪80年代初的生活，免不了提到他和那次寨火，数落几句他做事情不行。

1984年接替石绍华任支书一职的是吴明贤，主任由岑烂人石开华担任。这两人算是南江历届村干中，遭到村民议论最少的。两个人都能说会道，会动员群众，也会和政府周旋，其实做的实事并不多，但作为村干，调解了村民和政府的紧张关系。但政府对于他俩并不太满意，因为在乡政府看来，他俩太"油滑"了，虽然会说，却总是夸大，对政府说村子好，对村子说政府好，结果对于实际工作没有作为，于是1986年换届时，政府又发展了村里一直当团支书的高寨人石世相当了村支书，吴明贤当主任，算是老村干带一带年青村干，石开华不再担任村干。

石世相当了支书之后，依旧是毫无作为，在我调查期间，刚开始想去找他了解当时村委的情况，一路遇到村里人就打听他的住所，知道了我的意图之后，每个人都直言："找他也是没用的，他什么都不懂，当村干什么事都没做，他那个支书是白当的。整天就知道去坡上（务田），要不就在门市部门口打牌。"而按照吴广德的说法，石世相就是"占着茅坑不拉屎"。1986 年的时候，县政府拨下来一笔钱，发到各村，让各村在村中买下地基和材料，为五保户建造敬老院，以后就将全村的五保户都安置在一处，这个事情就交到石世相的手里。结果他把工程承包了之后，就甩手不管了，结果敬老院建好之后，破破烂烂如同一个牛圈，吴广德对此大发雷霆，在家人劝阻下，才没有斥其重做，可这个房子也成了烂尾，到拆都没有人住进来。

由于石世相的无所作为，他只干了一年就换届了，换上了原本在水口医院任职的岑烂人石富真，主任也换成了岑吾寨的吴泰安。他们两人一上任，就为村里做了不少事。石富真是学医出生，对卫生这一块非常重视，开始大力修建村里的卫生室。而吴泰安还年轻，冲劲足，对村里的事务也热心，看到南江小学的课桌凳子破旧，就想向政府求支持，可是镇里没有经费，他就大胆地只身跑到县教育局争取，果然拉到了 40 套。虽然是为村里办好事，但是却得到不少负面的评价，一是因为村民都认为两人搞这些项目，自己肯定贪污了经费；二是 1990 年正值计划生育查管的一个高峰，两人又得抓计生，得罪了不少人。到了 1993 年，镇政府特意将吴泰安送去黎平党校培训，发展其入党；同一时期，石富真受不住村里的议论，主动请辞，镇里就直接下文让吴泰安接任了支书，由高寨的石富保做主任。

吴泰安当上支书当年，村里就遭了洪灾，秧刚刚栽好，受灾严重，不仅农田受灾，许多房子也遭沙子压了。岑烂离河近，受灾最严重，岑吾有几丘田、高寨沿河的田都被水冲了。吴泰安就去镇政府申请来 60 吨水泥，修建防洪堤。本想在岑烂寨脚修，因为他们既有田又有房，以后再来洪水，受伤害最大，可岑烂人却不想搞，嫌只有材料，要自己出工出力麻烦，想让政府再出钱。但是吴泰安却不愿意，他跟岑烂人讲："你们不搞，我就去高寨、岑吾搞，我不怕你们骂我，我怕政府讲我。政府已经给了水泥，现在再去要钱，肯定认为我们村子办事不力，以后再想申请项目和补助也难了。"之后又去找高寨的人，他召集有受灾田的农户开了个会，用一个月的工资买了两斤猪肉，请他们吃了一顿，就把工程落实下来。另外剩下的水泥，就给岑吾这边用。但是，由于吴泰安是岑吾人，水泥拉来了，先放到了岑吾这边，工程也是从岑吾开始的，所以又惹得另外两个寨子议论，认为他偏袒本寨，高寨那边也不愿意了，他又做了不少的工作才算把这个工程推行下去。

　　吴泰安从 1993 年开始做了两届（每届任期 3 年）支书，在他当支书期间，换了三届主任，石富保做主任刚刚一个月，就因为不适合工作转而做了文书，又选出高寨的石永强担任主任。因为主任和文书都是一个寨子的，所以有些事情就不通过支书，他们自己合计了办。他俩陆续地贪污党员和寨上的补贴款，到了 1998 年的时候，寨上人和党员发现了问题，要求查账，一查，计算出来两人共贪污了 4000 多元，每人 2000 多元。全村的 10 名党员就去他们两家找，要求还钱，寨上的人也议论纷纷。石富保拿不出钱，偷偷地跑去广东，以打工为名躲了起来。石永强拿出了 1500 元，再拿不出钱了，于是吴泰安就带着党员，去他家把他养的一头 200 多斤的猪牵走杀了，请每个寨子两个老人代表、组长和全体党员吃了一顿，又将剩下的肉分给组长，组长带回去分到各户，哪怕一户只得一点，也要保证每户都有。

　　到了 2000 年换届时，石永强因为贪污的事情，村民和政府都不信任他，便不再担任主任，吴泰安也称自己当了近 10 年村干，两个小孩都在上学，家中经济困难，想要去广东打工，主动请辞。村里又选了当了几年民兵连长的吴昌德当主任，但是主任和支书同时更换，政府担心工作没办法交接，便任命早年当过支书的石世相重新担任支书，和吴昌德搭配。石世相当了支书之后，还是一样无作为，相反，吴昌德则十分强势。上任之初就遇到政府严抓计划生育的运动，他就带着计生的工作人员挨家挨户地查，这和前几任村干帮村民说情或是隐瞒截然不同。很多人对此愤恨不已，但因为吴昌德房族势力大，不仅岑吾寨有人，而且宰洋那边也有人，还有很多混社会的，政府又信任他，所以只能敢怒而不敢言。因为吴昌德在计生上的积极工作，政府发展他入了党，2004年换届时，就让吴昌德当了支书，想让石世相改任主任。恰逢吴泰安从广东打工回来，选举的时候没有提他的名，但是村民都喊着要选吴泰安当主任，不要让石世相继续当村干，于是吴泰安又继续担任村主任。两个强力的村干搭配在一起，为村上建设做了不少实事，拉电网、修通村公路，镇里得不到资助，就跑去县上找各个部门讨项目。

他们也讲起了当村干的苦楚，首先自然还是工资低又没有机会做别的活路。不仅如此，政府的人一到村子来，一定是由村干来接待，管一顿饭，这个钱说是村委出，可村委实际也没有钱，都是村干自己掏腰包。吴昌德就讲："这些年当村干，不说别的，政府来人，光酒就不知道喝了几百斤了，都是我个人买的。"此外，就是帮村里人办事，比如孩子上学申请助学金、缴计生罚款、盖房子办土地证，都要通过村里盖章，那时候那些人都是对着村干讲好话，夸村干，可一帮他们把事情办了，他们就对村干爱答不理了，一副"我用不到你了"的样子，要是帮他们办好了还行，要是办不好了，还要遭他们埋怨。

对于他们拉项目，村里也有很多议论，主要的原因在吴昌德和吴泰安看来，在于村里的人就是见不得别人有钱，钱不平均了就乱猜测。他们讲，有一年有栽种油茶补贴的项目，政府并没有细查，所以是尽村委报，报了就有钱下来。结果有人报多有人报少，因为有的人不相信有钱，有的又怕钱会被村委贪去。当时统计下来有250多亩，两个村干就报了300亩上去，这样多出的50亩的钱就能留在村委做活动经费。结果钱一下来，那些报少的人就看不过去，直接去政府告状打报告，政府得知了，又将这多出的钱收了回去。吴昌德对此事很是生气，讲道："他们只管自己，不知道当村干的困难，以为我们的钱都是天上掉下来的，我们出去拉项目，车费烟钱都是自己出。村里就是有那么百分之几的人是坏的。"

在村寨建设中，最大的问题就是两个村干对岑吾寨的偏袒，因为两次村道的修建都是在岑吾寨。虽然吴昌德认为这是结合了实际情况，岑吾出村的路的确一直是个麻烦，但是其他两个寨子的人却认为是因为支书、主任都是岑吾的，故意只搞岑吾的建设，其他的两个寨子都吃了亏。对于多寨组成的行政村，村委的管理总会遇到因村干所属寨子不均衡而引发的议论。比如宰洋就有两个寨子，村干一直是两个寨子各一个，结果便是各顾各的寨子，难以统一。而对于其他一寨一村的行政村，问题则是归属不同房族的村干的竞争。如己信三个房族，张姓一直被压着，两个吴姓的房族互相对抗已久，村干一直都是出自两个吴姓房族，若都是同一个房族的，另外一个吴姓房族就处处对着干，只是这十年一直是两个房族各一个村干，二人心也齐，才保持了一定的均衡。在务孖也是类似的情况，务孖有四个房族，互相竞争，这个房族出一个村干，另几个房族也要争着有村干，甚至在民办教师上也是各个房族都要有才行。

2011年换届时，政府有意发展岑烂的青年石秀明当村干，吴泰安也认为自己当了太久村干，"当烦了"，不能老霸着位置，应该让给年轻人，于是石秀明就接替吴泰安当上了主任。2012年，吴昌德因身体情况主动请辞，石秀明转而接任支书，村里选出了和石秀明年纪相近的石明晓当主任。2013年初，因为三个寨子商量都要起古楼，为了在岑吾找一个村委的负责人，按石秀明的说法即是"两个寨子都有村干了，就岑吾没有，要保证每个寨子都有一个村干"，于是就在春节期间让寨子上的人选出了吴世修任文书。至此南江村有了一套年青又平衡的村委班子。

这套新组建的村委班子并不如看起来的充满活力和平衡，在他们当村干不足两年的时间里，出了不少问题。首先是贪污的问题。在吴昌德卸任支书的时候，他就发现了这一问题，吴昌德当支书的最后一年里，争取到政府资助修建了一栋两层的村委会办公楼，在落成当天，七佰南江的各村和南江村的村民都来庆贺，交了不少礼金，政府也送来了补贴，这些经费在吴昌德卸任后就交给了石秀明管理，可具体的数目和使用情况一直没有公布，这让吴昌德十分怀疑，担心是被石秀明和石明晓贪去了。此外，当年收缴的医疗保险费用，石秀明也没有上缴，很多村民去医院治病时发现保险失效，才发现了这一问题。2013年，政府又发下了肥料补助，这批肥料也没有发到村民的手里。几件事情，让村民们议论不已，就连看好石秀明的政府工作人员也倍感失望。

村寨中三寨的团结也未实现。自从三个寨子各自有了村干之后，有什么事情都是各自管理，高寨和岑吾修古楼，全程都是各自负责，互不往来，就连向政府申请资助，也是以寨子的名义而非村委的名义。村中电网改建，建到哪个寨子，就由哪个寨子的村干负责，其他两个寨子的村干不闻不问，使得三个村干对彼此都有意见。而且三寨也并不平等，石秀明以村支书的身份，显得有些独揽大权。另两个寨子搞古楼建设时，岑烂开始修起了上坡的公路和寨中的球场，本应该是全寨共同商议的事情，石秀明却以身为支书为由，包揽了决定权和监管权，这让岑烂寨众十分生气，以至于后来需要人手帮忙的时候，寨众没有一个愿意插手，石秀明只得一人干活，工程做得也不好，争吵不断。

种种问题让三个村干不断遭受质疑，让他们下台的呼声不断，政府也有意调整，三个村干在2013年初就都表示，自己可能就干满这一届，2014年换届时，将另换他人。

如果说村干将自己自嘲为"三骂干部"的话，那么对应地，他们经历或遭遇的是"三失"的过程：失权、失信、失钱。村落政治的复杂性在于，它既是国家政治的一部分，又嵌入传统的村寨"微观政治"之中，同时也掺入个人能力和权威的影响。基层自治的推动并没有彻底改变政府对村干控制的事实，虽然其控制力在逐渐减弱，村民有了更多的话语权，但因为政府政策推行的刚性需求，村干依然受到来自政府的压力。此外，寨集体、房族、礼俗和人际关系的维持这些传统的社会结构和规则，也改变着村干的选任和工作的开展。由于村务管理权的集中，村干获得了介于政府和村民之间的权力，但是如何维持这一权力的良性使用，村民和政府的监督仍然是脆弱的，还要看作为村干的个人如何行动。为了应对"三骂"的尴尬处境，村干也发展出了特有的"谋略"，看准时机选择站在政府或村民的立场是他们惯用的方式。也有更为强力的人建立起了自己的关系网络，笼络政府、社会上的"混混"、村寨中"说话算数的人"，令政府和村寨都有所忌惮，成为这类村干的选择。一如南江文书吴世修讲起已信村干何以长达十多年稳坐村干的位置时所言："他们一个（吴世成/支书）以前是在道上混的，现在水口和七佰南江厉害的人都是他的兄弟，一个（吴通泽/主任）的叔叔在凯里政府当官，所以政府和群众都怕他们。"

通过村干的"三骂"与"三失"，也可以反观南江所展现出的社会现实及其变化。即便一直追溯到公社时期，我们仍可以看到，这几十年中房族、寨集体、礼俗这些人群聚合和互动的关系与内涵，一直在延续并得到强化，作为一股力量制约着村落政治和人们的日常实践。同时，政府治理下的村干的权威和身份，也成了这类人群关系运作和发挥作用的一个新的因素。

在村民和政府的关系中，自农业税取消后，村民受到的监管进一步弱化，而打工经济改变了当地人的经济结构，农业变得不再重要。但是离土不离乡，政府对于村民物权（如土地证、林权证、砍伐证等）和计划生育的管理，以及对资源的掌握和权力的分配，使村落的自治仍然是在对其的依赖中开展的，在南江这样一个自然资源有限、经济收入有限的地方尤甚。不过，随着社会开放程度的增强，村民也获得跟政府博弈的空间。我在调查期间，向岑吾寨人提到似乎本地方没出现一个强势如"叶书记"①一样的人物时，寨上人告诉我："以前也怕村干，那时候没出过门，什么都不知道，村干一说要告到政府，我们就怕了。就是这十年间的变化，出去打工多了，见识多了，谁要说再告，也没人怕了，知道告也是没用的。"

小　结

土改之后的变革，其影响并不在于国家力量进入导致传统的断裂，而是在当地人努力延续传统的过程中，为他们的生活添入了更多的内容（桎梏）。南江人当下的生活与这段短暂的历史经历息息相关，他们的人群分类、权力关系、权利意识无不处于一种变与不变共同作用的情境之中，影响着当地人群的关系与日常实践。

从人们结群的结构性范畴来看，传统的以血缘和姻亲关系建立起的群体，仍然是人们结合和认同的主要方式。不仅互助组时房族之间的对立分外明显，在公社生产队时期，生产队以及其后细分的小组以自愿为原则的组合，也使得房族成为生产队结合的一个基础，甚至在己信就出现了房族队的情况。然而行政村的设置和分队也为人群关系和活动提供了新的维度。南江本是一个地理化的空间概念，三个自然寨在这段变革中，被统合进一个行政化的空间——南江村/南江大队——之中，此后，寨集体和村集体在不同的活动

---

①　黄树民：《林村的故事：一九四九年后的中国农村变革》。

中时分时合，而人群互动也因之在认同和区界之间时而清晰时而模糊，充满张力和矛盾。

从意识形态的灌输来看，集体化时代为当地人带来了两套话语，一套是阶级的话语，一套是集体的话语。前者涉及地方的权力结构和社会分层，后者则是指人们的组织活动方式。成分的划分、批斗和社会主义路线教育中的诉苦、讲三史活动，并没有改变当地的道德评判标准，对好人与坏人的界定，仍然延续了当地一贯的礼俗和伦理价值。而那些被划为地主、富农的人，大多同时也是当地具有威信的人，他们的威信和对村寨的影响力并未被削弱。因为阶级话语与当地固有的权力格局建立的根基并不匹配，因而随着集体化时代的意识形态的消解，阶级的话语也随之淡化。相反，集体的话语却与当地原本的集体性组织生活方式有着耦合的关系，其中既包括对于民主、公平的管理的强调，也包括少数服从多数，集体消解个人的行动原则，这两方面都因为集体化的经历得到延续和强化。

从行政管理来看，由于地方区划和政府的设立，村寨的治理被纳入政府的行政管理之中，从而产生了不同于传统的新的权威。一方面，以寨为单位的自我治理依旧存在，对于政府干部和村干这样的新权威，以及政府的政策和动员，地方人群或明或暗的反抗形式都存在，人们动用的手段从直接的谩骂或威胁、施加舆论压力到消极的反应和阳奉阴违都有，而且政府干部和村干还必须面对来自传统权威、地方礼俗和传统人群关系的牵制。另一方面，随着田土和山地收归国有，政府拥有了控制资源的能力，这导致地方人群仍对之有着很大的依赖，凭依国家法律法规的支撑，其对地方人群产生了控制力。值得一提的是，在行政管理之下，当地人群有了一套更为清晰的所有权意识，如山地、田土的界限和归属，呈现出一种"被固定"的状态，反而成为之后不少纠纷和矛盾产生的根源。

如果只从土改档案的反思总结中探讨侗族的社会文化，或许显得有些负面和片面。视野若拓展至一个长时期的历史脉络，就会发现，侗族的人群分类和互动关系，作为他们人生实践的核心，有其自在的持续性，只是面对不同历史时期的政治实践，有着不同形式的呈现。在清中期及更早的王朝边疆征拓历史中，其表现为具有广泛凝聚力的对内自治、对外抗敌的社会组织；在土改及其后的合作化、集体化时期，则以有别于阶级与苦难的身份定位和话语实践延续着；在 20 世纪 70 年代末至今的基层政权改革和法制建设过程中，当地人尝试通过在原有的人群关系和权力关系的基础上，重构其社会组织形态，寻找与国家基层治理并行不悖的社会再生产的模式。由是观之，经由对侗族人群归类的结构性范畴的切入，对侗人的身份归属、人群关系、日常互动及其内含的文化意义的发掘，或可以超越结构分析的视野，也避免了将侗族社会的变迁置入一个断裂的进程之中。

第三章　人群结合的结构性范畴：人群归类、身份认同与行动界限

　　无论是追溯到遥远的明清时期，还是对于20世纪50年代之后南江所经历的政治过程的梳理，侗人自有的社会关系和人群组织都表现出强韧与延续的一面。当侗人的社会文化生活和国家的管理紧密相连时，其内在的传统社会运作逻辑持续地对国家管理进行着吸纳和化解。一般对于款组织的构成和运作的研究，多停留在对其制度层面的分析之上，难以看到其内部人群关系的复杂情况。因而基于地方性事实和侗人自身的经验，对于他们的结群规则、人群关系和具体运作的探讨就显得尤为重要。

　　本章关注的是侗人结群的结构性范畴和人们赋予其的意义，并进一步讨论其如何影响侗人的日常生活实践。其中涉及基于血缘结成的房族、基于年龄形成的年龄群体、基于地缘结合有着明确边界和共同体意识的寨集体。为了避免一种静态化的展示，本章在对侗人各类结群原则的概念化解释的基础上，以岑吾侗寨为核心，通过具体的活动事例，来展现一寨之中不同的房族、年龄群体在寨集体之下的动态互动，并探讨他们之间的关系所经历和正在发生的变化。不同原则确立的规范和人们对之的认同，以及因之结群的人群之间的复杂互动，共同完成了侗人社会秩序的生成。

第一节　房族：基于血缘和地缘的内向凝结

一　房族概说

房族是侗族社会运作的一个主要的亲属群体，在侗语中，经常

用"兜"或"伙"来指代。使用房族这一汉人概念称呼侗人的人群聚合，是因为其主要是依据父系继嗣和血缘关系凝结而成的，与宗族分支单位的"房"的内涵接近，同样是基于一个建基祖分下来的多个世系群（lineage）。然而，作为侗人日常生活和社会运作中重要的血缘范畴，其与房族又有着明显的差别。首先，虽然是父系血缘继嗣群体，但它可以根据实际情况接纳外姓人进入，在一定的仪式后彼此享有同样的房族兄弟身份；其次，两个或多个不同祖先延续下来的房族，可以合并或拆分。因此，虽然"房族"一词为当地人所接纳，但从侗人本身的概念出发，其根据现实情况而呈现的伸缩性与整合外人的性质，表现出了更为强调可操作性（实践）的一面。本书仍沿用侗人习惯的"房族"称呼，但在使用这一概念时，其内涵已与汉人之"房族"有所区分。

要理解侗人的"房族"，至少要从四个方面予以详述：房族对应的侗语意义、禁忌、相应的权利义务以及内部的管理。

（一）侗语中的"房族"

有侗族学者指出，"兜"是个与房族对应的侗语词语，并分析了其含义。[1]"兜"通常被作为一个量词来使用，最常见的是"一兜树"或"一兜菜"，其暗含的意思是基于同一根系生长并聚拢起来的分支或枝丫。所以"兜"并非形容房族的对应名词，而是侗人使用其引申意来对房族所表现出的人群聚合的比喻性理解。虽然侗人用自然事物来形容他们生活中的事物的情况并不少见，但是否能从根系到枝丫的角度来认识他们的理解仍有疑问。首先，在相关类比上，他们更强调房族是一个人群内向聚合的单位；其次，他们很少用这个词来自称，比如"我们是一'兜'的"，而是用其来指称自身以外的人群。在调查期间，对于房族对应的侗语，我费了很大工夫也难以寻得，因为有前辈学者的经验可供参考，于是我也用

---

① 姚丽娟、石开忠：《侗族地区的社会变迁》，第48～57页。

"兜"来问询，他们一开始也是说，那就是讲树之类的嘛，在我的追问之下，讲用之指代房族也说得通。但同时，有另一个词用得比较多，和"兜"意思差不多，就是"伙"。他们常常指称别的房族的人是"那一伙的"或"他们是一伙的"，以示区别。此外，还有一个词他们也常常用来表示房族概念，就是"种"，这个词的意思就是"自家兄弟"，而这个词也凸显了房族强调血缘关系的面向。我是在一次偶然的机会听到了这个词。当时岑吾的球场已经建好，年轻人总是喜欢聚在一起打篮球，在分队上难以决定时，就干脆高喊着"种对种"，然后同一房族的青年就组成一队对抗另一个房族的青年。其后他们向我解释，"种对种"就是房族对房族的意思。

（二）以禁忌定位房族

房族没有专属的词语，因为侗人对于房族的理解，是通过具体的实践行为来体现的，最重要的标志就是内部禁婚。这一禁忌标示出他们源自相同的血缘，也是房族内在认同确立的标准。由于房族有可能分合或接纳外姓人，一旦合并房族，即便本来没有血缘关系可以相互通婚也必须转而坚守这一婚姻禁忌。同样，一旦合并的房族拆分后，这一禁忌也随之解除。故林淑蓉将侗人的房族视作一个"进行婚姻交换时的实际运作团体"，[①] 从血缘联系之外的实践层面揭示了房族的内涵。

"忌口"是确认房族关系的另一项禁忌。同属一个房族的人，若是房族内有老人过世，那么在老人出殡安葬之前，除了鱼之外，不能吃其他的肉，故称为"忌口"。岑吾寨的几个房族，都有分去其他村的房族兄弟，但已经是比较久远的事情了，难以记清楚是什么时候分过去的。当我问及如何在记忆模糊的情况下确认彼此房族

---

① 林淑蓉：《"平权"社会的阶序与权力：以中国侗族人群的关系为例》，《台湾人类学刊》第 4 卷第 1 期，2006 年，第 1~43 页。

关系时，他们就告诉我，以前两边有老人过世时，都会通知对方要忌口，以示彼此作为房族的关联。但是，他们也同样提及，现在彼此都不忌口了，因为隔得远，走动也少，但还是一个房族的。同样，那些外出打工的青年，若是寨中房族里有老人过世，寨里的人也不会通知他们忌口，按他们的说法，已经在外面，还要忌口也麻烦。只是在寨子里，房族内仍然严格地遵守着这一禁忌。这也从一个侧面反映出，虽然婚丧禁忌是侗人文化中的重要部分，但在房族的认同构建和运作中，也添入了他们基于实际情况所需的实践性考虑，且他们更为重视的是一个寨子中房族内在凝聚的现实意义。

（三）房族成员的权利义务

在日常生活中，房族成员间相助相帮的权利义务，成为房族内部运作的核心。平日里互相走动自不待言，但凡遇到红白喜事、起房子、小孩满月等大事，一家人的事情就会变成整个房族的事情。在婚事中，全体房族中的男性要帮主人家杀猪、切分猪肉、挑担子、放炮、准备宴席的伙食并招待客人。妇女则要提前准备好家里的糯米、粑粑（糯米蒸熟打制而成，类似年糕）和腌鱼等，待婚礼时每家都要拿一些到主人家，是为"帮忙"，因为主人家不可能有这么多的东西。这些准备好的食物部分用于宴席，部分被送去新娘家。若有老人过世，则主家男女老幼诸事不动，只是守灵，诸如写讣告、通知众人、杀猪、准备回礼、接待客人都是由房族内的其他成员负责，且房族成员还要来陪着主人家守灵一个月左右。侗人起房子是个纯粹的体力活，木匠师傅负责处理全部的木材，而拼接整个骨架将之竖起来固定好需要大量的人手，起房子亦要大宴宾客。在整个起房子的过程中，房族成员要帮主人家上山扛木头、轮番招待木匠师傅、杀猪做饭接待客人，还要在竖骨架时全员出动，出人出力。在一个侗人的生命周期中，除了婚丧，最为重要的就是满月。办满月酒亦要邀请远近的亲戚朋友，所以杀猪、准备回礼和接待宾客都需要全体房族成员帮忙。这种基于房族关系的天然的权利义务，虽没有强制力，却成为约定俗成的都要遵守的习惯，并不是说不能拒绝，而是基于实际生活的考虑，若你不去帮别人，别人以后亦不会帮你，如此一来不按习俗为之的人只会被孤立。此外，房族内部的这种互帮互助的权利义务也成了房族合并或外姓加入的主要原因，房族合并多是因为两个房族的人都过少，有事情了忙不过来，不如合在一起；或是一个房族人多，另一个房族人少，小房族就依附大房族，人多好办事。外姓人的加入亦是沿此逻辑。

图 3-1　房族成员帮忙起新房

（四）房族内部管理

房族内的自我治理，决然不是组织化的。虽然很多文献中都坚持侗人房族有族长管理，但并没有对族长的产生和管理方式做细致的描述。房族的管理者牵涉许多方面：年龄、辈分、个人能力和威信、房族内的分化。从年龄上讲，侗族社会中，60 岁以上被称作"宁老"的老人受到尊敬，因而在房族中，老人也享有权威，但这种权威通常是象征性的，凡事过问老人，但决定权并未真的掌握在老人手中，还需要大家的决议。和汉人一样，侗人也强调长幼有序，低班辈的人要遵从高班辈的人。所以很多人告诉我，以前房族聚会时，只要有长辈讲话，下辈的人是连插话都不允许的。高班辈的人通常是年龄较长的老者，但也不排除特殊的情况，比如因为兄弟多，有时几代下来，年龄小的人也可能拥有较高的班辈，那么他也可以和老人平起平坐地讨论事务，所以班辈和年龄是交互性地发生作用的。然而，对于房族内各种活动的决策和指挥，房族成员也很重视决策者和指挥者的个人能力，那些办事谨慎、说话得体、经验丰富、擅长调和且办事有能力的人，才能获得众人信服。但即便这样，辈分和年龄仍是最重要的因素，所以房族成员会从年长和高班辈的人中去选择真正的决策者和指挥者。还有值得注意的一点是，一个大的房族，可能在几代前是由几个兄弟发展下来的，这样就会有多个家族支系（房支）。在具体的活动或事务中，房族会在事情发生的房支中寻求管理者，其他房支的人则有必要听从指挥，但有时这种房支要求有自己的管理者的诉求，也会导致和房族内其他房支产生矛盾。由于同属一个房族，矛盾不一定会爆发出来，而是以情绪上的不满呈现。

二 岑吾寨内的房族分合关系

前一节是对于房族的总体概述，视遭遇的具体情境不同，房族的情况有许多的变化，但基本的规则并没有改变。一方面，在结构性的框架内，人群实现了稳定的继替，有限的流动其实并没有为这一结构填入太多的变量，即便有为数不多的外来落居人口，也为房族的延展性所接纳。可以说，不仅是一个寨子，在更广阔的区域视角下，侗人的活动都是以房族为单位开展的。

另一方面，房族原生性的认同凝聚力是一个寨子中不同人群彼此区界的基础标准，也使得房族成为个人可以分属依附的主要范畴。换言之，房族可以是一个延展性的概念，但对于房族的认识，却是刚性的。因而村寨中不同房族之间的差异、区别和由此而生的实践，往往使得寨中的生活充满了紧张关系，而非平稳和谐。

在发挥个人能动性方面，比如对资源或权势的追求，房族提供了较为稳定的支持。当然，这个问题仍需要从一种辩证的视角来看。房族只是侗人开展实践的"范畴"，但它并不尽然是均质化的，只将之看作一套指导侗人实践的规则或规范，就忽略了具体的人群活动的实际。人群因房族凝聚并开展活动，但由人群构成的房族，也赋予了房族以"房族性"，即不同房族可能在人群的性格、诉求、实践、共同认可的理念上存在不同，而在来自其他房族的认识和评论中呈现出特有的"性格"。在来自内外的双重协力下，"房族性"往往被形塑、维持和重认，因而构成一个寨子乃至更大范围内不同房族之间的差异。这种差异远超出实力、人口数量、落基时间远近或迁徙来源等的不同。"房族性"被定格化，其中的人群性格和行为方式也受到影响。

侗族社会中，一个寨子通常都是由一个或多个房族组成的。岑吾寨是一个多房族构成的侗寨，各房族人数并不均衡，我所言的"房族性"在其中也有具体的体现，而这又和房族间的争斗有关。也许争斗是一个过于激烈的词，但是房族的势力不均衡是现实的情况。这反映在各房族的历史发展过程中，当下对历史的回溯成为他们确立这种不均衡的话语。之所以会有不均衡，是因为每个房族都在争夺寨子的主控权，为了房族在延续中保持有利的地位。而错综的姻亲关系更让这种房族间的争斗变得愈发复杂。本节的主要内容，就在于在梳理基本概念的基础上，以一个侗寨房族的日常生活展示，来讨论具体情境下房族和个体活动的关系。

（一）岑吾寨房族概况：同宗与合并

依照同宗关系和历史传承，岑吾寨可以分作 6 个房族，每个房族都有自己的名称，分别是"大旋"（汉字记侗音，下同）11 户、

"班凳" 13 户、"金盆" 11 户、"A"① 11 户、"金苗" 15 户、"高窄" 17 户。

名称的由来是多样的，或因居住地形，或因祖公名称，或因房族人群的特点。就岑吾几个房族来说，"大旋" 在侗语里的意思是 "什么都懂，要文能文，要武能武"，据说得名的原因是这个房族的人以前聪明、厉害。"金苗" 是人名，就是这个房族祖公的名称，以后开枝散叶，子孙就用其祖公的名字作为房族的代称。"班凳" 是根据居住情况起的名字，指的是他们 "本在寨子里头住"。"高窄" 同样是依照居住情况命名的，意思是 "一坎一坎地上来"，也就是说他们房族最早在寨中是沿坡居住的。"金盆" 就是指金的盆子，这两个字汉侗的表达音意相近，据说是因为这个房族里面富人多，用 "金子来打盆子" 这一夸张的方式来命名表达。虽然现在每个房族的情况都有了长足的变化，聪明的人、富裕的人未必代际相承，居住的格局也因为人口增加、政治运动导致的房屋搬迁和新建而改变，但是这些名称却被保留了下来。

在调查过程中，若不是特意地询问，这些名字是几乎不会出现在他们日常活动的指称性词语里的。因为现在的情况已变，很多词语和其对应人群的情况发生了改变。而且房族名本就来自他称，是别的群体对某一房族群体的看法和识别的结果。但是这个词不同于其他 "古老" 的知识，不单存在于少数老人的经验中，细问之下，年轻人也都清楚自己房族的名称。因而在代际的传承中，名称不再只是一种标识房族人群的符号，也附加了群体认同的意义。根据这些名称，房族之间无论如何外扩和延续，都能寻找到自己依照共同的祖先和血缘形成的归属群体。

---

① 在调查中，无论我怎么询问，有一个同宗房族都没有名称。他们内部只是说和 "金盆" 同用一个名称，但同时也坚称自己与金盆仍然是有区别的独立的同宗房族。对此，下文关于合并房族的讨论有详细说明。

在岑吾寨，几个房族因亲缘关系聚居，形成了比较鲜明的分布特点。虽然，随着人口的增长和外扩，以及农业学大寨时的整体搬迁和重整，现在房族的居住呈现出杂乱的景象，但相邻居住仍然是在有地基的情况下的首选。如果要复原落基时的景象，的确困难，通过当下人群的回忆，却也可以大概分辨出来。房族的分布，反映出他们早先聚族而居的情况，提供了关于他们迁徙至此时间远近的推测。从水口至南江，有群山阻隔，坝子田零星分布在河道两侧，未通公路时，沿河筑桥，成为南江人外出的通路。而此后的公路沿河修建，沿途视野闭塞。入村时，翻过一个低矮的山坳，视野便陡然开阔，是山谷间的一片平地，村子就建基于此。岑吾寨就位于南北走向的河道的东侧，进村是沿河道由南至北。如今寨子被东北—西南走向的防火线一分为二，两边的房屋数量相当，防火线东侧的要略多一些。据老人回忆，那时候人没这么多，木材也紧张，没钱，都是几兄弟聚在一间房子里住。如今的防火线东侧那时还少有人居住，当时还是田坝和鱼塘，是后来人多了，经济变好了，才外拓过去的。早期的居住格局，是班凳房族住在沿河靠南的位置，其余的房族都尽量往河边靠，自南向北排列，位于班凳房族一排房屋之后（北边）的，就是金盆房族和金苗房族，再到山坡坡脚位置，才是高窄房族，而大旋房族来得较晚，靠河的一侧的田地已经被占满，才定居在了更为靠东远离河道的位置。随后，班凳、金盆、金苗房族逐渐外扩，到了现在防火线以东的地方，大旋本就在这边，就在原地外扩，而高窄则往东北侧山坡方向拓展，并逐渐开垦上坡，沿坡及坡脚分布。外扩也并非杂乱选地，而是和当初落基之后，他们定下的寨子东南部、南部和东北部开垦的田地归属有关。所以即便现在，虽然全寨房族分布有所交错，但细分下来，原来田地的位置建的房子，还是两三户同房族的人聚居在一起。

岑吾寨活动的房族单位，因这些房族的联合而有了改变。"大旋"自成一个房族，"金盆"和"A"合为一个合并房族，"班凳"

"金苗""高窄"合为一个合并房族。之所以有如此的合并，主要是出于互助的原因。按照他们解释的逻辑，同宗的房族人丁稀少，本地方有时候要办些红白喜事，人少了有困难，哪几个房族关系好的，就商量着合到一起，以后就当作一个房族一样，有事情了可以相互帮忙。这样的合并是出于实践层面的考虑，有着十分直接的功能性意义。

同宗的房族和合并的房族，对于岑吾寨人来说，都有着重要的意义。只是其意义的体现分属两个不同的层面（脉络）：前者在于仪式层面，后者在于实际的交往和功能性层面。岑吾寨人可以根据自己的所属将二者区分开。在仪式层面，对于基于同一祖先并有血缘关系的确认上，这些房族还是回归了最基本的形态，比如有老人过世了，只是有血缘关系的房族内部需要忌口，合并房族的其他成员则不必忌口。同样，每年清明挂清（祭祖），也是以同宗房族为单位开展的。但如果是起房子、结婚、小孩满月办酒，则是合并房族的全体成员都要参与，出钱出物出力。即便是老人过世，虽然合并房族不用全员忌口，也要按照丧事的标准予以帮忙。合并的房族，最基本的规范就是相互协作和内部禁婚，后者看似是一个根据血缘关系产生的禁忌，但同时也有出于对维持合并互助关系的实践考虑。按照当地人的逻辑，一旦通婚，就成了亲戚，不可能又是亲戚又是房族，这会造成社会交往中的根本混乱。所以哪怕合并的房族并没有血缘关系，也要求内部禁婚。基于血缘认同的同宗房族和基于互助认同的合并房族，在岑吾侗人对彼此关系确认的不同脉络中同时发生作用。

由于合并的房族没有血缘的基础，且是基于互助而结合的，结合的依据又只是"感情好、老人间相互商量一下就行"，所以也有不太稳定的一面。"大旋"就是个例子。"大旋"和"金盆"早在四五十年前还是合为一个房族的，后来之所以分开，是有具体原因的。当时"大旋"有一个老人过世，"金盆"的人就以房族兄弟的身份前去帮忙，但是没想到却受到"大旋"的排斥。据说这种排斥有更深层的原因。在此之前，"金盆"房就有男青年喜欢上了"大旋"的女孩，最后两人还私奔了，这触犯了合并房族内部不可通婚的禁忌，为彼此落下了嫌隙。"大旋"房就认为是"金盆"的老人管理不力，甚至可能是有意纵容，因为"大旋"人少，势力单薄，易受欺负，便揣测是不是"金盆"有意想从合并的状态分出去。于是那次"大旋"为房族中老人办丧事，具体的活动人员安排都没有过问"金盆"房的人，并且在办丧事的几天里，有什么事了都是内部商议，处处将前来帮忙的"金盆"房的人拒之于外，并将他们当作亲戚来招待。"金盆"房的人对此心怀不满，咽不这口气，既然如此相待，那就干脆一点，彻底当亲戚算了。于是两边的老人一商议，彼此自此之后分开，结束这种合并的状态，恢复通婚，有事了也以亲戚相待，再无兄弟帮忙之说。

合并房族的不稳定性以及"大旋"和"金盆"之间的合与分，揭示出岑吾寨几个合并房族之中仍然存在着紧张的关系和竞争的关系，而非简单的互助协作。合并只是基于实践的策略，但是面对寨中的日常生活和集体活动中的话语权争夺，合并房族外部之间的争斗就远不如其内部的对抗那么激烈与明显。"高窄"、"班凳"和"金苗"房之间，就一直互相看不顺眼，在相互议论中也常常彼此攻讦，却没有一个关键的契机让彼此找到分开的口实。

这样的紧张关系总是存在，合并房族也有一套应对的机制。有什么事情虽然是要共同帮忙的，但是还要视具体情境而定，比如事情发生在合并房族中的哪个同宗房族之中，就由哪个房族做主，决定怎么办，合并房族内的其他房族成员就按照安排来帮忙。

即便如此，在一个同宗房族内部的房支之间，这种紧张关系已经到了人群聚合可分解的最底层，矛盾的调和更为困难。可以举两个具体的实例。其一发生在"金盆"同宗房族内。在房族内部，有什么事情都要选出一个主持人，负责事情的计划、任务的分配和人员的安排调度。这个人或者是辈分高的人，或者是年老者，或者是中年人，关键在于有威望、讲话有道理、为房族内的成员信服。"金盆"房内这几年有什么事情都是由吴世修来主持的。他年届四十，属于刚入中年，文化程度高，想事情细密，在寨中处事也稳重，2013 年还当选了村文书，房族内也认可他，就让他来主持事务。但是在一次房族内成员起房子帮忙的安排上，他就明显感觉到了两个同宗房族间的紧张关系。吴世修的父亲有三兄弟，在爷爷辈则有两兄弟，爷爷的弟弟有两个孩子，现在和吴世修平辈的有兄弟五人，他们和吴世修分属两个家支。此次起房子办酒的主人是和吴世修属于不同家支的堂兄吴世远。起房子办酒涉及杀猪、做饭、活动时间选定、请客、分配亲戚客人到谁家吃饭等问题。此次也是由吴世修全责来处理所有事宜，但是过程中和另一个家支的几兄弟有了不和，虽然隐而未发，他回来后却和本家支几兄弟在一起聊起了其中的不快。他讲到既然选他做主持了，就应该相信他，听从他的安排，但是那几兄弟却明显没有当他是主持人，甚至有点见外，什么事情他们都提出不同的意见，有些事也不过问他，直接就由他们自己定下来并执行了。谈话间，吴世修尽是不快，究其原因，就是因为"我们和他们的爷爷不同，分属不同的'支系'"。

另一个例子是在"高窄"同宗房族内，其中的大小七个房支，有两支可追溯的年代比较久远，只是说最早来此落基时就是一个祖公分下来的，并无具体的系谱可考，而另五支则在上溯四代时还是同一个祖公，其后才细分出来。这五支中的一支，到现在有五兄弟，最大的已经 60 岁，五兄弟之下又有不少子孙，不仅在房族里，在寨中都算势力大的一支。因为人多势众，所以在同宗房族内部，有什么事情，他们的控制力都要远强于其他几支，虽然房族内有一个年纪仅 56 岁辈分却很高的吴昌德，但是有什么事情了，在过问吴昌德之后，还是由他们这一支来主控，这当然引起其他支的不满。吴昌德的两个儿子就很看不惯这一支的"霸道"，虽然同属一个同宗房族，但是对之总有一些负面的评论。而这一支几乎代表了"高窄"房族的强势，也是造成"高窄"和其所在的合并房族中另两个同宗房族存在嫌隙的原因之一。

从同宗房族的角度来看，"房族性"是一个值得深究的问题。"房族性"看似是一个很强调个人观感的概念，但它之所以能够成为一个社会事实而被讨论，在于房族不仅是一个人群归类的范畴，同时还影响着人们对于彼此和自我的认识，进而左右人们的言行，制约着村寨中人们的生活实践和社会关系。"房族性"的来源和判定，很大程度上受到一个寨中房族人力、势力的左右。班凳房族和金苗房族，虽然也是合并起来的，却有着区别于其他房族的紧密认同。因为他们虽然是分立的两个同宗房族，却在起源上仍然可以追认到一个模糊的共同先祖，只是从先祖的某代开始分开，时间久远，几乎可以算作两个不同的宗系，所以才分立开来。这两个房族在本寨落基最早，且人数相对较多，集体活动中有着其他房族所不能比拟的人数优势。同时，他们在以前就出过不少能人，也有人在政府或学校工作，外出打工时找钱最厉害的也在他们两个房族中，如今又培养出几个大学生，因而在寨中表现得极为活跃，凡事争先，好出头，待人大方。高窄房族虽然在人数上不占优势，但并不处于下风，尤其是吴启智兄弟众多且团结，所以也并不收敛，在寨上集体活动中好出头，爱讲话；同时，由于房族里有几个掌握地方文化知识（讲古、看风水）的人，且爱显露出来，所以这也成为他们能够在集体活动中争取话语权的重要资本，为他们活用。相对而言，大旋房族就十分低调，虽然其中也不乏能人，但整个房族中厉害的人物不多，人数也最少，在集体活动中能讲上话的机会很少，所以整个房族在寨中都是一副隐士的样子，集体讨论参与度低，更不会去抢风头，各自都在忙自己的事情，对人也冷漠。就像其房族内一位老人说的，"我们房族以前出过一些聪明人，但现在不行了"。金盆房族表现出了与上述房族不同的折中"性格"，或者说他们本身就很两可化。一方面，他们积极参与集体活动，但在议论中较为低调，不爱争风头，却很实在，有什么事都身先士卒地做好；另一方面，在待人接物上，他们又并不吝啬拘谨，能够大方应对，但往往略显被动，不愿主动将自己显露出来，更不愿炫耀。这和他们的人数仅次于班凳和金苗的联合有关。金盆房族在寨中仍然是实力雄厚的一支，但在人力、势力上又有点不上不下，做官找钱不如班凳、金苗，却强于高窄、大旋，虽然人数众多，但毕竟团结性没有那么强，内部还有支系的区分。他们更像是行动中的调和派，爱参与集体活动，但多为获得一个有话语权却不被议论的位置。

这样的"房族性"影响了我所能观察到的老中青三代人的言行。正是对他们活动的观感，与他们的接触以及他们不时地在我面前对自己以外的其他房族的评论，让我形成了有关"房族性"的认识。依此，当我观察一个集体活动时，常常会看到这样的景象：高窄、班凳和金苗虽然合并为一个房族，但是集体活动总是他们永远的"战场"，他们最为活跃、发言最为积极、操控欲最强，矛盾也总是出在他们之间。大旋总是沉默的，他们几乎少有发言，对事情的议论也不多，总是被动地执行分配下来的任务。而金盆虽然在话语权上不做争执，执行力却最强，有些事一旦决定了，就干脆先做再说，为大家信服，因其行动力和人数实力成了一支在争斗之外特立独行却不可忽视的力量。

可以从以下几方面总结岑吾房族的特点。第一，在侗人的文化和实践中，房族是一个刚性和延展性并存的人群聚合范畴，它表现在基于血缘认同和基于互助的功能性合并两个脉络中，可以暂且将它们分别称为同宗房族和合并房族。第二，两类房族在指导侗人日常生活中有着清晰的区别，前者强调仪式化的认同建构；后者强调功能性的互助联合，很少提供认同上的支持，因而也造成了合并房族本身的不稳定性。第三，这种不稳定性不仅体现为合并房族可能因同宗房族的不和而拆解或重构，也表现为在涉及互助的红白喜事、起房子等活动中虽然人群以合并房族的规则活动，但一旦进入到寨集体的活动中时，基本的认同和活动单位又恢复为同宗房族。第四，两类房族的区辨以及对同宗房族认同的基本归属感，也体现在"房族性"的展现上。"房族性"关乎认同和对人群聚类的基本识别，指涉的是同宗房族而非合并房族。第五，在寨集体活动中，影响人群关系的主要是同宗房族的活动而非合并房族的。第六，"房族性"是我们理解寨集体活动中不同的同宗房族中人群实践的抽象概念，无疑它并非实在的，而是来自观察者对各房族人群活动的主观建构，但由于人群活动发生在复杂的人际互动中，因而来自他者的观察、寨中房族的势力不均衡和交往标准（对抗关系），使得这一建构的抽象概念有了实在的客观属性，而其中的人群也因此有了自我呈现的一面。

（二）岑吾寨房族的活动

侗人房族的活动，仍然要以同宗房族和合并房族做区分，即仪式性的和功能性的两个方面。

从功能性的合并房族来看，侗人的生活，在日常的休闲之外，可以用年度周期和生命周期来统摄。年度周期包括他们的农事活动、近几十年开始的打工生活和各类节庆。生命周期则包含了所有重要的过渡性节点的活动，伴随着出生、成长和死亡，主要由满月、结婚、起新房、丧事构成。

年度性的农事和打工，是以家户和个人为单位开展的，虽然也会牵涉房族关系，但并未形成一套行事的规范。比如农事活动上，家户是基本的单位，就是各个家户负责自己田地的管理，只是在农忙时节人手实在不够时，才会请人帮忙，但这帮忙的人，兄弟也可、亲戚也行，只要能找到亲近的人都可以，甚或可以雇人来帮忙。打工是以个人为单位开展的，虽然很多人要找人帮忙带着外出，或在外想换工作要联系熟络的人介绍，但这种关系中，对象是房族兄弟、亲戚、朋友都可以。而节庆活动也是以家户为单位开展的，节庆中房族兄弟一般并不聚在一起，而是在各自家里过节，邀请与自己亲近的亲戚前来即可。

在生命周期的过渡性仪式活动中，合并房族形成了具体的规范，要按照既定的要求出力出钱出物予以协助。这种协助正是功能性的体现，也是人少势单的同宗房族之所以要合并的根本原因。协助虽然没有明文规定，但由于是通过交互的方式发生的，互帮互助就成为房族中约定俗成的原则，有了隐含的强制力。就像当地人所说："房族来帮忙没有强制的，但是一般都会来，因为如果别人有事情了你不去帮忙，以后你或者你的子孙总得办事情，那别人也不会来帮你。"出钱出力自然是个过于笼统的说法，在不同的活动中，房族兄弟前来帮忙还是有所细分的。

其一，所有的生命周期活动，主要的内容就是办酒，办酒时会邀请数量众多的亲戚前来，这里涉及一种"亲戚的转换"。在侗人文化中，亲戚是个很宽泛的概念，一个人的亲戚，不仅包括直接有姻亲关系的人，也包括自己房族所有姻亲的连接以及姻亲对象所在房族的全体成员。故而一场酒席通常会有几十乃至上百人前来，而丧事办酒更甚，牵涉的亲戚更为宽泛。所以就需要大量的人力和物力来招待亲戚。

其二，办酒包括一些基本的环节，发送请帖、杀猪、做饭煮菜、通知老人、当日招待。这些活动都要由合并房族的人来帮忙，除了老人和小孩外，房族内的男女成员都要出力，由主持人来做具体的安排。发送请帖和通知老人的活路需要人少，一般都会选取房族内至少两个年轻人去办。丧事发讣告有所不同，去送讣告的人较多，一般是两人一组，去后会在亲戚家中留下吃一顿饭。杀猪是个体力活，一般是由六七个中青年来负责，如果要杀的猪多，则会尽可能地调动房族里的人，他们在杀猪之后会留在主人家里吃一顿晚饭，并将猪肉尽快地分好。办酒招待当天，做饭煮菜也都是男人的活路，但是择菜切菜则由房族内的女性来负责。招待亲戚时，由于人数多，主人家里肯定坐不下，就将他们分去其他的房族兄弟家中，饭菜统一供给，其他房族兄弟只是提供场地、餐具等。

其三，办酒除了基本环节外，各类活动也有不同之处。满月酒是两天的活动，头天准备，次日办酒。与其他办酒时主要是男性参加不同，满月酒时妇女的参与度最高，虽然前期准备还是房族里的男性在做，但办酒当日，集合在主人家的都是房族的女性，负责招待前来的外婆和女性亲戚们。结婚办酒一般是三天，头一日仍是准备，主要是杀猪，并准备挑去女方家的担子，其中包括猪肉、熟糯米、糯米粑粑和腌鱼，除了猪肉是主人家出外，其他的礼物要由房族的人来分担，每户都会带来一筐糯米以及数量不等的糯米粑粑和腌鱼。此外，在结婚当日，送去新娘家的礼物通常视家庭情况有 30～60 挑不等，这时候就主要是房族里的青壮年来负责挑去新娘家里。在结婚酒的次日，房族的青年还要帮新娘家分送礼物到其亲戚家中。

其四，办酒之外，在协助方面也有一些长周期的活动，比如起房子要持续几个月，而办丧事也要持续一个月左右，这两项活动需要的帮助与办酒有所区别。侗人的房子都是木质结构，所以对木材的处理是起房子的核心。一般起房子包括砍树、抬树下山、木工处理、竖房子、安板装修几个重要的环节。除了木工处理由专门请来的木匠团队来做之外，其他的环节都是房族兄弟要予以协助的。如果房族人口较少，人力不够，主人家也会请来亲近的或临近的亲戚帮忙，但主角仍是同居一寨的房族兄弟。如果主人家通知了，这几个环节是一定要去的，以前只是义务性的帮忙，现在有所改变，因为是重体力活，一般砍树和抬树之后都会请房族兄弟吃一顿饭。但竖屋是与办酒同日的，所以房族兄弟就没有这种礼遇了，相反，在辛苦竖起屋子之外，还要在竖屋前日准备办酒的物品，并在办酒当日招待亲戚。竖屋办酒之后就是装修了，一般也要持续一两个月，但这个就对合并房族全体成员没有要求了，只是主人家自己做或花钱请人来帮忙。丧事办酒之后，还有通过看日子决定的长则一个月短则十几天的"守月"，意即"守灵"。这段时间里，主人家的孝子孝孙都要在夜里守着，不能睡觉，房族兄弟和亲近的亲戚有义务过来陪伴，一同"守月"。"守月"结束的一日是为"出月"，当天仍然要办酒，还是房族兄弟来操持，可以说整个丧事过程，过世人的亲人除了要守月之外，其他事情都不用亲自动手，都由房族兄弟代劳了。

同宗房族的活动，主要是通过仪式展现的，其不仅是内部认同的强化，同时也有对于现世获求庇佑的追求。在生命周期的活动中，核心是通过酒席的举办来一再确认亲戚的连接，大量亲戚的参与使得每一次酒席的规模都很大，合并房族相互协助的功能则由此体现。然而在对认同和庇佑的追求上，对于血缘关系的谱系上纵向的强调与对于姻亲关系上横向的强调截然不同，表现为内聚性的而非外扩性的、仪式性的而非关系性的，因此同宗房族的活动更为注重象征的表达，而与合并房族注重功能有所区别。

同宗房族的活动主要包括春节一同燃放爆竹和清明祭祖。春节燃放爆竹本是全寨集体的事情，一般会在正月初一当日的下午于寨子中间的坪子上一同燃放，一共燃放三次，为的是祈求新的一年中诸事顺益、红红火火。但在燃放的时候，各同宗房族会自然地分开，每个房族的人虽然都是按家户为单位准备鞭炮，在坪子上堆放的时候，却各成"阵营"，同宗房族的人会将他们的鞭炮尽可能地堆在一起燃放，同中有别。这也成为一个房族势力的展演场，此问题将在下一节中详述。

相对于燃放爆竹，清明祭祖就不仅是一日的事情，而是同宗房族贯穿整年的活动。侗人在家中不设牌位，也没有任何祖先祠堂，祭祖的活动只有每年清明上坟山挂清。所谓挂清，是汉语音译的说法，在侗语中实为"挂纸"，可从这两个词的本义加以理解。在清明当天，房族的人会前往祖先坟地，依次为这些坟清理杂草，将准备好的纸钱挂在坟上及其四周，即为"挂纸"，有的人也会插上用红、银、黄的亮光纸制作的"坟标",现在也有人买来纸人、纸房子等燃烧。挂好之后,坟上的纸钱是不烧的,而是只在坟前烧香纸,并供奉糯米饭、熟猪肉、米酒,供酒时全房族的人还要同时"罕靠"(音译,前一个字无实意,是在共同喝酒时的语气词,后一个字即是"酒",这个词在平时的喜庆宴席中常见,意为"共同祝酒",祈求祖先保佑)。

由于岑吾寨有多个房族,各自有各自的安排,为了更清楚地了解挂清过程,我主要是跟随高窄房族的人参与了他们的挂清活动。因为长期居住于高窄房族的吴昌德家中,所以他们都将我视作高窄房族的一员。在清明的前几日,吴昌德生病住院,我去水口探望他,在水口停留了几日,直到清明当天才赶回岑吾寨。回到寨子时,已经是午饭时间,我因有事要先去文书吴世修家里。吴世修是金盆房族的,在去其家中路上,高窄房族的吴启智就叫我中午去其亲哥吴启仁家里聚餐,我只说要先去吴世修家有事,暂时应付了一下,也未多想。可到了吴世修家中,金盆房族的六七个人已经在他家围坐了一桌,也是房族聚餐,硬要留我。当时我因是第一次在此过清明,不明就里,就留了下来。中午聚餐的人并不是全房族的男性一起,而是参与杀猪的人一同吃一顿,真正的聚餐是挂清之后的晚餐。何以要杀猪呢?因为挂清时要准备一定数量的猪肉,所以各个同宗房族就都规定,养一头小猪,挂清时用,每年挂清杀了作为全房族公用的猪肉,用完了再买来补上。每个房族中的家户都要承担起养猪的责任,轮流来养。基本的程序是,按人头算,比如房族里有90个人,就按照当时猪肉的价格,一个人出一斤肉的钱,给养猪的人让他买猪仔,不够的他自己来补。到了杀的时候,就要给每人还一斤的肉,剩下的就算是养猪人自己的。

饭后,准备齐整去挂清的物品,大家就陆续出发了。这个时候我回到了高窄房族,却受到他们的埋怨,一直到了晚饭的时候他们还在讲。吴启智就说:"你既然住在公东升(吴昌德)家里,就是我们房族的，我们也把你当房族的人来看待。今天过节，都是要在房族里吃饭的。你来了这么久，这些应该都知道的嘛，我还专门叫了你了，你还跑去他们家吃饭。"我也只能报之以愧疚和不知所措的表情，支支吾吾。我的不守规矩的"越轨"行为，在此成为一个插曲，而吴启智等人对于这个"插曲"的态度，却显示出他们对清明节中同宗房族认同的重视。

去挂清的人有走路的、骑摩托的，也有开车的，去的都是男性，女性都留在家中。男性也有细分，主要的行动者都是四五十岁的中年人，老人去得少，去了也是蹲坐在一旁抽烟、闲看，只有负责主持的老人会参与。由于外出打工的人多，留下来的青年少，小孩多，所以大都是中年人带着小孩去，间有几个青年人，中年人身体力行地挂纸、供奉，并指导青年和小孩应该做什么。

图 3 - 2　清明节七佰南江人前往共有的坟山挂清

一个同宗房族挂清的时候，也会有一个主持人。这和合并房族的主持并不同，因为更为强调血缘和谱系，这个主持人一般是辈分最高的，若长辈中人多，则由其中最年长的人担任。吴昌德是高窄房族中辈分最高的，是吴启智的爷爷辈，以前都是他来主持，但是此次由于住院无法参加，而吴昌德的两个儿子都在外打工没有回来，剩下的都是和吴启智平辈的人，所以主持人轮到吴启智的大哥，时年 60 岁、已经步入老人阶段的吴启信来做。

　　挂清采取由近及远的方式，所谓"由近及远"，可从两个方面理解。一是先从最亲近的父亲、公、太公挂起，一直上溯；二是各房支先挂自己的亲人，再挂同房族的先祖。所以一入坟场，同宗房族里的各房支就分开了，直到最后共同走向了遥远的先祖的坟。这个先祖的坟一定要挂，但由于之前都是吴昌德主持，由他带领大家挂，此次吴启信来，一开始有点迷糊，找不到被杂草覆盖的坟在哪里。后来凭着记忆左探右探，才在一堆杂草下找到了半截的墓碑。这里有个背景介绍，此处坟场是七佰南江的公坟地，且处在一个山坡上，一来坟墓众多，二来山势略陡，年代久了，土壤随山势下滑，常常或是坟墓的隆起不见了，或是碑被滑下来的土推倒或覆盖了，有的坟更是早就被掩埋，上面甚至修起了新坟。我就听他们多次讲到有时候有人过世了，去挖坑时，挖到下面还会挖出骨骸和腐朽的棺材残渣。高窄房族祖先的碑就是被滑下的土压斜且盖去了一半，吴启信趴下仔细分辨才依稀看清了那块单薄的石板做成的墓碑上的名字，确认了就是祖先坟墓所在。他招呼房族的人过来的同时，还用捡来的石头在碑文上深深地刻了几道印迹，说是做一个标记，下次来就好找了。祭拜的仪式如前述，没有什么变化。而仪式的含义，除了告慰亡灵外，主要的就是祈求祖先的庇佑。侗人十分重视坟墓的安排与现实生活好坏的对应关系。有的家如果人丁兴旺，或比较能赚钱，就会有人说"他家祖坟要冒青烟了"。他们也相信坟墓会产生变化从而影响子孙的生活和事业。寨中有个不学无术走偏门（赌博、搞六合彩）却家业兴旺的人，寨上的人就信誓旦旦地告诉我，曾看过他家的祖坟，竟然不同于其他坟墓日渐平扁、为山土掩盖，而是一年比一年膨大起来。吴昌德后来也提及吴启信辛苦找到的这个祖坟，他说："可能是这个坟有点好，所以我们这一伙（高窄房族），之前只有几户，现在人口一下子多起来，到现在有十七户了，也算是大（房族）了。"

　　所有的坟都挂完之后，整个房族的人就一同回寨。回到寨中已经下午四时许，在吴启仁的家中，又开始准备起晚饭。这餐就是整个同宗房族无论男女老少都一起来吃的。据说以前都是挂完了在河边吃，但现在人少，不仅不热闹，而且麻烦，就改成了回家吃。妇女和孩子聚在一起，早早地吃完就离席了，各自回家，而男人则坐在一起，因为要喝酒，所以吃饭的时间拉得比较长。在吃饭过程中，男人们就谈起房族的计划来。话题还是围着挂清的事情，他们讲到两点：一是关于全房族为了挂清养的猪的问题；二是肇兴那边还有一个坟没有挂，准备明天去，如何安排的问题。

　　这一年挂清的猪是吴启仁养的（所以中晚餐都在他家吃），现在按说要轮到下一家了，看还没养过的人要安排到哪一个。可他们有了新的想法，已经有十一户养过了，还有六户没养，轮下去的话就还要六年，养过的人，尤其是吴启仁，就说这个事情实在太麻烦，家里平白地要照顾一头猪，今日不同往日，以前都在家，还好说，现在都出去打工了，家里有时只有老人和小孩在，通常自己家还会再养一头猪，一下子照顾两头恐怕应付不过来，不如这个挂清的猪肉就直接买来，平摊钱就好了，不必再养一头猪。对此建议，其他养过猪的人都纷纷表示赞同。

　　本来每年挂清之后，关于来年的安排，都是要由主持人安排定夺的，可这个事情上，吴启信却不好说话了，反倒是吴启仁一直在提议并跟大家讲理由。原因是吴启信家还没轮到过养猪，一来他和另几户没养过的人一样，都认为这个是他们应该承担的义务，应该延续下去，其中还隐含着侍奉祖先获得庇佑的意义；二来他们即便有想过改变，也碍于没有养猪，若说了有逃避责任之嫌。但作为主持人，他还是要客观地整合全房族的意见，有了分歧，就得解决，把决定做下来，所以他就在饭桌上打起了圆场："这个事情，我没养过猪，所以本来不好说。现在提出来以后不养了，平摊费用买猪，也是个办法。但从以前定的就是要养猪，如果现在说要我们（没养过的）继续养猪，我们一点意见都没有，这是应该的。到底养不养，还是要你们养过猪的人来决定，你们十一户决定以后不养了，我们就这么办也可以，反正我们（没养过的）还是坚持要继续养的，不过如果你们决定了，我们也不好说什么。"商量下来，还是决定从当年开始不养猪了，到时一人买一斤肉带去，再每人出一点钱来作为晚上聚会的费用，打平伙。事后，我也去其他几个同宗房族探询了一番，此次的变化，只发生在高窄房族，另几个同宗房族依然延续了轮流养猪的习俗。

在公共的坟山之外，有些同宗房族的先祖的坟，因为不同的原因葬在了外地。比如班凳房族吴泰盛的父亲，生前在黎平县任职，户口迁去了黎平，退休后也一直在黎平生活，亡故后就葬在了黎平。所以他们在坟果（公共的坟山）挂清之后，还要去黎平挂。而高窄房族在清明当日晚上聚餐时也提到，在肇兴那边有个先祖的坟，每年都去挂的，这次也一定要去一下。他们商谈后决定，整个房族每户去一个人，都是男性，妇女仍是不用去的，带上小孩，包了两辆车，准备好了挂清的物品，次日一早就出发了。在路上，我问及这个坟是谁的，为何葬于寨外。吴启智告诉我，此坟中葬的人，按辈分来算，他们这辈都要叫太公了，也就是三辈以上的人，具体的年代并不清楚，只是说那时候南江一带有病灾，死的人多，逃难到了肇兴这边，在此以给当地人做工为生，后来死在这里，就地安葬了。而之所以每次都要来挂，当然是因为祖先葬于此处，不可怠慢，不过还有更为直白的现世的考虑。作为风水先生的吴启智继续解释，这个坟的位置很好，对岑吾这边的房族的人有好的影响，因而每年都会来挂，也是为继续获得庇佑。不仅如此，吴启智还专程带上了罗盘，说是要过去看看坟的朝向、位置有无变动，若是变了还要做出修正，不然这种先祖坟地与现世的良性联系会遭到破坏。

（三）岑吾寨房族间的紧张关系

合并房族的相互协助、复杂的亲戚联结、同宗房族及同宗房族内部房支间的对抗，将岑吾寨人的日常生活实践置入"和而不同"的紧张状态之中。在这样的状态中，个人的活动往往要周详地考虑每一个事件发生的情境以及自己身处的位置。

要理解这种和而不同的状态，有以下几点值得注意。首先，同宗房族之间基于血缘的原生认同，是他们关于人群聚类最基本的范畴，合并房族则是他们因现实需求而凝结成的"社会活动单位"，是区别于同宗房族的"最小地缘聚合"，缺乏认同的构建。其次，由于合并房族是婚姻交换的基本单位，内部禁婚的规则使得合并房族内部没有姻亲关系，姻亲关系只发生在合并房族之间，碍于姻亲关系的限制及其调节作用，合并房族之间难以发生激烈的对抗。再次，合并房族内部成员相互协助的规范，与合并房族内各个同宗房族的彼此区界并不矛盾，同宗房族仍维持着他们的自我认同，互助规范和自我认同可以区别开来，因此联合关系和对抗关系也可以并存于一个合并房族内的几个同宗房族之间。复次，一方面因为姻亲关系可以消弭合并房族间的紧张关系；另一方面各个同宗房族之间基于人力、势力的标准，对彼此的"强大"与"弱小"有相对明确的知觉，比如大旋房族吴继成就说"自己房族以前厉害，现在不行了"，班凳房族吴泰盛认为自己房族"以前有当官的，现在有找钱厉害的，还培养出了几个大学生"。岑吾人惯于用有没有出能人（当官、有钱、有文化、在社会上混得厉害）来评判各房族势力的大小，所以房族间在日常生活中不会时时表现出对抗，往往因为对势力和人力的知觉，在寨集体中以默认"排位"的方式，调和式地应对，比如势力大的房族参与度就高、话语权就多，势力小的房族相对地不会强出头，但村寨中房族关系的整体氛围仍然是紧张的。最后，在他们的生活中，势力和人力虽然可以有一些量化的标准来参照，但仪式化的宣示不可或缺，甚至成为他们在物理化的争斗（比如打架、争吵）之外，表达这种紧张关系和彼此地位最直接有效的方式。

前文已经提及岑吾寨大年初一庆贺春节燃放鞭炮的活动。2013年的春节，和往常一样岑吾寨人也早早地购置了成袋成箱的鞭炮堆放在家中，除了除夕和初一各家燃放外，最重要的就是汇集于寨中坪子上全寨集体燃放鞭炮。成袋成箱并不是夸张，据说每年初一燃放完之后，地上都会铺上几厘米厚的鞭炮残屑。午饭过后，人们就陆续带着鞭炮出来，聚在坪子上闲谈，女孩子都穿上了侗衣、戴上了琳琅的银饰，准备着踩歌堂。老人们看着吉时到了，就召集大家将自家带来的爆竹往坪子上堆。本来这一堆，只是为了将各家各户的鞭炮集中起来，以寨集体为单位燃放，可是到了真正堆放的时候，各个同宗房族就动起了比较的心思。虽不能说挑起事端的是高窄房族，但他们的确是第一个将房族内的鞭炮聚集在一处的，想要和其他几个同宗房族区别开来。这么一集中，燃放的时候，他们的炮就显得多，声势一下子壮大起来。看似是一起燃放鞭炮，因为这种摆放的区别，在场的人都察觉得出来，好像某个房族就要比其他人厉害，将其他的房族"压了下去"。若是像我这样的"外人"放眼看去，不过是一堆鞭炮的堆积，难以发觉其中的区别，可班凳、金苗、金盆三个房族却立即发现了高窄房族正在有限的坪地上寻找着他们自己的空间。班凳和金苗首先不愿意了，两个房族的人开始"揣摩"起高窄房族的用意："他们想做什么，我们一看就知道了，故意多买一些炮，现在就都放到一起，就是想显示他们（房族）厉害、团结，就他们（房族）最爱争这些，以为别的房族都不如他们。"被拖入这样一个比较情境的其他几个房族并不示弱，在他们认为一下就看穿了高窄房族的心思后，并没有听之任之，反而选

180

择以同样的方式予以回应。由于另几个房族没有什么准备，鞭炮的数量都没有优势，于是班凳和金苗就联合起来，去寨上的小卖部重新购置鞭炮。寨上开小卖部的，一个是班凳房族的，一个是金盆房族的，他们立即就将两个小卖部的存货全搬了出来，金盆房族见此，也增加了自己房族的鞭炮数量。几个房族在坪子上，各自辟出一方地盘，不断地加多鞭炮的数量，直到将他们手头上所有的鞭炮都堆放完了才作罢。竞争受到了鞭炮总量的限制，并没有愈演愈烈，各个房族倾其所有燃放的鞭炮，亦没有显著的差距。但是班凳、金苗和金盆房族通过此次增加鞭炮的行为，不但显示出各房族之间潜在的竞争关系，也通过这一宣示表明了自己的立场和地位。就像班凳房族的人后来同我讲的："他们（高窄房族）以为自己做的事情我们不知道，比不过他们，其实是我们不愿意这么做。真的要比，你看这次放炮，后来我们把那些（又买来的）炮全都放到一起，他们哪里比得过。就会要些小聪明。实际上还是不如我们。"

图 3 - 3　春节各房族在坪地上燃放鞭炮

此次燃放鞭炮，连续放了三道，每一道都是浓烟滚滚，灰尘满天，即便是站在远隔十多米的位置，头上身上还是铺满了厚厚的火硝屑。欢快的情绪背后，房族之间的对抗虽不动声色却一点都不平静。仪式化的宣示，成为一种不必显露出来的通行"语言"，岑吾寨的各房族以此来表达自己并获得对彼此行为和诉求的理解。

第二节　"宁老"与"腊汉"：基于年龄的文化阶序

年龄群体是一种非亲属的社会性人群聚合，在小至村寨大至区域的传统乡村社会的集体活动中，能够超越血缘和地缘联系有效实现全员动员，而不同年龄群体所对应的社会化的权利义务和彼此间的阶序关系，也影响着其所在社会运作的秩序。[①]　不少人类学民族志都将年龄群体视作理解其所在社会的社会结构和文化观念的重要社会结构性范畴，如利奇指出克钦人尽管没有年龄分级制度，但基于年龄形成的无组织化的非正式群体，仍然成为超越亲属群体和地缘关系的人群聚类范畴。[②]　而菲律宾的伊隆戈人的同代人会因通婚关系形成稳定长期的群体认同，对于过去历史事件的见证构成了他们集体意识的源头，因此展现的集体记忆则成为伊隆戈人特有的文化模式表述历史的方式。[③]　相对前两者而言，普理查德笔下的努尔人有着组织化清晰的年龄组（Age-set），年龄组由同期参加成丁礼的男子组成，努尔人的年龄组与年龄长幼的等级没有关系，同时也不具有宗族、部落所具有的政治属性，而更多关乎家庭的或亲属关

---

①　Bernardi, *Age Class Systems: Social Institutions and Polities Based on Age*, New York: New Rochelle, 2007.

②　〔英〕埃德蒙·R. 利奇：《缅甸高地诸政治体系——对克钦社会结构的一项研究》，第 131～133 页。

③　〔美〕罗纳托·罗萨尔多：《伊隆戈人的猎头：一项社会与历史的研究（1883～1974）》，第 106～126 页。

系的秩序。[①]

侗族社会长期有着依据男性自然年龄界限区分不同人群身份及权利义务的文化传统。主要分为 60 岁以上被称为宁老的老人、16～36 岁被称作腊汉的青年和夹在其间的中年人。尽管在贵州从江县贯洞地区传说侗族青年有"三滚烂泥田"[②]的成人礼，且同时期参加的青年会建立同代的亲密关系，一同活动，一起坐姑娘，但南江地区并没有类似的习俗，因而这种年龄群体与普理查德所言的年龄组并不相同，而是基于自然年龄和代际关系形成的侗人社会文化秩序。

尊称老人为宁老，与侗族社会敬老的习俗有关。老人是侗人社会结构中重要的组成部分，不仅房族管理的族长多是老人，寨老、款首也多由老人担任。老人以 60 岁为界，没有过渡仪式，自然享有权威，但没有实权。石开忠研究认为，侗族存在宁老组织和腊汉组织，并将之视为侗族社会中的两个依照年龄划分群体的社会组织。同时，他指出宁老组织结构松散，出入自便，但也是一个重要的决策组织，而腊汉组织则强制要求 16～36 岁的青年必须加入，承担寨中公益劳动。[③]另外一些研究根据田野事实指出，有些侗寨自新中国成立以来存在老人（宁老）们组成的"老人组"、"老人协会"或"乡老协会"，与国家基层组织共同管理村寨事务，处理纠纷。[④]要言之，侗族社会依照年龄界限划分人群身份，既有文化

---

① 〔英〕埃文思－普理查德：《努尔人——对尼罗河畔一个人群的生活方式和政治制度的描述》，褚建芳等译，华夏出版社，2001，第 289～303 页。

② 男性成年过程中，要在一块专门的烂泥田中滚三次方可。作为一种仪式，由寨老和鬼师主持，第一次在 5 岁时举行，从母亲怀抱滚过烂泥田到父亲怀抱；第二次在 10 岁举行，从父亲怀抱滚到爷爷怀抱；第三次在 15 岁举行，从爷爷怀抱滚出去无人接，以为成人了，成为"腊汉"了。

③ 石开忠：《侗族款组织的文化人类学阐释》，第 58～59 页。

④ 黄哲：《喧嚣与躁动——当代 C 寨侗族的日常生活研究》，博士学位论文，中央民族大学，2013，第 102～105 页。

礼俗层面的意义，也有社会关系和互动层面的意义。年龄群体不同于年龄组，它既是侗人社会整体秩序的一部分，也是侗人社会组织的基础，应该从这一角度予以理解。

然而随着社会环境的变迁，年轻人大量外出务工，老人和年轻人之间出现了"代沟"，代沟并不是年龄本身造成的，而是由社会文化体验的区隔以及经济生活方式的变化而促生的。年轻人对老人的不满及对话语权的争夺，使得老人的影响力日渐衰弱。中年人夹在中间，面临选择，偏向老人还是青年，或是勉力调和，这一群体最为零散，各自犹疑。不仅如此，以岑吾寨为例，原本非正式的松散的腊汉群体，筹划成立岑吾寨青年协会，以组织化的形式凝聚力量，这一转型会引发侗族社会文化发生怎样的变迁，值得深入探讨。

年龄群体间关系的转变，是近二十年来侗族社会文化变迁的一部分，源自中国改革开放后社会与经济环境的剧变。拥有长期外出打工经验的年轻人是这一变化的经历者，也是推动者。不过，他们虽然试图改变既有的秩序，但仍在传统的文化观念的框架之中，他们仍然对天然的年龄群体身份保持认同。这种年龄群体间的关系虽不至于被颠覆，却不可否认地处在转型之中。

一 理想型的侗族年龄群体关系

在侗族文化中，男性自成年之后，会因其年龄的递增而归属于不同的群体。16～36 岁的侗人都被称作"腊汉"，60 岁以上的侗人被尊称为"宁老"，那些处于"腊汉"与"宁老"之间成家的男性，即是中年人。基于天然的年龄界限划分出的三个阶段没有任何过渡仪式，侗家每个男性在其一生中都必然逐次经历。各群体也没有严格的组织和活动。然而每个年龄阶段中的侗人都有相应的权利和义务，他们不仅形成了对自身归属的认同，还以此去理解其他侗人。这一文化观念影响着他们的言行，在以村寨为单位的集体活动中，则成为其行之有序的基底。

（一）老人——"宁老"

被尊称为"宁老"的老人们，在寨中的身份和地位不断通过各种喜事、节庆中的实践得到确认。新屋落成、婚姻缔结和孩子满月都是重大的喜事，侗人会邀请自己的和房族兄弟的亲戚前来，大宴宾客。亲戚通常只是提前发请帖通知，而寨中的老人则会获得特别的对待。办酒当天，主人家会在一张红纸上列出寨中所有 60 岁以上老人的名字，让房族中的两个年轻人逐一登门当面通知。亲戚前来是要送礼的，不仅有礼金，还要视喜事的不同送来鲜米、鸡或猪肉。老人们受到敬邀，赴宴无须送礼，且若是主人家没有通知到，还是主人家失礼了。一位办喜酒的寨中人告诉我："请他们（宁老）来，是因为尊敬他们，什么样的喜酒都要叫他们来，安排他们的伙食，老人嘛，寨子里有什么喜事了请他们来是应该的，不能收礼的。"在诸多喜事中，结婚办酒最为隆重，老人们不用前往主人家吃酒，而是在古楼中静候。午饭时间，主人家就会安排房族内的人挑来糯米、酒菜、猪肉，款待他们。

在信仰层面，老人也享有重要地位。侗人祭萨，萨坛几乎遍布每一个侗寨。萨是个女性神，庇佑一寨。平日里，萨坛是不起眼的存在，只是农历每月初一、十五有专人上香。到了正月初一，全寨人会在傍晚时分，一户一户地前来放炮、上香、烧纸。老人重要的地位会在这时得到重新确认，初一下午三四时，所有 60 岁以上的老人会齐聚萨坛前，代表全寨老幼，共祈新的一年中萨可保全寨清吉，并分享献祭萨的酒和鸡肉。

在侗寨的内部管理及多个侗寨联结的侗款组织的管理上，老人由其身份所获得的权威也一再被确认。前文提及七佰南江几次规约的制定，除了地区法院和政府的推动及各村村干的组织外，主要的参与者和建议者正是各村寨的老人。不仅如此，在日常生活中，侗人对于集体事务的走向和决定，也奉行"过问老人"的原则。如农事安排上，何时育苗、何时插秧；节庆活动何时举办、形式如

图 3 - 4　庆贺古楼落成时着盛装的老人

图 3 - 5　老人们在古楼就餐

何，都要过问老人。甚至包括高寨和务赧发生山林纠纷后的解决办法、岑吾寨以集体之名对于占据公山的个人的惩罚，在决议之初，都必须过问老人。令我印象深刻的是岑吾寨在建成球场后，要组织篮球比赛，这看似是一个年轻人的活动，他们应有极大的自主权，但是当选队长的时候，篮球队中的年轻人尽管有自己的想法，却无不说："这个事情还是要过问老人，老人说了才能定。"老人对于侗寨的管理及其权威身份的获取，不仅来源于侗人文化中有关年龄身份权利义务的限定，也表现为他们基于此所产生的诉求。在所有的集体活动和寨中事务的管理上，寨众对于老人一直有所期待，希望他们能够成为监督者和引导者。最直接的一例是，一次在岑吾寨中的坪子上，两个妇女争吵，激烈得几乎惊动了全寨，一开始无人阻止，寨中的青年和中年人便有了不满，对老人说："这个事情，就应该老人讲话，如果你们老人都不管的话，那以后寨中的事情老人再说什么都没用了。"这一期待一出，本来闲坐一旁抽着旱烟的老人，开始对争吵的双方进行劝阻，眼见效果不大，于是提出若是再争吵，一人罚款 100 元，未果，又加重，一人罚款 200 元，终于使两人冷静下来。因为寨中许多人都在，老人们在商量后，便将这一罚款定为管理费，归集体共有，用作公益。众人皆信服，此事才算了结。

（二）年轻人——"腊汉"与"腊宁"

严格说来，"腊汉"指的是那些年满 16 岁而尚未成家的侗家男子，而"腊宁"指的是 40 岁以下已经成家的侗家男子。在寨中，通常会将腊汉和腊宁合为同一个年龄群体，并以汉话"年轻人"冠之。

年轻人在寨中，既是遵从者，也是行动者。这既有礼俗层面的原因，也有生理层面的原因。后者自不待言，年轻人身强力健，精力充沛，无论是房族里的事情还是寨子集体的事情，他们都要身先士卒，诸如结婚办酒挑担子、起房子、修桥铺路、清扫寨中垃圾、为古楼担柴生火等。于前者，和许多汉人社会一样，侗人社会也注重班辈、长幼的秩序。下辈的青年对于上辈长者要保持应有的尊敬和顺从，不但在称呼上不可僭越，在家庭、房族中，上班辈的长者讲话，他们只能聆听，不可插话；在多人聚集聊天时，只要有上班辈的长者在，年轻人就要注意言行，不可随意开玩笑。虽然有时会因几代人兄弟众多，慢慢演替，使得有些年轻人享有较高的班辈（辈分），但它的效用只发生在房族内部，而一旦到了全寨集体之中，这种班辈的身份仍被年龄的区分取代，那些享有高班辈的年轻人依然要如一般的年轻人一样听从老人的指挥，有事必须过问老人。

年轻人还活跃在村寨内、村寨之间的娱乐和交往活动中。侗族青年男女交往，尚行歌坐夜。吃过晚饭，天已黑下，年轻的侗族男子便三五结伴前往年轻单身的女孩家，闲聊、唱歌到深夜，若是合意的，便多去几次，不少男女因此定下姻缘。侗寨之间还会以芦笙互访，一寨的年青男子组成十多人的芦笙队，闲暇时便一路来到另一个寨子，那寨子的也以芦笙队迎接，互相对吹几曲，而后喝酒吃饭，热热闹闹。过不几日，主客轮转，如此互相走动。新春过节或是两寨互相做客，侗人习惯以踩歌堂庆之。凡是没有血缘关系的青年男女，男子围外圈，女子牵手围内圈，彼此由歌师带领，边转边对唱。不少侗寨会在特定的日子斗牛，这时候年青男子就派上大用场了，他们一起赶牛、拉牛，拼尽全力地为寨子争取荣誉。

年轻人的集体行动，并非群龙无首，而是存在一个公推的领袖——腊汉头，即侗寨年轻人的领头人，但这领头人和老人一样，没有实际的权力。腊汉头的产生过程十分模糊，没有具体的选举或老人任命，而是来自年轻人群体的集体认可。他们偏向于选择那些说话有道理、做事有魄力、有想法的年轻人。在集体活动中，腊汉头会肩负起动员、组织年轻人的责任。由于腊汉头的产生来自众青年的信任，所以他们通常都可以一呼百应，使活动能够高效有序地开展。

图3-6 南江岑吾寨的年轻人

（三）中年人

在对于侗族的研究中，宁老和腊汉群体都被视作重要的社会组织，而相对地，中年人却很少受到关注。严格来说，中年人虽然也是侗寨中根据年龄对男性做出的划分，但其作为一个群体却是松散的，他们的年龄身份，可看作是由宁老和腊汉的年龄限定而分隔出来的。

对于一个侗寨的各项集体活动而言，中年人扮演着一个在礼俗层面的重要性不那么凸显，却在实质层面提供支持的角色。决议一般是由老人们商讨做出的，中年人和年轻人一样，多只能够聆听，只是那些年龄偏大的，可以适当地提出意见。而娱乐或民俗类的活动，则多是年轻人在操持。中年人发挥作用的地方在家庭之中。以代际的继替来理解，在一个家庭中，中年人所处的阶段，恰好是自己的孩子已经长大并成为腊汉，而家中的长辈已老去开始享有受到尊敬的老人身份的时候。中年人必须挑起家中的重担，既要为子女的成家立业做准备，又要赡养家中的老人，增

189

加经济收入、干农活、教育子女等事一件件地压在他们身上。因而在各种集体活动中，他们的参与多限于出钱出工出力，此外便是旁观与疏离。

二 侗寨年龄群体关系转型：青年协会的成立与影响

很长一段时期，作为年轻人的"腊汉"，如同其侗语含义一样，是年幼的男子（腊即是小的意思），很少能够在集体活动中发表自己的意见，老人和中年人认为他们仍处于不成熟的年纪，因而他们通常只是活动决策的执行者。然而随着打工经济的开始，收入结构的改变带来了社会地位的改变，他们在外务工的收入几乎成为家庭和寨中大小事情得以施行的经济基础，在外的生活也让他们获得了寨中人难以比拟的社会经验。就是从近二十年的一两代人起，年轻人开始希冀能够获得集体活动的发言权。

基于岑吾寨房族间复杂的关系，他们告诉我，此前，年轻人还并未成为一个团结的群体，很多事情都因为房族立场的不同而存在争执，而且各有各的想法。但也就是近二十年，年轻人渐渐团结起来，成为一个有认同、有凝聚意识的群体。这既有大家都想有所作为的原因，也因为出现了能够统领全寨年轻人的领头人。如果说前者是一种时代改变下的集体无意识，那么后者则成为年轻人真正能够团结起来以年龄群体为单位活动的关键。

腊汉头就是所谓的年轻人的领头人。关于腊汉头，不少对侗人的研究中都有提及，但作为一般性的描述，难以展现侗人实际生活的各种可能性。一个如同族长或寨老一样要依靠口才和能力获得威信的角色并非每代中都会出现。若是一个时期中没有这样一个令年轻人信服、能够管理他们的人，那么就会出现群龙无首而缺乏凝聚力的局面。按照他们的说法，至少是在二十年前，岑吾寨就属于这种情况。

当然我们可以根据时间段来探究二十年前年轻人难以团结的深

层原因。将时间再向前推一点，那个时期恰好是刚刚政策开放分田到户的时间，也是岑吾从两个生产小队细分为四个生产小组后不久。由于尚未外出打工，人们生活的重心都在农业生产上，有限的田土资源使得人们对分到自己手里的田地无比珍视，稍微欠缺公平都会引发猜忌和不满。这种情绪直到现在，在经历过那时分田到户的人身上依然很浓重。在我问询关于政策放宽后的改变时，很多中年人和老人仍在抱怨个别生产组把好田都占去了，或是有的生产队的人总是去拍马屁拉关系求分到好田。生活中最为重要、赖以生的田地在划分上的不公平，带来了一种组与组之间的紧张关系，即便是隐而不发的，却导致当时正值青壮年的岑吾人难以真的做到彼此认可信服。然而随着打工潮开始，经济所依赖的重心从农业转向打工，对于现在这一两代人来说，40 岁以下的人基本都脱离了农业生活，很少有人会种地，全部生活所需都来自打工经济，所以田地只要不被侵占，哪怕荒着都无所谓。田地上的不公平问题，已经变得无足轻重。打工是一项强调个人能力的事情，几乎不会产生不公平，不仅如此，能者多劳，那些赚得多且能找到钱的人反而成了人们崇拜的对象。所以，在关乎生活、生存的基本问题被淡化的同时，一种对个人能力的认可被宣扬，这成为腊汉头出现重要的社会变迁之背景。

在房族方面，房族间的复杂关系的确是制约全寨年轻人团结的原因，但是房族内部的年轻人始终是比较团结的。他们有自己的管理者，这个管理者被年轻人称作"老大"，就是房族内年轻人同代中最年长的那个，房族内年轻人的活动，都由这个"老大"管理和指挥。比较两代人，上一代的年轻人，现在都成了四五十岁的中年人，他们之间至今仍保持着紧张的关系，尤其是几个房族中说话算数的，彼此之间仍缺乏信服，在全寨的集体活动中互相议论和批评。当前这一代年轻人表现得很不一样，几个"老大"之间的关系十分和睦，他们可以让彼此间的年轻人凝聚起来，哪怕有个别因家庭原因而不和的，这些"老大"也可以发挥他们的作用，调解或说服。当然，最重要的仍是有一个腊汉头来团结这些"老大"以及他们之下的众多年轻人。

吴世强年届四十，处于年轻人和中年人的分水岭，他的小孩不足一岁，侗语称他这样的为"腊宁"，仍可算作年轻人。他正是如今岑吾寨的腊汉头，这代年轻人也正是在他的整个青年时期团结起来的。

问起关于他的事情，寨众们都抱持着赞赏和认可的态度，这来自多方面的事实。性格刚强，甚至有些执拗，是大家对他的普遍看法。也许正是这个原因，在父亲刚刚过世，自己才二十多岁的时候，他就和亲哥哥闹翻了，分家出来，独立承担家业。本来这是个不光彩的事情，但是大家讲到这个事情的时候，却有几分佩服。因为吴世强年青时就独立出来，没有怎么依赖家庭的帮助，自己一个人外出打工，辛苦攒钱，也起了气派的大屋子，娶了老婆，生了小孩，独自养活全家，有了一笔可观的积蓄，并且还带着寨上和房族里的兄弟在外务工，帮着解决了他们的工作问题。好几个人跟我讲起这个事，都说"真佩服世强，不容易，要是换了我，肯定做不来，活不下去了"。虽然他的积蓄后来因为好赌输得七七八八，但因为当地赌风浓厚，也没有人因此做什么批评，反倒是可惜他、看好他，认为他若是能在赌上收手，肯定可以干出一番事业来。他不仅把家里面操持得很好，对公共事务也挺热心。现在已经退休的老村支书吴昌德告诉我，他在任期间，有什么工作要做，世强很积极，愿做。有一次，村口小河里有姑娘游泳淹死，没人敢去打捞尸体，世强就带着寨上的两个年轻人在水里面泡了一个下午，将尸体打捞上来，当时还是大冬天。因为这个事情，也因为他平时的热心，老支书吴昌德还专门将他发展为了青年党员，想将之培养成接班人。虽然他一直在外打工赚钱，却没有弃寨子不顾，相反，他十分关心寨子的发展，经常通过电话询问寨中的情况，有什么事情，也能够出钱出力，甚至主动地提供想法去促成一些良性的改变，这更获得了大家的认可。有说服力的个人能力、硬派的性格、有想法，为寨众着想又和其他房族的"老大"关系亲密，使他成为当之无愧的腊汉头。

有了一个具有威信的腊汉头，寨中的年轻人被团结了起来，他们也开始展现出作为一个有活力且有内部凝聚力的群体的能量来。高寨和岑烂寨一直流行着一个婚俗——坐新娘，就是在新郎正式接亲办酒之前的某晚（时间不定，多在办酒前 5～10 天），新娘会来到新郎家，全寨的年轻人在晚饭过后，接近子夜时分，集体前往新郎家中，吃夜宵、闹新郎新娘（有点像坐姑娘，以前是坐在一起闲聊唱歌，现在开始出一些难题让新郎新娘做，图欢乐，似汉人的"闹洞房"），通宵达旦。但是岑吾寨一直没有这个风俗。2010 年正月间，正是当地办婚礼最集中的时期，年轻人每晚相聚，聊起这个事情，世强一众就提出干脆我们寨子也来搞这个坐新娘，不然正月间都不热闹。有了这个想法，恰好有个青年马上就要结婚了，于是他们就想试一下。但不能他们决定了就做，还得过问老人。老人们初听这个想法，都不同意，认为一是寨上一直以来没有这个风俗，如此做有些唐突，不合传统；二是这样一搞，主人家又要破费许多，会给主人家造成不必要的负担。[①] 年轻人主意都定了，当然不会善罢甘休，于是合计其实老人主要是觉得花费上难以接受，他们就商量干脆这个消夜的所有费用都由年轻人平摊，以打平伙的形式来办。平摊到每个人头上，不过就是二三十元，对谁来说都不算负担。决定之后，他们就顶着老人的反对，办了一次。办过之后，老人们也不置可否，因为费用上的负担问题完全被解决了，主人家基本不用出钱，而在文化上面，其实搞这个活动，也是为了办婚事的

---

① 关于第二点，这里简要说明一下，在高寨和岑烂，坐新娘时，其他青年只是买炮去放，而在新郎家消夜伙食、糖酒烟的费用都由主人家出。

193

人家着想，能够增添更多喜庆的气氛，且这个习俗其他的寨子都有，并不是不能接受，所以也算是默认了。如此一来，年轻人就陆续在要办婚事的青年人家中搞了几次坐新娘，搞的人家都觉得这个挺好，包括新郎家的长辈们，所以就成了一种新的"传统"，此后几年，只要是春节时遇到有哪家结婚，都会去坐新娘，热闹一番。

年轻人通过他们的想法和努力，实现了寨上一次婚俗的小变革，是年龄群体关系开始发生变化的一种展现。但这个事件本身的影响还要更深远，那就是促成年轻人对于自己作为一个群体在寨中的地位有了一次集体的自觉，并因此成立了岑吾寨青年协会。

协会其中一个负责人吴昌远（他同时是高窄房族青年的"老大"）跟我说，他们当时把坐姑娘的这个事情办成了之后，就乘着晚上一同消夜商量既然现在寨子里面的年轻人这么团结，团结之后又可以办些实事，连老人也影响不到，干脆就成立一个协会，以后有什么集体的事情要做了，就以协会的身份参与，也好发动大家，也好管理。当即询问大家的意见，大家都积极响应，于是协会就成立了。第一任会长当然就是大家都信服的吴世强，他下面还有五个主要负责人，就是各房族里面的青年"老大"。有事要做了，负责人们就一起开会决定，其他年轻人也可以参与，定了之后再告诉全寨的青年。按照吴昌远的说法，"现在要办什么事，大家都比较团结，说干大家就一起干，但也可能有个别人有其他的意见，但只要是大部分都同意了的，他们也不能说什么，只能跟着大家一起做"。

这个年轻人群体为什么能够通过成立"协会"而被组织起来，仍存疑。当我问及的时候，他们只说当时主要是想有个组织，有人提议就叫岑吾寨青年协会，大家觉得好，就定了下来。虽非我们理解的那种架构和协议明确的团体组织，但这一有了名称的年轻人群体，的确表现出组织化的诉求，这一点更值得关注。

在侗人过去的生活中，年轻人群体一直处于一种服从和依附于村寨或款组织的地位。他们虽然按照年龄被归为一个群体，却难以说是一个组织。能够以一种有内聚力的组织出现，已经表现出这个社会的结构正在发生变化，而同时能够以一个组织的方式挑战他们原有的社会地位和权责，则将这个结构变化更往前推进了一步。

开篇已述，打工经济的影响、年轻人在收入和观念上的变化是他们产生诉求进而成立协会的原因。此外，当他们试图表达诉求却受制于原有的文化或社会结构时，组织化就成了他们将内在凝聚力和诉求转化为促生改变的力量的一个关键。通过改革婚俗的过程，他们感觉到了这一点。然而，在协会成立后的三年时间里，寨里并没有什么大的集体活动，协会的作用和重要性未被凸显出来，所以虽然成立了一个协会，年轻人却都奔波在外打工，聚少离多，没有过多地谈及这个事情。直到 2013 年岑吾寨起古楼，历时一年的活动中，年轻人和老人乃至中年人的意见时有冲突，经常为一些变动而交锋，年轻人三年前成立协会时的感觉才愈发清晰了。协会成为一件很重要的事情开始出现在他们的讨论之中。

一方面，他们是活动的主要承担者，除了出木材和招待木匠师傅，所有的费用基本都来自他们的打工收入，他们还要尽可能地参与整个活动中需要出力的环节。另一方面，他们也是变化的建议者，建球场、竖灯架、买音响等，都是他们提出建议，说服众人并付诸实践的。前者作为一种义务，自不待言，让他们产生了一种优越感，就像他们自己说的，"要不是他们出钱出力，这个事情根本成不了"。后者则使他们对于自己在这个时代中、这个村寨中的地位有了更深刻的认识，也造成了鸿沟的出现，对于忌惮变化的老人，他们将其视为守旧者，从而将自己放在了老人的对立面上，认为自己是紧跟时代变化的一群人，只有自己才能带领寨子向好的方向发展。

建古楼是全寨响应的事，但要建一个球场却只是年轻人的意见，团结在这个时候发挥了作用。年轻人不但在全寨的会议中列举了确凿的理由争取到了更多的支持，而且作为一股不可忽视甚至不可反对的力量，让那些持有个人鱼塘的人屈从了，将鱼塘捐献出来作为球场的地基。他们已经有了直面争议和矛盾的能力。虽然他们提到这些事时，只是笑笑说："那时候也不知哪来的干劲，本来是不可能的事情，结果大家说干就干，还就干成了。"但其实这种力量正是他们自己赋予的。在古楼建造过程中，老人们和一些中年人总爱议论，年轻人多在广东，留在寨里的不多，他们就通过 QQ 传递这些信息，而在老人们干涉太多，议论又多为负面的时候，他们甚至有计划在广东聚集，开一次全体青年人的会，将古楼到底应该怎么搞商定下来。有些留在寨里的青年告诉我："如果会开成了，我们不仅要讲古楼这个事，还要讲以后寨子里怎么建设的事，老人们只会议论，他们什么都不懂就爱乱说话，等会开了之后，什么事都是我们（年轻人）来决定了，老人说什么也不管用了。"虽然会最终由于大家经济和工作的原因没有按计划开成，而是改为春节年轻人都回来了再开，但这种年轻人以组织的形式想要掌握寨子主导权的意识已经很明显了。

在修建古楼阶段，青年协会组织化的好处也明显地体现出来。由于青年外出的多，长期留在寨中的只有九个人，他们就通过电话和网络联系。吴世强任命 26 岁的青年吴建才作为留在寨中青年的负责人，管理寨中青年，和寨外的青年联络。吴建才为人大方，心思细腻且敢说敢言，对于村寨事务热情，其人十分勤快能干，能够尊重老人且善于调和矛盾，对于青年强势有魄力，这都成为他能够被吴世强选中且获得寨里寨外青年认可的条件。建古楼和球场的费用是平摊到全寨家户的，但古楼上挂的花灯、球架、照明灯则都是年轻人负责出钱购买。于是青年协会建立了专门的账户，指定出纳管理，分散在各地的年轻人就都将捐款汇入这个账户，具体购买和运输是吴世强和几个主要负责人来负责和执行。因而随着古楼和球场的建造，即便过程中有不少冲突矛盾，但所需的货物还是有条不紊地一批批地购买并运到了寨里。古楼按时落成，庆贺古楼落成时，岑吾寨邀请了七佰南江全部的村寨前来，因为是在 10 月，本寨的年轻人大部分还都在外务工，难以请假回来，但正如他们说的，没有他们，修建古楼、球场真的难以成功。

　　2013 年正月间，在外务工的年轻人陆续地回来了。他们没有什么事做，白天就是闲聊、打球、打牌，晚上就三五成群地去坐姑娘、消夜。借着一次坐新娘的机会，全寨的青年聚得比较齐，他们就兑现了建古楼时定下的集体开会的计划，一起商讨起来。我全程参与了他们的讨论，闹过了新郎新娘，到了差不多凌晨两点，他们才停止了嬉闹，围坐在一起认真开起会来。围坐在桌子一圈的是吴世强和各房族的"老大"，还有几个热心于集体活动且在协会里也比较活跃的年幼一点的青年，其他的青年则或站或坐地围在周围。虽然名为开会，其实没有严肃到一条条地讨论，也常是你一言我一语地插话或争论，甚至是想到哪里说哪里，也没有具体的主持人，吴世强或其他任何人都能抛出问题，一旦有问题提出了，大家就群起而讨论。如果要程式化一点地记述整个会议，大概可以分作几点：表达不满，议论寨中的情况；讨论春节买炮和婚俗的事；选出协会下一任的接班人；畅想以后寨子的发展。

　　表达不满更像是在八卦和声讨，大家安坐之后，一直留在寨子里面的几个年轻人最有发言权，他们开始向那些长期在外的青年们诉苦，讲着平时在网络上或电话中没有提及的问题。吴建才就把老人让他们砍竹子进而引发冲突的事情详细地讲了一遍，吴世恒和吴世泽也在旁附和，因为他们也是事件的亲历者。他们对于寨上很多人的性格似乎有了公论，当提到某个人啥都不懂却爱议论，某个人就是爱出头想让别人都听他的，某个人最爱逃避集体活动时，大家不但认同附和，还能七嘴八舌地讲出许多这些人平日或他们能记得的行状来证明就是如此。矛头当然指向了中年人和老人们。不过，在他们的声讨中，有一个很大的限制因素，即他们在讨论的人并不是外人，而是寨中的人，且大多是他们的长辈，不是家庭成员就房族成员或亲戚，所以在大声地讲这些事情时，为了不会太过露骨，他们用了"那些老人""那些中年人""有的老人""有的中年人"之类委婉的说法。而提到具体人、事、物的时候，就会变成小范围的讨论，并且是在确认了不会伤及青年之间感情的前提下（他们会根据身边是否有议论对象的儿子或亲戚来迅速选择话题，这是一门议论的艺术）。这样的议论和声讨有两点值得注意。其一，他们隐晦地用"某个或那些老人/中年人"来指称他们议论的对象，确有对具体个人的不满，但更多的是对事不对人，即青年们是对事情运作和处理的方式更为不能接受。而进一步的转换即是，因为在既有的文化氛围和社会传统中，这些事情"必须"由老人和中年人来操持，但他们"恰好"并不能将事情做好，只会引来更多的不满和议论。但是——蕴含在青年们议论中的潜台词是——如果由青年人来做，应该就会有一个好的、大家都能接受的结果。其二，这种声讨在树立一个对立面的同时，也在情绪上产生了凝聚的效果，通过宣泄不满和批评他者，他们意识到彼此的想法、诉求和对手如此一致，从而找到了一个能够互通并联结彼此的落脚点。聚在一起说人闲话并不是值得称赞的事情，但青年们在这样一个场合通过这样一种方式，不仅实现了情绪和意识上的共通，也激发了自己的使命感。

接下来，他们就觉得应该具体做点什么了（双向的，既是出自他们的情绪和使命感，也是为了让其他人看到他们的能力和作用）。就在大家还在激烈地议论时，吴世强提起了春节要买炮放的事情。大家在此起彼伏的喧嚣中一时间还没适应话题的转化，但世强身边几个人听到他讲的，就立刻呼喝其他人"都安静了，别说其他了，要讲正事了"（侗语常用的一句：bei324 xun53, zhong33 ka53。汉语直译就是"别讲话，听着"）。如此大家才算安静下来。此时，吴世强才开始细讲春节临近，全寨要燃放鞭炮，他准备买一些大的礼花和鞭炮，以前没搞过，都是各家买各家的，没有全寨一起放的，现在就想能够以寨子为单位放一些，讨吉利。当然主要是需要出一笔钱，看看用什么形式比较好，基本的设想还是由青年们来负担这笔钱。问题一出，刚安静下来的人群又开始喧闹起来，对于要买炮的事情，大家一致通过，讨论的焦点是应该怎么出钱。有的讲还是应该全寨各户一起来平摊，但提议一出就被否决了，大家都认为这样不公平，因为古楼的事情已经体现出来了，有的家户青年多，有的家户青年少，有的学生多或老人身体不好需要额外支持，平摊对一些人来说太轻松但对另一些人来说负担太重，就应该以个人为单位来出钱。有人就又讲，既然这么定了，那么就全寨以人头出钱，定一个数目，然后就让大家交钱。这个提法也遭到了反对，几个协会负责人都觉得虽然目的的确是这样，但形式不好，这事是青年人想出来的，其他人本来就没有这个义务，如果强制让每个人都出钱，好像是青年人在逼抢一样，会引来不必要的闲言碎语甚至矛盾，责任还是应该由青年来担，毕竟青年是收入最好的一群人。而且，强制收钱也不好，如果是讲自愿就比较好一点，自愿就是谁愿意为这个寨子做点好事，谁就出钱，不论多少，只是表达对寨子的关心就好。这一说法得到了较多人的认同，他们在细节上又做了些讨论，就综合了各方意见定出了一个标准：以讨吉利为名号召大家捐款；捐款的人定为 18～40 岁的中青年（其实就是腊汉和腊宁，中年的年龄范围要更广，一直到 60 岁以下都是），但这只是个大概，其实更年长的人愿意捐也可以；考虑到烟花的数量、价格和寨中中青年的数量，定底金为 100 元，也就是说愿捐的人至少要捐100 元；老人和在外求学的青年不必参与到捐款里面来，除非他们主动有这个意愿。总结完，吴世强高声询问大家的意见，在场的都以"哦""嗯"简单回应表示认可。继而就是当场将募捐的告示写出来，红纸黑字当晚就张贴出来，时间紧迫，天一亮就等着捐款。世强要一直当出纳的吴顺廷来写，他埋头想了半天没打好草稿，于是就叫寨上唯一一个在读大学的青年吴顺文写，并要我做参谋，就按照刚

199

才讲的意思写出来。最后张贴出来的内容如下：

乐捐倡议书

　　新春辞旧，萨母赐福。过去一年，吾寨齐心，古楼已成，笙歌笑语不绝。值此佳节，唯欠鞭炮通天，振吾声势，祈愿吉祥。岑吾寨青年心切，冀望全寨老少，协力团结，汇小利而为大事，共购烟花。故以"百户百福，百元送炮，百业兴"为意，提倡全寨捐款。

　　中青年（18～40岁）乃吾寨砥柱，理应担起大任，最低捐款100元。学子求学不易，尊老爱幼古为至礼，故学生老幼不做强求，自愿捐款。

　　祈愿吾寨岑吾，永远美好和谐！

岑吾青年协会
2012 年 12 月 29 日

　　天一亮，他们就指定了几个人在张贴告示的墙前面摆了桌子收钱。因为是自己定的，青年们都比较踊跃，即便是没有参与开会的，听到了消息也都来捐了款，大都是按100元标准捐的，但因为关涉信仰，所以很多人捐的数目都讨好地取了吉利的数字，比如108元、168元。出于同样的原因，很多人为自家尚幼的小孩也捐了款，8元、10元、20元、50元的都有。一些四五十岁的中年人和大部分学生也都捐了款，数额都不足100元。最终一共募得7637元，买炮花去了5275元，余下的就汇入青年协会的账户中，留待他用。收支都以捐款榜的形式用红纸张贴了出来。

　　这次募捐，已经不是青年们第一次以协会的形式集体活动，但"岑吾青年协会"却是第一次在全寨公开亮相。这一亮相也表明了青年们的态度，尤其是捐款买花炮这件事，成功地达成了他们的计划，可谓更坚定了他们的信念：他们可以以一个集体的形式为寨子

200

带来一些改变。当我谈及他们落款青年协会的时候，他们还很高兴地跟我说，他们还准备以协会的名义做点事情，现在还在商量阶段，主要涉及婚俗方面的内容。以往在春节前后结婚办酒，都是主人家写好请帖一家家地送去，对此，青年们认为，对寨子外面的亲戚这么做无可厚非，但是寨子里面都如此相熟，大可不必，有时候万一漏了谁，还引得不满。他们想以后谁要办酒了，就也张贴一张红榜，直接写邀请全寨老幼前来参加，就可以了，这样全寨人一看就都知道了，省得挨家挨户通知，也不会把谁漏了，落款还是可以写青年协会，因为本来当事人就是青年嘛。除此以外，他们在讨论购买东西的结余时还讲到想利用各种捐款的结余，成立一个青年基金，用处很多，暂时想到的比如帮助那些求学但家庭困难的学生，或是在村寨之间打球的时候买水和招待前来做客的外村寨的球队，都可以以协会的名义来办。

　　简单却有力的架构、有想法的目标、受依赖的收入和暂时卓有成效的执行力，为青年们以协会为名建立一个年龄组织夯实了基础，来自内部和外部的认同也为他们以组织化的形式前行增添了信心。不讲过去与未来，至少是在 2013 年这个春节，青年们冠以协会之名的年龄组织确立了。虽然它仍需要面对不少"杂音"——来自内部个别人的疏离，来自外部一些中年人和老年人的非议。作为调查者，我只能记录和静观其变，而它如何去应对这些"杂音"以及这些"杂音"何以产生，本就与本书根本的论题相关，能说明个体和集体的关系，这些问题，我将在书中其他地方以具体的事例细论。暂且回到那晚的会议中去。

　　当捐款的事情讨论得差不多了之后，年轻人又开始谈起协会接班人的问题。虽然协会才成立了三个年头，但吴世强等这批"开创者"／"奠基者"，已经成为"元老"，他们马上就要迈过 40 岁的门槛，从年龄、身份上来说，即由青年或中青年步入中年，其相应的责任义务的重心要从村寨生活转向家庭生活，为此计也为协会的延续和发展计，他们认为有必要选出一批二十来岁的青年来接班，作为他们退下来后新的协会负责人。

围作一团的二十来个青年并没有因为这个提议而积极争取或互相推荐，甚至没有什么议论，只因这事已有了公论。一直活跃于寨内寨外的吴建才成为接班人的首选，他热心于集体事务，大家也佩服他、认可他，而他在起古楼一事上的表现，也证明了自己的能力。所以吴世强等几个负责人都有意推荐他，其他青年也并无异议。除了吴建才，还有两个人也一并被选作协会下一届的负责人，一个是吴顺廷，一个是吴昌宁。顺廷的父亲吴泰安是村里上一任村主任，也是现任村文书吴世修的亲姐夫，作为一个打工者，顺廷在外面干得不错，他一直在广州郊区夏茅的一家灯具生产厂里工作，且主要负责跑市场，就在去年，对市场已然熟悉的他和同厂的几个会技术的工友一起另起炉灶，注册了自己的公司，虽然刚刚起步，但已经算是"自己当了老板，不用再给别人打工"。他从起古楼开始，就一直被委以重任，负责管理青年人捐款的账务，同时也和建才一样对村寨建设的事务保持着热心，是在外打工者里能够产生影响并凝聚其他青年的骨干，所以他此次当选也在情理之中。吴昌宁在起古楼的活动中并没有显露头角，吴世强及其他几个负责人看好他，是因为他在各种青年的或村寨的集体活动中都表现得分外积极。就像他们一再强调的选人标准："能当负责人的，首先得有能力，能把自己管好，这样才能去管别人嘛，要爱讲话，不怕得罪人，还得有想法。"这几条吴昌宁样样都占一点，尤其是爱讲话这一点，整个开会全程，他和建才都是发言评论提意见最积极的。但是吴世强也说，选择吴昌宁，是因为他对这些活动比较热情，但还要继续培养，才能担起大任。

定了这三个人之后，他们似乎一时间没有其他更为合适的人选，换届的事情便告一段落。吴世强等几个负责人表示，他们这次并不是换届了，只是暂定了接班人，至于什么时候真的换届，还给不出清楚的时间。这些预备的接班人还处于考察期，要继续培养。他们希望再发展出几个人来。

到这一阶段的讨论告一段落，已经是将近凌晨五点，虽然一开始不少人都叫着要通宵欢乐，但大多数人还是显露出了倦意，况且一直是边聊边喝酒，酒精也开始发挥作用，陆陆续续有人离场了。房间外面的厅房里，早已有人支开桌子打起牌来，吴世强他们也没什么更多的内容要讲，于是就回家的回家，打牌的打牌，一晚上的会就这么结束了。

当我试图用会议内容作为一条主线，牵引起岑吾寨年轻人从一个基于年龄和文化限定构成的松散群体向一个自觉的组织转变的过程时，的确遗漏（略去）了许多细节。这些细节能够体现青年组织化的另一个面向。即便参与其中的人一再地强调寨上青年们的团结，但协会仍然不是一个已经"完全的"组织，换言之，它并非铁板一块，仍有不少青年人对于参与协会活动抱持着消极的态度，虽然他们迫于大多数青年的压力而选择了随从。而协会暂定的制度通过一个会长以及几个房族的青年"老大"被统合起来，但不同房族中青年良莠不齐的现状也制约着协会的发展和运作。不如说"真正的、全体一致的、自觉的团结"，仍然是已经深涉协会中的青年们的一种期待或存在于他们头脑中的"理想"，然而现实的情况要复杂得多。

那些不愿参与到协会活动中的青年，用脚投票是他们表达态度最直接的方式。就比如此次会议，虽然几乎全寨的青年都来了，但他们的初衷是为了参与坐新娘的活动。然而一旦涉及协会相关事务的讨论，有一些青年就"消失"了，他们或是在外面打牌，或是去别的寨子坐姑娘，各有各的安排。

若要再去细分，可将这些青年分作两类，一类是"有认同的消极"，另一类是"无认同的消极"。第一类青年仍然认同作为年轻人就应该为寨子的集体活动做出贡献，但往往不会想要自觉地做出改变，而是老人说什么我们就出力出钱，这类青年对于协会这一"横生"的组织没有拒意，只是不愿将时间精力放在上面。而第二类青年则对协会有所不满，这种不满产生于个人追求和文化规定的冲突中，他们本就觉得自己打工赚钱，要有自己的生活，为什么要一会儿捐款一会出工的，但协会却以一个集体的形式强压下来迫使他们必须要为寨里做点什么，因而他们将对于传统文化约束的敌意转嫁到了协会之上。

虽然说传统的侗寨年龄群体是一个超房族的人群结构范畴，但在年轻人结群的过程中，房族的影响仍不可忽略。尤其是面对岑吾寨复杂的房族关系，协会采取了一种"会长/各房族'老大'—房族青年成员"的构架来组织全寨青年，房族情况不同带来的影响就更为深刻。在吴世强他们这一届里，负责人就是按照寨上五个房族来安排的，[①] 吴世强属于金盆房族、吴安俊属于大旋房族、吴昌远属于高窄房族、吴顺宁属于金苗房族、吴顺传属于班凳房族。他们能够联合起来，并促使之前分散的青年们趋于团结，与他们的个人兴趣、能力和彼此良好的私交不无关系。但是在他们的努力之外，各房族的成员仍然承续着既有的寨中权力结构。所以即便是因为他们的努力，寨中青年大体上表现出了团结，但在协会的运作和接替上，仍困难重重。世强房族的人一贯对寨中事务热心，却不愿意担责任；安俊房族的人一直是游离于寨中事务之外；昌远房族的人总是希望获得对寨中事务的话语权，但因为行为言语过于霸道，常常遭到其他房族的一致反感；顺宁和顺传所属的两个房族合为一体，在寨中势力最大，对寨中事务的操控力（意向）也最大。这一关系的影响，在接班人的选任上就凸显了出来：安俊房族和世强房族的年轻人虽参与却低调，远离核心，难当大任；建才是顺宁房族的，顺廷是顺传房族的，他们已经早早地参与到了协会活动中，

---

① 金盆房族和 A 房族一般都是合在一起的。这是个比较特殊的情况。

并都有了具体的职责；昌宁是昌远房族的，虽然一直没有担起什么大任，却事事都要介入，也引起世强等人的关注。以上这几个青年成为接班人的首选，但现任的负责人都还是青壮年，换届仍需要一些时间。对于岑吾青年协会的未来和他们引发的年龄群体关系的转型，仍需进一步的观察。

第三节　"寨子"：集体观念下的转换逻辑

在七佰南江内部，每个寨子都是由多个房族构成的，因而寨也成为南江人最基本的地缘聚合单位。和普理查德在非洲对努尔人的观察相近，侗人的群体也有着因地缘和血缘层级不同而发生的分级裂变似的关系。虽然房族之间有着对抗关系，但以寨为单位的集体生活中，不同房族对寨集体有着一致而强烈的认同，尤其是在寨与寨的比较之中，这一点体现得更为明显。

在日常生活中，寨与集体是两个内涵可以相通的概念，一个寨子的侗人以寨为单位开展多样的活动，而寨子也成为集体认同建构的重要对象。

寨集体的活动可分作三类：以"萨"① 信仰为核心的仪式的展演和认同构建；以"古楼"为象征的寨集体管理和秩序确立；以欢娱为主的寨子之间的交往与竞赛。

一　萨信仰：寨集体仪式展演和认同构建

在岑吾寨里，供奉"萨"的萨坛实在是个不起眼的存在，若不是询问寨中人，一个外人进来，常常是从其前方来回走过，也难以察觉。略微高起的土坡上面，不足半人高陈旧的木板粗陋地围出

---

① "萨"为侗族民间信仰中保佑侗寨平安、风调雨顺、人畜兴旺的女性神祇，地位至高无上。在南侗地区，几乎每个侗寨都有供奉"萨"的"萨坛"。

一个半径大约半米的圈，上不封顶，一侧倚坡，而朝向寨中的一侧开了一道小门，门口两株"千年矮、万年青"的黄杨，周围被草木掩盖，这就是"萨"的安居之所了。出了岑吾寨，去临近的寨子走走看看，就会发现每个侗寨里都有一个形制相差不多的萨坛，只是有的大些，有的小些，有的更为简陋隐蔽，有的则在近几年重修改用砖木砌得相对崭新醒目。

岑吾寨的这个萨坛，源起不详，老人只说是自从最早的先辈前来此处落基时已经有了，"文革"时遭到了损毁，现在这个是在原来的地基上重建起来的。从破旧的木板门中望去，里面空无一物，可他们却坚信破坏的只是萨坛，庇佑一寨的"萨"并没有因为萨坛的破毁而受到影响。

图 3 – 7　岑吾寨的萨坛

侗人古语就有"未建侗寨，先建萨坛"之说，一寨一萨坛已成古俗，"萨"的影响范围和侗寨的物理空间范围是重合的，一寨之内的侗人受到本寨"萨"的影响，也定期在本寨的萨坛祭萨。

"萨"庇佑着一个寨子的安宁与兴旺，影响力直达寨中的每一个家户和个人，甚至能够通过生物的异常来提示寨中可能存在不清吉，使之避免潜在的灾祸。虽然许多萨坛都并不显眼，甚至看起来有些破落的感觉，但萨信仰对于侗人来说却有着至高的意义。

由于"萨"在一寨之内可以和任何一个人发生关系，所以信仰本身具有私密和个人化的性质，但作为庇佑一寨之神，与之相关的仪式，却是以寨集体为单位开展的。祭萨和洗寨就是主要的两个仪式。

祭萨是在萨坛对"萨"仪式性地供奉、感谢和祈求。祭萨分作平日祭拜和春节祭拜两种。两种都是全寨人以集体的身份向萨祭拜，并不存在个人的祭萨，个人与"萨"发生关系的仪式通常只在其家屋之中。平日祭拜，在农历每个月的初一和十五，由寨上选出的专人负责。这个人是高窄房族的吴明贤，他已经七十多岁，精通与"萨"有关的仪式，但这并不是他被选的主要原因。吴昌德和吴明贤是一个房族的，他告诉我说，之所以选吴明贤，是因为他没有儿子，家里面生活困难，干了这个事情（代表全寨祭萨），每年全寨人都会给他一点补助，算是全寨为了帮他才要他来当的。每月两次的祭萨只需他一人完成，其他人不必参与，每到初一、十五，他一早带一把香纸、一小碗鲜米、一碗酒供奉即可。

正月初一的祭萨就隆重许多，仪式的程序也繁复起来，其中也包含着更多的寓意。正月初一的祭萨仍然分作两个部分，其一为全寨老人代表寨集体祭祀，其二是各家户的祭祀。初一下午，在燃放鞭炮过后，老人们就聚到了萨坛前面。仪式还是由吴明贤来主持，在老人们来之前，他就已经找来了青年在萨坛边上煮熟了一只公鸡。待老人来到后，吴明贤在一张方桌上，按照老人的数量分好了相应份数的鸡肉和内脏，他蹲在桌前，面前放一碗米、一碗酒，米上面插着三炷香，他就拿着酒烧起香纸开始念词，一边念一边将碗中的米抬起几粒置入口中，不时还使劲地跺一下脚，并将燃成灰烬的香纸置入酒中，如此持续了近十分钟，他对着其他老人讲可以了，老人们便纷纷拿起桌上的肉吃起来，随后吴明贤又递上了那碗酒，老人们传着每人喝了一口，将之喝完。这时老人又唤来青年，在萨坛口燃放了一挂鞭炮，仪式就算结束了。之后，家户的祭萨仪式则随之开始。岑吾寨的每一户都会前往萨坛，一户只来一个人，通常是家里的中年人或已经有了小孩的青年，带着家里未成年的孩子到萨坛前面，点燃事先准备好的香纸，随后燃放一挂鞭炮，即算完成。

大年初一的祭萨仪式，是岑吾寨人对新一年里萨可以保佑全寨的殷切祈愿，是他们萨信仰的具体的表达。而从平日祭萨和春节祭萨中都可以看出，"萨"与集体是直接关联的，对于祭拜的安排，也显示出"寨集体"是一个在岑吾寨人感知上具体的存在，岑吾人对"萨"的信仰，让他们成了一个祸福与共的集体。

从人群关系的角度理解，初一的祭萨仪式正透露着寨集体中的秩序和层次。只有60岁以上的老人才能够代表全寨参与祭祀仪式，和村寨管理的其他方面一样，老人的象征性权威也在这一仪式中得到体现和确认，不仅是祭萨，只要是涉及习俗和仪式的寨中活动，老人就是寨集体的代表者和决策者。同时，虽然老人是仪式的参与者，但仪式中琐碎的准备工作，则都由他们指派青年人来完成。所以这样的一个仪式也同样体现着村寨中不同年龄群体间的权责关系。此外，在以寨集体为单位的祭萨仪式之后，各家户的祭萨仪式则通过萨信仰与集体和家户的对应关系，展示出了寨集体内部存在的分化。与其说萨既是集体的也是家户的，不如说岑吾寨人对于寨集体和家户在认同上有着明确的区分。同一个人有着多重的身份嵌套，各家户的分化并不影响他们共同地认同作为集体的寨子，这也成为集体生活的底蕴。

若说祭萨是为祈福，那么洗寨就是为了避祸。与祭萨不同，洗寨没有例行的日期，只在寨中出现反常的预兆时才会举行。所谓洗寨，就是寨中出现"不干净"①的东西了，怕给寨子带来灾祸，比如导致寨上人频繁出事，或是发生寨火，这时就要防患于未然，将寨中不干净的东西清扫出去。因为萨会守护一寨，所以能够察觉出寨中不干净的东西，并通知寨众，而这会通过预兆的方式表现出来。岑吾寨人在 2012 年春节前夕，就发现了反常的预兆。先是寨中的鸡不按时鸣叫，通常都是凌晨才鸣叫的鸡，在下午或傍晚时就纷纷打起鸣来。鸡的反常鸣叫，是萨与寨众交流的主要方式。不仅是有不干净的东西，若是萨坛有什么不合适的地方，萨也会以鸡叫的方式来通知寨众，至于是前者还是后者，则需要能够与萨交流的鬼师或阴阳师傅做出判定。此次在发现了反常的鸡鸣后，寨上人已经有些紧张，有老人又在古楼里讲自己做了奇怪的梦，在梦中出现了几个裸体的女人向自己奔来。众人听了，都认为这也是不干净的预兆，于是找来吴明贤和吴启智询问，二人并没有在萨坛做什么仪式，听到这么说了，就讲鸡叫本就不平常，萨坛上也没人做不合适的举动，一定是寨里有了不干净的东西，要是不清扫，恐怕会有火灾发生。众人在古楼里都紧张了起来，议论了一阵，当下便决定要在当天晚上洗寨。

时间由吴明贤定在夜里十一点。各自在家吃过晚饭后，男人们无论老少都陆续聚集到了古楼里面。吴明贤用稻草编制了一条草船，每个前来的男人，以家户为单位，将带来的一小袋家中的鲜米，以及用塑料袋或纸包起来的寨上的土放在草船里。同时，吴启智等几个中年人在用干稻草编草鞭子，随着时间推移，来的男人越来越多，宽阔的古楼渐显拥挤起来。此外，老人还差青年们找来了几根柚子树枝，只保留头上的几片叶子，吴明贤则从家中挑来了一个扁担，里面装着一碗糯米饭、一把香、两叠折好的黄纸、一张政府发来的《家庭拒绝邪教承诺书》、一壶酒和一些盘子、刀、菜

---

① 基于当地信仰，指的是那些可能会给村寨和个人带来灾祸的魂灵、鬼怪。

板。之所以准备刀和菜板，是因为还准备了活的鸡鸭，到时要处理。其他的青年则找来许多一米多长的木棍和一些木板，都堆放在了一起。

看着时间差不多了，全寨的成年男人也都来齐了，于是大家便动身出发，仪式正式开始。几个挑着担子和草船、手执柚子枝的中年人走在前面，其后就是老人和中年人，青年们跟在最后面，每个人都拿着一根木棒或草鞭，沿途伴随着高喊不断敲敲打打，驱赶那些"不干净的东西"。仪式开始后有两个禁忌一定要遵循：其一是只要开始往寨外走，任谁也不能回头；其二是直到仪式结束，不是本寨的人一概不许进入。第一条老人说了之后，大家自然就遵守了。对于第二条，则专门派了几个青年带着木棒去守住所有的进出寨的路口，每个路口有两个人负责看守，防止有外人进入。

全寨人就这么吆喝敲打着一路出寨，沿着通村公路走出约一公里，翻过一个山坳后，下小坡来到了南江河边。人群落定下来，仪式进入了第二阶段。吴恩硕负责这段仪式，他将草船横向平齐放置在河边，前面摆上三个盛了酒的碗，开始念词，随后将用黄纸和绳子扎好的几根柚子枝立在酒碗和草船之间。继而，他一边念词，一边将带来的鸡鸭在酒碗前斩杀了。这时吴恩硕的念词告一段落，几个在另一边点好货、架好大锅的人立即接手开始处理鸡鸭。他们将煮熟的鸡鸭及其内脏都斩成小块，分了一大盆内脏去吴恩硕那边，剩下的都投入大锅，并倒入一开始人们带来的鲜米，熬成一大锅鸡鸭粥。待粥熬好，先盛出一碗到草船那里，吴恩硕已经将内脏分作了七份，放在那张《家庭拒绝邪教承诺书》上，糯米饭也一并放置在酒碗旁，他又继续开始念词。这时，他讲到一段就高喊一遍，寨众也都跟着一同高喊，如此三遍。随后，他开始掷卦，一直到出了吉卦，才将三碗酒倒在面前，几个人上来帮忙，一同将草船推入水中，任其随水流漂远，人们开始分食鸡鸭粥。吃完的人在河边洗干净了嘴和手，便三三两两地往寨子走去，此次的洗寨仪式算完全结束了。

有关"洗寨"的研究普遍认为，它与寨子防火意识有着密切的关联。岑吾寨人也提到不干净的东西可能引发的主要灾祸就是出现寨火，但若细究其内容本身，可能有着更为多样的意涵，比如他们口中一直模糊指称的"不干净的东西"到底是所谓的"火灾星"还是他们常说的另一个词"邪气"，也许河边仪式中的那张《家庭拒绝邪教承诺书》可以作为思考这个问题的一个切入点。而在他们出寨时大声的吆喝中，不断出现一个词——"嘎对"（对汉人表示某种敌意的侗语，也是水口一个寨子的侗语名称）。在他们的信仰中邪与灾是否和汉人（外人）进驻时的历史记忆有关？

上述问题或许可以提示我们从不同的角度来理解侗人的信仰，也反映出洗寨仪式本身的丰富性。从仪式的形式和组织方面看，无论是集体活动的要求和共同驱赶灾/邪气的一致情绪，还是禁止外人进入的区界设定和共同混合并分享粥餐的充满象征的环节，仪式中寨集体的认同始终都尤为明显，且经由这样一个仪式获得了强化和再确认。

二　古楼象征：公共空间与集体秩序

和萨坛一样，侗人也有"未建侗寨，先建古楼"的古语，萨坛和古楼总是相生相伴地出现在侗寨中，成为侗寨里有别于木制民居独具特点的"人造景观"。古楼是侗寨中最重要的公共活动空间。对于古楼的起源，有不同的说法，由于其存在的年代久远，记忆只凭借老人们的口传，并没有详细的记载可查。至少是在清中后期的《百苗图》中，已经记载了古楼在黔东南地区的存在，[①] 此后一直延续至今。虽然许多寨子的古楼因为兵乱、政治运动和火灾等不同原因几经损毁，但寨众都想方设法重建或寻找到了替代物。在

① 参见《百苗图》中"黑楼苗"条目，杨庭硕、潘盛之编著《百苗图抄本汇编》。

不断的重建和延续中，古楼对于侗人的重要性被凸显出来，因为古楼并不纯然是一个公共空间，在其特殊的建筑形制之外，它有着重要的实用功能和丰富的象征意义，是寨子集体生活方式、秩序规范的具体投射。

从形制上来说，按照顶部的形状古楼可分作塔顶式和悬檐式两种。层数上，和建房子一样，尚单数，南江三寨根据老古楼重建的新古楼的层数，分别是岑吾寨十一层、高寨十三层、岑烂寨九层。层数多寡并没有特别的原因，往往由一个寨子的经济水平决定。修建古楼和风水关系密切，时间和朝向需要风水先生来选，但修建的位置一定要在寨子的中间。关于悬檐和塔顶的选择，当地人多称古俗，由于许多古楼是被毁坏重建的，所以他们多沿用之前老古楼的式样。深究这一古俗，在七佰南江的范围里，有这样的说法：以前从江西吉安来时，有"吴为王，石为将"之说，即吴姓为文官，石姓为武官，而古楼的样式恰是他们身份的隐喻，悬檐如同官帽，塔尖如同武器，二者不可混淆，否则对彼此都不好，若是搞反了，就会"坐不稳"，使寨子不顺，或人丁不旺，或火灾频发。虽没有事实可凭依，但这种自古代代流传的说法却深植人心，因而此后吴姓的古楼都是悬檐式的，而石姓的古楼都是塔顶式的。无论是归于古俗，还是和风水牵扯在一起，对于古楼何以有如此形制都没有很强的解释力。即便是当地建造古楼的师傅也没有答案，他们总说寨子要求什么样的，就起什么样的。

但是当地人对于古楼形制的言说和坚持，反而提醒我们重新追溯侗族同房或同姓聚居的历史，进而从房族的角度理解寨集体认同意识的根源。也就是说，古楼有可能经历过从作为一个房族活动和议事的"公房"向多个房族共存一寨的多房族公共空间转变的过程。作为最小地缘聚合的多房族侗寨，其内部的古楼更像是单个房族之"公房"的扩大版，其内部人群的事务处理和实践亦延续了单一房族的原则，呈现出由房族到寨集体，人群增多、层级扩大但

图 3 - 8　岑吾寨古楼

理念一以贯之的结构形态。

　　古楼中间有个大火塘，冬日生火取暖，夏日闲置。火塘四周围着一圈板凳，每到一个侗寨，总能在古楼里见到几个乃至十几个老人围坐在板凳上闲聊。在问及为何起古楼时，他们口径一致地说是为了给老人坐的，也就是给老人提供一个休闲、休息的场所。虽然现在开放了，男女平等了，不少古楼里不仅有老人，女人和小孩也可以进入，但这种观念并非侗人自身拥有的，而是来自国家的灌输，在他们的传统观念里，古楼是有禁忌的，首要一点就是不准女人和小孩进入。这样的观念并未因女人和小孩可以进入了而改变。例如水口对门江寨的老人，对于其寨子新起的古楼颇有微词，认为女人总是在里面打牌，古楼快要变成"女楼"了，这样一来，寨里的老人都不愿意去，而传出去了其他寨子的人也要笑话。实际上，女人和小孩能够进入的情况仍是特例，在我去过的几个寨子的古楼里，就鲜有女人和小孩的身影。

　　只有老人能够进入古楼，这既源自尊老的观念（这一点在有关年龄群体的部分已做详细的论述），又和侗人寨子的集体观有

213

图 3-9 高寨古楼

关。老人是一个寨子的长辈，而不只是某一家人或某一房族的。已
信的古楼师傅张宏启告诉我，侗人对古楼有一种说法，即"田里
有鱼窝，寨中有古楼"。鱼窝在一丘田的中心，特意挖这样一个深
坑，是为了干旱或田冻时给田中之鱼一个安身之处。据张师傅说，
古楼于寨中老人，有相同之意味。先不说老人受到尊重的地位，在
这里，一个寨子实际上被看作一个共生的大家庭。他们将老人去世
出枢时要在古楼停留和举行仪式解释为是老人对于这个大家庭做最

后的告别。不仅如此，古楼还是盛放集体物品、张贴集体通知的地方。吹芦笙是侗人的特色之一，节日里会吹，几个寨子之间也会以做客的形式互相走访、赛芦笙。吹芦笙总是以集体为单位出队伍的，而这些芦笙平日里就堆放在古楼的二层。不知道以前古楼里会张贴些什么，但现在我走过的每个古楼，里面贴的或是全寨新年活动的花销记录，或是和其他寨子一起搞活动时的请帖和答谢的红帖，或是以寨为单位获得的各类奖状，甚至还有林业或田土管理的费用清单等。从某种程度上说，古楼代表的就是一个寨子。

　　然而，古楼的意义远不止于此。古楼是一个寨子商议和解决全寨大事的场所。前文提及通过敲鼓来召集全寨，不少寨子的人还说他们在四五十年前还有"管脚"①，寨子有什么事了，就由他敲着锣把全寨的人叫到古楼来。现在鼓少见了，有的除了新年外平时都弃置不用，管脚已经没有了，村民大会都是用喇叭或电话通知，但古楼作为聚会的地点一直未曾改变过。在古楼里，侗人会商定各种规约，涉及日常生活和农业生活的各个方面，如什么时候捡茶籽、牛放到别人的田里怎么处罚、婚嫁时礼物的数量等。同时，若是寨子里人和人之间有了矛盾，也要在古楼里说理。可以想象这样一个场景，在古楼里，互有矛盾的双方说着自己的正确和对方的错误，而其他寨众则在周围七嘴八舌，就矛盾本身和双方的观点进行讨论并发表自己的意见，寨老边听边做调和。最后，终于一方辩的另一方无话可说，寨众也大多点头称是的时候，寨老就会根据辩胜方的意见宣布最后的解决方案，该赔礼道歉的赔礼道歉，该赔财物的赔财物，矛盾就算解决了，从此谁也不得反悔，不得再做报复。在古楼里做出的决定，往往具有权威性和强制力，而且并不是实际拥有

---

① "管脚"即守寨人，一般不是本寨的，偶有本寨生活困难之人担任，负责守夜、放火，为古楼挑水、挑柴；管脚有一铜锣，有事便敲响通知全寨。现在南江已经没有管脚了。

权力的主导者来判断，而是将权力分配给了寨中的每一个人，只是在个体实践上因人而异。

古楼之于侗人的意义，并没有因为古楼形制的改变而发生变化或消失。虽然上述两种式样最为常见，但古楼的式样并不局限于此，或者说古楼并非总是保持着上述式样。这一点认识源自我在河口寨见到的古楼。河口的古楼是单层的，面积有十几平方米，整体就是一个开阔的房间，里面也有火塘和围凳，可看起来就如同一个平房一样，很难从造型上将其和"楼"联系起来。坐在古楼前的两位老人告诉我，此古楼已经有上百年的历史，古时传下来的，就叫作"lou35"，汉语就叫作古楼，除了外形不像现在那些多层的塔顶或悬檐的古楼外，功能和意义都是一样的。不仅如此，在苗寨、瑶寨，也能见到这样平房一样的"lou35"，在功能和意义上，和侗人的"lou35"是一样的。两位老人还告诉我，他们已经准备起一座新的了，要起七层的，旧的要拆掉，新的古楼应该会在旧址上重起。在其他寨子，有另一种情况，己信、对门江、南江、古邦等地，古楼在20世纪或遭遇土匪烧寨，或遇本寨火灾，或是破四旧时被破坏，都经历过"毁坏—重建—毁坏—重建"的过程。重建对寨子的经济能力有所要求，并不是每个时期都能负担得起这样的开销，作为变通，他们会修起简易的一层木房来替代古楼，功能和意义是相同的。无论得以保留还是被毁坏，无论形制如何，古楼之于侗人的意义，包括集体、公共、民主和对老者的尊重，却一直延续下来，这是侗人集体观念在具体聚落景观上的表达。它超越了房族、姓氏和年龄的结构性制约，同时也作用于更高层次、更大范围的人群关系。

其实在岑吾寨以及周边的不少侗寨，即便在没有集体公房也没有古楼的时候，寨众商议事情、调解纠纷，也会聚到寨中的坪子上。有什么事情了，就通知全寨，在坪子集合，冬天时就点起火堆或坐或站地围在一起。一个公共空间固然为侗寨的人提供了活动的具体场所，但之所以身在其中就能产生非比寻常的效力，还是因为"寨集体"经由古楼、集体公房或坪子成为一个可以感知到的存在，也因此凝聚起了超越并制约个人的力量。"进古楼"是一个侗人发生矛盾时常挂在嘴边又很少真正执行的词，不是因为它太虚，恰恰相反，这个词直接和集体决议相关联，因而拥有了威慑的力量，既给人壮胆又令人畏惧。2013年春节的时候，岑吾寨上因为修建古楼而结怨的两家人突然大打出手，旁人相劝无用，进而演变成了大旋和高窄两个房族之间的对抗，两家人不仅徒手相搏，还用砖头互相丢掷，两个房族的人逐渐聚拢起来，眼看着就要演变成群架。一下子全寨的人几乎都动员起来，不仅其他几个房族，甚至两个房族内部个别人也好言相劝，但怎么拉扯讲理也难以平息双方的怒气。这时候，班凳房族的人就大声高喊："有本事就进古楼，有什么事情不要在这儿打，我们一起去古楼解决。"听此一喊，劝架的人纷纷响应，都高喊："就是，就是，进古楼！"进古楼就意味着要将这个事情升级成"集体的事"，这两个房族内怒火熊熊要打架的人，火气竟一下子消了大半，不再叫嚷着要打架了，开始静下来听劝，显然是不愿意进古楼解决。这个事情之所以会因两个人的矛盾，一步步从家庭到房族，差点演变成集体的问题，有着复杂的原因，在本章第一节关于房族分合动态过程的描述中我已尝试说明，在下一章中我会做更为细致的分析。从一句"进古楼"就阻止了一场群架还是可以看到，古楼以及其所象征的"寨集体"，不单是在凝聚认同，也通过其威慑力构建着秩序。

三　交往活动：侗寨之间的交往礼仪与竞争

侗人的日常交往，除了平日里家庭间亲友的互相走动和有事情办酒时的大宴宾客，还有就是以寨为单位的相互做客。这种做客可以粗分作两种：一种是略带竞赛性质的赛芦笙或打篮球；一种是以娱乐、祝贺为主要内容的"做众客"。一般来说，前者主要是以寨为单位出一个队伍，都是青年人，两个队伍代表各自的寨子互访；后者则是全寨男女老少全体出动，到发邀请的寨子做客，其间也会吹芦笙、打篮球和踩歌堂。

在篮球兴起之前的很长一段时间里，芦笙互访一直是侗人寨与寨之间交往的主要娱乐活动之一。岑吾寨人只要是40岁以上的男人，大都有吹芦笙的经历，他们讲起那时候吹芦笙的光景总是兴致勃勃。那时候，一到闲时的夜里，晚饭过后，寨里的腊汉头或爱吹芦笙的好手只要一号召，芦笙队的人就迅速地集结起来，说说笑笑地前往另一个寨子"挑战"。近的地方，就是南江三寨互访，远了就去七佰南江中的其他村寨。有时候，这种互访是提前邀请的，发邀的队伍早早地准备好等待着受邀的队伍来访。有些时候，没有邀请，大家兴致来了也会直接奔进寨里，无论哪个寨子，只要是见到别寨的芦笙队来了，都要迅速做出反应，聚起自己的芦笙队与来者对吹。芦笙吹罢，紧跟着便是消夜，两支队伍的人一直拼酒到深夜才作罢。一年到头，这样的寨子间的芦笙互访几乎从未停止。

篮球赛可看作芦笙互访的更新形式。即便是在20世纪六七十年代的公社时期，对于吹芦笙之类的活动严令禁止，七佰南江的侗人还是将禁令放在了一边，有机会了便照吹不误，让公社的管理者头疼不已。吹芦笙持续到了80年代末期，它向打篮球转变来自社会生活的整体变迁。篮球对于水口人来说并不是新鲜的东西，在80年代，打篮球就成了政府组织的文娱活动之一。而南江人更有着有利的条件，80年代中期，当时任南江小乡党委书记的吴广德向区政府请款，在南江乡政府下面的坪子上，修起了一个简易的篮球场。由于有利的条件和政府的组织，南江人当时打篮球都是好手，不仅在村子里面打，还常常外出和其他乡比赛，篮球水平很高，在县级比赛中还拿过名次，如今那些"篮球高手"都已经四五十岁了，可说起来还是一副骄傲的样子："那时候我们出去打球，各个都怕我们，去到古邦、龙额那边打，没一个是我们的对手。"

这一时期侗人对篮球的接触为打篮球在当地发展成为主要的娱乐活动打下了基础，随着义务教务的普及、打工经济的兴起和政府的积极推动，打篮球自 20 世纪 90 年代彻底取代了吹芦笙成为七佰南江寨与寨之间主要的娱乐竞赛活动。这要从芦笙的衰落和篮球的普及两方面说起。学校教育的主要体育活动就是打篮球和乒乓球，这个时期成长起来的小孩，自小学开始都陆续接触到了篮球，因其入门门槛低、竞技形式有趣且富有观赏性而吸引了大多数的孩子，一直到初中，大多数少年都以打篮球作为他们的主要娱乐活动。相反，由于上学的原因，他们反倒与传统的芦笙有了隔阂，且随着大量少年初中毕业或尚未毕业就外出打工，芦笙对他们来说愈发陌生。这也是明明是青年活动的吹芦笙，在如今的侗寨只有 40 岁以上的人才掌握，而 40 岁以下的青年无一会吹且意兴索然的原因。自 20 世纪 90 年代末开始，打篮球成为水口镇政府大力推动的活动，篮球活动既可看作镇政府乡村文教卫生建设的一部分，也成为政府做各项工作宣传、实现全镇乡村互相联系的重要载体，所以政府不遗余力地组织篮球活动，不仅至少每年坚持举办一届全镇村寨参与的篮球赛，且积极地推动村寨篮球场的建设。如今水口至少 2/3 的村寨有了自己的篮球场，南江村更甚，如今有四个篮球场——三个寨子各一个，南江小学还有一个。大多数村寨的芦笙已经成为特别节日的应景之物，而平日青年的活动，完全被打篮球占据了。

篮球比赛虽然有以村组队的或以村寨联合组队的（比如七佰南江联队、佰二己流联队），但多是前去水口参加镇级比赛时才会如此组合，且由村委领导。日常的篮球活动，主要仍是以寨为单位的互访。以岑吾寨为例，年轻人早已组织起了岑吾寨的篮球队，专门冠名以"精武球汇"（"精武"是取岑吾的谐音），购置了统一的篮球服，还选出了自己篮球队的队长、领队和教练。因为青年大都在外打工，篮球比赛集中在春节前后一个月的时间里进行，但他

219

们在广东打工也没闲着，心里记挂着篮球。全寨青年在网上创建了
一个 QQ 群，以篮球队的名字命名，用以平日交流，在临近回家
时，上面尽是关于回去篮球队怎么安排，谁打哪个位置，要为球队
置办些什么东西，如何去别的寨子打球的讨论。

图 3-10　村寨间的篮球赛

　　篮球赛作为一种村寨间的交往活动，为寨子之间的人群提供了
更多的接触机会，并有着礼仪层面的意义。在当地人看来，赛芦笙
或打篮球，哪个寨子愿意来，即是"看得起我们寨子""说明喜欢
我们寨子"，有着礼仪上的互动关系。所以这种互访也确实增进了
寨与寨之间人群的情谊。岑吾寨三十来岁的人在和我聊起篮球赛的
好处时说道，20 世纪 90 年代之前，也就是打篮球兴起之前，有那
么一段时间，芦笙吹得也少，寨子之间走动少，青年们互相见面的
机会不多，不同寨子青年遇到稍有不合就互斗起来，冲突频发。正
是从打篮球兴起以后，寨子之间的交往又多起来，青年互相之间都
成了熟面，彼此见了都说"哦哦，那是来我们寨打球的"，有什么
小事也都不好意思动手了，开几句玩笑就没事了。也就是从这个

220

时期开始，寨子之间青年的冲突渐渐少了，而七佰南江也愈发团结起来。

　　但从另一个角度来看，由于存在着礼仪上的意义，这种互访也成了一把双刃剑。如果发出了通知邀请，等到其他寨子的人来了，自己却没有准备好或招待不周，那么势必会引发对方的不满，甚至会影响村寨之间的交往。八劳和务赧是最为临近的两个村寨，平时关系也都很好，一开始务赧没有球场，但爱打球的人多，就都跑下来到八劳打球。但八劳人对他们占着球场不满，说是浪费电，务赧球队的说给钱也不行，只得气鼓鼓地回去了。后来务赧新球场建成举行典礼，特地邀请了七佰南江各村寨的球队前来，故意没有邀请八劳，就是为了出这口气，篮球对村寨之间关系的影响可见一斑。而不同寨子在打篮球和招待上的表现，几乎作为刻板印象成了一个寨子的"性格"的表现。我和岑吾寨的球队出去打过几次球，有着各式各样的遭遇。我就听说这里人都不太爱和务孖的球队打球，因为他们太"小气"，他们的寨子在坡上，路也远，去那里打球很是辛苦，而且打完从不招待伙食。相对来说，务赧、八劳就十分大方，其他队伍也爱去那里打球。宰洋和宰直两个寨子都没有球队，他们的人似乎也不爱打篮球，所以跟其他寨子来往就少了很多，人们也都说它们相比其他的寨子就落后，爱出"烂仔"（不务正业、不学无术的人）。

　　每一场篮球赛，都充满娱乐和竞争共存的张力，这种交往富有礼仪内涵，同时也为寨众的休闲生活带来了不少喜乐。一个寨子外出比赛，同寨的中青年人有空了也会三五结队地跟去加油，而在本寨打球，则就如同真的在主场作战一般，男女老少都成了呐喊加油的观众。这般投入的另一个原因就在于其中竞赛的意味。两个球队相遇，代表着两个寨子的虚拟交锋，激发了寨众的集体荣誉感。为此，在喜乐之中，总是掺杂着一些争胜的口舌之战，比如评论裁判的水平如何，是否公正；评论球员的能力高低和发挥好坏（类似的情况也出现在芦笙对吹中）。那些看似对篮球没有太大兴趣的老人和中年人，只要是有球赛，他们总是知晓的。我本来还没有感觉到，可随着随队外出打球次数的增加，发现每次回来，经过坪子或古楼的时候，那里聚着聊天的人总要关切地问问这次打球的战况，若说赢了，就各个喜笑颜开地竖起大拇指；若说输了，虽然也有寥寥几句安慰，但还是难掩失望之情。

寨集体作为一个地缘聚合的单位，是侗人日常生活和指导实践时非常重要的结构性范畴，其依靠一系列的活动构建起了认同、规范和秩序。如果说祭萨和起古楼是内向型的认同和秩序构建环节，那么赛芦笙和打篮球就是外向型的过程。就后者而言，一方面，其活动具有的礼仪性质，影响着寨与寨之间的交往，也在不同寨子的寨众头脑中形成了一套"他寨是怎样"的印象，从而形构着寨子之间互动的格局；另一方面，这类活动具有的竞争意味激发了集体的荣誉感，它的特别之处在于渲染出了一种超越亲属关系的情绪，不断地在情感上对寨众予以刺激，以仪式化的形式强化着寨众对于"寨集体"这一范畴的认同。这又将一寨之中的人带入了认同的交错之中，不同房族之间的关系是紧张而充满对抗的，但作为整体的"寨集体"却是团结的，当一个人处于不同的关系/范畴/脉络之中时，他的立场、情感、实践都会随之改变。

小　结

本章考察了三类侗人结群的结构性范畴：房族、年龄群体和寨集体。

房族之于侗人的含义，有着血缘的一面，也有着强调实践的一面，因而有了同宗房族和合并房族的区分，前者强调血缘关系并发展出了建构认同的仪式，后者则表现为功能性的互助联合。林淑蓉的研究凸显了其实践的一个面向，即通婚；但还有另一面，即互助，而其涉及的主要是合并房族。邓敏文和石开忠等人对之做了公、基、然的层次划分，尽管有这样的表述，但从具体实际来看，公和基对应的应该是两类不同的房族，即同宗房族和合并房族。合并房族主要是在通婚和互助层面才体现出来，而在其他领域，侗人的日常活动都是以同宗房族为单位开展的。

不仅岑吾寨，七佰南江所有的侗寨，都是由多个同宗房族构成的。在同一个寨内的各同宗房族有着复杂的互动关系。既有通过姻亲建立起的连接，也有彼此的对抗。岑吾寨中各房族的互动展现出的情况是血缘认同的同宗房族之间的争斗和他们对于生命周期中各类活动的互助需求所建立起的合并房族可以同时存在，即一个合并房族内部的多个同宗房族，只要不违反建立联合的礼俗规范，即便彼此对立，也并不影响合并房族的稳定及其功能的发挥。

房族也有着集体性，其一方面体现在房族的内部管理和成员的权利义务上，另一方面体现为个人要归属对应的房族，其在任何场合的活动都与他的房族身份有关。"房族性"和相应房族中成员的自我呈现，也从一个侧面反映出了房族集体性的特点。

年龄群体构成了侗人社会普遍存在的阶序，这一阶序虽然没有明显的宰制与被宰制的不平等关系，但是在不同年龄群体所具有的权威和对应的义务上，年轻人还是处于被老人管理的状态，且缺乏对于村寨事务的决定权。然而随着打工经济带来的村寨生计方式的改变，在对于经济收入的依赖转向年轻人的同时，年轻人也开始了他们寻求脱离老人管理获得村寨事务话事权的努力。在这一过程中，他们开始从一个松散的通过年龄界定出的群体向一个有组织的群体转变。

有关年龄群体关系的转型，有两点值得一提：其一，老人在仪式、礼俗领域的权威性并没有受到来自年轻人的挑战，年轻人要"夺取的"是对寨子事务的影响力和决断力；其二，关系的转型建立在年轻人对于传统的年龄群体相应权利义务的认同上，年轻人的主动组织和争取话语权，不仅跟经济地位的变化有关，也和他们对于老人作为的不满以及自觉身为年轻人应该多为寨子做贡献的担当有关。

寨集体是一个能够统合一寨之中多个房族和不同年龄群体的结群范畴。尽管不同的房族、不同的年龄群体之间有着复杂的紧张关系，但是当他们被统合为一个寨子时，就有了独特的以寨为单位的集体认同和规范。

现实的复杂性和不确定性在于，侗人无论在日常生活中还是在具体的活动中，都处在一种多重结构性范畴嵌套的状态中，他们必须面对多重身份和相应的权利义务及行动逻辑的缠绕，还有来自外部的影响。在这样的情境下，他们该如何实践，实践会带来怎样的结果，他们的实践又如何反过来影响结构，这是有待于我们进一步探讨的问题。

第四章 集体的"生产"：侗寨集体活动的结构化过程

对南江侗人来说，集体不仅是一定边界内人群的集合，同时也是一套意义体系。以寨集体为单位的活动，恰是集体双重含义的集中展现。本章聚焦于南江岑吾侗寨冠以"公益事业"之名的起古楼、修球场一事。这一历时近一年的集体活动，展现出了极为复杂的景象，市场、地方政府、村委、寨集体、年龄群体、房族和姻亲悉数登场，新旧观念的交锋、传统人群结合的规范、人群之间的互动和博弈，让我们可以在一个生动而富有情境性的动态过程中，去理解侗寨内在的传统运作逻辑，探讨平权的集体秩序在争斗连连的实践中的生产过程，以及侗人的人群关系和日常生活因为政府治理和卷入市场而正在发生的变迁。

第一节 决定与准备：多重关系促生的岑吾寨古楼、球场修建

从岑吾人的角度来看，起古楼实在是一件有些意外的事情。就像很多人后来回忆时说的："（起古楼）放在以前是想也不敢想的事情，太突然了，也不知道哪来的劲头，村干一提议，大家立马说干就干了。"

缘起：村委动议和寨众的反应

时间要回到 2012 年的春节。大年初一，喜庆的气氛正值高

潮，岑吾寨家家户户都将准备好的鞭炮堆到寨子中一片狭窄的坪子上，待吉时一到，一股脑儿地将之全部燃起，顿时炮声震天，浓烟滚滚。整整这么燃放了三遍才算完成了全寨庆祝农历新年到来的仪式。值此佳节，大家也不愿早早地跑回家里烤火，就在燃尽的炮灰上点起了火堆，寨众们围着火堆有的没的闲聊起来。正在兴头上，听到村委广播召集岑吾全寨男女老少在寨里集中，说是要开全寨大会，有重要的事情宣布。那边声音才落下，这边两个刚上任不足一年的年青村干石秀明和石明晓就踌躇满志地来到了岑吾寨。二人到了之后，先借着春节与在场的人寒暄了一阵，因为有不少亲戚在，也都一一打了招呼、问了好，闲聊等着寨里的人慢慢聚集过来。看着人来得差不多了，支书清了清嗓子，大声讲起了召集大家的缘由。大意是说他们两个商量了一下，也分别过问了他们寨上的老人，两寨（高寨和岑烂寨）准备要在新的一年分别把以前拆掉的古楼重建了。他们还讲了许多他们的考虑：现在是春节，寨子上还是热热闹闹的，可节一过完，寨子里的人又各回各家，寨子就显得冷清，什么原因呢，主要是因为没有个可以烤火的地方，夏天还好，但也没处歇凉，只能聚在狭窄的坪子上闲聊，总之就是缺了一个可以供大家聚在一起歇凉烤火的地方。不仅如此，古楼本来就是侗寨应有的东西，它不仅是聊天歇息的地方，也是大家开会处理寨上事情的地方，这个以前就有了，很多老人还见过以前的古楼，现在大家出去打工了，生活条件好一些了，有了富余，就应该多花点精力财力在寨子的建设上。他们将他们的决定说完，就讲这次前来，是想问问岑吾寨的意向，看看是否也能把岑吾的古楼重建起来。

两位村干这么一说，岑吾寨的老少一下子沸腾了起来。村干说的话打动了他们，也刺激了他们。说打动，是因为村干摆出的事实确凿，现在寨上的确少了个地方冬来烤火夏来遮阳，人人都待在房子里，一点都不热闹，老人们唯一能闲坐的地方，就是那么一处狭窄的坪子，而这坪子正是当年拆掉的老古楼的地基。为此，寨众九几年还专门搭起过一个简陋的一层木房子做公房来替代被拆毁的古楼，可没几年就垮了，也再没后续。说刺激，是因为他们知道了同村的另两个寨子已下了决心，一直在彼此明争暗斗的三个寨子，人家两个寨子走在了前面，自己的寨子怎甘落后。面对两个村干的提议，老人们首先表了态，支持重建，希望寨众也能够支持，年轻人本来就有心以己之力促进村寨发展，于是也一边倒地要重建，且响应最热烈，中年人虽不会集体表态，但也认为这确是个好事，以后多年都能享受到古楼的好，既然大家都认为能办，那么办就好了。几乎没有什么反对的声音，岑吾寨人一下就统一了意见——"好，我们也要重建，也在今年搞！"

见到岑吾寨寨众这么快就下了重建的决心，两名村干也喜出望外，直言 2013 年将是南江村大建设的一年，他们会专门去镇政府说这个事，去争取一些政府的经费或建材的支持，要搞就要搞七佰南江乃至整个水口镇最好的。说罢，他们又提到了另一件事，既然三个寨子都定下重建，岑烂和高寨都有村干，所以他俩就可以作为村委的代表，各自负责各自寨子新古楼的建设，但岑吾寨还没有一个村委的负责人，现在正好还空缺一个文书的职位，干脆就在岑吾寨选出来，由他负责岑吾新古楼修建。这么一说，刚才热闹的气氛又冷静下来，一时间大家都不说话了。两个村干见没有推举和自荐的，于是提议说，老党员年纪都大了，前任三个村干在岑吾寨发展出了一批年青的党员，选他们中的一个如何。

这批年青党员，说的就是吴世强、吴昌远和吴顺传。后两个人均推举吴世强，老支书和主任也觉得挺好，可吴世强立刻就把自己给否决了，他讲："我也不是不积极，文书要文化高的，我初中都没读完，不适合，而且我家就靠我一个在外面打工，我若不出去，家里怎么办。"既然他自己都不想当且所说句句属实，大家也了解他的家庭情况，就没再勉强。眼见着谁都不想当这个文书，气氛正僵着，吴建才冒了一句"我觉得吴世修适合当"。世强听到这个，也跟着忙说对对。吴世修，年届四十，算是寨上的中青年。他做事低调但很稳当，跟什么人都和和气气的，有想法，他们房族有什么事情，都是找他来商量。但他也是一直在外打工，春节才回来。他本也想拒绝的，但大家却帮他分析起来，说他文化水平算是寨上同年龄段最高的了，当年还以南江小学第一名的身份考去黎平县城读中学（只有第一名才能去黎平读书）。虽然他也是要靠打工养家，但他们家兄弟多，虽然父亲过世早，已经分家，但他和他的一个哥哥还在一起照顾老母亲，这一年又刚好轮到他留在家中，哥哥嫂子外出打工，所以干脆就留下来，先干上一年。大家分析得头头是道，无可辩驳，看到寨里众人对自己这么信任，吴世修也没什么二话可说，于是就全票通过地当选了南江村的文书，也代表村里成了岑吾古楼修建的主要负责人。

看着事情都安排妥当了，两个村干嘱咐了几句便各自回寨上继续过节去了。聚在一起的岑吾寨人却不愿散去，他们激动地围在火堆跟前，开始讨论、畅想古楼建设诸般事宜。

正月间的岑吾寨，正是一年中最冷的时候，临近傍晚，聚拢的人群在2℃~3℃的气温下不时地搓手跺脚，晃动身体来取暖。可坐的位置并不多，穿着厚重棉衣的老人坐在仅有的一根断了多年的树干和几块石头上，这也是他们平时歇脚闲聊的"座位"。其余的人或是站在外围，或是蹲在火堆前烤热手脚。聚在一起的从青年到老人，都是男性，妇女们没有出门，而是在家里张罗饭菜。小孩子好像不怕冻似的，穿着父辈打工回来新买的棉衣，在到处捡着未燃放的鞭炮，然后三三两两地聚在一起紧张又兴奋地一根根地点燃。男人们手不离烟，一群人围在一起，或点着叶烟，或点着盒装香烟，口中呼出的哈气和烟气混作一团。

虽然当着村干应承了下来，但对于如何起古楼，大家一时间还是一头雾水。算来算去，在座的人的确有不少见过"文革"前尚未拆毁的老古楼，但那古楼是上了年头的"古董"，就凭如今寨上最老的百岁老人，也说不出老古楼是什么时候建起来的，更遑论知道是怎么起的了。年轻人凑热闹，中年人把责任推给老人，老人你看我我看你，也说不出个所以然来。可热情总是浇不灭的，有人对着吴世修说："你是新选出来的文书，你是负责人，你得开个头。"大家听闻也静了下来，几十双眼睛全都朝向这个新任村干。吴世修一听连连摆头，说道："我也啥都不知道啊。这个是全寨的事情，怎么搞还得听老人的，要我说，就你们老人好好合计一下，看看以前老人有没有讲过什么。我们还得多选几个负责人，搞这个是大事情，我一个也做不来，我以前从没做过这些（指村干），啥都不懂。还有大家也都提提意见，多说说，然后一起决定。"老人们默默抽着烟，还是没谁多说话，其他人便你一言我一语地说了起来。有的说可以去看看别的地方是怎么搞的，多做参考，听说水口的新寨村前年才搞了古楼，可以去问问。有的问这个古楼要修多少层啊？有的在跟旁边的人讲着以前古楼的样子和经历……若是站在远处听过来，就只能听到一片嘈杂声。

　　眼看着天色将暗，人们的讨论仍是没有什么核心，文书又被推到了前面，人们要他来安排一下。吴世修一直在问老人问题，也在和身边的中年人讨论，这次他多少有了点底子，于是简单地说道："讲别的都是没用的，我们得先把古楼的地基定下来，我们现在站的老地基，已经不够宽了，定个地方才能动工。我也听老人讲了，以前的古楼是十一层的，现在还得是十一层。要怎么出材料出工，还要细细讨论，要先去找到古楼师傅问问。还有负责人的事情，这个要大家推举，我说了也不算数。这会儿也晚了，先回去吃饭，明天再讨论，大家看怎么样？"众人听了，也觉得差不多如此，的确到了饭熟菜香的时候，于是便定下来明日一早九点，还是在这里开会，全寨老少，尽量都来。说罢便各回各家，渐渐散了。

初始：地基和横生的球场提议

到了第二日开会的时候，大家多少都有了点主意。头一晚散了吃过晚饭后，虽然没有全寨聚集，其实私下里还是有三五成群的小规模讨论。高窄房族吴启智几兄弟本就是寨上活动的热心肠，饭后就来到长兄吴启信的家里。吴启信已经 60 岁，算是寨上的老人，他又是最爱讲古的一个，以前的事情知道不少，而吴启智则是出了名的风水先生，一讲到起古楼他首先就想到了看日子定方位的事情，他们都觉得能在起古楼中说出些门道，所以提前聚在一起商量。另一边，吴世强、吴顺恒、吴建才等人也来到了吴世修的家中，他们都是中青年中的领头人，他们讲什么，青年人还是听的，虽然在如何修建古楼上他们也摸不着头脑，但要动员人来做这个事是实实在在摆在面前的，在他们的话题中，如何安排工作、怎么负责成了主要内容。

早晨的会也是在喧闹中开始的，不一会儿，选址就成了集中讨论的首要问题。地基定不下来，讲别的也没用。现在的岑吾寨，被几个鱼塘和几块窄小的坪子分隔成了两半，这几个鱼塘从一进寨一直延伸到了吴世强家的下坎、萨坛的一侧，再往上走就是谷间的水涌，就到了寨子的后面。这片鱼塘和空地也是寨子的防火线，一直不能建任何东西，老古楼的地基也是防火线的一部分。在没有划分防火线的时候，那个存在时间不长的寨上的公房，正建在老古楼的地基上。所以大家一开始都认为在老古楼的地基上重建最合适。然而这块空地在分田地到户的时候，是划分给了吴世修家里的。因为没什么大用途，当初建公房他家也没意见，但后来寨上有人建新房的时候占了一些，使本来就狭窄的地基坪子面积更小了，现在看来已然不适合建一个十一层的大古楼了。

既然是吴世修家的地，问题就又抛回给了这个新文书。大家都心知肚明，如果坚持要在老地基上重建，势必要拆房子，吴世修也不好把问题挑明了讲，不可能再让人家把房子拆了，于是他又开始询问老人的意见。老人们的意见也并未统一，仍有一部分人想在老古楼地基上建，他们说以前就是这里，就应该在这里，但他们也不爱得罪人，并没有说出大家都窝在心里的话，绝口不提拆房子的事情。倒是有一两个老人，如吴启信和吴泰昌，说以前这个老地基，当时寨子还没这么大，古楼也在寨子中间，现在寨子扩大了，坡上也有房子，要换地方可以，就得找靠中心的位置。这么讨论，仍有一个潜台词：因为是全寨的事情，地基也得是公共的才可以。放眼望去，只有这条防火线头上萨坛前面有一块地，因为在萨坛前面，个人是不能建房子的，怕压不住，不吉利，所以自有萨坛起，那块地一直是空着的。地也足够宽敞，且两边还有拓展的空间，位置又偏中心，若是换地基，那么这里最为合适。唯一美中不足的是上面插着一根电线杆，是当初为村子供电时立下的，要是建古楼，电线杆就得拆了。面对此般情况，众人又开始议论纷纷。吴世修赶紧给主任、支书打电话，两个人听说了又跑了过来，看了一遍，又听了寨上人的意见，觉得这个地方的确是唯一合适的选择，于是告知大家说他们过几日去政府打打报告，起古楼是大事情、好事情，让政府想办法找供电局的人来把线路改一下。这么一说，打消了众人的顾虑，大家一致通过将新古楼的地基暂定在了萨坛前的空地上。

一件事情落定，寨众的讨论也渐渐找到了节奏，紧接着就是选负责人。可没想到以吴顺吉为首的几个年轻人站了出来，说既然起古楼了，寨上没有别的活动场所，干脆再修一个球场吧。这提议一出，在场的人一下子炸开了锅。反倒是年轻人意见统一，坚持要修球场，尤其是那些爱打篮球的，声音分外高。人人心中都有杆秤，说搞古楼的时候，他们已经在心中计算，这下子要出多少钱、出多少材料，出工还不算在内。搞球场实在有点始料不及，一下子打乱了他们心中的计划。有的人听到就开始摇头，笑他们太唐突鲁莽，有的人就开始发难，为什么要搞球场？钱在哪里？更重要的是，场地在哪里？年轻人一副理直气壮的样子，丝毫不退缩，直面质问，一口气举出几条理由来：一是年轻人一直缺少活动场所，整日都是打牌赌钱，有了球场，可以锻炼身体，让村寨文明起来；二是有了球场，各村寨的年轻人之间可以互相走动，联络感情，避免冲突；三是针对老人和中年人的，他们虽然未必会打球，但家家户户都有小孩，有孙仔，搞球场是为这些小孩娱乐锻炼提供场所和机会，有益于他们成长。这三点看似无可辩驳，更何况年轻人积极性被这个计划调动了起来，一开始就喊着买球架、买照明灯，都由年轻人集资，不必算入集体平摊的费用。再说了，搞古楼出钱，还不是靠在外面打工的，而年轻人占了打工的大多数，他们出得起起古楼的钱，只要是他们愿意做的，再多出一点又何妨。这么一说，更增强了他们的说服力。

听青年人这么说着，渐渐有些人偏向同意他们的提议，尤其是那些以前也参加过村里篮球队的中年人，首先开始支持年轻人。但场地仍然是个麻烦事。现在唯一可能修球场的地方，依然是防火线，也就是顺着新古楼地基下来的地。但现在上面有几个鱼塘，就像世修分到了古楼老地基所在的地一样，这些鱼塘也是分属私人所有。鱼塘的持有者成了最坚定的反对者。眼看着一场讨论向争吵的方向发展，任谁也没办法把大家的意见统一起来。怎么办？还得先看看老人们有什么想法。一开始老人是站在鱼塘持有者一边的，他们觉得球场不同于古楼，古楼自古就有，意义重大，且是集体的事情，修好了人人都能进去坐，但球场搞好了很多人也用不到，看似没什么用处，侵害了私人的利益不说，还徒增花销。但听了年轻人有理有据的一番言论后，有的老人也赞同他们的说法，况且他们也没收入，孙仔都在这里，爱打篮球又是他们自己出钱，好像也能接受。关键还是要看几个鱼塘持有者怎么决定。吴泰金是鱼塘持有者之一，他的侄子就是最先提出修球场的吴顺吉,他本来在寨上就没有那么计较,年青时也在外打工了不少年头,看着侄子这么热心,他最先提出,自己的鱼塘可以填掉。他的这一举动影响了不少人,大家一看有鱼塘的持有者都自愿把鱼塘捐出来了,不少人都受到了触动,开始转向站在年轻人的一边。那些早早已经支持年轻人的中年人干脆讲,既然都修个古楼了,不在乎再搞个球场,这样寨子的建设一步到位,不用哪年又大兴土木一次,而且如果能搞好,也能为寨子增添不少面子,水口镇那么多村,还没哪个说一个寨子就有个球场的,我们有了,一下就把他们比下去了。

眼看着鱼塘持有者说不通,有人就提出来了,那就投票,大家表决,看怎么样。经过刚才一遍遍地对球场的重要性的讲解,大家心中的天平早就倒向了建球场的一边。没什么悬念,大多数人支持古楼、球场一起搞。几个鱼塘持有者一下子成了吃黄连的哑巴,既然众意已决,这会儿他们再说什么也没用了,几个人甩下几句"无论你们怎么决定,我就是不同意"之类的话,不愿再参与讨论,气鼓鼓地回家去了。

这里需要说明的是,鱼塘归家户所有,所以那些"鱼塘持有者",只是一个家户的代表。在讨论中,一家两代或三代人都会参与进来,而反对声音真正激烈的,是那些家户中的一家之主。这个一家之主的角色,一般而言,都是家中的中年人,家中的老人虽然受到赡养也因为辈分高而有着象征性的权威,但他们的权威通常是礼俗上的,因为没有经济收入,家中经济事务的决断往往已经交付给成熟的中年儿子们负责,而家中的幼辈,即中年人的孩子们,哪怕到了二十多岁的年纪,已经成家生仔,但只要没有分家,对于家中事务的影响,仍然仅限于出谋划策,尚未到能够管理和主持的地步。因而一个家户中诸般事务的实际操控力,还是掌握在那些中年人的手里。中年人成了家户的核心,上侍老人、下管子女,还要肩负起供给全家生活所需的重任。

233

在关于鱼塘和球场的争执中，由于决断权在中年人手中，而他们要以全家生存发展作为考虑的基本出发点，因而对于这种以集体之名侵犯其家户经济利益的讨论，抱持反对的态度也就可以理解了。就像他们中一些人考虑的："这个鱼塘虽然不大，一年也就上百斤的鱼，现在一斤鱼十几块钱，算算也不是笔小钱。""现在说是防火线，不给建房子才改成鱼塘的，以后说不准什么时候又可以建了呢，现在家里人多了，以后如果要建房子，又没有其他地方做地基，村里都建满了，就剩下这点鱼塘的地基，现在要占去了，以后怎么办。"

虽然这些有鱼塘的家户中的中年人都愤然离场了，可讨论还得继续。这些家里的老人和年轻人都在场。他们表现出了极不相同的态度。对这种事情，老人们几乎是沉默的，在他们看来，虽然占到了家里的鱼塘，但他们本来就不是家里经济收入的提供者，且年事已高，实际上这些田地鱼塘的事情，对他们并没有太大的影响。他们只是在心理上仍有少许的别扭，觉得寸土寸金，但在态度上则不会表达出来。况且既然已经是大家都决定好的事情，考虑到以后村寨的发展，也算造福子孙，故没有多说什么。那些青年呢，本来就是下定决心了要搞球场的，对于常年在外打工的他们来说，操持养鱼，是家中父母长辈的事情，况且一个鱼塘的产出不及他们一个月的工资，鱼塘几乎和他们是"绝缘"的，没有什么实际的意义。但球场不同，回来了可以打篮球，可以和其他村寨的青年彼此走动，这才是有意义的事情。所以即便是家里有鱼塘，他们也是和其他青年一条心，觉得自愿捐献未尝不可。

面对这一大变化，吴世修也有些无措。虽然说决定了要建球场，但他心里明白，要想说通那几个家里有鱼塘的中年人，绝非易事，之后还指不定有多少争执。当务之急，就是赶紧把负责人定下来，把"集体的事情"落实成"集体来做的事情"，好大家一同来处理这个棘手的问题。

第一步：双重标准选出的负责人

选举负责人一事，倒是没有太多的争执和异议。虽然起古楼搞球场算是岑吾寨百年一遇的大活动，但以往也不乏以全寨为单位开展的集体工程，暂不论集体化时代多次农业上的集体动员，只是政策开放之后，岑吾寨就修了通村公路、重建了萨坛、搬迁平整出了寨中的防火线，这些都是全寨一同完成的。所以在选人上，也有一些"惯例"可循。

吴世修成了"村建古楼协助"，这一名义上的村委代表，不仅表明寨子活动中有村委（政府）的人在场和监督，也意味着他要身兼对内对外的双重责任。对内，他是寨中一员，因为有了村干身份，他就要更加卖力地负责起古楼方方面面的事情；对外，作为村干，寨上修古楼遇到什么问题、需要什么支持，都要他来向政府反映并争取支持。

全员如何划分和组织也是要定下来的，岑吾寨人没有依他们习俗活动中按照房族为单位的划分，而是依照村民小组来安排全寨人，进而又选出了四个负责人（就是四个村民小组的轮值组长）。国家在基层推行村民自治，村民分组并设组长管理由来已久，在集体化时代，组长的管理职责很大，但在政策开放后则逐渐衰弱，现在的组长并没有什么实权，按照当地人的说法："以前的组长啥都管，组织生产、记工、生活起居都要管，现在的组长没什么用处了，还是个麻烦活，一个月就 10 块钱，政府一说要收东西、登记什么的，组长还得跑腿。"尽管如此，村委之下的村组模式，还是为集体活动提供了一种组织化的形式，以组长负责其组员来具体执行相应安排也成了村寨组织动员的主要方法。现在组长一年一换，在每个组里面抓阄选出，每年轮换的时间刚好是春节之后的正月间，借着这个机会，就刚好将新一任的组长也选了出来。因为是抓阄选出的且年年如此，所以大家也没有什么怨言。

寨中大量的年轻人也要动员组织起来，所以青年里的几个领头人又自然当选了，他们分别是吴顺雄、吴世强、吴昌远。

继而，大家开始从中年人中推举负责人，吴启智当选是因为他是有名的先生，懂得看风水、看日子，而他对寨中事务极为热心，争着讲自己从以前的老人那里和书本里了解到一些和修建古楼有关的事情。作为一个特殊知识的持有者，大家对此也没二话。吴泰金当选和他的积极、敢说话、做事有经验有关，以前村里有什么事情，他也是个不大不小的负责人和积极分子，此次他又首先捐出了自家的鱼塘，也算是获得了大家的青睐和认可，且作为负责人，由他去动员其他鱼塘持有者捐出鱼塘来也更有说服力。因为涉及出钱出工，会计、出纳和记工不可或缺且任务艰巨，需要那些有文化、做事认真又不会贪图小利的人。吴泰昌、吴恩硕、吴泰盛分别成了相应职位的不二人选。吴泰昌已经六十多岁，是唯一一个作为负责人的老人，他在南江小学当了三十多年的老师，才退休下来，有稳定的退休金，家里几个儿子也都在外做生意，家境好、家庭和睦，且几个儿子是寨上为数不多的不爱喝酒不爱赌牌的人，选他来管钱，大家还是放心的。吴恩硕虽然没有吴老师那样的背景，但他在寨上行事低调却分外认真，把家里的活路打理得好不说，而且样样精通，木匠活、看风水、做仪式、唱侗歌，可以说是个侗人自己文化的"专家"。寨上人都很佩服他，认为他为人沉稳、事情也做得好。相比吴恩硕，吴泰盛以前有着很好的家庭，他的父亲一直做到县里政协的官员，以前在水口、龙额政府都当过一把手，但他并没有炫耀这些，在寨里也是个埋头做事不爱乱说话的人，自己也热衷于学习各方面的新知识，在集体化时代，就一直是公社的记工员，大家就坚持继续让他来记工，信得过他。

当他们确定了负责人后，还专门叫人买来了大红纸，将所有人的名字、职位、联系电话都写上，张贴了出来（见表4-1）。

表 4-1　修建古楼球场组织人员

姓名	职位	姓名	职位
吴泰昌	财务主管（会计）	吴启信	组织人员、8 组组长
吴恩硕	财务主管（出纳）	吴世强	组织人员
吴泰盛	记工	吴世修	村建古楼协助
吴顺恒	总指挥	吴永学	组织人员、5 组组长
吴启智	组织人员	吴光祖	组织人员、6 组组长
吴顺雄	组织人员	吴廷如	组织人员、7 组组长
吴泰金	组织人员	吴昌远	组织人员

　　吴顺恒被推选出来作为总指挥，在寨上人看来，有多方面的考虑。吴顺恒现在已经是两个孩子的父亲，大女儿如今已经上了中学。按照年龄来看，他也算是寨上的中年人了。对寨中活动积极是他首先受到大家认可的条件，虽然颇为好赌，但寨中事务他从未落下。而且其为人十分热心，老人们对之颇为认可，平日里上山做活路，他总是在完成了自己的工作后，跑去帮那些还未做完的，无论老少一视同仁，收获了不少好评。虽然已经有了吴世修作为负责人，但寨上人还是认为这是岑吾寨自己的事情，不是说村干就能全权管理了，必须有寨上的人自己管起来，这就亟须一个没有村里或政府职务的人代表本寨的人负责起古楼事宜。吴顺恒获得了老人的认可之外，还兼通了三个群体——青年、中年人和社会上的人。青年人群体现在有吴世强等作为腊汉头来管理，但吴顺恒是吴世强之前的腊汉头，只是现在步入中年，已经"退休"了。实际上，现在吴世强这代青年所表现出的团结，是在吴顺恒时打下坚实基础的，所以吴顺恒在青年中仍是很有威信的。在中年人那里，他作为刚刚步入中年的一员，已经有了区别于青年的"话事权"，且他敢讲敢做，面对集体活动中中年人参与比例增加的现状（青年外出打工了），他作为充满活力且与青年没有太大隔阂的中年人担负起总指挥的职责，能将两批人都动员起来。社会上的人，是当地侗人

常用来指代那些各村各寨不务正业之人的概称。这类人一般不从正规的渠道获取收入，好赌好斗，拉帮结派，在本地方形成势力，同时也在外出打工地有自己的网络，可以把他们理解为"混社会的"。即便如此，他们却也有自己的人脉和手段，甚至对于村寨交往、内部关系以及政府治理都有极大的影响力。在非常情况下，这些人的作用往往被凸显出来。吴顺恒大概就处于村民和社会上的人的交集之中。一方面，他安守着家里的活路，同时也在外打工；另一方面，因为好赌，他和这些社会上的人交往密切且因为自身的魄力而受到他们信任，结交了一批这样的朋友。所以不论是在本寨本村，还是在村寨联合内部的那些"社会上的人"之中他都吃得开，古楼修建，未必不会触动或受到这类人的影响，吴顺恒的这层身份恰是在其中调解的重要资本。

阶段性讨论一

起古楼一事，从一开始就如同展演场一样，将一个侗寨所受到的相互交织的各种力量的影响呈现了出来。古楼在侗人生活的中意义，不用赘言，但可以看到，其在村落建设和政府文化产业发展的背景下，也被赋予了更多的意义，甚至成为岑吾寨人重建古楼的主要动因。不仅如此，在负责人的选任上，也体现出侗寨集体活动中双重的力量，小组长的沿袭是国家基层治理的体现，而其余人选的确定则是岑吾侗人在其自身文化框架中实践的结果。

集体性的生活方式，仍然是本地社会组织和运作的主导，朴素民主式的讨论，是他们决定一切事务的基本方式，其中又有着各种形式的划分，房族的区别尽管暂时尚未凸显出来，但从执事人的名单上来看，每个房族都有人出任负责人，且从比例上看，负责人所属房族的比例和各房族力量在寨中所占比例几乎是一致的。这并不一定是偶然的，而是一种隐而不发的、有"默契"的选择结果，在村寨的任何活动中，房族力量的不均衡都会从活动负责人所占比例的不均衡中体现出来。然而从选择过程中寨众的考虑可以看出，在当下的情境中，个人能力成为大家考量的重要标准，但是在之后的发展中，个人向小集体——房族——的转化依然有发生的可能性。负责人力量的发挥，有着多重关系的依赖，国家的、亲属的、年龄群体的，这种种关系是实现个人向各类小集体转换的凭依。

经济生活的变化带来的改变也反映在集体活动中。它一方面改变了侗寨人群的物质生活，更重要的是，它引起侗寨人实践观念和人群关系格局的改变。老人们象征性的权威延续在文化层面，面对未知事物和大事决策，人们还是承袭着文化惯性求教于老人，可老人们却在实践中集体地沉默；相反，那些提供绝大部分收入的青年获得了更多的话语权，甚至影响到事情发展的走向，但是年轻人又因为打工而难以留在寨中，在活动的执行中，中年人成为事实上的中坚力量。但中年人和老人一样，留在寨中，少有收入，却既要照顾家庭，又要频繁地参与到村寨集体议事和活动执行之中，作为承上启下的人群，在文化和实践两个层面，他们在老人和青年中摇摆，既要调和又要选择，往往被夹在矛盾之中，反而成了内部分歧最大的一群人。

第二步：确定古楼形制和古楼师傅

负责人员已定，吴世修却没有如释重负的感觉，因为这意味着真正繁复的工作才正式开始，每一样几乎都是从零开始，过往的经验也已经全部用尽了，无例可循，且他们还得面对几个"钉子户"——那些鱼塘持有者。事情有紧松，当务之急是要定下来怎么建古楼，建个什么样的古楼，需要多少材料，因为之后工作的安排，都要以此为圭臬。关于这些，寨上谁说了都不算，因为他们没一个见过古楼是怎么起的，建房子的木匠倒是有几个，但和建古楼完全不沾边。找一个古楼是师傅是最实际的。古楼师傅，远近都有不少，最近的就在己信村，他们 2006 年才起了新古楼，用的就是

239

本村的古楼师傅。但岑吾寨人认为，要多做参考，每个师傅手艺都不同，有好有坏，他们认为虽然己信也是以吴姓为主的古楼，但那个古楼的样式并不看好，还是要到外面走一走、看一看。于是负责人们组成了一个"古楼参观团"，开始挨个走访水口境内以及周边新起古楼的吴姓村寨。

他们接连几天外出参观，走到一处就拍下照片，回来了再给大家传看，征求意见，当然老人的意见仍然是首选。最终他们看中了水口镇新寨的新古楼，新寨的新古楼只有三层，是 2010 年建起来的，师傅来自肇兴，那里是古楼大乡，肇兴村的五座古楼由于旅游宣传，已经是世界知名，而其乡内也出了不少修建古楼的人才，古楼修建工艺在肇兴一带作为传统民间工艺得以一直传承。三层古楼虽小，但做工细腻，构造精巧，获得岑吾寨人的一致认可。打听之下，古楼师傅陆安帮修古楼也小有名气，奔波于黔东南和湖南、广西的侗族地区，每年承接不少修建古楼、花桥的工程。既然认定了，负责人们便和古楼师傅签订了一份合约，写明了古楼修建要支付给师傅的费用、招待的内容以及双方出工的限度。对此，几个负责人也是首先征求了寨众的意见，寨众一致讲："既然选你们做负责人了，我们就相信你们，你们决定就可以了，我们照着办就行。"后来的种种冲突说明寨众的这种口头认可，其实并没有真正地被他们践行，中途的猜疑和不满横生让负责人们应接不暇，叫苦不迭。不过这个都是后话了，即便是负责人们，也没有意识到后来隐藏的种种冲突，至少是在这一刻，他们的确是在按照寨众赋予的权力行动着。

在签订合约的同时，通过负责人交涉，古楼师傅根据岑吾寨人要求的楼层和样式，也给出了一个木材及其他材料需求的大概预算。通过这个预算，负责人们回到寨中详细地商讨出了对应的杉木的数量，继而就是如何分配操作的问题了。

与此同时，吴启智作为自称"熟悉一点和古楼有关的风水"

的风水师傅，参与了一次全寨老人开的会。这个会主要是根据侗人的择日观念，将古楼修建的每个重要环节的日子都定下来。吴启智一直自豪于自己在古楼修建中的参与程度之深和重要性之大。这次参会就是一个例证。当他强调他在起古楼中扮演的角色时，特别对我讲了开会的事情，他说："寨子上有什么大事，日子都是老人说了算，有些要看日子的节庆或是田里的活路，也是由老人决定。那些都是平日在一起坐着说说，起古楼这么大的事，老人们就专门开了个会。在一户的房子里，寨上其他人都不给进来，他们也没权进来，不懂，讲了也是白讲。寨子上有六个师傅，都会看日子，除了我还有三个也是中年人，这头次的会，他们都没得参与，老人们专门让我参加，寨中中年人就我一个参加了。主要是把日子定下来，一直到什么时候竖古楼都要定下。这个是大事，万一看不好，看错了，出了什么意外的事情就不好了。"

在他们的集体商议下，定下了一条清晰的时间线：农历三月三日上山砍树、闰四月四日搬木下山、五月十九日请古楼师傅、六月十六日竖古楼。而岑吾寨人就依照这条时间线，开始了紧凑的讨论、分工和劳作。

第二节　建造过程：实践在个体与集体之间

第三步：地基争夺战

在岑吾寨人回忆鱼塘填埋一事的叙述中，有许多个版本，甚至可以说，每个人的说法都可以算作一个版本。但是综合来看，可以根据人们叙述的取舍和表达侧重点的不同，以及其中暗含的倾向性，将叙述分作三类。其一，那些负责人们一再强调的，是受到的猜疑和阻拦以及他们的奋斗与犹豫，整个过程好似一场留下了太多后患的攻坚战，其中没有太多胜利的喜悦，而是为失望、疲惫和忧虑取代了。其二，以年轻人为主的一群人，昂扬着他们的乐观情绪，认为他们代表着一种进步与活力，填埋一事势如破竹，仿佛那些鱼塘就像这个寨子里被他们称作"落后""守旧"的观念一样也一同被填埋掉了，谁也无法反抗，只能顺应时势。其三，大多数人，那些随波逐流的、利益无涉的人，只能不置可否地说："那个（填鱼塘）也没办法，既然是集体决定的事情，就只能这么做。"即便也有人背后中伤，心怀不满，但只是私底下酒醉后说说，一旦到了集体的场合，到了事情冲突高潮之时，又将集体搬出来，当作挡箭牌和最后的庇护所。

　　人们活在规则中、活在传统中、活在关系中，也活在当下、活在对未来的计划中、活在过去。格尔兹承袭韦伯将这一切称为"意义之网"，人们的言语和实践，无不在网之内。古楼正此时，古楼已成故事。起古楼一事，对于岑吾寨人来说，亦是如此。人们在起古楼中的活动，既遵循着其蕴含的规则与传统，又受制于各种关系，而古楼的意义，既在当下发生效力，也随着步步推进，在过去和未来两个方向上，对人们的行为产生着不可忽略的影响。我们可以将"起古楼"看作双重叠合的事实来对待，一方面，它发生于岑吾寨人的实践活动中，人们基于此商讨、争论、行动；另一方面，它作为一种实践的反馈（反馈性的隐喻），在人们的议论、回忆中得到了再生产，建构和重塑着人们实践的结果，进而影响着人们新一轮的实践。所以起古楼工程，在岑吾寨人的生活中，并不是随着日程单线条地推进，而是一种循环往复的交响式的叠加和重现。我对于起古楼过程的叙述，来自观察和听闻，也是这种叠加和重现的体现，当它以一种复调的形态呈现出来的时候，已经与按部就班的"过程式"的描述相去甚远，但这或许才抵达了我们称为"意义之网"的岑吾寨人"因集体而活"的真意。

　　2013年6月的一个稀松平常的夜晚，文书吴世修讲家中有一些陈年的米酒，就邀我到家里吃晚饭。酒至酣时，突然下起了暴

图 4 - 1 填平鱼塘后的坪地和古楼地基

雨,不一会儿电也停了。外面的寨子在电闪雷鸣间乍现又灭,房间里漆黑一片,我们借着一盏急忙寻来的应急灯找回了被打扰的酒兴,继续聊天。文书虽然不是个寡言的人,讲起话来却分外慎重。每次和他交谈,总是能讲很多,但他只会将话题指涉自己,极少对其他人有什么议论,他讲自己的身世和打工经历,时不时地抱怨一下命运不济和社会险恶,便不再多言。虽说有受学校教育水平上的考虑,但他这种内敛沉稳的性格,才是获得寨中人认可的更为关键的因素,不到四十岁,他就被大家推选为村干和起古楼的实际负责人。我过去多次想从他这里打听一些关于古楼工程中内在的不合与矛盾,以为这些能更好地揭示寨中的人际关系,他却淡然地告诉我,"小孙,寨子里面复杂得很,你来的时间短,还不清楚,我也不希望你搞清楚",从而打断了我想继续发展下去的话头。这天晚上黑压压的环境和邪风怒雨,感觉上营造出了一种揭秘的气氛,我看着酒劲已发,文书的话匣子也打开了,正滔滔不绝地讲着自己的人生遭遇，于是又将鱼塘填埋的事情作为话题插问起来。虽然他之前也多多少少跟我讲了一些相关的事情，但总是片断性的，难以构成一个完整的故事，这次我以为他能多讲一点，没想到滔滔不绝的文书一下收住了，喝了一口碗中的酒，慢慢地道出来："鱼塘，真的是头疼的事情啊。以前从没敢动过，想都没敢想，不知道这次是哪来的劲头。"我干脆将话挑明了，直指过程中的矛盾和调解。我知道，文书一直是填埋鱼塘的主要负责人和调解者。可他却避重就轻地讲道："现在看起来搞好了，不知道得罪了多少人，说不定以后什么时候他们就借机会报复我，但是不管了，为了搞好这个事情，只能这么硬着头皮干了，也管不了他们说什么做什么。只要是为集体做的事情，我也没有亏心的地方，就行了。"这个晚上，关于鱼塘的故事，就这么结束了。

再回到古楼工程的时间线上。人们似乎对于鱼塘填埋的事情都不愿多谈，虽然有着侧重不同的许多版本，但都是只言片语，只说想说的。在岑吾寨人的日常生活中，好议论的人不在少数，反倒是像文书这样寡言是非的人显得很特殊。好议论可以看作当地人的一种文化秉性。然而这一文化秉性在实践中也有着基于情境的多样性。公共空间里的公众议论（开会讨论除外），往往是指向寨外的，是非判断性的；私下的议论则更多涉及对于个人或事件的好恶评价，而所谓的私下，常发生在家庭、房族和熟人（或好恶态度相投的人）之间。但二者又非泾渭分明，有时公众的议论会影响到私下的议论，同样，私下的议论一旦随着传播形成洪流，也难免成为公众的议题。不过，岑吾寨每个人都希望自己清白如玉，不愿因为议论而将自己牵扯进不必要的纷争中，甚至受到他人公开或私下的敌视，所以一般不会将对他人的评价或对纷争的意见过多地向不熟络的人表达出来。对于鱼塘填埋的问题，总是只言片语不直涉内容，也可能是因为他们当我是外人，所以总是有所顾忌，但更多的是其基于文化秉性之下的实践考虑使然。

填埋鱼塘一事,所有负责人一同组成一个团队来挨个做说服工作。虽然说球场修建要到古楼竖起之后了,但填埋工作还是放在了整个工程的开始。因为这样可以整理出一大块坪子,好为古楼师傅进驻后堆放大量的木材和施工提供场地,而整理古楼地基时,还要从背后的甬里通出一条地下的水道来,也需要在这个阶段完成。同时,也有对人的因素的考虑,就像负责人们所说:"办这个事情,本来就阻力大,就是要趁现在大家都在家里,趁热打铁,赶紧说服他们把鱼塘捐了,不然等寨上人尤其是那些年轻人都出去打工了,拖久了,事情就不好办了。"因为吴泰金最早答应了捐鱼塘,所以负责人们就请来了一辆钩机(挖掘机)来填埋(挖沙子)。挖掘机一来,说服其他几家变得更为刻不容缓,文书就说:"那会儿钩机就停在那里,如果事情拖着办不了,一天就浪费好多钱,根本等不了。"于是他们就开始一户户地"硬闯"。

对此,即便是负责人内部,也有不同版本的讲述。其实这个事情,对于文书来说,压力还是最大的。总共六个鱼塘,除了吴泰金的之外,剩下的五个中,四个是寨上亲戚家的,一个是房族里的,负责人里唯有他和所有的鱼塘持有者都有或血缘或姻亲的关系。倒是每次问及鱼塘填埋的事,他总是在强调这一点。最先选择的就是文书的亲姐夫吴泰安,第一个选择他一方面是因为他曾在南江当过多年的村干,去年才和老支书吴昌德一同退下来,是老村干、老党员,在负责人的判断里,他应该是"觉悟比较高""愿意为村里为寨里做贡献的";另一方面是认为他家的鱼塘只要填掉一半即可,对于捐献填埋一事,其接受度可能要比那些全都被填的要大一点。当然,大家也知道吴泰安顽固和刚烈的一面,但这不是指不好的意思,而是说他对于村寨中的文化礼俗有自己的坚持,不论老幼,但凡见到不合礼俗的言行,总是不顾左右当面指责。文书找到他的时候,还心怀忐忑,吴泰安早已明了情况,无须文书再赘言。他只问文书，这一大半的鱼塘填了，剩下的部分还要用水泥围边固定，水泥能否塞上来出，也算是对损失的一点补偿。文书很犹豫，但还是跟他说了自己的想法："不是出不起这个水泥，而是不能开这个口子，要搞就要搞平均。如果给你补了这个水泥，其他几家知道了，肯定不愿意，也会要求补偿，这样寨子的花销就大了。大家的负担就重了。"常年和政府打交道，吴泰安也知道这种管理的困难和如何顺应大势，他虽然心里有点不满，但还是答应了下来。接下来，几个负责人也如法炮制，继续动员说服，阻力有大有小，文书回忆到："那时候做工作难啊，有的人一脸的不高兴，我们就不停地说好话，说道理，只要见到他（们）点头了，立马钩机（挖掘机）就开过来了，生怕下一刻又反悔了，填了之后再反悔也就没用了。"对于赔偿的事情，吴顺恒也有自己的看法，他告诉我："我想的是现在不能赔，也不能告诉他们有这回事。等到事情（起古楼）办完了，到年了，就包几个红包给他们，就当是赔偿了，包红包的钱就由打工的人来出。"但这终究是他的一家之言，也只是口头上的计划，最终没有执行，这是后话了。

吴永学是负责人里的青年代表之一，他的父亲就是村里的老支书吴昌德。虽然年纪才34岁，但因为辈分在寨中很高，所以他平时都较少参与青年的活动。出于经济上的考虑，他常常对于捐款之类的事没有那么积极，但是也因为辈分和家庭的原因，只要是村里委派的工作，他都会认真勤恳地去完成。对于填鱼塘一事，由于是参与者，他了解个中艰难，但他也是青年和常年在外的务工者，多重身份使他抱持着一种杂糅了青年的乐观强势情绪和沉默的大多数的随众心态去看待这事，他讲："那时候我们去填鱼塘，没什么阻拦的，有的还没商量就直接上钩机，先填平了再说，他们（鱼塘持有者）也不能说什么。要是真的吵起来，那就是和集体对着干，他们（鱼塘持有者）也不好过，本来就是集体决定好了的事情嘛。"也就是在集体做后盾、软硬兼施之下，这个"以前想都不敢想"的事情，就这么办成了，几日之内，原来被鱼塘分割得只剩狭窄步道的寨中防火线，转眼成了一整块虽凹凸不平却空旷的大坪子。

第四步：木料捐献和砍伐

在处理鱼塘填埋一事的同时，负责人也在组织全寨一同讨论木料的捐献问题。

首先是确定四个大柱子怎么出。现在虽然家家户户都有山林，但这都是包产到户之后的结果，大部分的树也是那之后才种上的。据老人们回忆，以前南江一带的山上杉树本来就种得不多，尤其是在农业学大寨和大炼钢铁时期，要么就把山上的地能改田的改田、能种杂粮的种上了杂粮，要么就是把有限的杉树都砍去了做燃料用，老树所剩无几。大柱子需要的粗壮杉木，至少要有50年的树龄，这要在南江一带寻找实在是难事。找来找去只找到了三家人有。捐献出大树来做古楼的大柱，是一件在社会层面光耀的事情，也是一件在信仰层面能为家户带来吉利的事情，起古楼本就是他们坚称的"千年好事"，捐献大柱更是好上加好，更多人将之视为可遇不可求的机会。所以有柱子的人不但没有异议，反而果断地捐了出来。还差一根怎么办呢？这种大柱子十分难得，没有了只能买，一根柱子少则一两万，多则三五万，对于寨中任何一家来说都是大开支，甚至超出了他们能够负担的额度。寨中乃至七佰南江最富庶的一家——吴泰昌老师家当仁不让占得了这个"良机"，其家中长子吴顺智买下了一根大柱，捐献了出来。解决了木料上最困难的部分，其余的相对容易多了，所需的只是一般的杉木，除了这两年刚刚起了新房的几家外，基本家家都有成片的山林。

一般木料的捐献，基本原则还是根据古楼师傅提供的用料预算来出。寨众初步估计只要每户都出木头就够用了，但怎么捐献是个问题。有人提议说只要每户都出，那自愿就行了。这一提法立即引来了大家的一致反对。反对主要基于两方面的考虑，首先是如果粗细不均，会给古楼师傅的加工造成困难；其次是各家户捐献的数量不等，也会造成不公平，有可能引发其他人的不满。反对的人虽然口上这么说，其实还有隐而不宣的另一层意思，只是大家心里都明白，也没必要破坏和睦的气氛做过于明白的指涉。这深层的意思就是，根据以往的经验和寨众对彼此的了解，如果自愿的话，一定会有人积极有人不积极，有人实在有人偷奸耍滑，有人捐的多捐的粗，有人捐的细捐的少，甚至有人越是家里有钱越是扣得紧，这些事情都屡见不鲜了。为了防患于未然，干脆就平均分摊，分配任务，一户一根，周长不得少于25厘米，到时上山砍树时负责人们一根根地量过去，合格了再砍。即便是这样，还是有人在私下里表示了不满，只是这决议已经在讨论的基础上定下来了。至于为何会有人不满，是因为这种平均只是一种基于家户的形式上的平均，但在实际生活中，有的家户两三个兄弟都成年了，孩子也上学了，但仍未分家，算作一户，只用出一根；有的几兄弟早早地分了家，成了独立的几户人，兄弟几个每人都要出一根，这才有了不满的声音。其后捐款的时候，也是以家户为单位进行的，这种不满依然反复出现在私下的讨论中，但在公共空间或集体讨论中他们绝不敢说出来，吴昌德对这些人的这种态度做了注："遇到这种事，肯定是按一户一户来的。别人家和睦，兄弟感情好才不分的，谁让你们要分家的，分了家就要承担责任。"

定下了捐树的任务，接下来就是砍树和抬木头了。前者还是由各家户自己来负责，要捐的树自己砍下来。但抬木头下山是个重体力活，各自抬各自的不但辛苦且效率太低，以群组的形式则更为轻松、高效。这在岑吾人生活经验中实在是不陌生，他们这一生中不知道要经历几回抬木头下山，房族兄弟、亲戚，只要是要起房子时，他们都要去帮忙抬木头，但那个人群是根据起房者的亲属关系来组织的，而这次是全寨的事情，显然不同。他们一开始的思路是按照四个村民小组划分，这是以寨为单位之下的常见划分法，但是又有不少人指出这样划分也有不妥之处，一来不好组织，这抬木头不是一天抬完的，要时不时地把人凑齐一下，但是按照村民小组的划分，同一组的人在寨里可能一个住东一个住西，联系起来就麻烦；二来这样也不平均，因为现在每个组的户数都不同，有多有少，但抬的木头是平分的，这样有的组的人就干得多，有的组的人就干得少，这也不公平。综上，大家就商量出了一个办法，还是分成四个组，按照居住的空间来划分，相邻的十几户就分成一个组，四个组的负责人，还是村民小组的组长，先以家里有成年男性的家户分，那些男人没回家家中只有女性的家户再配进去。没回家的就出钱，在家的就出力，平日里也是，组长召集人去抬木头了，去的就出力，没去的则要出钱。

有关"钱"的争执与负责人遭到的猜疑

关于出钱，可将其分作三块，一是统一出的，算是分派的任务，首批每户出 900 元。二是关于记工务工的补偿，除了那些集体干的活路外，一些和古楼相关的但并不用全体一起干的活，会找人或自愿来做，按照 1 人 1 小时 10 元来算，记下个人整个起古楼过程中全部的工时，到时一起结算。三是对那些应该出工却没有出工的人（偷懒或者去了广东）该如何罚款的问题，或是如上述的按天次来罚款，或是按照记工的标准，或是最终大家商量一个整体的数额，要视实际情况而定。

虽说制定出的方案面面俱到，寨众在出钱上也并不推诿，管理财务的吴泰昌就说："出的钱，寨上大部分人都负担得起，没有哪个说不交的，即便是那些家里困难一点的，也只是说缓一缓，或者借钱来交，或者出去找到钱了再交上。"但是在实际生活中，出钱的问题还是引发了不少或明或暗的矛盾。就像吴永学所言："寨子里三天两头吵架，还不就是因为一个'钱'字。"并不能说这只是吴永学的一己之见，每一次的矛盾或多或少都和钱有关。

因为一个"钱"字而引发的问题，散布在日常生活的方方面面。在出钱上，一种集体的平均主义心态仍在作祟。吴昌德就指出："寨上的人还议论，是因为还会遇到一些特殊情况，比如有的人，像卜云见（吴世修）的大哥，全家都迁去海南了，户口也迁过去了，但是该出钱的时候，还是照交不误，这毕竟是他们的根，他们也为子孙留一条后路。但另外个别的，比如寨上有四兄弟，都是烂仔，混社会的，人在黎平，但是户口、山、田都还在本村本寨，他们就没有交钱，到时候这些古楼也没有他们的股份。这些倒还好，大家只是说说，因为人都不在寨里生活了。问题的关键是，寨上的人，尤其是那些已经出了钱的人，就老盯着别人，特别是那些常年在外打工的人，生怕他们不出钱，自己就吃亏了。"

不光如此，人们也将这种猜度指向了古楼的负责人。为此，几个负责人都是有苦难言，各个都伤透了心，愤恨不已。先是这些负责人们从商定起古楼后，不停地外出看古楼、联系古楼师傅、采购东西等，这些外出的交通与误工的费用，寨上一概不报销，即不从全寨的款项里支出，都由负责人自己垫付。一说起这些事来，寨上人的态度却是"谁让他们是负责人，帮寨上做事是应该的"。我9月初回了一趟广州，再回来时，一直没见到吴顺恒，就询问他的父亲吴泰平，吴泰平叹气道："我早就说不要让他当这个（古楼）的负责人，干了的话肯定要遭人说闲话。结果你看嘛，果然是。而且出差也没报销，都是自己掏腰包，干这个（负责人）没时间出去找活路，哪有那么多钱。你大哥（指吴顺恒，吴泰平老伯总是把我当他家儿子的兄弟，他称呼时也是亲切地将他的两个儿子分别指称为我的'大哥'和'二哥'，我有时候还会反应不过来）想争取一点报销，就在坪子上跟大家说了，结果遭人家说'你是在外打工的，出差坐车你不开钱谁开钱'。你大哥受不住这样的闲话，一气之下就跑走了，可能在黎平，我也不清楚。"

图4-2　寨上人时刻查看的财务公开栏

　　不报销也就算了，寨里还经常传出风言风语，说这些负责人贪了寨上集体的钱。对于负责人来说，有两次记忆尤深。一次是他们去和肇兴堂安的古楼师傅签合同，签妥了回来，也算是古楼工程中一个大的推进，负责人们想着这阵忙着看古楼找师傅也辛苦，干脆就聚在一起吃一顿饭，也算庆祝也好商量接下来的安排。他们决定打平伙，一个人出30元，在吴世修家里聚餐。寨上的人看在眼里，却不明就里，心里想的是当初刚说要起古楼时，村干答应了要去政府拉赞助款，是不是拉到钱了，负责人们就用这钱在吃饭。更有甚者，还有模有样地讲听说是拉到了几万块，几个负责人在一起偷偷商量怎么私下里分了这个钱。虽然后来证实了这些猜测不过是空穴来风，但整个起古楼期间，一旦负责人家里有什么变化，比如买了猪、买了摩托、要起房子之类，总是会流行一阵“上面（政府）又拨钱而他们贪去了”之类的闲话。

　　另一次是在第一笔每户900元出了之后，因为要付给古楼师傅定金、支付填埋鱼塘的工程款，花去了不少钱，而新的需要又出现了，所以负责人就召集每户要大家再出一笔钱。寨上人但凡是听到又要出钱，总是要激动一阵的，他们在坪子上又开始议论"为啥才交了钱又要交钱了，是不是负责人把我们出的钱给花掉了"。吴泰昌就说："开支这些我和恩硕都在管，支付相关的款项，他们（寨上人）也不清楚，也不来过问我们，就知道瞎议论。"语气中颇显无奈，尽管对于账目，他们是坦然的，但心里仍不好受。

第五步：古楼师傅进驻与接待

古楼师傅进驻也给岑吾寨带来了不小的紧张情绪。建古楼是个大工程，不同于起房子只要三两个师傅就能完成，这次陆师傅带的起古楼的工程队伍，一来就是 7 个人。从肇兴请来了师傅，岑吾寨人就要考虑安置的问题，场地已经为他们准备好了，之后需要什么还可以慢慢添置，首要就是解决这么多人的吃住问题。合同里已经写明白，吃是自理的，包含在雇用的费用里面，寨人不必负责。即便如此，仍要给他们安排一个落脚的地方，一来好休息，二来给他们一个灶台起火。

这个事情又落在了负责人的头上。"谁让他们是负责人呢""他们（负责人）不管谁来管"，面对各种需要出工出力出钱的事，只要不是全寨必须参与的，这类话语已经成了套话，成了寨众一致的说辞，负责人也无可奈何。几个负责人合计来合计去，全都面露难色，每个人都一副有难言之隐的样子，又不好意思说出来。寨众的频繁责难，让负责人之间有了一丝对彼此的"同情心"。吴世修本想是留师傅在自己家的，但是家中有两个还在上小学的孩子，还有年迈的老母，且和三哥还没分家，两户人共住三间房，稍显拥挤，难以照顾周全。想来想去，吴世修就找了同是负责人的亲舅舅吴泰盛来谈，问能否住到他家。说起来，吴泰盛家倒是个适合的地方，首先是房子空着，虽然一套三间的房子分给他和他大哥两户人住，但是他这边长期在家的就他一个人，大女儿出嫁了，儿子上大学去了，老婆全年在广东打工，住宿和管理没有太多顾虑；其次是除了吴世修，几个负责人的房子就属吴泰盛的位于防火线旁边，离古楼师傅开工的地方也近，师傅上下工十分方便。

　　吴泰盛没说什么就应承了下来。这非常符合他的性格，像是"吴泰盛才会做的事"。他在寨上，是个有点特别的人，这并不是说他不合群，相反，他参与集体的活动很积极，闲来也会到坪子上人多的地方点上一锅旱烟和众人款上一阵，因为在外打工多年，学得了不少电工的手艺，寨上哪家电路出了问题，都找他去修理，他也从不推诿。喝多的时候，也会拉着我把他父亲当官、他在寨中的"显赫"身世和他在外打工受到的种种优待吹嘘一番。从他口中，也会时不时地蹦出一两句对寨上其他人的议论，但总是点到为止，说不到第三句，好像只是不经意地提起，却又立即自我意识到，便缄了口。说他特别，是因为他在寨中几无毁誉。在岑吾寨中，一个人若能不招人议论，也是绝顶困难的。吴泰盛虽然积极参与集体活动，但属于低头做实事的一派，一旦遇到了集体的议论或争吵，他就挪到一边，不予掺和。我常常见到这边众人争吵得激烈，那边他低头玩着自己的手机，用手机上网看新闻或六合彩的信息，要么就是慢腾腾地走回房子，拿来扫帚将坪子附近的垃圾全部打扫干净。同样，他也不出头，这个负责人是因为他当初当过记工员才承接下来的，而当初做记工员也是因为当时其父亲做官培养他多读了几年书，他自己却从不争取什么。寨上那些爱说话爱管事的，哪怕他们的确为寨子做了不少事，推动了活动的发展，却也一样因为众口难调，难免遭人议论。寨上有些人和他一样，在集体的活动中不参与议论，不抢着出头讲话，却没有他那么务实，做事情没有那么扎实。其他那些不议论不出头的人，往往是干脆连寨上的活路都懒得做，分配的任务都想方设法少做，更别说自愿了，也落下了被人议论的口实。唯独吴泰盛，在集体活动中将这两方面都拿捏得很好，该边缘的时候边缘，该热忱的时候热忱，让众人无话可说。

古楼师傅就这么住进了吴泰盛的家里，7个人在他家三楼的房间打起了地铺。吃饭方面，吴泰盛一个人在家，也就和他们一同开伙。村里有两户卖猪肉的，古楼师傅就从那里买肉，吴泰盛一个人吃不完家里的米，师傅们就按市价从他那里买米，只是菜比较难买，本村本寨都是自家种菜，没有卖菜的，如果要自己买菜得去水口镇上，颇为不便，古楼师傅会定期买一些耐放的菜，但也只不过能吃两三日，泰盛于是每次从自家菜地多摘一些，和师傅同吃，也没有算账。虽然他也有跟我说过，师傅在这里住这么久，光菜不知吃去了多少。但这么说的意图，是为了表达自己的大方以及对于村上个别人斤斤计较的不满。

接来的古楼师傅，头一日对于村寨情况全然不熟，中午来了，晚上就遇到要吃饭的问题。接来之后，寨上大多数人都在坪子那里闲聊，关于他们晚饭的问题，还引得一番议论，有的人认为既然给他们的钱里已经包括了饮食的费用，就不必管他们了，让他们自己负责去。但吴昌德听了很不满，就说："人家刚来，什么都不知道，你让人家刚进寨子就又去水口买菜吃？这样（不管古楼师傅吃饭）不合嘛，我们寨子那么硬（冷漠、小气）嘛！我看还是要管他们一顿，人家来帮我们忙的嘛。"吴昌德说话有魄力，大家也不好多说，但还是有人心里不快，不愿请客。负责人一看，算罢，钱还是由他们来出，愿意出的也可以，就算打平伙了，后来有19个人出钱，一个人出10元，管了古楼师傅头两顿的饭。之后就按协议执行了。后来随着工程推进，负责人们和寨里的热心人，仍是坚持以单个家户的名义请他们到家里，招待他们一顿饭。就如同一户起房子，房族兄弟和亲戚都要帮请一顿一样，这样的请客，既是表达善意，也是承担责任的表现。按照邀请古楼师傅的人的说法："他们来寨子上，是为了寨子做好事的，那么辛苦，大热天的，请他们吃顿饭是应该的。"

外出打工引发的年龄群体间关系的张力[①]

按照选定的日子，砍树时间比较晚，到抬树又有两个月的时间差，眼看着大部分的事情都商量得差不多了，年轻人和一些中年人开始陆陆续续去广东找活路了，"否则留在这里没钱，连起古楼的捐款都没有了"。但事实上工程并不是不需要人手了，寨中人如退潮般外出，造成寨中的人力稀缺。人力稀缺暴露出不少随着打工开始就逐步变化但未凸显出来的问题，其中年龄群体间的紧张关系最为显著，它是随打工开始而产生出来的，但一直未被触发。大工程中的人力稀缺将这一问题挑起，且引发了更为深刻的变迁。

还记得我刚到岑吾寨的时候，他们砍树扛木的活动已经结束，古楼师傅还未请来，坪子上已经堆了不少的杉木，但白天寨中仍是冷清的，只是到了下午四五点，日头偏转，坪子一侧有了阴凉，才陆续有人聚在一起闲聊，多是老人和中年人，带着年幼的孙仔，小孩跑到一旁兀自玩去，这些成年人没聊两句，就要举目张望，确保孩子在他们的视线之内活动，才放心地继续抽烟款谈。很少见到年轻人，他们大部分都去打工了，我刚来时就问及古楼负责人的状况，在坪子闲聊的人指向吴泰盛房子一侧张贴的红纸，评论道："你看上面的负责人，好几个都去广东啦，都是年轻人。"

负责人里面一共有六个年轻人，其中吴世强、吴顺雄、吴光祖、吴昌远都在砍树扛木临近结束时陆续去广东打工了，吴永学虽然一直在家，但他在水口开了一个卖瓷砖的店铺，基本都在水口看

---

① 本书中，我以起古楼为指引，所以年龄群体关系的问题服务于起古楼的过程叙述，论述得比较零散。事实上，在包括起古楼的侗寨各类集体活动中，年龄群体正在发生的转型都是一个值得关注的问题。对于外出务工引发的侗寨社会经济变迁对侗寨年龄群体关系转型的影响问题，我在另一篇文章中做了专题讨论。可见拙文《侗族社会年龄群体关系转型——以黔东南岑吾侗寨起鼓楼为例》，《原生态民族文化学刊》2014 年第 1 期。

店，一个星期也就回家一两趟，且都是晚上关门了回来，次日天亮就又离开。六个年轻人里只剩下吴世修一个人，他责任重大，无论如何都走不了，不过从39岁的年龄来讲，他已经不能算是真正的"腊汉"了，而是广义上的中青年——腊宁，其身份归属更偏向中年人这一群体。

自外出务工盛行以来，村寨中的主要劳动力日渐被抽空是个不争的事实。现如今每户至少有两个人在外打工成为常态。但几乎与打工盛行同步开始的农业机械化的普及（机械化是个自集体化时代就在推行的政策，但当时并不涉及家户这一层级的普及，而是以生产队和公社为单位开展的）以及当地本来就有限的田土（在分田到户时，平均每个成年劳力分得三分田，说每户"一亩三分田"并不夸张），使得实际农作需要的人手并不多，所以在家户方面尚未出现人手紧缺的现象。寨里亦是如此，这次起古楼之外，岑吾寨虽有些零零散散的被冠以"公益事业"的全寨工程，但论起时间跨度之大、劳力需要之大、花销之多，没有一个能和起古楼相比，干这些活路只是留在寨中的人已经是绰绰有余，更何况他们很多时候是把集体的事情留待春节期间来做，那时候青年都回来了，人手更为充足。

青年们本应是负担起全寨活动中大部分出力环节的年龄群体，刚开始趁着春节，青年还是承担起了一些填埋鱼塘、搬石运沙的活路，但正月十五一过，就逐渐有人开始外出去广东，及至砍树搬树时，年轻人已经离开了大半，且随着时间推移越走越多，及至抬树下山之后，长期留在寨中的青年仅余9人，人力稀缺问题凸显出来，此后直到庆贺古楼落成，大部分的工作落在了中年人头上。

中年人本是担负专心农事、赡养老人和教育子女重任的，却因为青年的外出，必须承担起本应青年承担的工作，但相应地，家庭生计的维持却随着打工经济带来的收入结构性转变而转移到了青年的身上。责任义务的转移为寨众带来了不小的冲击，这一冲击来自

256

当下生活的变化，反映在他们的观念中，继而影响了他们继续的实践。

对于在起古楼中不同年龄群体的责任和权利，吴启智曾评论道："老人们在最初开会选定日子之后，就没他们什么事情了。"他在后来又提到"做事还是要靠那些中年人，老人思想太落后了，年轻人经验还不足，做事说话诸多方面不成熟，不合"。他的这一观点的适用性其实十分有限，只能代表几个和他一样积极热心的中年人。大多数中年人之所以参与活动，仍然是基于人力稀缺，他们必须作为家户和村寨的一员出力的刚性要求。年轻人则不同，他们表现出了前所未有的团结和意见上的一致，力求获得对于村寨活动和发展的话语权。他们认为，虽然自己身处外地，没有出工出力，但他们通过在广东辛苦劳动换回的财富才是支撑起古楼和球场建设的根本，即便是在平日生活中，家户中的收入也大部分来自他们这些在外打工的青年。此外，也很难说是不是真的没有"出工出力"。吴建才就曾说过："我们这些留在寨中的青年，没收入，出工是应该的，他们（其他年轻人）在外面也很活跃。我们有QQ群，有什么事情都在上面商量，捐钱、买球架、买音响、买花灯，大家都有份。我们（留在寨中的）有我们的事做，他们（寨外的）有他们的事做，都是为这个事（起古楼）出力嘛。不能说只是天天守在工地旁边才算出力。有的留在寨子里的人，守在旁边光是看着，啥事情也不管，你能说他就出力了？"所以青年们认为他们在起古楼修球场一事中才是付出最多的一群人，这也成为他们想要争取话语权的重要原因。

青年和中年人有个共同议论的对象——老人（宁老）。综览起古楼全程，全寨人最不满的对象，就是老人。"好议论""守旧""不团结"的标签一遍又一遍地在人们的言谈间被贴到了老人的身上。但与此同时，老人在当地文化中的意义却成为一种惯习为人们所沿袭，岑吾人一方面对老人有意见，另一方面又凡事要过问老人，造成了一种复杂的实践境况。年轻人和中年人对老人有意见，将老人在寨中的影响力边缘化；年轻人大量外出，责任向中年人转移，一些中年人和全体年轻人借着建古楼的机会争夺着村寨事务的话事权；经济收入结构的变化改变着不同年龄群体在村寨中的地位，而固有的文化仍然在发挥作用。三个年龄群体之间的关系布满张力，矛盾一触即发，转型在所难免，却有无数的坎坷要渡过。还是让我们先回到古楼的故事里。

第六步：平整地基和定向

顺着时间线，抬树结束，古楼工程的第一阶段完成了，之后暂时无事。而随着接来古楼师傅，工程的第二阶段开始了。与前一阶段全寨大动员不同，这一阶段，古楼师傅每日顶着太阳忙得热火朝天，寨上人倒是都闲了下来，每日里就坐在师傅一旁观看、闲聊。话题杂乱无章，有时会对师傅做工指指点点，评论一番好坏，但实际上他们也并不懂得太多，只是就古楼的方椽结构和房子的做做比较；有时看到师傅在木方上雕画，上面有"哆耶"或弹琵琶的景象，又勾起了他们的回忆，讲起当年年轻人如何成夜带着琵琶外出和姑娘玩耍；有时也会讲起上面高寨建古楼的进程，言谈间又将话题引向了政府补贴的问题，为政府完全撒手不过问愤慨一番；农忙季节渐近，人们也会谈起水稻的长势、受灾的情况、预期的收成等。此时没有大的事情要做，吴顺恒被气走了一直不回来，真正在负责的，只是吴世修和吴启智。吴启智单打独斗，文书吴世修则和留下的几个青年走得比较近，遇到古楼师傅需要搬运些杉木之类的小活，就叫几个青年来帮忙。

从接来古楼师傅到预定的竖古楼之日，不足一个月，时间过得很快，师傅紧锣密鼓，不得停歇，眼看着日子临近，寨上人又开始忙碌起来。坪子虽然修整好了，但古楼地基那里竖着的电杆迟迟没有动，因为动电杆就会影响全村的电路，又要重架电杆和更换电线，是个麻烦事。早先，文书联系另两个村干，趁着镇里开会已经找了镇里一把手党委书记邹书记，希望镇里能予以补助。邹书记应承得爽快，可供电所的人却迟迟不来，时间不等人，寨上人也有些着急，对政府不满的声音四起。文书无奈，又一遍遍给书记打电话催促，书记把责任推给了供电所那边，文书只好继续联系供电所。未料想，供电所那边说书记只是说了有这个事情，但并没有说要包工包料，他们这边只能出人工，材料得由寨上的人来出。对此，寨中的人甚为不满，却也无可奈何，因为再拖下去，都得自己做。有的人就大声嚷嚷："他们不来算了，啥都不帮，不帮就都我们自己做。"文书则好言相劝："他们说话不算话我也气，但你这样讲就不合了。我们出材料就出材料，人家改线路安电线毕竟是好事，有好过没有。"有的人也附议说："就是，不就买个电线嘛，大钱我们都出了，还出不起这点钱。"无奈之下，吴世修赶紧又分别联系了供电所和吴顺恒，和供电所那边约好了时间，又叫吴顺恒从黎平买来需要的电线。

寨中的人也接受了现实，只得自己动手拔电杆、整理坪子。吴世修想让大家从一早就开工，但面对这个事情又有了难题。一根电杆有几百公斤重，现在留在寨中的负责人所剩无几，仅靠他们几个难以成事，需要有人帮忙，可由于政府爽约，大家心里都有落差，谁都不太愿意出力。既然这样，那就还是记工，有钱拿，谁愿意来就来，还是一个小时 10 元。在吴世修此番提议下，才有几个人参与了进来。挖坑刨土、拆电线和电话线，推推拉拉一个早上，总算是把电杆拔了出来。中午，吴顺恒带着 200 米电线从外面回来了。次日，供电所的人一早就到了，来了 4 个人，重新布置安装线路。吴世修、吴泰昌、吴启智接待了他们，寒暄之后也是抱怨这个电线还得我们出钱，人工我们也出了不少，你们供电所也不帮忙。供电所的人也只是回应几句"我们也没办法啊，我们也是做工的，不是管事的"之类的话，便不了了之了。电线改为从坪子一侧的几间房子边墙一路接过去，寨子上的人此时的敌意表露无遗，任谁也不去搭理供电所的人，更别提帮忙了，就看着他们忙活。只有几个中年的负责人在旁了解供电所的安排，帮着打打下手，还招待了他们一顿午饭。之后平整坪子也是负责人和拆电杆的几个人在做，一样是为这个几个人记工。即便如此，在后来统计全寨人工时的时候，他们因为多出一些，还受到人质疑，负责人已经不再（懒得）理会这些事情了。

　　拆电杆安电线之后，距竖古楼只剩下两天时间了。农历六月十五（2013 年 8 月 2 日）一早，负责人就和几个风水师傅聚在了古楼地基的上面，要在这个时候再为古楼最后定一次朝向，也就是大门的方向。本来在最初定日子的时候，吴启智已经和老人们开过一次会了，他那次跟我说方向定的就是坐南朝北，竖的时间为六月十六的下午两点整。但是寨上的人不放心，几个师傅各有主见，并不服吴启智定的方位，之前因为没有到最后定夺的时间，都未吭声，只是到了这最后的关头，才一同向老人们提了出来，一定要一起再看一次。算上吴启智，寨上本有五个风水先生，以此次起古楼为契机，又添了一位——吴广德，他们各自家里都有一布袋的择日定向的风水书籍，各怀本领。据说寨中有什么大事，比如老人过世，一定也是几位师傅一同来看，一同商议定夺。六个风水先生、古楼负责人和热心的寨众（多是中年人和老人，青年基本没有参与）都聚在了地基跟前，几个风水先生果然各抒己见，争得不可开交。吴启智坚持己见，认为还是最初定的最为合适，他也讲自己这么久来监工，都没出什么意外，足以证明自己定向的能力。新加入的吴广德此时最为活跃，他讲自己家里有一本专门讲古楼建造看方向定日子的书，还是本祖辈传下来的古书，油纸墨字，最为可靠，所以一直在讲自己的见解。寨中其他人也时不时地插一两句话。吴永学对此并不以为意，只是过来凑热闹，他看着众人争吵决定不下，就随口说了句："你们各有各的意见，干脆抽签算了。"这一下引得众人恼怒，纷纷斥责他"开玩笑""腊汉不懂事乱讲话"，吴永学见状立即离开了。

师傅一个个拿着罗盘测来测去，位置定不下来，场面几近失控。吴昌德也一直在旁听师傅们讲，他见状，干脆站出来仲裁调解："你们几个再这么说下去，古楼都建不起来了。每个人说得都合，都是好方位，但要挑就挑个最好的。我看还是吴启智说得最合，毕竟他是最早和老人一起开会定下的嘛。就还是按照坐南朝北的朝向，你们也都说这个位置也可以嘛。"说罢一段，他看众师傅没有再说什么，就继续讲："如果没有意见，就由我来做个主，就按照这个方向了，定了我们就可以开工了。师傅们，还有大家，看这么决定怎么样，行不行？"在他的询问之下，围坐的众人，包括师傅们，都发出了"哦""嗯""可以"的认同声，算是全体通过了，朝向就这么定下来了。虽然最终还是按照吴启智选定的方向，但他还是心怀不满，认为是寨上人故意找他的碴儿，挑他的毛病。

对于这个事情，寨上却有另一番议论。寨上的人认为，吴启智之所以在此次古楼工程中一直强出头，想要占得主要负责人的位置，事事想由他说了算，正是因为有吴昌德给他撑腰。吴昌德在本村当了十来年的村干，做事有魄力，和政府打交道也不服软，常常有什么事就越过镇一级跑到县里，为村里拉到了不少资金和项目，因而在村里建立起了威信。再加上他的辈分很高，村寨里很多老人都要尊他为父亲辈或爷爷辈的人，所以村里寨里的人多少都有点畏惧他，现在他虽然退任了，身体也一直不好，古楼修建早起的事情他都没参与，但是威信还在，说什么村里寨里的人都会听。吴启智和吴昌德是一个房族的，是吴昌德的孙子辈。寨里人都说若不是吴昌德在背后支持他，他也不会这么霸道。

第七步：竖古楼的前期准备——搭架子

早晨古楼朝向一定，寨上的男人都忙碌起来，将四根大柱抬到古楼的地基边上，由于没有强制，不是家家都来，是自愿的，而且这两日也不记工，所以并不是全寨的劳力都出现了，还是有一些人没有参与，好在抬柱子十来人就够了，并不要人多。但还是有人议论说为啥那些人不积极，实在不行就记工。不过因为忙碌眼前事，负责人们倒没有就此事深入议论。大柱子抬到了地基边上，有几家人专门跑回家中，将家里藏着的从河边淘来的金沙或是收藏的古钱币、银币拿了出来，分别钉在了四根大柱子的底部，甚至有人拿来了一个从广东买回来的小金猪，价值3000多元。这么做，据他们说，是为了求清吉、福气，为家庭也为小孩，希望一家能顺利、发财，孩子健康成长。因为古楼压住了，就长长久久，千年百年在那里，所以一家也会永久兴旺。这是古楼之于当地信仰的意义之一。但当我细问何以如此，怎么得知的，不是没见过起古楼吗？他们便支支吾吾，说的确没见过，也是听老人说的，传下来的，起房子的时候也会在主柱下压些东西，一个意思。

中午吃过饭休息了一阵，寨上男人又聚在了古楼地基跟前，用十多根杉木搭起了一个四方的架子，杉木太短的，就两个用钢筋接在一起。搭这个架子，有点类似于侗人起房子的排扇，是准备工作，为了方便将四根大柱立起来。有了这个架子，大柱得以抬升和固定，人也方便上下。因为都有起房子的经验，架子也简单，没用多久就搭了起来，这一日的事情算是完成了，专等次日竖楼了。

结束工作的男人们都聚在架子下面歇凉聊天，他们讲起关于竖楼的禁忌。竖楼的时候，头三锤由古楼师傅来敲，这三声不是随便哪个人都可以听的，家里是独仔的，即只有一个儿子的，这个孩子就必须出去躲一阵，不能听到这三声锤声，有女儿的不算，必须有两个男孩及以上才行。因为，只有独仔代表家里不旺，受不住这锤声，听了恐怕之后命途多舛。不仅如此，根据日子和时间，有一些属相也是相克的，这个就无论男女老幼了，此次根据师傅算，是属鸡、虎、马、猴、虎的都不行，这些人也都得出去躲。不用躲太

图 4 – 3 起古楼搭架子

远，只要出了村子，过一两个坳就可以了，到了那边就听不到声音了。讲起这个，寨人就提到还好是下午竖古楼，如果是半夜就麻烦了，不知道跑去哪里，前两年已信竖古楼就是在半夜，那边的亲戚下午就跑到这边，晚上在这边睡了一晚才回去。他们说着，又交代吴世修去村委那边，用广播通知一下，因为锤声响脆，岑烂和高寨也能听到，他们那边相应的人也要去躲，得早点告知，他们好做准备。

已经是傍晚，聚在一起的人看着事情准备得差不多了，准备各自回家吃饭，吴泰金又把这一天很多人不出工的事情提了出来：

"说是自愿的，就不来，说是记工，就比谁都积极，这样怎么做。我看还是要安排责任制的，竖古楼是全寨的事，又不是我们几个的事，每家都有股份的，就应该出力。要通知到大家，有股份的明天都得来。"大家纷纷表示赞同，决定由负责人来通知全寨，说罢也就散了。

第八步：竖古楼——集体的事就是个人的事

竖古楼当日一早七时许，我刚来到坪子，上面已经聚集了一些人大声议论，十分激烈，细问之下，原来还是在讲今天竖古楼来的人太少。矛头集中在了一组村民小组的人身上。昨日已讲好了全寨的人都要来，每家至少来一个，这个事情后来执行就是落实到村民小组的组长头上，因为他们也是起古楼的负责人，专门负责联系和管理各自小组的组员，通知、收款、动员都是按组来的。这下好嘛，组长带头上坡（务农事）去了，组员看了肯定也不积极了。本来四个组长，有两个去了广东，剩下的两个，还有一个去了坡上，只剩吴永学早早地到了坪子，难怪大家怨声一片。吴泰金对此评论道："集体的事情就是个人的事，集体的事个人不出力，个人的事集体也会针对你！"

我经历了不少寨上人起房子的过程，大都是在深夜，也有在雨天或冷天的，一到择好的时间人们就都来了，很少有说哪个拖着不来的。我就拿这个观察去问吴泰金，他告诉我："起古楼和起房子不同，起古楼是集体的事情，起房子是房族和亲戚的事情。起房子的时候，都是沾亲带故的，必须得来，你帮人家，人家也帮过你，不好意思不来。起古楼就有很多人偷奸耍滑、偷懒。"

我很努力地将他的话纳入当地的社会事实中去理解，即便打工经济带来了不小的改变，人的流动也成为一种常态，但对于岑吾寨人乃至周边的侗人来说，他们的日常生活仍深植于基于亲属关系建立起的互惠网络之中，留在寨中的人和走出寨门在广东打拼的人，无一例外。不仅是起房子，各类红白喜事、节庆办酒，互相帮助支持与主客往来，都是维持这一互惠网络的重要实践，一旦违反，正常且可持续的生活就会受到不可估计的负面影响。可以说，虽然在这些活动中，看似都是人群聚集的状态，但对于每个人来说，他们的关系都是点对点的，指向了帮忙的主人家，是个人对于个人的"承诺"。然而个人对于集体而言，却没有这样的"承诺"，与几乎是看得见摸得着的亲属关系以及实际体验到的互惠网络相比，个人所面对的集体，只是一个过于"概念化"的存在。分散的个体分别对集体的承诺，难以构成真正有效的互惠式的回馈，毋宁说，甚至有着难以捉摸的反效果，例如承担着"我为集体做了这么多事，结果还落得受人议论"这般心理焦虑的古楼负责人们。即便有吴泰金的"集体也会针对个人"之说，但这里所讲的"针对"，依然是在互惠之外的逻辑，而这里的施行者——"集体"——则有虚有实，它不仅是一种人群认同的集合，而且是一种众意压倒一切的浪潮，甚至是为个别人操弄的工具。

　　人不够，劳力不足，难以开工，在场的人愤慨不已。几个负责人一边打电话给上坡的组长，一边派人去挨家挨户地叫人，拖到了九点多，寨里的人才算聚齐了。吴顺恒拿着一个很大的"葫芦"（滑轮组，葫芦是取其形制的叫法）到了木架那边，吆喝着大家过来竖柱子。对于怎么将这一个成人难以合抱的巨大杉木竖立起来，众人都摸不着头脑，没有人见过、参与过竖古楼，大家都毫无经验可言，古楼师傅也只是提点一下柱子的位置、方椽的排列，关于如何起，讲得也颇为模糊。没有办法，大家就按着起房子竖柱子的方法来，可房子的柱子也就是直径约 15 厘米的杉木，与这古楼大柱比起来，是小巫见大巫。几十个男人又是推又是拉，起来一点就用小杉木在下面四周支撑，防止倒下来或是倾斜，上面再用滑轮组穿起来，几个人在下面一点点地往上拉，因为太重了，柱子竖起来一定角度后，下面的人就使不上劲了，全得靠这个滑轮组，架子受压太多，差点倒塌，人们又修修补补地加固木架子。就这么一边摸索一边努力，竖第一根柱子竟用了近四个小时，人们顾不得吃饭，好不容易将这第一根大柱竖起来时，已经是下午两点了。我还替他们着急，想着下午五点就是吉时，竖一根柱子就花了那么长时间，后面怎么赶得及。寨上的人却并不着急，停手休息，并陆续回去吃午饭了，吴世修告诉我："第一根柱子是慢了点，没办法，都不知道，从零开始的。但是这个和起房子一样，第一次成功了，后面就找到方法了，就容易了。"果然如他所言，后面的三根柱子每根不足一小时就竖了起来。立柱子的时候，古楼师傅时不时地跑过来看看说说，给寨上人讲明方椽如何搭配，应该插入柱子的哪个孔里面。第四根柱子立到一半，已接近四点半，虽然仍需要人手，但还是有人陆续离开了，离开的人都是属性相克的或独仔，同样的原因，很多妇女也带着家里的小孩步行出了村，都是为了躲过竖楼的头三声锤响。我本在帮忙，这时候被吴永学拉上，也乘摩托车去了水口（我是独生子，又属虎，两样都不妥，按他们的说法也得躲）。

这里有几件和竖古楼同时发生的事情值得一提。这日一早虽然人们就寨上来的人少、组长不起带头作用大吵了一阵，但吴启智一早晨都未出现，到了下午三点多他才回到寨子里。人们清楚他去哪里了，原来务赖有位老人过世，老人家人请他去看日子和看墓的朝向去了，因此大家也未议论他什么。但我并不知道这点，等他出现在寨中，我就带着好奇问他早晨去哪儿了。当时他刚从外面回来，背着布袋子，里面装着罗盘和择日书籍。他听到我问，就指了指袋子里的行头，语带酸气地跟我说："别人还是用得到我的嘛，我还是拿罗盘的嘛。"绕着弯的回答，并不是对我有什么顾忌，而是用这样的方式表达着他对于昨日古楼定向受到质疑的不满。

那边男人们抬大柱忙得不可开交，这边青年和妇女也没闲着。青年由吴建才带领，去水口买来了两大袋彩旗，并砍来了一批细竹子，沿着通村公路每隔两米插一根彩旗，路两边都插，一路插到了村口。我本以为这只是为了喜庆好看，吴昌德告诉我，彩旗还有另一层含义，挂上了彩旗，可挡一切鬼神，今天竖古楼是大事，把彩旗一路挂出去，脏东西就没有路进来了，古楼才搞得好、清吉。

　　吴昌德因为身体不好，一直都在坪子和老人们坐在一起看着寨众忙碌。突然接连出现了一大群妇女，手上都拿着自己亲手编织好的腰带、背带或买来的毛巾。这个事情中午吃饭的时候我就听吴昌德和他老婆在饭桌上讨论，说是叫作"飨楼"（汉字记侗音），汉语直译就是"挂在楼上"。古楼竖起之后，她们会将腰带和毛巾挂在古楼的一条木方上，而这些腰带、毛巾多是为家中小孩挂的，他们也说像我这样二十几岁尚未成家的，都可以捐一条出去挂。如此一来有两层意思，一是到时送古楼师傅的时候，会额外给师傅一些钱，即佣金之外的酬谢；二是将这些腰带、毛巾挂在古楼里，能够保佑幼儿健康成长、青年诸事顺利。和其他所有与古楼相关的活动一样，这件事其实大家都没见过、没经历过，只是"听老人讲来的""老人传下来的"，便深信不疑。在这里，他们口中的"老人"，往往不是指涉某一个具体的在世或过世的人，也未必纯然是一套古老的知识，而是一种生活实践的惯习。

　　坪子上的妇女越聚越多，每个人手里都拿着腰带或毛巾，却找不到人来接受安放。负责人们都在忙着竖柱子，留下的都是些"老弱病残"。吴昌德见状，站了出来，他在吴泰盛家边的阴凉处坐下，叫妇女到他这里来捐这些腰带、毛巾。他一个人忙不过来，又把一位老人吴泰顺拉了过来，他来收，吴泰顺就负责记录。吴昌德找来了两根插彩旗剩下的竹竿，将之插在了吴泰盛房子侧墙的板缝里，和地面平行，专门用来挂收来的腰带、毛巾，又撕开一条烟的包装，平铺开来，给吴泰顺专门记录捐腰带、毛巾的人名。来的90%都是妇女，也有一些小女孩，唯有几家妇女出去打工了，男人才过来捐。不一会儿两根竹竿就被挂满的毛巾、腰带压弯了，吴昌

267

图4-4 妇女们带来的腰带和毛巾

德又去找来了几根，烟包装纸上也写满了名字。名字记得都是家里小孩的，因为挂这个就是为了小孩好。吴泰顺记录得十分仔细，有些小孩名字想不起来的还要一遍遍地询问确认，再工整地书写下来。他讲："这个不能出错，将来是要张榜公布出来的。"

　　和吴永学骑车去水口的路上，刚过了出村的第一个坳，就看到稻田边上坐满了寨上的人，有男有女，带着小孩，都是为了躲避锤声的。我们到了水口，吴永学来到他的瓷砖店里转了一圈，这几日因为要准备竖古楼，他一直留在寨中，没有空闲打理自己的店铺。这趟上来，本来是想买点烟花回去燃放的，但由于尚未到春节，镇上的店家都还没有进货，只有一些十几响的小烟花，吴永学并不满意，遂作罢了。这些东西，都是以私人名义捐赠的，吴永学一直在外打工，去年回家才承租了一个店面做起小生意，但在寨人看来，他已经从打工仔变成了老板，有责任为古楼工程多出一点财力。对于寨众这样的要求，吴永学表现出了复杂的态度。他一方面在抱怨："寨上人老是爱盯着那些做生意的，以为我们都很有钱一样，什么事都要我们来出钱解决，他们哪里知道我们搞这个（做生意）也很辛苦，也并不是都在赚钱的。我的情况你也知道，其实能保证不赔钱就不错了。"可另一方面他又觉得自己的确应该以个人名义捐赠一些，"竖古楼的时候，我买点炮放，既是为集体做了事情，而且也能为家里求个平安，生意能够好起来，发大财"。他后面这么说的时候，潜台词还是认可了寨人对于做生意人的看法，认为要通过这样的行动，来表现自己的确是相较于寨中其他人，尤其是打工仔，是"混得不错的"。此次没买到合意的炮，他犹豫了一阵，说这次听说吴顺智他们也买炮了，他们是从黎平买的，能买到好的炮，自己干脆就不买了，等到庆贺古楼落成的时候再买也不迟。我俩在水口晃了一阵，他又觉得不妥，从寨子出来的时候，他已应允了要买一些炮回去，于是折中了一下，没买花炮，而是买了一箱鞭炮回去。

回到寨里已经是下午六时许，我们算回来晚的，其他人在那象征性的三声之后，就陆续回到了寨中，继续参与古楼搭建。从五点开始的竖古楼，最关键的环节是上大梁，此时大家都在为上梁做准备。架子上还有不少人在忙活，师傅将一根方木敲入大柱之后，剩下的工作就是寨上人来干了，古楼师傅带的几个助手也加入进来帮忙。按照古楼师傅的要求，吴恩硕（寨上的风水师傅）为其准备了干禾穗、鲜稻米、活鸡、米酒和腌鱼，都是用于上梁仪式的。吴顺恒帮着吴恩荣（寨上的风水师傅）在大梁上钉上了一条宽半米、长一米左右的红色条幅，上书吉星高照四个大字。在坪子一旁，吴泰昌则在统计今晚要用的东西和开销，竖楼和上梁时主要是用到炮，还有一些糖到时会在梁上好后从上面抛撒下来，这个与起房子上梁无异。如前所述，这些花费都不是寨上出的，而是个人捐出来的（见表4-2）。当晚，全寨一起在古楼下的坪子聚餐，男女老少都来坪子吃，饭钱算在古楼建造的费用里，不用另出，肉、菜和酒白天已经差人买好。

表 4 - 2　古楼建造捐款、捐物名单

姓名	捐物	捐款
吴昌德	炮	60 元
吴永学	炮	260 元
吴永贵	花炮	340 元
吴顺友	花炮	340 元
吴世修	炮	40 元
吴世来	炮	30 元
吴恩硕	钢铁、车费	60 元
吴广德	香烟一条	60 元
吴建才	彩旗	
吴昌宁	彩旗	
小　孙	糖	100 元

上梁时热闹非常，全寨男女老少都聚集在坪子上。师傅一阵仪式过后，大梁就被缓缓地抬到了古楼架顶中央，几个年轻人手脚最麻利，早早地爬到了最高处拉，吴启智、吴世修也都跟着爬到了顶端，下面推，上面拉，总算将横梁安置妥当。顿时鞭炮齐鸣、礼花炸响，站在古楼架子顶上的人一把把地把糖往下扔，站在坪子上的寨众不分男女老幼，都激动地捡落在地上的糖，所有的福气都蕴含在这些糖里，吃了也会平安、清吉。

我也跟着人群在地上捡了几颗糖，站在坪子中央，糖还在不断地撒下来，人群热情高涨，坪子上人头攒动，尽是弯腰专心拾糖找糖的寨众。我突然发现吴启智并未加入，而是和我一样冷静地站在坪子中，看着人群随落下的糖果而东奔西跑，发出一阵又一阵喜悦的呼喊。我看着他的背影，回想他这半年来的操心和付出，经历的非议和责难，不禁唏嘘，默默地走到了他的身边。他感觉到我走过来，侧头看了看我，没说什么，从口袋里抓了几颗糖，塞到我手上，自己也剥开一颗放入口中，继而转头向古楼继续望去。我一时找不到话头，他却先打破了沉默，语气平静中带着欣慰地对我说：

"搞这个古楼，我很荣幸，多少老人都没经历过的事，让我们这代人经历了。我觉得此生无憾了。"说罢他又沉默了，只是望着古楼，我迟疑了一下，还是没有问什么，转身走向了激动的人群，不想再打扰他此刻的享受。

上梁结束，晚宴就开始了。这晚可算是寨上自古楼工程开始后最欢闹喜乐的一晚。我和古楼师傅、几个负责人还有村支书、主任坐在一桌。竖古楼，是寨上自己的事情，不算摆酒，所以并没有任何客来，只是两位村干代表村委被邀请了过来。坐在一桌，少不了推杯换盏，古楼成功竖起，师傅功不可没，至今没出任何意外，寨人对此心里还算舒坦，遂不断夸奖师傅的好。酒过三巡，几桌人有不少已经喝得兴起，轮番来敬师傅，师傅经不住夸，豪饮了几碗，已是不胜酒力，露出了醉意。但毕竟是喜事，他看到工程如此顺利，也欣喜不已，喝多了更是笑得合不拢嘴。我坐在文书身边，他当然也融入了喜乐的气氛之中，连说此事百年难得，也是寨子发展生活变好的巨大印证。可相对于寨众，负责人的身份让他多了几分清醒，在他看来，虽然竖古楼算是成功了，但并不代表工程已经结束，大家也许可以欢乐，但他还要想之后怎么办，后面的工作还有很多，古楼还要继续搭建装修，球场还没开工，还要考虑古楼球场落成时怎么搞，现在都已经矛盾重重，以后还不知怎么办才好。虽然气氛一片欢乐，文书却越说越苦，不停感叹："难哦，难哦。"

竖古楼之后的争执：被众人责难的负责人

好像是故意要应验文书的诉苦一样，头一天喜庆的气氛还未完全消退，竖古楼的次日，寨上人就因古楼进一步修建的问题起了争执。与前一日全寨动员竖古楼不同，没有了"强制的自愿"之后，帮忙的人一下少了许多。然而此时正是需要人手的时候，古楼竖起，其实只是搭起了一个四根大柱和木方拼成的井字形的骨架，上了大梁，其后还要一层层地拼接外围，并在梁上继续加高。但寨众却认为这些工作不是自己的责任，而是已经承包给了古楼师傅的团队，既然已经出了钱，就应该让他们来做。吴启智就号召大家继续帮忙，但是除了几个负责人外，几乎没有人响应。吴建才倒是很积极，可毕竟一两个人仍然是势单力薄。眼看着寨众都聚到一起闲聊，却没有人动身，吴启智着急了，带着有点责备的语气同大家说："搞这么大个工程，你们就坐在这里看，什么事都要师傅做，师傅才有六七个人，你们都看见了，他们还在那里加工木头，还要去起古楼，那要到什么时候能做完。当时签协议的时候，是说我们出钱师傅出工，但也说了要帮忙嘛，都不帮忙这个事情怎么做？"旁边听的人还是半信半疑，有的讲："包工给师傅，一开始都商量好了嘛，包括装修也要师傅负责，我们只管出钱就行了，都让我们做，还出那么多钱做什么。"这么一说，吴启智更是压不住火气了，本来就受了不少非议，此刻寨众竟然还在这里说闲话，推卸责任，他就说的确是签了协议，说明了包工，但是也说明了我们会帮忙嘛。就在这时，人群中一个叫吴恩和的插了一句煽风点火的话："协议是你们负责人签的，谁签的协议谁就去帮忙，反正我不做。"吴启智闻言，压了半天的火气一下子迸发出来，想都没想就一拳打了过去，吴恩和吃了一惊，正要还手，被惊骇的众人拉了下来，总算是没打起架来。吴恩和气得不行，看众人拦着也没办法，就闷声闷气地回家去了。吴启智打了人，本来有理的事情也变得理亏，众人好言相劝，讲议论就议论，不应该动手打人嘛，吴启智听不进去，撂下一句"这个事我不管了"，也兀自回家去了。

我中午和吴启智在一起吃饭，他闷闷不乐，我问他是否真的不管了。他苦笑不言，避开了我的问题同我讲："我以前本来在寨上受人崇拜的，因为懂的东西多，现在搞这个古楼，也遭人说不好听的话了，他们都说我太偏袒师傅，讨好师傅。"接着他又告诉我："那个协议当初的确是我去和师傅签好的，几个负责人都在那里，各个都不愿意写，怕写不好了遭人议论，他们就让我写。我不怕，写就写。白纸黑字都写清楚的，包工给师傅，寨上人也要帮忙的。我下午就贴出来，看他们还有没有话说。"

　　饭后，我回去休息，吴启智果然将那个协议贴了出来，等我到坪子的时候，有不少人围着在看，吴昌德坐在一旁，还给身边的人讲，说他们不是都不愿帮工嘛，那就去看看协议，看看怎么写的。吴昌德未必是站在支持吴启智的角度说话，他更多是以多年村干的经历去看待这个集体活动的。对于此次人们的消极态度和个别人的闲话，他评论道："我最看不惯那些人（指不做事、爱讲闲话的），他要是不愿意干，就退木头退钱给他，以后古楼球场修好了，也没他股份。寨上总有些人爱说闲话的。"多数人看到了协议后，还是默认了协议内容，他们只是说，当时立好了协议，没有给他们细说，没讲清楚，现在看到了，也知道了。

　　第二天一早八时许，我尚未从坡上的住处下到坪子，就听到下面人声鼎沸，敲打声接连不断。我本以为是师傅早早开工了，没想到到了坪子一看，寨上的人大多已聚在古楼那里，有的在上面安装，有的在下面搬运木方和木柱，老人们则聚在一旁抽着旱烟，或蹲或坐地观望着众人的劳动。这和昨日的冷清形成了鲜明的对比，仿佛写满字的协议带着魔力一样，只是看过了协议，吴启智等一众负责人几乎不用做任何解释，人们就清楚了自己的责任，自我动员了起来。但是事情仍有规章，除了竖古楼那两日，此前此后的帮忙，还是都记工算钱的，大家只要自愿来，都能在最后总结算时获得误工的补贴。吴泰盛就在那里，拿着小本本记录着哪些人来了，干了多久。

工程协议书

　　甲方：（建设单位）南江村岑吾寨
　　乙方：（施工单位）堂安村陆安帮

一、工程任务（除全寨村民帮竖鼓楼外），其余的工程都由乙方承包，甲方负责验收。

二、工程质量与鼓楼形式。甲方要求鼓楼共十一层，一、二层为四角形，三至十层为八角型式，第十一层为四角形，鼓楼门前第一层雕刻双龙抢宝。

三、施工期限，本工程自二零一二年五月二十日开工，至八月十日前立起。

四、施工现场所需电源由甲方负责。

五、施工付款办法：自乙方开工三天后，甲方预付总工程款的30%（立起后付款70%）。剩余工程款待工程竣工验收合格后一次性付清。

六、工程总投资：陆万捌仟捌佰元整（68800.00元）。

七、本协议自双方签字之日起生效。

八、本协议一式二份，甲乙双方各执一份。

九、柱脚、半腰由甲方负责。

甲方：南江村岑吾寨（代表）

吴泰盛　吴顺雄　吴昌德　吴泰昌　吴世修

乙方：堂安村　陆安帮

二〇一二年四月四日

现在，我们说说寨上对于古楼工程的议论和对负责人的相关评论。

古楼竖起之后，人们心中已经认定了古楼工程是成功了。在言谈间，显露出了许多总结性的发言，去评价本寨作为一个集体做事情的能力。他们将人模糊掉了，取而代之的是以人数比例来进行分析，更彰显了这个虚实皆有的"集体"的魔力。吴昌德曾前后相隔半个月，分别对全寨的参与情况做了论断。第一次，他告诉我："这个寨子上，40%爱讲话；40%不讲话，做事认真；20%讲话不

合适。"之后他专门举了几个讲话不合适的例子，比如有的人一直
在公开场合质疑财务问题，认为寨众出的钱被负责人花去了；或是
有的人，负责人一要他去做什么事情，他的第一反应就是"钱
来？"，意即要钱，没有钱就不愿意帮忙办事。第二次，是在他家
中吃饭的场合，吴昌德又提到全寨搞古楼的情况："60%不说只
做；20%不做只说；20%又能说又能做。"他将自己看作最后的
20%中的一员，认为前两者都不能使古楼工程真正地推进。只做不
说的固然好，但必须有人能够动员起大家，能提意见，能和古楼师
傅、和政府打交道，才能把事情做好。而不做只说的人，只会搞破
坏，容易误导寨上的人，难以成为表率。最后，他总结性地说，工
程之所以能够成功，在于少数压不过多数，只要愿意做的人够数，
就能办成事，不仅起古楼如此，其他事也是这样。他的这一总结，
在寨中已是一种共识，在不同的场合都能够听到类似的表述，即每
一件事情，或多或少有人反对，有人说闲话，但只要大多数的人通
过了，愿意做，那么就得少数服从多数，反对或说闲话的人也没办
法，必须服从，事情遂能成功。

第九步：球场工程队来了

随着竖楼完成，寨众帮忙的事情也解决了，古楼工程在有条不
紊地进行着。搭建之余，古楼师傅开始准备装修的事宜，如在外层
的木方上绘画、用水泥浇筑双龙戏珠的雕塑、铺瓦等，这些工作在
协议中都归属于古楼师傅，并不需要寨众的帮忙，寨众包括负责人
也都是在旁边看着，若是的确需要人手了就去帮把手。如此近一个
月，到了9月初，工程算是基本完工了。

剩下的事情，如平整古楼下面的地基、修古楼中的凳子，都不
属于古楼师傅的工作了。寨子又以打平伙的方式请古楼师傅们吃了
一顿饭，就将师傅们送走了。紧接着，便进入篮球场的修建环节。
首先是要把球场坪子搞好。寨上的吴启明，以前在贵阳打工时跟着

一个从江那边的工程队，专门承接打水泥坪子工程，他讲这个队伍的质量信得过，于是大家就要他联系那边。谈妥之后，在择定好的时间，工程队就过来了。

包工不包料、伙食自理，这是讲好的。工程质量主要是从厚度和平整度来衡量，寨上要提供的是水泥、砂石和电，此外的机器都由工程队自带。因为是吴启明的老工友，所以吃住就在吴启明的家里解决。工程一开始，寨上人一下就都变成了监工，闲暇之余便都围在坪子四周，品头论足。这也给工程队带来了不小的压力。本来工程队来了五个人，吴启明也加入进去，共六个人干活。中途，就是因为寨上有人喝了点酒，从家里出来就说工程队的不是，说他们的活路做得不好，要求的厚度没做到，大骂了工程队几句，工程队有一个人就受不住，一气之下说不做了，跑走了。寨众对这个事的看法有褒有贬。贬的一面是承认醉酒之人的确有过，他并不真正懂得水泥坪子怎么搞，就对工程队发难，纯粹是搞破坏，大家对此都是生气的。但褒的一面，寨众也认为，此人言行的确有点过，但本意仍然是为了寨子好，是为了这个工程能够做好，寨上每个人都像监工一样地守在那里，也是如此，反而说明了寨众团结，关心集体的事情。

篮球场修建过程中只发生了这么一件不愉快的事情，此后工程顺利进行，不到十日就完工了。

第十步：农忙前的古楼工程大动员

随着球场建成，负责人又号召全寨一同发力，挖排水沟、平整球场下坎的防火线、修从防火线上球场的楼梯等。此次动员起了真正的全寨力量，以往提到全寨，只是男人在干活，但此次妇女也都加入了，她们负责平整防火线，其余需要体力的，就由中年男人们干，青年们则跟着吴世修去河边拉沙子去了。这些活动都不记工，是全寨集体的工作，但有其不必言明的强制性，每户都得参加。一

276

图 4 - 5　古楼和球场的修建过程

如文书曾跟我讲过的一句话："搞这个事情（古楼球场工程），就算帮不上忙，也得在那里待着、看着，因为这个事情每个都有股份。"

　　之所以这么紧迫地做这些事情，是因为已经渐入农忙时节，家家户户都有谷子要收，若不尽快将工程中需要人手多的活路做完，一旦大家都忙起来，古楼和农事两边都受拖累。已经有人开始抱怨，自家的谷子几千斤都在地里，还没开始收。于是寨众干脆商定，这天就一鼓作气，将事情全部做完，次日便各自安心去抢收谷子。防火线很快就平整完了，下午的工作主要分作三样：一是搞好古楼里的长凳，并将之嵌在四个大柱之间；二是拌水泥把球场下防火线的楼梯砌好；三是把从广东买回来的花灯挂到古楼上去。计划妥了就各自分工，留下四个寨上的木匠师傅在古楼里修长凳，其余的人都去搬石头、拌水泥砌楼梯，几个青年则爬到古楼上去装花灯。

277

整个商议过程并没有什么负责人来主持，决定都是大家你一言我一语地商讨出来的，即便那几个负责人有说什么，他们也不是主导者，而仅仅是作为集体的一员在发言。工作之中，争论总是不绝于耳，几乎每个环节都得通过争论达至一个共识才能进行。安凳子的师傅在讲如何用木板、如何安置，拌水泥的人在讨论如何放石头、如何添水泥。每个人都有自己的一套看法，提出来，被讨论，被否决或支持，最后说得最有理的方被大家认同，就这么干。其间两个问题被争论得最多，一个是古楼里的火塘的形制和要不要放水泥，另一个是球场下的楼梯要不要留出斜坡。头一个问题，有的人说修四角的，有的人说修六角的；有的人说要在里面铺上水泥，这主要是吴启智和吴顺智提出来的，而另一些人则以浪费水泥为由不同意铺。吴顺智认为既然古楼都搞好了，也不在乎这点水泥，要搞就要搞好，吴启智则是在说形制的问题，讲到自己走过很多地方，都是六角的，六角的才好看。反对的人毕竟是少数，没多久也就通过了他们的提议。吴启智和吴顺智既是提议者，也成了执行者，铺水泥的活路就由他们两个人包了下来。铺楼梯这边一开始的争论则势均力敌，甚至认为不应该留斜坡的人占多数，他们普遍认为修了斜坡，上来的摩托车就多，摩托车轮子还好，主要是车的支架，立在球场上会破坏水泥地面。但有几个人就提出来说，不修斜坡的话，寨上小孩多，跑上跑下的，走楼梯可能摔倒，太危险。这个提法一出，很多人都开始偏向于修斜坡，最后他们的共识便是，为了小孩，斜坡还是要修，但是大家都监督着，摩托车能不走球场的就不要走，也靠自觉，更不要把车停到球场上。

他们在意每个环节，不停争论，有着复杂的原因。偏个人来讲，的确不同的人心思想法不同，那些想法多又好说的人、希望在集体事务中能产生影响的人，就会彼此争论。偏集体来说，他们争论还是希望能够得出一个为集体好的结果，这个好，不仅是说这个事情做出来于寨众生活有便利，而且是说做出来的活路要"好看"，因为这个事情关乎脸面，别的寨子的人来看了，不能丢脸了。早在球场铺设水泥的时候，围在一旁的寨众就不停地拿本寨的球场和高寨的球场做比较，看自己的长宽是否超过了高寨的，本寨球场的水泥在全村乃至七佰南江各寨是不是最好的，等等。而对于古楼下坎的水泥楼梯，人们则有诸多不满，不少人都讲"搞那么窄，不好看，简直是丢脸"。但楼梯已成，已是没有办法的事情，只能往上面贴瓷砖补救。

自从上次因古楼工程引发的打人事件之后，吴启智行事低调了许多。这次全寨集体的活动，除了火塘铺水泥一事外，他一直是不议论、不指挥，亲力亲为，埋头做事。火塘的水泥铺完之后，他就一个人拉来水泥和石头铺古楼北侧的水沟上的一条小路。这里是古楼和球场交界的位置，走过之后还有几户人家的房子。我跑去和他搭话，问及为何要铺这个路，他告诉我："这里本来就窄，旁边有个小菜园，有可能马上还要建个小卖部，如果现在不铺上，以后搞起来路被占了去，里面几户都没路走了，到时又可能争吵。"说罢又开始埋头干起来，他也没叫人来帮忙，就一个人这么把路铺完了。

把这些工作做完，第二天开始，全寨都投入到紧张的农忙之中。白天寨上几乎见不到人，倒是出了村子在沿路的田间，都是忙得热火朝天的村民。这段时间，在路上打了照面，打招呼的话从平时的"吃过饭了吗""去哪啊"全都变成了"谷子收完了吗"，人们操心的事情也都是关于田里的粮食的。有的人因为打谷机坏了而烦心，有的人因为人力的缺乏而着急，有的人看着农田里遭老鼠祸害的粮食而叹气。到了夜间，得闲的人们已经可以坐在古楼里闲聊了，他们还是三句话不离农事，彼此谈论哪种打谷机好、农机补贴的情况、受灾的情况等。

虽然农忙紧张，但是因为农业机械化较为普及（家家都有柴油或汽油驱动的打谷机），也有了摩托车或三轮摩托车来运输，且本来田地面积就有限，所以不出十日，全寨的谷子已经收得差不多了，只是个别偏远的或小丘的田没收完。新建好的球场上，铺满了新打下来的谷子，人们的重心又转到了古楼球场之上。

第十一步：制作芦笙以及由此而生的打架事件

已是 9 月的下旬，寨上人商量着要做一套芦笙。提到芦笙，寨上中年人和老人都很激动，他们纷纷回忆起以前吹芦笙时欢快热闹的景象。吹芦笙在过去很长一段时间里都是岑吾侗人重要的娱乐交往活动，在集体化时期因政治原因一度中断，但政策开放后又自行恢复，到了 20 世纪 90 年代初因为外出打工的兴起，出外的人太多，才又逐渐衰落。寨子上没吹芦笙的年头，也有将近二十年了。虽说中途因为艺术节搞过一套，但那个是村子里以村委名义做的，艺术节比赛完了之后就一直闲置在村委会里，不算寨上自己的芦笙。

坐在古楼里谈做芦笙，一帮四五十岁的中年人最来劲了，他们当年都是寨上芦笙队的成员。吴昌德那时候还是芦笙队的领头人。他们讲起，那时候没别的娱乐，除了去坐姑娘就是吹芦笙。有时候，吃过晚饭了，吴昌德就把大家召集到一起，带上芦笙，就去别的寨子去吹，七佰南江的村寨随便去哪个。一进对方的寨子就吹起来，对方的人一听，知道是芦笙队来了，本寨的人不论在做什么，赶忙放下手上的活路，集合芦笙队过来欢迎。两边的队伍就在寨子里坪子上对吹，一般都是吹三曲，不过瘾了继续吹。吹完了就在坪子上吃夜宵、喝酒，一直到后半夜才回来。过个一两天，对方又过来吹，我们这边再迎接他们，招待他们。那时候本村的三个寨子都有芦笙队，不出去吹了，就在本村里吹。岑吾寨先去高寨吹，他们就迎接、对吹，岑烂的在下面听到了，就开始准备，召集芦笙队。在高寨吹完了，两支队伍就去岑烂吹，完了之后那两个寨子又跟着转回岑吾吹。要看吹芦笙的人有没有力气了，要是还有力气，就再这么吹一圈。古楼里的人笑着说："哎呀，那时候，（吹芦笙吹得）简直夜里都没得睡！"

图 4 - 6　芦笙师傅在做芦笙

　　此次说要重做芦笙，勾起了大家的美好回忆。老人和中年人自然举双手赞成，年轻人不置可否，若说他们是支持的，在于看重芦笙是一种侗人文化的传统以及象征着寨子的繁荣发展，能够为寨子争得荣誉（面子）。要真的通过重做芦笙而恢复过去的热闹景象，不太可能。青年们的交往方式，已经从吹芦笙变成了打篮球，所以修建篮球场才是他们的热心所在。而打工依然是村中的主要经济来源，从 20 世纪 90 年代开始的打工让现在成长起来的年轻人远离了村寨传统的文化生活，40 岁以下的人已经无一懂得如何弹琵琶吹芦笙了，且他们也没有什么热情去学习这个东西。

　　但芦笙还是要做。说定之后，吴昌德就联系了以前他们吹芦笙时做芦笙的师傅。芦笙师傅是水口岑遂村的，岑遂是个芦笙大村，虽然属于三佰水口，但他们也一直参加肇兴隔年一次的芦笙节。师傅与村里的老人和中年人都十分熟络，他们来的时候和寨上的人在古楼里不停地开着玩笑。

　　然而，美好的回忆和热闹的过去毕竟已成为"陈迹"，就是因为做芦笙，寨上一直存在的紧张关系被激发了出来。一件以喜乐开始的事情，却引发了自古楼球场工程开始以来最严重的一次冲突。而这次冲突的爆发并不是偶然的，其不仅有着深刻的社会变迁的背景，也是古楼建造这一集体工程中个体争斗达到临界的迸发。

　　这要从寻找制作芦笙的竹子说起。芦笙的主体就是用竹子做的，竹子的好坏关系着芦笙的声音响不响、是否耐用，而芦笙对吹时，除了音律和谐外，最主要的就是比较声音的大小，所以找到一批好竹子分外关键。哪里有好竹子，也是依靠经验，需要老人来商议决断。他们在古楼里和师傅一同讨论。已经有老人指出寨外的山上，有一处叫作"芦笙坡"的地方，据说就是因为生产适合制作芦笙的竹子而得名；而有另外的老人讲说此去路途遥远，也有几十年没有去看过了，不知道那里的竹子到底如何。正在商量中，在座的一个中年人吴启仁自告奋勇地讲话了，他讲自己曾在自家坡上种了一片竹子，现在已经长大，砍树的时候专门看过，适合做芦笙，他愿意捐献出来。老人一听觉得可行，没必要再纠结了，而师傅也并未多说，于是就这么定下来了。一定下来，就通知了青年们，主要是叫来了吴建才，要其带领一众青年，跟随吴启仁当日下午就上山砍竹子。

　　在讲述他们砍竹子的故事之前，有必要对吴启仁和吴建才略做介绍。吴启仁已经45岁，但仍然在外打工，做的是工程建设的活路，在广州干了很久活，广州番禺大学城的许多建筑他都有参与建设。他此次也是刚回到家中几日，因为广州太热，受不了，回来休息。吴启仁和吴启智同属一个房族，是亲兄弟，其人嘴快心思多，刚回来几日就在大小活动中不停评论指点，参与度很高。能说会道且有想法是寨上大多数人对他的评价，都讲他在寨中如此，在广东打工时亦然，经常寨上的人或亲戚出了事故跟老板讨赔偿，或是拿不到工资的时候，就会请他帮忙找老板理论。但是他这好事好言的性格也并不全然获得了正面的评价，还是有人指出他太爱显示自己，爱强压人，希望别人都按他的想法来做事情。

吴建才只有 26 岁，他本来也一直都在广东打工，在广州的白云苗圃、揭阳的五金厂都待过。当时是因为老婆怀孕，他觉得在外赚的没有多花的多，没有积蓄，刚好父亲找到了在家里砍树的活路，一天也能赚百元，于是就没有外出，留在了寨中。自从古楼砍树抬树结束之后，留在寨中的青年仅剩九人，吴建才就负担起了管理寨中其他青年，并与在外地打工青年联系和协调的责任。这既是来自远在广东的腊汉头吴世强的"任命"，更是青年们的众意。吴建才是吴顺恒的侄子，他为人大方，思虑仔细但敢说敢言，对于村寨事物热心，其人又十分勤快能干，吃得苦，对老人尊重且善于调和，对于青年又强势有魄力，因而能够统管起留在寨中的青年。

一开始，吴建才对于老人和青年的关系，还能做持平的评论，也自豪于青年人在寨中的作用，他告诉我："凡事都要过问老人，这是应该的，是对老人的尊重，但是并不是老人说什么什么就能成功，因为他们年纪大了，做不了事，实际行动还是要我们这些年轻人。"然而随着古楼建设进程的推进，越来越多的矛盾浮现出来，不断的争吵和老人不停的议论与要求让这些年轻人有些吃不消，意见的冲突时有发生，一种"老人无用论"开始在年轻人中蔓延，包括吴建才在内，他们都不断地向我抱怨老人们"守旧""没远见""思想落后"。在这种不满的情绪中，为数不多的年轻人还是承担起了大量琐碎的工作，比如清理坪地、采集运输砂石、协助中年人安装古楼骨架、冲洗厕所等，但积累的不满终于还是因一次做芦笙砍竹子事件而爆发了。

吴建才来到古楼，听老人讲要他们青年去砍竹子，只能应承下来，但已有些不情愿，因为谷子尚未收完，还有许多收尾的工作要做，家里的活忙不完，辛苦异常，还要爬山去砍竹子，自然不是一件轻松愉快的事。当时，吴建才就想叫坐在一旁的几个中年人同去帮忙，可那些人却说"让40岁以下的去，我们年纪大了，不算年轻人"，坚持不去。吴建才无奈之下，只好带着年轻人跟着吴启仁悻悻上路了。

事情到此并未结束，没料想第一次砍的竹子并不适合做芦笙，吹起来并不是很响。师傅不满意，跟老人提意见说要重新找竹子。师傅来这里做芦笙，如果做得不好，不仅寨子上吹芦笙不好听，而且传出去，知道是这个师傅做的，也影响他的名声，所以芦笙师傅极力要求再找竹子来做。老人们又提起了芦笙坡，现在能相信的只有代代相传的知识，于是又要吴建才带头再去砍一批回来。忙完了早晨的农事，刚吃过午饭来到古楼准备休息一下的吴建才听到老人如此几句就否定了他们前日的辛苦，还安排了新的任务，积累的不满一下爆发了。"不去!"吴建才这次主动表达了他的不满，也将寨中年轻人人少力薄活路多的现状提了出来。寨上大多数老人都在古楼中，但对于年轻人的正面顶撞，并没有哪个回以直接的斥责或强令。倒是有一两个好出头的中年人站了出来，力促吴建才与一众青年人遵照老人的指示前去砍竹子。其中吴启仁说得最多，他一直在跟吴建才讲，既然是为了寨子好，他们就应该听从，年轻人就是应该多做一些事情。虽然吴建才一而再再而三地强调作为年轻人他们也有自己的苦衷，可吴启仁却将之视作他们偷懒的借口，一一驳斥。双方你一言我一语，就在争论伴着燥热的天气愈发扰乱人心的时候，吴建才的爷爷发话了，他是站在亲人的立场上帮自家遭外人训斥的孙子说话的，讲了几句中年人逼人太甚之类的话。吴启仁一听，立即将火力转向了吴建才的爷爷。这将吴建才的火一下激了出来（事后他告诉我，当时让他生气的是，作为一个中年人，如何训斥自己都没有问题，但是对老人不尊敬就不行，更何况是自己的爷爷），他立即给两个叔叔（即吴顺恒和他弟弟）打了电话，这两人当时还在镇上，接了电话就立即赶了回来，进到古楼尚未开腔，不管三七二十一就将吴启仁痛打了一顿，直到回过神的寨众将双方拦下，才没有让事态进一步恶化。一直进展顺利的古楼工程，也终究还是有了不"和谐"的插曲。

虽然后来年轻人还是上坡砍了竹子，而这次打架事件也并没有影响到整个古楼球场工程的推进，然而两家仍然因此结怨，彼此所属的两个房族之间也弥漫着紧张的情绪。吴启仁对这事十分气不过，他认为这已经超出了日常的纠纷，升级成了一起恶性伤人的事件，并扬言要告到派出所、法院，要通过法律手段制裁吴建才和吴顺恒。寨中因为冲突而对簿公堂的，这是开了先河，这也十分符合吴启仁的性格，同时也和他常年在外打工凡事求助法律的经历有关。吴启仁和他的几个兄弟，不时地聚在一起，讨论这个事情，讲起要如何讨回公道，并说，如果"法律管不了，我们就用自己的办法，不能让他们欺负了人就算了"。言下之意是要通过暴力手段以牙还牙。而吴建才和吴顺恒这边，对于对方诉诸法律一事，的确有点惴惴不安，尤其是公安局派人来调查时，吴顺恒还专门跑到黎平"躲了几天风头"。但是他们没有将自己视作理亏的一方，对于吴启仁兄弟的咄咄逼人，他们也没有示弱。吴建才就不止一次同我讲："他们想到过年人都回来了再解决这个事情，想趁着人多了报复我们，哪有那么容易。他们几兄弟人多，整天在寨子里就想仗势欺人，像疯狗一样乱咬人。他们人多，我们房族的人更多。"吴建才是当事人，所以难免恶语相向。然而对于吴启仁兄弟在寨中爱仗势欺人这一点，却是在不同人的口中都有提及，并非吴建才的夸张或一己之言。这次打架事件，在寨众的公开讨论中绝少被提及，而派出所也未做进一步处理，似乎两边的人是真的想留待春节来私下解决，双方仍然共处一寨，集体的活动也同时参与，至少维持了表面上的和谐。然而冲突的爆发将隐藏于表面和谐下的矛盾显露了出来。

砍芦笙竹打架事件的分析

导致打架事件的原因是多重且复杂的，并不能说哪一方面是主因，而是多方面共同作用的结果。对此可以从三个方面予以分析：打工经济引发的年龄群体关系转型，寨中长期存在的房族势力不均衡，集体活动中个人控制力的对抗。

年龄群体关系转型既是诱因，也反映着侗寨中深层次的社会文化变迁。20世纪90年代以来打工潮的兴起，将侗寨大量的劳动力抽离出了村寨，现在岑吾寨每户至少有两个人在外打工，且年龄都在40岁以下。人的抽离是看得见摸得着的，而打工经济带来的改变远不止如此，它改变了村寨的经济收入格局。在打工经济兴起以前，岑吾寨算是一个典型的自给自足的农业村寨，生计的维持基本依靠水稻种植，极少数的物品通过集市交换获得，环境闭塞、收入极为有限。为数不多的人外出到洪州田地平阔的地方帮做农事赚钱，如挑担子、打谷子，或是织渔网外出至从江、龙额一带贩卖，但这都是零碎的临时工，生活的重心仍以农事为主。这就依赖足够的体力和长期积累的农事经验。在这样的环境中，年长者在体力和经验两方面有着显见的优势，是小至家庭大至村寨依赖的对象，也获得了相应的尊重。

随着打工经济的风行，原有封闭而又有限的收入格局被颠覆了。腊汉大量外出，收入远非以前农业经济时可比拟。现在一个外出的年轻人一个月的工资在3000元左右，工龄久的可能达到5000元左右，而寨中一户一年的粮食产量平均不足3000斤，折合为人民币仅为2000多元。也就是说，一个年轻人打工一个月的收入就相当于寨中一户人一年的收入。如此一来，在农业不受重视的同时，维持家庭运转的担子转移到了在外的年轻人身上，那些守在家中的中年人和老人受依赖的程度也陡然降低了。造成这一转变的另外一点，或可视为更深层次的原因，即制造打工浪潮的国内经济市场化和商品化。自给自足的封闭环境被打破，人们对商品的需求量越来越大，但收入和支出不成比例，生活必需品需要购买，收入却十分有限，入不敷出成为常态。在这种情况下，人们对收入的重视程度越来越高，能不能找到钱以及是否富有，逐渐成了衡量个人能力的标准。漫步岑吾寨，随意和众人聊天，无时不感受到这种倾向。人们会很在意你的收入和家境，会互相询问对方在外的收入，对于那些不会找钱的人，会透露出鄙夷，而对于那些有钱的人，则表现出略带竞争性的紧张，会去比较谁赚得更多，当然也会坦承有的人的确有能力有运气，自叹不如，对于自己，则是不停地抱怨经济上如何困难，并希冀能找到更多的钱。

　　观念上的改变和因经济环境转变而引发的价值观的变化是相辅相成的。从十五六岁开始就有外出打工经验的年轻人，他们的整个成长期几乎都是在工厂中度过的，这种工厂生活虽然不全然是城市生活，但与村寨中的生活已是截然不同了。这种区别并不一定要用"城乡"的二元差别来概括，因为他们的工厂生活未必是"城市性"的，他们更多的是处于城市的"边缘"。但无疑，他们的生活方式仍然更贴近城市而非乡村。同时他们要接受工厂体制的约束和"熏陶"，也要应对更多更复杂的人际关系、市场环境和竞争。

　　所以处在修建古楼这样一个近几十年甚至近百年来岑吾寨举全寨之力的大事件中，经济生活的转变以及由此带来的观念的改变集中彰显了出来。老人们生活在怀旧的文化情绪中，他们仍相信自己应是具有权威的一群人，坚守着年轻人就应该出工出力的信念。但他们有心无力的状况也明白地表现了出来，越来越少的年轻人在家让他们的想法难以得到执行。更严重的是，年轻人又凝聚了起来，他们认同兴建古楼一事，有自己的想法，且因为资金多由他们提供，开始追求更多的话事权和对事件的掌控力。他们虽然还不至于正面地顶撞老人，但已经能够以协会的形式开始决定一些事件的走向，而所谓的咨询和过问不过是一种象征性的形式，老人们实际已经失权，因为就像他们私下里一遍遍对我强调的，他们坚信"若不是他们出钱出力，这个事情（指起古楼）根本成不了"，"现在主要是不在家，若都在家了，年轻人决定了什么事情，一起干，老人也没办法"。只不过，他们也理解"尊重老人也是应该的，因为他们毕竟年纪大了，以前为家里为寨里也做过不少事情，不能太过直接太过分"。而这种关系的转变还在继续且更为深刻，老人们不仅因为收入结构的转变而失去了依赖，而且在多数外出过的人看来，他们实在是"没有见过世面""什么都不懂，听到一点就乱猜乱说话""这也怕、那也怕，一点变化都不敢做，守旧""旧思想，不团结，生怕自己吃亏"。相反，年轻人在表现出前所未有的团结的同时，也将自身视作积极进取、勇于尝新的一群人，他们有了新的人际交往和处事方式，他们坚信自己的观念才是属于并顺应这个时代的，因此唯有他们才能带领这个村寨走向一个更好的未来。

这还不足以理解年龄群体关系转型中存在的张力，在人的分离和因经济地位的转变而引发的社会地位自我认知上的改变之外，之所以会发生种种冲突，还在于他们对于自身文化的强烈认同与现实的错位。

在这一年龄群体关系转变的过程中，可见的现实便是人的分离和文化的维系。相对于只从经济角度引出"推拉理论"[1] 来解释人群的大量外出务工，对于村寨的现状，则有另一个层面的"推拉"——外出务工经济现实之"推"与文化承继或曰文化惯性的"拉"。这些年轻人走得再远，依然有其文化之根，对于身为侗族且应坚守侗族文化之认同是在其长期务工生活中得到体认的。而那些没有出去的老人，更是难以跟上现实境况，只能凭依既有的文化习惯而实践着，所以我们会看到如下的情形。

---

① 经典的"推拉理论"，由人口学家巴格内（D. J. Bagne）提出，用来解释在市场经济和人口自由流动的前提下，人口流动的动因源自流入地能够改善移民生活条件的"拉力"和流出地不利因素的"推力"的双重作用，参见 D. J. Bagne, *Principle of Demography*, New York：Johnson Wiley and Sons, 1969。这一理论也成为分析中国农民工流动的一个主要框架，参见郭星华、王嘉思《新生代农民工：生活在城市的推拉之间》，《中国农业大学学报》（社会科学版）2011 年第3 期。

1990 年，打工潮尚未开始，多数年轻人还留在侗寨中。交通和用电的不便使得岑吾侗寨稍显闭塞。除了定期的赶场和学生读书外，少有人离开村寨。除了幼童和读书人，大多数人还是投入到农业生产中，作息也是跟随着农忙与农闲而忙碌或闲憩。虽然古楼在"破四旧"时被拆除了，但仍有地基留存，人们合力修建了一个一层的小木房作为公共空间。夏日里老老少少便将坪子作为款场，到了冬日则转移到小木房里烤火。知识、故事、闲话就在这些公共空间中由老及少、由个人及集体地传递。

"那时候没有广东，也没有侗族"，站在后来一波波打工青年的角度上看，这句话也许是对那一时期恰当的描述。这话是我从一个当地外出打工的人那里听来的，他现在已经成了广东揭阳一个五金厂的老板，属于岑吾寨及周边侗寨外出打工者中最早出去也是最成功的一个。我将他的这句话带回了侗寨，不时地和其他人提及，他们也纷纷表示认同。似乎理解了这句话，方能理解 20 世纪 90 年代开始的转变。广东从无至有，自然不是地理或行政上的，而是侗人对异域的感知，是他们空间想象的扩展。而这一感知和想象确立的过程，正是他们走出寨门，走出山地，走向广东务工的过程。与此同时，他们的文化感知力也在与外界的接触中得到强化。在未外出时，他们更为强调自己是"更"（汉字记侗音，侗人自称），是与外来的汉人、山里的苗瑶不同的一群人；但外出后，他们更明确地意识到自己作为侗族的民族身份。侗族不仅仅是一个标签，也和"老乡"一样成为他们在外凝聚的重要认同符号。恰也是这个时期，关于侗族文化的宣传和黔东南旅游开发日益兴盛起来。而正是在当前这一代人，民族文化的主体性意识逐渐确立下来。他们不仅开始意识到自己是侗族，也同时获知作为侗族的自己，拥有独特的风俗文化，且要传承与发扬。现在，"有了广东，也有了侗族"，广东的出现虽然造成了人从村寨中的"抽离"，却也作为一个契机，使得外出务工的一批批侗寨青年，不仅没有抛弃文化根基，反而更为确凿地钟情于自身的文化，文化的"拉力"由此而生。

然而，在侗寨中从未外出过的老人们，却不得不面对一个紧要的现实——年轻人都跑出去了。在起古楼的过程中，老人和年轻人之间的冲突，并不全然是观念新旧之交锋引发的。有时候，他们所遵循的规范是一致的，甚至有着同样的诉求，但是一到实际操作层面，却少了执行者。依照传统，老人提供知识和决策，年轻人负责执行，然而现在以起古楼为例，老人依然只是坐着说话的一群，年轻人与老人一样是想要搞好古楼的，也积极地出钱，可到了出力的环节，就有了问题。文化虽然维系着，甚至被强化着，人的分离仍是不可忽视的现实情况。实在的年龄群体、积极的文化主体意识和匮乏的人力与执行力，构成了侗寨集体活动的三角，也是年龄群体转型因果的另一个面相。而这次因做芦笙而发生的打架事件，恰是因此而引发的。

寨中长期存在房族势力的不均衡。事件在发生之后不断地升级，将其中长期隐而未发的其他因素一一揭露了出来。岑吾寨中的六个房族，内部分别联合，形成了两个合并房族和一个同宗房族的格局。这一人群聚合的格局，虽然在实践中更多的是作为婚姻缔结的单位而受到确认和维系，并表现在房族内部的相互帮助扶持上，但在村寨集体活动中，六个房族却违背了基于婚姻和互助的原则，还原到最初因血缘而成的聚合，各成势力，"每个房族都想当老大，想寨子做什么事情都由他们（房族）说了算"。

若要勾勒这个势力图，那么首先要排除吴恩硕所属的大旋房族。这个房族只有十户人，无官无钱，房族中各户成员行事低调，他们几乎只是参与到集体活动中，而从没有表现出希望能够有话事权的企图，在昌德叔所做的评价中，这个房族的人基本都属于"只做不说"的类型。

最有实力并处于对抗中的有三个房族：吴启智所属的高窄房、吴建才所属的金苗房和文书吴世修所属的金盆房。高窄的人数属于寨里房族中中等的，他们的实力来自"有吴昌德给他们撑腰，他们几兄弟人数多、团结，有什么事就聚在一起"。十多年村干的经历，让吴昌德在村寨中树立了无可置疑的权威，即便和他同期做村主任的吴泰安，也为吴昌德的强势所遮掩。即便是现在吴昌德因病退休了，古楼负责人里也没他的名字，但每件关乎大局需要决策的事情，他都会参与其中，发言掷地有声，和古楼师傅订协议、确定古楼朝向，都显示出他在集体活动中尚存的余威。而和政府打交道时，新任的文书也要携他同去才放心。金苗在寨中是势力最强的，因为他们和班凳有着紧密的联系，虽然金苗和班凳分属两个同宗房族，但他们和其他的房族不同，可以追溯到同一个遥远的公，是到后来才分了支，彼此因血缘而生的认同仍然坚实。金苗不仅人多，房族中吴泰盛的父亲曾经做过乡长、镇长，吴泰昌的三个儿子凭依打工成为南江村乃至七佰南江最富有的老板，这几年接连出了几个大学生，都成了他们可以在寨中获得地位的"资本"。一如吴泰盛在表达对启智房不满时说的："虽然这些年我们没什么人做官，他们也没有嘛。但我们培养出来了几个大学生，光这一个就把他们比下去了，他们平时那么凶，可他们有培养出大学生吗？而且我们这里还有吴泰昌老师他们，团结得很，有什么事都可以相互帮忙，他们就知道穷凶。"金盆算是一股新崛起的势力，他们的力量是在工程中展现出来的。金盆人数其实不多，和大旋差不多，但金盆的崛起，依靠的是联合的能力。首先是在亲属关系上，文书的姐姐嫁给了吴泰安，而文书的妈妈则是从吴泰盛家嫁来的，仅凭这两个婚姻缔结，就为文书房和建才房的融洽关系打下了坚实的基础。文书房和廷如房是因婚姻和互助合并的房族，若是要合并起来，人数也和高窄对等，虽然文书房和廷如房仍有嫌隙，但在大局下，廷如房仍然是依附于文书房的，两个房族中哪家有大事，文书也作为主持管理全局。其次是在年龄群体上，吴世强是文书的堂弟，同属一房，他又是全寨的腊汉头，文书作为一个行事稳重的中青年，得到青年的认同。因而在集体活动中，文书房也影响着青年们的走向，同时收获着他们的支持。而文书作为新任的村干和古楼建设的村委负责代表，也加重了文书房在寨中影响力的砝码。

在此次打架事件后续问题的处理上，呈现出高窄对抗其余几个房族的状态。人们在各类非公开的场合私下议论，认为高窄一直因其兄弟多、势力大，想要独占集体活动的话事权，想要压着寨中的其他房。因而此事一发，虽然吴启仁是受害者，但寨众仍然对高窄存有敌意。就如同此事是给他们敲了一次警钟，让他们知道他们并没有成为寨子集体活动的真正主事者。有了一个共同的"敌人"，寨中其余诸房在这件事上口径出奇地一致。大旋虽然是超然集体活动主导之争的，但因为此前有吴恩和被吴启智打的事情，所以此次他们也偏向于吴建才一方。金苗自不待言，自然是支持自己房族人的，而金盆也站在了金苗的一边，为他们如何应对高窄的状告出谋划策。因而吴建才对此事分外放心，一方面是因为他们房族人多不怕，另一方面就在于他已了解了当下的形势，"寨上的人都讨厌他们（高窄房族的吴启智几兄弟），他们要是真的要打，寨上的人肯定都帮我们的"。

年龄群体和房族所呈现出的紧张关系，是集体活动中基于不同人群范畴结合成的群体之间的对抗，在这些范畴的包裹之下，个体的行为必然受到规制。然而不同个体实践的能动性，往往体现在他们对于结群范畴的规范和意识涵括之外，会因为个体自我理解和能力的不同，超越其身处的范畴。只是人们在归因上，常会混淆个体与群体之间的这种错位，个体争斗遂为一种群体对抗的表象所掩盖。当然，正如我一再强调的，现实生活绝非如此绝对，个人行为、人群关系、集体结构与事件发展的关联，总是有着两面性或多面性，我在此所做的分析，是一个将之结构化并条理化的过程，不同的线索以一种相互缠绕的复杂性展开，才是"真实生活"。至于究竟在哪一个时刻、哪一股力量占据了事件的核心而引导事件的走向，总是神秘而不为人知的，否则，这个世界也太无趣了。

在古楼工程中，房族之间的对抗也掩盖了个体之间的争斗。个体争斗的焦点，在于对集体活动的控制力上，因而也就发生在负责人之间。关于负责人的事情，如同罗生门一般，从每个人嘴里听到的见解都经过了他们自我理解的加工。究竟谁在主控着整个集体活动？按照吴泰昌老师的说法："没有什么总负责人，搞这个古楼，有什么事情都是我们几个（负责人）一起商量的。"这无疑是一种理想型的描述，就好像在选举负责人时，寨众们乃至被选出的负责人们，都认为所有的事情可以依照这样一种共同商议、相互协作的良性方式展开。然而随着工程的推进，负责人在内外两个面向上，都遇到了诸多矛盾。负责人作为一种身份，全体地、不加区辨地受到来自寨众的猜疑和议论，已不必在此赘言，但这又成为其内部趋向分裂的导火索，也将其内部的竞争凸显出来。

吴启智其人：来自自我和他者的评述

无论何时何地，吴启智在寨中、在负责人之中，都是最显眼的一个。从自我认同、言语和行为上，都能看出他对于自己作为负责人身份的重视。自古楼工程计划之初，他就主动参与并表露出自己的重要性和独特性，即关于定向、日程都要由他和老人们一同商议，其余负责人则无权过问。而贯穿古楼修建始终，他一直在表达自己对于古楼知识的掌握要比其他人更为明确和丰富，比如关于古楼之于侗人的含义，吴、石两姓古楼形制不同的原因，竖古楼当日的仪式、禁忌与细节，这些知识在不同场合被言说，而他却不断地对其予以评断，并依靠自己知识的丰富和态度的自信坚决而掌握了话语权。

面对寨众对负责人群体的质疑，他也力图让自己成为其中坚守的一个。当我问及为何很少见到其他的负责人参与到活动中时，他这么告诉我："他们（其他的负责人）受不住议论，都不敢管了，扔给我一个人管，把责任都推卸给我。"但是对于这样的情况，他并没有随波逐流，而确实是如他所言，"因为事事不能出错，万一出错了会有不好的事情发生，所以要日日监看，我连上坡（务农）的时间都没有了"。责任于肩，他也变得强势起来，对于寨上爱讲闲话的人，他并未示弱。针对寨上人一直讲他们私吞拨款且用之于外一事，他干脆就趁一次外出办事拉上了几个爱讲闲话的人，干完活了，这几个人要报销，他讲没得报销，从来都是我们自己垫钱办的，这几个人也就从此无话可说了。此外，在年龄群体这一范畴中，作为中年人的吴启智也将自己看得很重。虽然和大多数侗人一样，凡事都说要"过问老人"，但他同样也和大多数侗人一样，对老人有着直接的批评。比如他自豪于参与了早期和老人一起的古楼日程讨论，但他也直白地说出在他看来老人在工程中的角色，"正式开工之后，老人就不管事了"。不仅如此，他还讲："老人也有捣乱的，有的说不搞，又说不出理由，有的又说干脆一起把寨门什么的都搞了，说'趁累了，就要趁热打铁'，丝毫不体谅做事的人。他们搞破坏，就是在款场上散播言论，想让大家都以为是这样。"而作为一个中年人，他也同样没有意识到年轻人群体的变化，在他看来"做事还要靠这些中年人，老人思想太落后了，年轻人经验还不足，做事说话诸多方面不成熟、不合"。因而对于吴启智来说，他头脑中古楼的实质负责人，就是中年人，而中年人多不可靠或推卸责任，而他就成了真正的"第一把手"。

不能将之看作吴启智对权力的追求，控制力的获取也是在范畴中实践的，是结构和能动性的双向作用，年龄群体的传统关系、房族中来自昌德的支持、寨人的议论、对责任的忌惮、他个人的强烈认同和责任心都促成他在古楼工程中控制力的扩张，但也因此遭到了议论。

吴世修走了一条和他极为不同的路。认同上的匮乏、对人群的怀柔和吸纳（房族和年龄群体大多数都偏向他）、村委的身份，却也造成他获取控制力意识的觉醒，并提供了觉醒后可依赖的基础。

针锋相对是一个过于可视化的词，其实不同个体之间仍然是在一种"语境误读"的情况下对抗的，误读者既是负责人自己，也是寨众。

第十二步：贺楼前的讨论——请客、准备、人员安排

在古楼工程即将进入收尾的关键环节——贺楼之时，打架也只能成为一个插曲。虽然它挑明了这大半年古楼工程中隐含的诸多矛盾，却又在集体的层面上被掩盖下来。在岑吾寨人看来，如今有更大的事情迫在眉睫，其余的争斗都可以放在一边，以后再来解决，完工贺楼为大。

所以，虽然发生了打架事件，竹子还是砍回来了。也是因为打架，大家对于砍竹子的事情没了异议，不用怎么动员，由吴世修带着几个年轻人去了芦笙坡将竹子砍了回来，芦笙师傅也再无怨言，人们也不再评判芦笙声音如何，只是顺应着让师傅将芦笙慢慢做出来。

贺楼的时间定在了农历的八月廿六日，也就是公历 2012 年 10 月 11 日，算起来只有半个月的时间，球场已经完工，古楼装修也早已完成，就等着张挂一些花灯彩带即可，芦笙即将做完，现在就剩下讨论如何庆贺。

庆贺的问题可以细分成三个部分：请什么人，请多少；伙食如何；人员怎么分配。寨众一开始的讨论，主要集中在前两部分。和大多数时间一样，这样的讨论仍然在集体中进行，现在他们已经有了可供讨论的绝佳场所，也是他们一直期盼的公共空间——古楼，几乎在古楼刚有雏形之时，所有关涉集体事务的讨论，就自然而然地被搬进古楼之中进行。

请什么人，请多少人，摆多少桌，是要先定下来的问题。但实际上大家的讨论仍然没有涉及准确的数字，而是希望定下一个大概的方向，确定一个大家都赞同的意向。由于众人都参加过己信的贺

楼典礼，所以对于这个问题也算是有点经验。和其他活动一样，南江三寨无论哪一寨要搞以寨为单位的大活动，其余两寨是无论男女老幼都受到邀请的，按照岑吾寨人的说法："我们到时的请帖，就写敬邀全寨男女老幼，无论多少人，只要他们愿意来，都可以来。以前也是一样，我们三个寨子都是这么写请帖的。因为离得近嘛，离得远的就不叫那么多人了。"所谓"离得远的人"，仍然有其限定，指的就是南江三寨之外的七佰南江的所有村子。而这些村子就是以村委为单位来邀请了，并不细分到寨，且请帖虽然写邀请村子，但来的一般都是代表，即村干。因为同时庆贺古楼和球场落成，要搞球赛，还要邀请球队，故七佰南江其余各村邀请的对象都是"村干＋球队"的组合。此外，就是要邀请政府的人，水口镇上各个部门都要叫的，不仅如此，吴昌德就说还要叫县里面的人。这里的讨论，寨上人是负气说的，有的就说："水口政府一点钱都没出，根本不应该邀请。"也有的说："就应该只请县里的，不请镇上的，到时候让县里面看看，我们多积极，搞了这个，可水口政府都不支持。"当然，这样说说，更多是气话，面对着对政府的依赖，人们可以负气，却不能惹政府生气，或者说，他们还抱着一种侥幸心理，希望邀请水口政府的人来，能在送礼时兑现一笔可观的"支持"。

大概就是这么几类人了，人数一算下来，少说也有1000人，十分可观。要摆多少桌呢，一桌坐8～10个人的话，那么至少也得要100桌才够。既然是热闹，人当然是多多益善，可这又涉及出钱的问题，争论便相伴而至。大家出的钱，只包括古楼球场修建的费用，招待贺楼的伙食，又要另出钱来凑。大家暂定一户200元，把数字压低，可吴世修想得多点，他讲："一户200元，算起来也就是1.5万元，一桌怎么说也要200元，这样这些钱只够60桌的，还要买花炮之类的东西，恐怕不够。"话是这么说，但人们还是有意见，有的就说一桌200元太多了，可以压一压，他们也在想节约之道。

比如买菜，吴顺恒起头，讲可以去黎平买回来，因为量大，去黎平菜市场买，除掉邮费，肯定还是比在水口菜市场买得便宜，水口小地方，啥东西都比别处贵。这个提议大家倒是暂时赞同的，可吴世修和不少人私下里还是讲，去黎平是个麻烦事，不知道谁去好，虽然是吴顺恒提议的，但他也不愿去，去了还是出力不讨好，恐怕会引来议论，讲乱花钱、贪钱什么的。说着，吴世修又叹出了他经典的口头语："难哦。"说来说去，还是暂定一户 200 元，还有时间，大家各怀心思地同意下来，实际上是各自在私下又会继续讨论，集体讨论如今已经有了一个模式：聚众讨论，即先筛掉一些大家都认为不合适的意见，有一个大方向了之后，看大家的态度，然后那些"好事者"或者负责人会三五成群地私下里讨论，继续商定细节，再向众人公布最终的决定。所以，事情离真正定下来还有一段距离。

菜式如何呢？这个问题就比定人数和费用复杂多了。讨论的过程仍是不断地产生不同意见，赞成或否定，时而转向玩笑，时而又回到主题。如有的人提出某样菜，然后大家就评论好吃与否，最后都说不好吃，就否决了。又如吴启信说要杀牛，吴昌德等一致反对，吴启信就说："哦，我还想要杀牛呢！"吴昌德等人就摆手说"一斤牛顶二斤（猪）肉，不划算"，于是便否决了。也有人说要草鱼、鲤鱼都有，大家就认为鱼只要有一种就行了，整个讨论过程反复如是，一直没有具体的定论。但大的方向依然定了下来，血红作为喜事菜已是传统，一定要有；此外，鱼也是侗家必备的；而其余可以炒两个热菜、做个汤，再去水口买点凉菜，就差不多了，至于有没有鸡，还未说定。酒就先从寨上有做酒的人家买起，不够了再去外面买。关键是要好的，不能差了，差了还是"丢脸"的问题。

此后，一次吴昌德邀请古楼师傅来家里吃饭时，又谈起了关于招待菜的问题，他们言下，杀牛是没人同意的，杀一头牛二三百斤，就要 5000 元左右，到时那么多人，也做不了什么菜，作用不大。计划就买 100 斤牛肉，吴启仁因为和吴昌德一个房族，是其孙辈，也来作陪，他还是一副好言说的样子，似乎丝毫没有受到打架事件的影响，但脸上的瘀青还是没有消退。他一直在强调民族特色，主要是要有猪血红，此外都用本地鱼和本地鸡，不要饲料养的，鱼每户出一斤半，也有一百斤了。鸡的话，全寨有一多半人养，没有的人就向那些有的买或者借，到时也一户出一只。一桌八个人，八样菜，200元左右就可以了。一开始有人讲一桌80元，他们都讲肯定不行。我提到之前听说搞60桌，吴昌德很不满地讲："哪个说的？60来桌哪够。要搞的话，100桌可能都不够，要100多桌。"对于这个饭菜的问题，吴启仁的看法是，最终还是要他们五六个人来决定，76户就有76种意见，如果总听大家的，肯定不行，有人不知怎么搞好吃，还瞎提意见。

吴启仁的说法，切中了村寨事务的要害，也是寨中不少人的一致看法，集体虽然可以争论，但总是有说话"不合适"的人，如果要维持彻底的民主，结果只会是被肤浅的团结掩盖下的一盘散沙，而事情绝无推进的可能。然而哪怕可以细数出来这"五六个能够决定事情的人"是谁，在这几个人内心中，也有着极大的不认同和分歧，这几个人能否同心，至少从前述的种种事情中看得出来，仍存在疑问。可以想象，像这顿夹杂着讨论乃至决定整件事情走向的"讨论餐"，在吴昌德家之外，可能同样发生在吴世修、吴启智的家里。这个时候，吊诡的地方就在于，那些被他们质疑并不屑的大多数，成了他们能够真正成为中心所依赖的重要对象。即是说，他们的决定能否被接受和执行，在于说服寨中大多数人，获得其信任和支持，所以在后续讨论时，他们必将场景再次拉回古楼众议之中，讲出他们分派私下讨论得出的意见，并在实际的寨众讨论和私下的活动两个层面中争取这些"大多数"人的支持。

芦笙教学和球场管理：老人和年轻人的对峙

在人们还在为贺楼做准备的同时，随着芦笙陆续做好，娱乐生活也变得不再那么单调，一入夜，古楼里就不时传出参差不齐的芦笙声响。就是这欢闹的事情，也成了人们对年龄群体发表意见的由头。这几日，芦笙做好了四五个，夜里的活动主要还是闲聊，但芦笙摆在那里，人们难免坐不住，尤其是那些年轻人，最为好奇，隔三岔五地就跑到跟前胡吹一通，年轻人的热情，主要是图新鲜热闹，其实没有哪个要认真学习，吹响都难，吹了几声就跑走不见了。但这声响刺激到了在座的老人和中年人，对他们来说，年青时最大的娱乐，除了去坐姑娘，就算吹芦笙了，和现在的青年打篮球是一样的。禁不住这诱惑，人们也爱起哄，有一夜，有几个老人和中年人也算是以前爱吹之人，大家都晓得，就要他们好好地吹奏一番。他们也不做过多的推辞，实则也是自己兴趣被挑起，拿起芦笙试了试，几个人一合计，身体摆了摆，就吹奏起来。一旦吹起来，非要吹过三道（三首曲子）方可停住。吴昌德在一旁听得欢乐，但因为身体不好，没办法参与其中。他讲，吹芦笙必须得吹三道，这是古时候传下来的，以前都是这样，去别的地方做客，走的时候要在本寨先吹三道才能出发，进了别人的寨子，也是进寨和出寨都要吹三道才行。这一阵吹完，年轻人又被吸引了过来，纷纷拿起芦笙装模作样摇头晃脑地吹起来，也叫刚才吹芦笙的几个中年人来教，其中一个一边教一边就望着坐在远处的老人（因为是9月下旬，天气闷热，古楼里更甚，多数老人受不住，选择坐在外面的球场坪子上闲聊）说道："老人一个都不来啊。"语气中尽是不满，意思是这个事情本来应该是老人来传授才对。这让我联想到在吴昌德家吃饭时，他们对老人的议论。他们提到寨上老人该做的事不做，总是爱坐在那里说闲话，"老人家就应该做该做的事，现在搞芦笙了，你去指导一下、教一下，我们都佩服。这老人都在那儿瞎议论，乱讲话，就不合，不应该"。

不仅中年人对老人的言行不满，年轻人中也存在着一根紧绷的弦，他们对峙的是来自中年人和老人共同的压力。晚上大多数人都散场回家休息时，一直在打牌或打球的年轻人迟迟没有离去，而是聚在古楼之中。要聊的事情很多，广东那边的捐款、球架的事情、买花灯花炮、打球组队、买音响，都是可以引出讨论的话头。但这些事情都是一波三折，要和广东那边的青年们一同合计，此刻难有定论。当务之急是寨上老人和中年人交给他们的任务：如何管理球场。建才、世恒、顺传、永学、昌云、昌易等青年坐在一起，讲起这个事情。问题集中于让不让三轮车上来。他们的一致看法是，要保护球场，摩托车可以上来，三轮车就不行（这一看法也是老人和中年人的看法，但被交给年轻人来解决）。对于如何解决，他们想法不一，有的说安两块石头，有的说收窄下坎，有的说罚款罚烟，大家一直在讨论，没有定论。

关键是他们对于"老人要他们来做这个事"表达了不满。吴建才说："大人要小孩做事，小孩也要大人帮忙。"吴世恒对此的看法是："这个事情，不能光靠一两个人做，人少了，别人几个人一来提意见，就把他说服了，事情就办不了。什么事情都应该一开始大家一起商量，说定。那时若有几个人反对，就要靠大家说服他们。"吴世恒还说："我现在都有点讨厌我们寨的老人了，什么事情一张口都是'让年轻人来办'，好像年轻人没有自己的事似的。我们白天也辛苦，也有自己的活路要忙，也是到了晚上才有空在这里（古楼）闲坐一下。"吴建才听了，激动地说："那都要年轻人来负责，就把广东的年轻人都叫回来，安排每天一个人在那里（球场入口处）站岗。到时看他们（老人们）还能不能管到（年轻人）！"

吴建才、吴世恒的态度和上次去砍竹子时一样，认为过于守旧的老人们难以跟上时代的变化，更无从把握当下已经发生转变的情况。青年们认同他们在寨中的身份和相应的义务，却又受迫于人力短缺的现实。过于琐碎的事务安排和索取，让他们力有不逮。顺应时势的变通，在他们看来，应该是青年出钱，留在家里的中年人出力，老人出面说话协助。但事实却与此相悖，老人和中年人依据的还是一套与时势相抵触的"传统"习惯，想要稳定他们权威的同时，却刺痛了本来抱持着积极心态的青年们。

此时此刻，"传统"与"现代"这对二元对立的概念，混合成了泥沼，将岑吾寨人拖陷其中，也如同一把双刃剑，高悬在他们头上。若说他们并不自知，实在是低估了他们。但也许正是寨上的人太过以为他们掌控着自己的生活，深度地卷入其中，才制造出了难以自拔的痛苦。当面临着更多的不确定性时，稳固的社会结构也被撼动了。

在用指定招待餐和吹芦笙两件事讨论个体与集体、年龄群体关系与社会结构的问题之后，我们再来看看寨子与寨子之间的关系。

中秋节芦笙周游中的南江三寨关系

2012 年 9 月 30 日是农历的八月十五，正值中秋节。对侗人来说，虽然他们不吃月饼，但八月十五也是个可大可小的节日。平时过八月十五，也就是家人团聚、邀请客人，以前据说还会几个寨子聚起来斗牛，或是芦笙队互访。有时热闹，有时平淡。这次的中秋节，就热闹非常。因为一整套的芦笙终于做完了，这一日要送芦笙师傅走，又正值过节，早晨大家在古楼里一商量，干脆就在古楼里打平伙，一户 20 元，去水口买几个凉菜，愿意来的就来。主意已定，就按此执行，通知全寨，基本每户都参与了进来（每户只是出一个代表来，而非全家都来），在古楼里摆了七桌，坐得满满当当。吴启仁几兄弟就和芦笙师傅坐在一起，打架事件之后，常常在外看到他们几个人坐在一起，对于派出所如何处理的事情，他们似乎还在商议，不过自从那次被打之后，吴启仁虽然在房族聚会时依然保持本色，但在公共场合却少了几分活跃，此次算是头一次参加集体的活动。平日在球场上，常看到吴启仁兄弟聚在一侧，而吴顺恒和吴建才坐在另一侧，隔着球场，中间凝聚着紧张的气氛。

就在下午收打平伙的钱时，还是出了个状况。吴昌德坐在球场边上负责收钱，事因也讲清楚了，人们陆续过去交钱。老主任吴泰安却突然生气了，大声嚷嚷着说："怎么又要交钱，明明搞这个古楼的钱还有 13000 元剩下来，到哪里去了？"他声音很大，很激动地冲着大家讲，说着说着就赌着气回家去了，晚上的打平伙也没有参加。在旁的人倒是冷静，他们表示，今天是送师傅，应该出钱，是现在、当下的事情。至于那个古楼财务的事情，就明天再来讲清楚。

一顿欢送师傅兼过节的晚饭吃得大家不亦乐乎，不仅与师傅同桌的启智家几兄弟和师傅频频对饮，其他桌的人包括老人们也都纷纷去给师傅敬酒。几番下来，不少人已经醺醺然尽是酒气。也许正是酒精的力量，人们的心情此刻极为放松愉悦，建古楼修球场做芦笙中的种种不快，尽为杯藏，怀旧的情绪悠然上脑，不知是谁第一个提议："我们把芦笙吹起来，去对门和高头的寨子走一走！"这一呼即有百应，人们呼呼啦啦地起身离了餐桌，抄起斜放在古楼边上的芦笙，全聚在了球场坪子上。吹芦笙的还是那些老人和中年人，三个老人打头用最小的芦笙，其后跟着一波中年人拿着逐渐变大的芦笙。他们商量了一阵就吹起来，因为是第一次合吹，吹了几次都未合拍，但凡是能拿起芦笙吹的，年青时都是好手，没过多久就过了磨合期，曲律和畅起来。年轻人也兴高采烈，虽然没有一个人会吹芦笙，但热情也不输吹芦笙的人，自告奋勇地做起了"啦啦队"，在旁壮声势，并跑去买来了大大小小的鞭炮，准备一路燃放。

只见为首的老人手执芦笙，引领着队伍，声音未起，手和身体便已摆动起来，左摆、右摆，轻慢如简单的舞蹈，到那第三摆，深吸一口气，鼓足腮帮子，猛地将芦笙嘴含入口中，伴随着身体摆动的惯性一顿足，齐整闷响的芦笙音陡然震出，如巨石投湖，声响一波接一波有节奏地急遽外荡，群山环绕，继而回响往复，将人席卷。三曲作罢，众人一声吆喝，甩出一挂长鞭炮，噼里啪啦，浓烟阵阵，全寨老少沿着寨间小路逶迤直奔高寨而去，沿途炮声不断。

高寨虽然也在建古楼，但进程较岑吾寨慢了两个月，现在尚未竖起古楼，他们也有做芦笙的计划，却还不到时日。此时岑吾寨众前来，高寨人没有芦笙作对，只好用鞭炮相迎，满脸堆笑，却难免尴尬。岑吾人进了寨子，与高寨人打了照面，没有过多寒暄，芦笙队直接到了新古楼地基旁的一个小巷里。我问询之下得知，此处是旧时开展欢娱活动之地，现在地下还留有旧时鹅卵石铺的坪地，芦笙队在此稍做休整，继而还是连吹了三道，方才歇下。跟队的年轻人开始活动，高寨青年邀岑吾寨的青年在如今因为房子包围而略显狭窄的坪子上一里一外地围成圈，转动起来开始哆耶。两寨你一句我一句地唱和，大意是互相称赞，高寨表歉意，岑吾寨表祝福。哆耶一阵之后，岑吾寨人又抄起芦笙，吹奏了三曲，便伴着鞭炮声响，取道去岑烂寨了。

本来说好了三寨各自建古楼，但是岑烂因为古楼朝向以及年份不合适，不得已将计划推到了 2014 年，因而是古楼、芦笙俱无。不同于高寨的仓促准备，岑烂寨人听到岑吾寨芦笙响起，继而又转到了高寨，自知他们是一定要来本寨的，于是早早地买好了鞭炮聚在老坪子等着。岑吾寨众从高寨下来，高寨没有芦笙，也就没人跟来。还没进到老坪子，岑烂寨欢迎的鞭炮就早早地响了起来。岑吾人在岑烂寨的活动和高寨一样，吹芦笙、哆耶，之后寨众便欢喜地回寨上了。

回到了寨上，又吹了三曲，芦笙队伍今晚才真正地休息了，众人又在球场坪子上哆耶起来。这次全寨老少都参与进来了，不过全程都是男性参与，女性有个别的也是看热闹，并未参与到活动里面。就这么热闹到都有了倦意，才意犹未尽地各自回家休息去了。

这一夜，不尽然全是欢娱。三个寨子的人整晚都挂着笑容，气氛喜乐，而吹芦笙和哆耶，是三寨之间在信仰和社会两个层面上互颂吉祥。这样的活动看似将这三个寨子的关系维系得更为牢靠，而实际上却处处透露着三寨之间的对抗和比较。在南江村生活一段时间就能感受到，三个寨子一直在暗中较劲。虽然没有什么事件可以供他们真的正面对抗（以前也有寨子之间打架的事情），但这种较劲总发生在地位高低的比较上。比如说岑吾寨以前穷，现在出去打工的人会找钱，成了最有钱的寨子，起新房多；高寨出了几个大学生，也有人在水口和黎平当官，所以凶得很；岑烂以前出官多，公社时候都是他们出书记，骄傲、看不起人，爱讲大话，但现在不行了，诸如此类，不胜枚举。这样的言论，不仅来自寨子之间彼此对对方的评论，各自寨子里的人也会称赞本寨，自我高调认同，认为自己最好，或是以前不好，现在开始变好、变厉害了。无疑，此次中秋节吹芦笙，给岑吾寨提供了一个极好的彰显自己并压低对方的机会。

在寨众拥着芦笙队前往高寨的路上，几个沉不住气的年轻人就笑嘻嘻地说道："去了要刺激一下高头（高寨）和对门（岑烂）的，今晚他们肯定睡不好觉了。"一直沉浸在欢乐气氛中的我猛然惊觉，借着酒劲，也顾不得找着合适的词语，直言："你们这样过去，他们啥都没有，简直是挑衅嘛。"年轻人听到，好像找到了能够表达他们心声的词语，加重了语气重复着说："是的，就是挑衅。"声音很大，就连走在一旁的中年人都听到了，他们也只是笑笑，点头不语。这次芦笙周游，正是岑吾寨耀武扬威的时候。后来想想，也许用"挑衅"的确有点重了，但岑吾寨人有意无意地的确将这场芦笙会变成了他们的展演场，主角就是岑吾寨。这次芦笙周游本是可有可无的，甚至从习俗上讲，在本寨吹吹就罢了，另两寨根本没有芦笙，本不该去的。但他们执意要去，披着节日颂福的外衣，却将另两寨逼到了非常尴尬的境地。这一趟走下来，岑吾寨的热闹和另两寨的强颜欢笑对比鲜明，岑吾寨人仿佛为芦笙乐曲注入了歌词，意在说明："我们寨子在南江三寨中才是最厉害的，年初说好了三寨起古楼，我们最晚得到通知，却是做得最快的一个，现在芦笙也有了，全寨团结地过你们这里来庆贺，你们高寨慢腾腾的连楼都没竖起来，出大学生出官员又如何，更别提你们岑烂寨了，说到最后，现在什么都没有……"

将这样的行为定性为"挑衅"，绝不全然是岑吾寨人和我的自说自话，从另两寨人的反应中也可以看到，他们的确是受到了"刺激"，至少是并未将这次芦笙周游看作一次单纯的欢娱活动。高寨还好，因为有了计划，只是想着如何加快进程。而岑烂寨受到的刺激最大，尤其是那些岑烂的青年们，看到自己寨子被比下去了，很不服气。当岑吾寨的芦笙在岑烂响起时，一旁的青年就气鼓鼓地在议论，讲到寨上的老人什么事都不让做，搞到现在另两个寨子建设得那么好，自己寨上却什么都没有，如果再不让做，就骂他们（指老人），不管他们也要做些事情。也许正是这次受了刺激，之后岑烂寨不仅匆忙地请来了芦笙师傅，开始赶制芦笙，同时在因为风水原因不能修古楼的被动情境下，干脆提出也要搞球场，继而大兴土木起来。至于芦笙做得不好，大动干戈地建球场又弄得寨里屡发冲突，则是后话了。

中秋节岑吾寨的芦笙周游只是南江三寨长期对抗中的一个片断，也是不断通过实际的对峙和言语的比较所嵌套成的复杂事件流中的一环。在这里，因果分析和本末关系变得有些模糊，乃至失效。欢娱活动、信仰颂福和彼此对峙都是真实的、相互关联的，我们却不能肯定地指出就是其中之一决定了其他的方面。很难说岑吾寨人是为了挑衅而欢娱的，也不能全然认为此次欢娱的影响就是刺激了另外两寨。有时候，人们并不是不自觉，而是过分自觉。毫无疑问，他们置身于一套文化习惯之中，怀旧也好，新奇也好，总之他们始终深深为之着迷，一旦有机会，便会践行，他们究竟是在创造这些习惯，还是受控于这些习惯？同样，他们以为自己"清楚地知道他们在做什么，以及会发生什么样的事"，但事实的发展常常出乎他们的意料，或者说是一种"意料之中的意料之外"。即是说，事情的确在他们预期的路径中发展，因为他们过于熟知自身所处的社会文化知识；但是事情同时也在这条路径中不断地波动，因为这个社会正面临着知识的革新和他们所未知的新鲜变量的渗入。也许岑吾寨人知道岑烂人会在此之后发奋搞建设、做芦笙，但他们并不一定能预测到这个过程有多么坎坷，即便他们自己起古楼修球场时已经经历过同样的过程。这就像照镜子一样，也许岑吾寨人在高寨和岑烂寨的集体工程中看到了自己，却无论如何也看不到自己的后背。

中秋一过，贺楼的事情便迫在眉睫。虽然请客和宴席安排的事情仍是重要的议题之一，不过大的方向（大约的人数、菜式和人员安排）已定，只是做些微调即可，况且请客的经验谁家都有，每个人都经历过、操持过，只是规模大小的问题，故请客和宴席安排没有成为人们急切要解决的核心问题。"从有到定下"相对容易，但如何"从无到有"才是岑吾寨人的心病。这两天又有几个在外打工的人为了参加贺楼从广东回来。大多数的年轻人还是很难回来，因为工厂那边无法请假，他们只能遥表祝福，心情虽然急切，却没有办法。回来的人里，有两个人十分引人注意，一个是班凳房族的吴泰明，一个是金盆房族的吴廷光，两人都在广州打工。打工是在外务工的泛称，他俩并没有像寨中大多数人一样，在工厂里从事手工加工业，而是通过多年的打拼已成为正规国企的员工。吴泰明在广州电信公司里管理绿化，而吴廷光则在广州绿化公司的工程部里任职。多年的辛劳工作换来了公司领导的赏识和体谅，所以他俩才能够请到假回家。就像吴泰明所言："我的工作在公司虽然不起眼，但是老板看得起我们，见了面经常打招呼，过问我的情况。我也把本职工作做得好好的，没有我他们也不行。老板知道我是少数民族，也关心我家里情况，我一说家里要起古楼搞庆祝，他立马就批假了，还说对我们贵州很感兴趣，有机会了要到我们寨子走走看看，过个年。我听了很感动。"

两个人回到寨中，仿佛为古楼工程注入了新的活力，临近贺楼，需要做的事情不少，伴随吵架的讨论也是彼朝落此朝起，永不停歇的样子。两个人的参与度都很高，也在积极动员寨子里面的人，给他们讲些新的想法，好像要将负责人取而代之一般。但凡是出钱出力的事情，他们总是争先，对于出多少并不计较，只为把事情做到最好。不过两人还是有所不同，吴泰明好议论，大小讨论他都积极参与，总要发表一番议论，私下也常常拉着几个负责人聊天，讲关于古楼庆贺如何搞、今后怎么发展的想法。吴廷光则是一副实干派的模样，寡言多行，大家讨论时他说话很少，因为和吴世修同属一个房族，所以两人走得比较近，他俩总是带着一批青年不停忙活于各种琐碎的工作中。

吴廷光在白云苗圃的工程部工作，练得一手电工的好本领，此次回来，他带回了青年们捐款购买的球场灯，刚回到寨上，尚未歇定，就带着青年们扛来建古楼剩余的几根杉木，架在球场的两侧，安装起照明灯来。他负责电路，几个青年则爬上爬下地固定灯架和灯具，一晚上就将六个灯都安装好了。夜间的球场一下子灯火通明起来。灯光骤明，照亮了围观寨众欢笑的脸，可转眼望去球场空落落的，人们的好心情又一落千丈，因为马上要贺楼了，也定了要请其他寨子的球队来打比赛，可买球架的事却尚无着落。

第十三步：从"向政府讨球架"到"自己买球架"

有了灯光，球架的事情还挂在心头，寨上的人迟迟不肯散去，就在球场上议论起球架的事情。买两个球架，算下来也要近两万元，现在时间急迫，甚至到了出钱事小，没球架打球丢脸事大的地步。而众人认为，政府虽然说支持，但其允诺恐怕很难实现，最后影响的还是寨众。不满的情绪影响了吴昌德，他一直是除了文书之外寨子和政府交涉的代表，而关于政府会送球架的消息，也是他从水口带回寨中的，故而此次若是没有球架，他自然也难逃被人视作讲大话的干系。因而晚上一回到屋子，他就问我有无书记的电话，要我明日一早打电话过去询问。

次日，早饭过后，在吴昌德的催促下，我给水口镇邹书记打了一通电话，讲述了岑吾寨急需球架的现状。电话那头，邹书记只是说现在还是国庆长假，他也想去县里面要球架，但是碍于各部门都放假了，怕要到长假之后才有结果，他定会尽力争取，要寨人安心等待。同时，他也要我给寨众传达他的另一个想法，即和他们商量一下，看贺楼时间能否推迟，一方面，要球架之事时间更宽裕，估计能成；另一方面，全镇要在11月左右搞一个大的庆祝活动，希望借此机会宣传"四脚牛"文化，而贺楼也是一个重要的契机，可以将其纳入其中。打过电话之后，我来到球场坪子，将内容告知吴昌德，他行色匆匆，似有什么事情，听了之后只是略一顿，简单说了句"唔，那日期可能就要推迟了"，便径直回家拿东西去了。我见他没有表态，这事又是大事，故继而转去了文书吴世修的家中，与他商量。到了文书家中，他正和吴廷光在一起闲聊，我转述了邹书记的话。他们即刻表现出一副愤慨和鄙夷的神情，完全不相信政府还能给球架。吴世修就说他已经找过邹书记几回了，"他就会空谈一番他的大构想，让你搞不清楚他在讲什么，但同时又能岔开你的话题"。文书继续讲："当时本已决定要靠自己买球架了，一户100元就够了。所以最后那次公东升（吴昌德）叫我去找邹书记，我都不想去的，还跟公东升吵了一架，最后只得他一个人去，回来才说政府送球架。我们才没说捐款，在这干等。"这时吴廷光插话说："不用平均出钱，广东那边的年轻人捐钱积极得很，我们当时买完彩灯和球场灯之后就决定凑钱买球架了，都去厂里看好了，结果听这边说政府要给，就又没买，不然八月十五都有球架打球了。"说完，吴廷光立即打电话给广东那边的青年，叫他们赶紧去订球架。至于推迟贺楼日期的事情，他们虽未完全否定，但还是不太同意，吴世修犹豫地说："这个还要跟老人们商量。但我看他们也不会接受的，应该是不会变的，日子是老人们定的，请帖虽然还没发出去，但七佰南江的人大多数都知道了。"

正说着，吴昌德也来了，他一进来就说："球架我们就自己买，年轻人来凑钱买，其他人自愿捐款，我先出 300 元啊。"这个突然的转变让我有点摸不着头脑，紧接着我就讲起还有推迟贺楼日期的事情呢，他说："日期不能变，老人定好的，况且很多年轻人都是按照既定的时间从广东请假回来的，变了的话他们岂不是参加不了了。"吴昌德态度的 180 度变化，对我来说是个未解之谜，只能猜测在他从家里过来的一段时间里，也许是自己深思熟虑了一番，也许是经过坪子时受到了坪子上人群的议论的影响。

此后事情的发展又显示出岑吾寨青年们的积极和办事的高效。在定下不管政府自己买球架后，吴世修直接通过电话告知了在广东的吴世强等人。他们先用存下的钱买下事先看好的球架，通过货运从广东运到了三江，吴廷光和吴顺传这些在家的青年则包了货车，开去三江取货，前后不过三日的时间。球架运到寨子已经是晚上八点多，青年们和几个中年人（都是以前南江球队的，其他的中年人都没有帮忙）连夜将球架装了起来。至此，算是万事俱备了。至于买球架的钱，还是和之前说好的一样，由青年们来平摊，寨上其他的人，哪个愿意捐也可以。

第十四步：高效的青年在行动——购买最后的装饰和设备

青年人的高效行动与他们已成雏形的组织——岑吾寨青年协会——引领下的组织化管理直接相关。现代通信工具的发展也为他们提供了便利，QQ、手机能够即时地将寨内和寨外的青年们联系起来。同时，对于自身作为岑吾寨青年的认同也是他们充满热情地投入集体建设之中的动因。虽然青年们将他们自己这一代人能够做出不少事来归因于他们心齐、团结，和整日争吵的、不团结的老人和一些中年人形成可以互证的对比，但其内部也难说是彻底一致的。在线上和线下，都有大大小小的讨论，有时甚至分外激烈，他们在短时间内凝聚共识，有时候也可说是少数服从多数的结果，但这都有更为根本的、根深蒂固的基底在发挥作用，即他们并没有脱离本文化，他们始终坚持——"我们，是岑吾寨的青年"。作为青年，就有青年应尽的义务，作为岑吾寨人，就要把自己寨子搞到最好，在和其他寨子的比较中争口气、争面子。这是他们在分歧之上的共识，也是争论之中促使他们"理性化"地做出决议的催化剂。

早在购买挂在古楼上的花灯的时候，争论就已经产生了。争论的焦点，一是如何捐钱，二是买什么样的花灯。一开始，关于捐款，还是一个青年和寨众协商的过程，有的人就说这个属于集体工程的一部分，完全可以和古楼球场的捐款一样，平摊到全寨各户即可。然而这一说法很快就被大多数青年否定了，他们认为这个事情就应该由青年来做，青年们在外找钱，有钱了就应该用到这个时候，不用平摊到户。那么青年内部又应该怎么出呢？又有人提出，那就 17～35 岁的青年，每个人出 200 元就可以了嘛。这个意见基本就是让所有青年出钱，却也受到了挑战。挑战来自两种意见，一种是说限定年龄给人感觉就像是指定给钱，是强迫的，而不是自愿的，不是真正的捐款，变成了一种义务了。另一种则是说这样的分派太生硬了，因为是青年提出的，和老人不沾边，所以老人持无所谓的态度（在青年看来，老人应该是考虑周全，做出决策的一群人），但这样其实是对寨中实际情况缺乏考虑的，所以这样还是不合适。

最后的结果是对上面所有意见的统合，定下来"在外找钱的人"来出钱买花灯，虽然主要还是青年，但照顾了没有收入的青年，同时也囊括了那些有经济能力的中年人。

对于第二个问题，青年中的几个领头人在看球架的同时已经看好了一款 8 元/米的发光二极管来做花灯。可有的青年从高寨那边听来消息，说他们那边买来了 6.5 元/米的，好像也挺好的，没必要买那么贵的，于是打电话联系了吴世修。吴世修专门跑去高寨那边探了探究竟，回来就说 6.5 元/米的彩灯质量的确不行，里面的发光二极管隔着十多公分才有一个，且是松动的，肯定不怎么亮，还容易坏。听到这个消息，那些说买便宜彩灯的青年立即改了口，说要买就买最好的，尤其是"不能比别人的寨子差"。

这种基于对自己寨子的认同感产生的比较心，也反映在他们在 QQ 上讨论买音响的过程中。花灯捐款之事刚定下来，年轻人又在 QQ 上讲起了购买音响的事，起先是因为在 QQ 上有青年讲到听说高寨那边买了一组两万多元的高级音响，已经买定，准备运回去了。接着这个话题，又有青年讲起是否要合理集资重修通村公路和铺设路灯的问题。两个问题在讨论中交织在了一起，他们最终得出的结论是，考虑到财力，二者只能选其一，作为这一年中要实现的目标。看着他们讨论，我插了一句俗套的话——"要想富先修路啊"，可是却没有什么人回应，他们反倒认为，别人（高寨）已经有好的了，虽然本寨也有音响，但那个音响太陈旧，比不上人家的，不买新的就要落后。这一观点引起了大多数人的共鸣，买音响的事情就成为优先考虑被定了下来。

寨上人知晓了青年们买音响的事情之后，表现出了一贯的犹豫，不像在外的青年那么冲动，他们还是认为斥巨资购买一个两三万的音响压力还是太大了，但是买新音响的事情的确还是要做。这个事情给了吴永学一个表现的机会。作为一个从打工变为自己在家创业开店的人，无论是寨上人看来还是吴永学自己看来，他都已经算是个"老板"了。所以吴永学一直抱持着寨上人的期待和自我表现的复杂情绪，认为应该以个人身份出钱为这件集体的公益事业做点贡献，尤其是同为老板的吴顺智已经买了花炮和球衣。买音响的事情显然是个很好的契机，于是吴永学便向吴世修等一众青年应承下来，由他来负责购买音响。没两天，他就去黎平买回了一套

2000 多元的音响，当然，这个比起两万多的来大打折扣，但因为是吴永学一个人出钱，大家也只是心中有怨言，却没有表现出来。

音响买定之后，贺楼之前要准备的事情就剩下最终决定菜式和安排人员了。关于菜式的问题，虽然此前都是自说自话，意见并不统一，但到了贺楼迫在眉睫之时，大家终于将这个问题又置入集体的讨论中。岑吾寨人花了一上午的时间在古楼里综合大家的意见，有舍有取，最终定下了八样菜，分八组人来负责，有青年有中年，八样菜算八件事。此外，还有吹芦笙、唱歌、治安和接待收礼，一共十二件事，而吴世修也被众人任命为实质上的总管。此后事情有条不紊地进行，古楼、芦笙零碎地被修整，贺楼的日子也到了。

第三节　贺楼及后续：侗寨中的自我治理与政府治理

贺楼当日

2012 年 10 月 11 日，是庆贺岑吾寨新古楼和球场落成的日子。寨上的人早在前一日已经开始忙碌起来，购置接待的酒菜、杀猪、准备陈放了近一年的侗衣、清扫全寨。

贺楼当日一早，岑吾人就在球场上整齐地摆满了桌凳，端上了他们连夜炒制出来的饭菜。芦笙队在寨口站立齐整，排练着欢迎来宾时吹奏的乐曲；南江小学的学生当日集体放假，着侗衣和芦笙队一起在寨口列队做礼宾队；分管治安的青年们划出了停放摩托车和汽车的区域；球场下面支起了两张专门用来接待收礼的桌子，诸事就绪。

随着一阵鞭炮声，高寨的队伍先来了，全寨每户都出了一个代表，抬着庆贺的牌匾，蛇行进入岑吾。其后是岑烂，如此相类。其后，七佰南江诸寨的村委代表和球队，以及县、镇政府的人也陆续到了，各自找好了球场中的座位，中午的酒宴就开始了。

图 4 - 7　七佰南江人来庆贺岑吾寨古楼落成

图 4 - 8　庆贺古楼落成的聚餐

一切都看似随意但按部就班地进行着。其中唯一的插曲是岑吾人将三寨的老人都安排在了古楼里就餐，但邹书记提出了自己的意见，认为那些穿着八团锦长褂的老人们，应该在球场中间落座，这样方显侗家特色。可当日晴空万里，烈日当头，老人们穿的老衣本就厚实，坐在外面恐怕不妥。邹书记跟吴世修讲了他的建议后，吴世修并未立即答应下来，他心中是有不快的，不仅因为在他看来这个做法是有失善待老人的行为，也因为整个起古楼过程中积累了对政府的不满。其实在一早水口镇政府来交礼之后，全寨的人已经有点不高兴了，因为水口镇只给了1200元的礼金，这下将他们对于政府许诺的一万元支持费最后的期待彻底粉碎了，一早晨大家对此都在窃窃私语，表示不满。吃饭当口，邹书记提出他的想法更是火上浇油，如果说吴世修碍于他村干的身份还有所犹豫的话，他身边的一众中年人、青年人，通通表示反对。不仅是为了表示对老人的尊敬，更是岑吾寨人对于政府不满的抵抗。最后，在众人的反对下（且天气和敬老的理由充分），老人还是在古楼里继续吃饭喝酒，邹书记也不好继续坚持。

反抗持续到了饭后的球赛安排上。因为顺化乡党政球队的前来，镇政府的想法是希望揭幕战由两个乡镇的党政队来打。可是岑吾人又不愿意了，既然是庆贺岑吾古楼球场落成，岑吾寨就是主场主队，无论如何岑吾的球队也应该打揭幕战。在岑吾人的坚持下，最终第一场比赛由岑吾对战顺化，而水口党政队则被安排到了第二场。

此后的进程有条不紊，当日的球赛在晚饭前就结束了。在众球队看来，限于场地、人力，且参与的队伍多，此次球赛重形式而不重输赢，只要所有的球队都有机会打球就行了。晚上的酒宴继续在球场上进行，酒宴之后燃放了礼花，此后南江小学的学生便在新古楼下临时搭建起的舞台上表演了各式节目。值得一提的是，在表演节目之前，岑吾人还是客气地邀请了政府代表讲话祝词，书记和镇长参加完中午的酒宴之后就回去了,于是这个代表就由在政府任职同时也是己信人的吴道直来担任。吴道直一上台张口就说代表南江、代表岑吾感谢政府。这句话被岑吾人深深地记住了,在舞台下看热闹的人都在表达对于政府没有提供帮助的不满。而贺楼之后,吴道直和他的那句"感谢"政府,也成为岑吾人闲聊时不时拿出来调侃和抱怨的话柄。

纵观贺楼全天,虽然气氛一直保持着节庆的热闹,但岑吾寨人却并未表现得如同一件工程彻底完成了那般轻松愉快,尤其是和中秋节那一晚比起来,还不如那晚那么充满激情。这和当日要接待宾客的忙碌有关,也和深埋在他们内心的不满有关,贺楼的喜庆刚过,第二日,争吵和议论就又成了主题。

贺楼后续

贺楼之后的事情可大致分作以下几件。

第一,结账。贺楼次日,在球场坪子上,人们开始了古楼球场工程最终的收支清算。作为出纳和财务管理的吴恩硕和吴泰昌,拿出了他们的账目,与大家一一核对。一整个上午,争吵就没有断过,寨子上的人一会儿讲很多外出的支出没有收据,一会儿讲很多工时计算不妥。可以看到,算账的过程虽然争吵不断,但总是有一些人不愿参与其中,老人们都坐到古楼里去了,不管这个事情,吴泰盛、吴昌德甚至吴世修等人,也都不愿掺和其中。他们在一旁闲聊,偶尔也听着聚在一起的人争吵,说几句"吵得人头痛""懒得去管这些事情"之类的话。

然而随着争吵的扩大,他们还是被牵扯了进去。当初讲好了音响和球架都是捐的,可有些人吵的时候有些过火,讲出了"你们有几个钱就了不起"的话,意思是不满拿钱来压人;又有人讲球架、音响和彩灯是捐的,那以后捐钱的人岂不是老是说"这是我捐的,那是我捐的",让没捐钱的人难以自处。这话一出,一下子让捐钱的年轻人都有了意见。尤其是吴永学、吴廷光等人，卷进了人堆开始争辩。吴世修在一旁无奈地告诉我："本来捐钱是想做个榜样，带动大家，没想到会是现在这个样子。"最后在几番争吵之后，吴永学和吴廷光都有点火大，直言："当初说是平摊，你们都不愿意出，现在收礼了，有钱了，你们又说要平摊，算寨集体。既然这样那就这么办。"清算了收礼富余之后，吴永学和吴廷光分别取回了购买音响和球架的钱。这个事才算告一段落。

看到在结账，吴昌德拿着他的单据过去想要报销。事情是这样，当初因为等不到政府的支持，大家就想找人去黎平县求拨款，但是作为村干的吴世修太过年青，没有经验，所以大家就想到了老支书吴昌德，他可是有着丰富的去黎平拉项目的经验，吴昌德也一口应承下来，自己出钱买了二十斤茶油就去黎平。吴昌德在黎平待了两天，跑了几个部门，它们却都以财政紧张为由回绝了他。这事也就算是没办成。但是买茶油的钱还是花出去了，在吴昌德看来，这是集体的委托，自己也是在为寨子办事，这笔钱还是要报销的。可没想到票据一拿出来，众人却不认账了，一个个都说这事并没有办成，不能算数，所以不应该报销。本来就因为音响的事情生气的吴永学，这下又恼火了，大声对着众人讲："当初是你们要我爸去黎平，他身体有病你们又不是不知道，还是自己掏钱去了，现在就报销茶油钱，连路费他都自己垫，不算在里面。事情没办成你们就不认账，说是他个人要去，那要是拉到钱了，是不是也算他个人的？做人不能这样做。"吴永学带着怒气这么一说，众人也都不再言语，最后还是给吴昌德报销了这笔钱。

临末，收入要比支出多出了几千元，大家商量着这笔钱就不补回各户了，再过两个月高寨要贺楼，就算作给高寨贺楼的费用，不用到时再一户户地收，对此大家都没有意见。这笔账也在争吵中算了整整一个早上才算结束了。

第二，议论政府和对开展旅游的畅想——"一年一小变"。当日算账之后大家都在古楼里聚餐，吃昨日剩下的骨头汤菜。在吃饭过程中大家又开始了对政府的议论。讲起那 1200 元的礼钱，各个都怨恨不已，说比起高寨和岑烂分别送来的 4000 元和 2800 元还不如。"堂堂一个镇，还比不上一个寨子"。当然，最大的意见在于邹书记明明有许诺，却变成了空期待。于是寨众也给他冠上了"邹大炮"的外号，不停地揶揄。

对政府的议论似乎成为一个参照。人们也谈到，其实寨子不靠政府也可以干出一番事业来，对于一个寨子能够修起几十万元的古楼和球场，寨子的容貌大变样，大家还是显露出了骄傲。这么讲着，他们也开始了对于开展旅游的畅想，认为如此下去，寨子还有更大的发展空间，他们一一细数着未来的计划：给球场下面的路铺上水泥、搞几个乒乓球台、给通村公路上竖路灯、重建公共厕所、利用起古楼剩下的木头修建寨门。甚至谈起了在寨子外面的河边搞几个水泥的台子，方便以后野炊烧烤，说不定什么时候有旅游的人来了，也是个特色的项目。

对于诸多计划孰先孰后的问题，尚无定论，坐在古楼中的众人又变得十分理性，他们讲到无论人力财力，恐怕都没有那么充裕，事情不必一蹴而就，一年一小变是最好，即每年都要做一点事情，让寨集体越变越好。于是这个"一年一小变"就既成为他们的共识，也成为他们对于未来发展的实际计划。

第三，村委的评论。岑吾贺楼之后的第三天，我去岑烂找支书闲聊，恰好政府有人来检查新农保的事情，于是石秀明叫来了村主任，几个人在支书家里吃午饭。其间聊到了关于岑吾寨的事情，因为文书吴世修不在，支书和主任也表达了他们的一些不满。其一，他们认为在岑吾整个起古楼期间，文书都在排挤他们两个，把事情当作一个寨子的事，没有村干的立场，什么事情都不通过村委。他们还专门举了请顺化的事情和买球架的事情，都是文书跟岑吾寨众私自定下的，为此据说邹书记还很生气。其二，发请帖，只请了七

317

佰南江各村和县、镇领导，水口镇其他村一个都没有通知，岑吾寨是全镇中的一个寨子，应该照顾七佰南江之外村寨的感情。作为高寨人的主任石明晓当即就说，等到高寨贺古楼的时候，全镇 37 个村都要下请帖。但是一旁石秀明的父亲却插话说，这个也不是强制的，各寨还是要听各寨的老人讲，由本寨的老人决定。其三，在支书和主任看来，岑吾人太看重钱，他们对于吴道直的不满，在贺楼当晚就表现了出来，实在丢丑。石秀明就说："政府怎么没有支持了，精神支持也算支持，搞这个（贺楼）就是为了热闹，不是为了几个钱，不管给一百、两百，哪怕不给，人来了，就是最大的支持。"接着这个话题，石秀明继续讲到，到了2014 年，无论他还是不是村干，岑烂修古楼，他还要主持，一定要把古楼搞好，到时候不仅县、镇，连州里面的领导也要请来。

第四，"己榜"砍伐杉树油茶事件。修建古楼给岑吾寨带来的影响是多方面的，其中之一，在我看来，便是一种寨集体意识的强化。这种强化既表现出了建设性的一面，如他们关于建设寨子"一年一小变"的计划，也表现出了破坏性的一面，即众人以集体之名对于那些个人私占集体利益行为的整治。2013 年春节期间，岑吾寨人对于己榜公山上私人栽种树木油茶的砍伐，可以看作二者融合的一个例子。

公山上有人种树和栽种油茶已经不是一两年的事情了，山上的树有的已经快要成材，油茶也都长得有碗口粗了。2013 年春节，年轻人都从广东回来了，一个晚上在古楼里闲聊时，讲起了这个事情，这是这么多年里首次被提及。吴泰盛告诉我，以前大家对此都心知肚明，但是没有人讲出来，害怕讲出来了遭人怨恨。但是这次不一样了，大家心齐，要搞就要搞公平，既然是寨集体的，就不能让个人多吃多占了。这事一经提出，大家都跃跃欲试，将之看作"一年一小变"首先要做的一件事，就是要齐整村寨，分清楚集体和个人的界限，保证寨集体的利益不受个人侵占。于是他们跟老人问清楚了界线，决定第二日就上山去砍树，还特别规定了所有的青年和中年都要上山，谁不去罚款 200 元。

第二日一早，人们就陆续聚集在了球场坪子上，各自都从家里带来了镰刀、锄头，在等人的过程中，众人还在坪子上闲聊，有的人就讲起有些树马上成材了，茶树产量也高，砍了可惜。但众人一致反对，立场坚定，认为这次不能再犹豫，砍就要砍光，要公平，不然砍了哪个，没砍哪个，也不行。人差不多集齐了，众人便以房族为单位前去砍伐。这样的分组还是反映出了他们的顾虑，以房族为单位分组的意思是，那些在己榜公山上私种了树和油茶的人，就由他们房族的人去砍伐，这样即便真的遭到埋怨，也是房族内部的事情。说是以寨集体为名，实际上人们还是不想承担有可能招致报复的责任，以房族为单位，正是化解这一担忧的"艺术"。

小　结

可以从五个方面对岑吾寨起古楼建球场事件予以评述。

第一，国家和地方的共谋。从二者的言说和意图来看，我们似乎可以把起古楼看作一个罗生门事件。就出发点而言，政府的本意在于打造旅游村寨，南江建古楼成为发展"四脚牛"特色旅游中的一环，通过作为政府在村寨的延伸的村委，这件事情得以推行。岑吾寨人则认为这是一个内生的集体决议，有着自身文化中一直惯有的取向——尊敬老人，为了给老人一个安坐的位置，同时也是传统的延续。寨上本来就有古楼，而村干的询问不过是一个契机。就结果而言，政府达到了它的意图，南江自己建起了古楼，为旅游发展增添了砝码，也成为政府新农村建设的政绩之一。岑吾寨人也凭借着自己的力量完成了一件"百年来未有之壮举"，对于村寨来说是内在文化的一次满足，对外来说也宣示着寨子的实力。

尽管在建设古楼的过程中，尤其是后半期，岑吾寨人对政府的不满日益加深，但是对于起古楼事件本身，我们无法站在任何一边单方面地去理解。古楼自始至终都是共谋的产物。我们可以用"主体间性"的视角来看待这一过程。双方的出发点固然不同，政府是为了发展旅游和建设新农村，岑吾寨是为了延续传统和敬养老人，但是起古楼作为一个中介，却建立起了二者的沟通。古楼在当下既是一个侗族特色文化的符号，也是一个对于侗人生活具有意义的存在，使得尽管二者在动机上不一致，却有了沟通的可能性。通过这一过程，岑吾寨人将地方政府的动机内化为寨众自身的诉求，对他们而言，古楼不再仅是"给老人坐"和"商讨集体事务，解决纠纷"的地方，也成为他们可以发展旅游的"文化资本"，进而才有了关于发展旅游的畅想和"一年一小变"的计划，在此之前，这一诉求是从来没有出现过的。

虽然岑吾人在起古楼过程中始终都在感叹这个事情以前想都没敢想，不知哪来的劲头，但若是深入来看，有关这一年起古楼，之前已经有了铺垫。2006 年"七佰南江文化艺术节"的打造，已经体现出了这种整合地方文化资源发展旅游的趋势。2011 年七佰南江乡规民约开启新的地方规约的制定，进一步激发了七佰南江的共同体意识。在政府发展旅游的推动下，本地方对于七佰南江口传历史的收集整理，又将南江曾经作为中心的地位凸显了出来，这使得水口政府将旅游发展的重心开始集中于对南江的建设和打造，不断的灌输和宣传，为南江描绘了一幅重点发展旅游的美好前景。与之同时，南江人的经济水平因为打工而提升，但他们也表现出对当下生活的焦虑，一是对打工经济过度依赖，谋求其他发展无门的困惑；二是作为中心的南江事实上在七佰南江之中实质性的实力相对较弱的实境。伴随着这种焦虑，可以说他们是内化了地方政府的意识形态，而达至了对于新修古楼和寨子发展的重新理解。

从岑吾人自认为起古楼是他们主观的决定，却在过程中对政府缺乏支持的不满日益加剧的态度转变中，又可以看出另一个层面的问题，可称之为"权力的伪装"。从起古楼的初衷来看，其中有着水口政府乃至整个国家、省、州、县层级中"西部大开发"背景下对民族文化、地方旅游及经济发展的推动。然而这种推力又将其伪装起来，通过一种期许和对地方文化的刺激与借用，将起古楼完全变成了一个村寨侗人坚持自己文化习惯的模样，并逼出了他们自身最大的能动性。放到实际层面，政府给了期许，却未能兑现，但是纵使有许多埋怨、许多申诉，事情一旦启动，对寨众而言只能成功，不能失败。在这种你来我往、期盼和议论中，寨众对地方政府的依赖反倒加深了，他们对于政府的实际经济支持一直有所期待，而邹书记不断地强调七佰南江旅游文化的打造更加深了这一印象。当然，也有寨人，如吴泰盛的评价，似乎看到了这一点，他讲："这都是邹书记搞的诡计。"但哪怕人们再怎么戏称他为"邹大炮"，权力的伪装也实现了两次转化：将国家/地方政府的计划转变为村寨自动自愿、自由自主的诉求；将地方自主的能力与信心转变为对国家/地方政府的依赖。

第二，暗涌密布的房族关系。起古楼是一个寨集体的活动，但是我们看到了一个多房族侗寨之中，房族作为基本单位在寨集体活动中呈现出的复杂互动。个人的言行，首先是根据其归属的房族来定位的。房族势力的不均衡也在其中展现了出来，那些人多势大的房族，都尝试在寨集体的活动中争夺话事权，从而获得对整个寨子的主控。房族之间平日里或明或暗的竞争，此刻有了一个集中的展演场，甚至引发了直接的正面冲突。

我们也看到，这种对抗中的分与合，是在不同的脉络中并行不悖的。岑吾寨中对抗最激烈的就是高窄房族和班凳、金苗房族，他们三个是联合房族，但是在争夺话事权上，却以各自同宗房族的认同分而处之。不过，在联合房族所规定的互助规范和通婚禁忌上，却延续不悖。争夺限于村寨事务层面，而礼俗层面上的一致性却维持着他们的统一。即便相互竞争，彼此诋毁、看不顺眼，但在联合房族规定的礼俗上无所悖逆，就难以拆散他们基于此而建立起的联合。

姻亲关系在房族的对抗中成为一个变量，其中既要考虑姻亲关系的亲疏程度，也要考虑房族对抗中各房族本身态度的倾斜。因而姻亲关系也成为可以为房族或个人寻找支持使用的工具。吴世修因为文书的身份成为象征性的负责人，要将这一负责人的身份落到实处，单凭其房族的实力十分困难，但他想借此机会将自己的房族拉回寨子权力争夺的中心，所以他通过家里的姻亲联结，尤其是过去的姑舅表婚，和金苗、班凳两个房族建立起了"结盟"的关系。同时，因为班凳、金苗与高窄的持续对抗，他们各自也需要笼络更多的力量，而文书所在的金盆房族的靠拢，恰好提供了一个机会，所以他们也积极和金盆房族联合。但是这种联合的前提是有一个共同的"敌人"——高窄房族，其实金苗、班凳和金盆的联合，内部仍然有潜在的争夺。

对于岑吾寨人来说，比较房族实力的标准，仍然表现在四个方面：人力、人才、财富、知识。这四方面也成为他们各自弱化对方而抬高自己的话语。比如金苗、班凳之所以认为自己房族厉害，就是因为房族内部有钱人多、出的大学生多。作为一致敌对对象的高窄房族，在寨众看来，却是兄弟多、内部团结。更重要的是，虽然大家讨厌他们，认为他们话多，想要压寨众，但是高窄房族的吴启信、吴启智对于起古楼来说，的确拥有着更为深广的传统文化知识，因此大家一方面感觉到被他们压着而不满，另一方面在某些环节上又不得不听从或依赖他们的知识。以上种种使得房族之间对抗的局势显得分外复杂。

第三，打工经济和年龄群体关系的转型。结合上一章和本章的分析可以看到，年龄群体的关系由于打工经济带来的寨中经济结构的变化正在发生转型。年轻人（腊汉）试图获得和传统人群关系所规定的截然不同的身份地位，超越老人的管理。但是这一转型也体现出了两面性，在礼俗层面，老人仍然受到尊敬甚至象征性地代表着一个寨子，中年人和年轻人有事还是说要过问老人；但在实际活动层面，通过商议起古楼时决定同时修建球场这一件事，已经可以看到年轻人在寨中的力量。

转型的张力在于，年轻人表现出的并不是激进的"夺权"，而是在感受到了时代转变中他们受到的来自传统的限制之后，希望对传统的关系做出调整。他们依然对于"作为岑吾寨的青年人"抱有认同，因而才会出钱出力想要把事情办好，只是在他们感觉到老人似乎是在把这件事向一个"不好"的方向引导时，才意识到自己责任的重大并做出了变革的努力。即是说，这是在年轻人对于传统关系和当下变化两方面都抱有自觉且同时认同传统年龄群体所规定的权利和义务的情况下发生的转型。

在这一过程中，老人的形象渐渐被刻板化了，这和他们的思想与言行有关系，礼俗的判定和转变的价值观缠绕在一起，在村寨中，不仅是来自青年，整体氛围都认为老人守旧、不切实际、"做的事情不像是老人该做的"。如此一来，老人"捣乱"和"没用"的刻板化的形象，也赋予了青年人崛起从而促发人群关系转型的合理性。

这一转型的发生，还有赖于通信工具的辅助。虽然大多数年轻人都在广东打工，但是贯串这个活动始终，他们都是在场的。通过QQ他们不仅在网上凝聚共识，也能够和寨子的活动时刻保持联系。通信工具制造的"共同在场"，使得所有的讨论具有了意义和影响力。

第四，被消解的权威。在起古楼的过程中，寨子虽然选出了负责人，但是每个人都在强调其实没有实质意义上的负责人。作为一个能够主导集体事务的人物，反而在集体活动中变得模糊了，其原因是多方面的。首先，文书虽然是因起古楼而被选出来的，且在这一过程中也形成了村干（文书）—组长—村民的管理体系，以此来收钱和安排工作，但文书并未因为国家行政赋予的身份而获得权威性的领导力和强制力。相反，他仍受制于寨中的议论、礼俗规范、复杂的亲属关系和年龄群体关系。同时，这也和他的个人秉性有关，文书对政府一直有抗拒的心理，做事小心谨慎，乃至被老支书吴昌德评为"胆小"，故两方面的影响使文书无法成为真正的领导者。

在村寨层面，以寨为单位的凝聚仍然是侗人认同的一个具体单位，对于行政村的认同就没有那么强烈，寨集体活动的管理都是在寨子内部开展的，寨集体决议，架空了村委，使得村委对于寨子内部的活动也鞭长莫及。

在年龄群体和礼俗层面，老人/宁老也成了弱势的群体。如上文提到的，老人只是因为年长而获得了应有的尊重，但这和权威是不同的概念。尽管人们口头上说凡事要过问老人，现在这种过问也成为一种象征，或只是限于礼俗层面。不少声音在讲老人守旧与落后、是非难辨、爱讲闲话、令人难以信服。且过去老人的决议，都是通过年轻人来执行的，但是如今年轻人在外多，老人有心无力，同时年轻人认为自己出钱多、见识广、思想和老人不合拍，也在试图和老人争夺话事权。

此外，寨老虽然不限于年龄，只限于能力，但正因为如此，这种身份尤其受制于集体的意见，其领导力来自寨众集体的认可。这使得在一个房族关系暗涌密布的寨中，要出现一个大家都认可的人，几乎是不可能的。且寨老身份的获得，是集体或集体中的大多数人"授予"的，一旦其言行有差，这种信服也会被"剥夺"，为众人所抛弃。因而寨老的影响力，与其说是权威，不如说是寨众权衡个人和集体利益过程中的一种选择，选择随着这种权衡的变动而变化。

因而，在古楼建造过程中，整个岑吾寨一直处于无绝对的权威领袖、各抒己见、种种选择和妥协的博弈之中。

第五，个人和集体的关系。由于多方面的原因，岑吾寨没有实质性的领导人，而集体活动的开展，就采取了一种朴素的民主形式：寨众有着平等的发言权来商讨事务，以少数服从多数的方式来做决定。平等的发言权营造出了一种"集体属于每个人"的公平观，而少数服从多数则又通过"集体意识"制造出了对集体中个体意志的消解。

集体的特点，首先就表现为造成寨中没有一个绝对的、持久的权威。人们被归属于一定的结构范畴之中，又被置入公共的评论监督之下，房族、年龄群体之间的对峙和博弈，使得主导寨子事务的权威力难以向某个人或某些人集中，因而只能依托悬置于众人之上的集体之名。

其次，以集体之名的结果是，人们将集体要办的事视作大事，将个人的事情看小了。以往珍惜个人财产的个人，此时为了集体的活动，可以放弃田地、鱼塘，也可以强占他人的田地、鱼塘，凡事以集体之名，就有了合法性。

此外，集体仍然催生了惰性和依赖性，仍有不少人在面对集体活动时消极怠工、观望、相互推卸责任和指望他人出力，尤其是一旦无人站出来领导时，事情就会无止境地拖延下去。为了应对这一情况，人们采取了许多办法，甚至出现了 40 多年前集体化时代的方式，例如记工时、费用的平均分摊和收缴。① 由此，我们看到了寨子对于集体的强调，在集体活动中所制造出的两重辩证关系：平权理想和通过不同群体的博弈所制造出的平权情境的辩证；集体化时代国家的组织方式和集体性生活方式之间的辩证。

---

① 可参考卢晖临《集体化与农民平均主义心态的形成——关于房屋的故事》，《社会学研究》2006 年第 6 期。

第五章　细碎的文化：集体中的礼俗规范
　　　　与日常实践

　　群体的归属和认同为侗人在寨中的生活提供了结构上的参考，基于此，人群被分类并建立起了内部运作和外部交往的关系，他们在不同层次上拥有的多重身份，成为他们建立联系和划分界限的标准。问题在于，结构性研究所揭示的侗人乃至西南山地民族社会集体与平权的社会形态，其集体与平权总被当作一种客观的实在、一种实然，进而成为研究者理解山地民族社会的立足点。然而，在我日益频繁地参与到侗人的日常生活之中，尝试着成为他们的一分子的努力中，却发现他们鲜有关于集体与平权的清晰的描述，集体与平权，于南江人与其说是实然的，不如说是应然的，作为一种社会理想和文化理念，其与村寨中每个个体的主观经验紧密相关。

　　这里所说的主观经验，即是对侗人的日常实践无时无刻不产生影响的"细碎的文化"。我们可以将这套"细碎的文化"视作侗人日常交往和实践中与结构范畴不同的另一面向的"关系学"，其表现得十分柔性，却又无孔不入。如果说结构性的归类范畴是先验地被每一个侗人获知获得的话，那么这些柔性的"细碎的文化"则是随着他们成长和与外界发生联系的过程，通过他们不断地自我定位、体察和对他者的审视而确立的。其方式通常不是申明某种身份归属与规范——尽管它与社会结构和规范相关，而是表现为紧密的日常生活互动与言语实践。这也让我意识到，经由集体与平权所映射出的社会秩序，在日常生活中既是习得的，也是生成性的。

虽然结构性范畴和"细碎的文化"对于个体之间、个体与集体、集体之间的关系都有着不可忽略的影响，但前者更为强调集体的面向，集体如何影响个体；而后者则立基于个体的活动，指的是他们如何在这样一个崇尚集体与平权理念的社会中呈现与理念相符的"社会自我"。① 换言之，前者赋予个体在集体中的"地位"/"位置"，后者体现着个体在集体中寻求"身份"的努力。因而"细碎的文化"虽然展现出的是一系列约定俗成的，或为人们所定性的"就应该是那样"的实践原则，但它们并不是生硬地存在的，而是为人们的实践活动所生产出来的。个人的努力和他者的看法在这里有着同等意义的重要性。进一步来说，它们和结构性范畴并不是泾渭分明的，恰恰是这些"细碎的文化"为侗人的实践提供了贯通个体与集体的可能：个体的实践努力既将集体赋予的身份涵括了进来，又制造出在集体这一既定框架中游走的话语。

之所以将之称为"细碎的文化"，有多方面的原因。首先，它们并非结构性的，而是弥散性的，我们难以用具体的刚性范畴去把握它们，它们与侗人生命周期和年度周期的仪式与节庆亦不相同，更像是侗人的行为习惯和生活哲学。其次，它们讲求的是情境化的原则，而非一般性的规范，即它们必须通过事件才产生意义，对于侗人来说，它们的意义并非告知他们"是什么"，而是"怎么做"。再次，它们对于实践的意义，最初并非集体的维持，而是自我的实现。所以，虽然有一定的俗例可循，但它们在个体实践中的表现却非均质化的，而是因人而异，且侗人对之的理解处于一种自我和他者同时传达信息、具有意义的张力之中，因而"怎么做"不仅源自自我的诉求和定位，更受制于对于他者态度和看法的重视/怯畏/吸

---

① Clifford Geertz, "Making Experiences, Authoring Selves," in Victor W. Turner and Edward M. Bruner, eds., *The Anthropology of Experience*, Arizona: University of Illionis Press, 1986, pp. 373 – 380.

纳等多重作用。

言其细碎，因为它们的弥散性、情境化和因人而异十分难以把握，和亲属、地缘、仪式与信仰这些易于勾勒的刚性范畴有所区别。而称之为"文化"，则在于它们绝非个人性的，而是一种侗人社会中普遍存在的"常识"或"惯例"，其中蕴含着复杂的权力关系和具体运作，对个人和集体以及各类人群关系都有着观念上和实践上的影响。

第一节　"爱面子""讲礼性"：侗人的自我修养

只要在侗寨中生活一阵就会感受到，侗人十分重视"面子"和"礼性"，而这二者通常是相互联系的。讲礼性是一种一般性的要求，即是说人们已经预设了在做任何事的时候，每个人都应该按照"礼性"来行事，懂礼是一个侗人在当地生活中应有的"修养"，也是众人认可的重要评判标准。相应地，一旦行为在礼性要求之外，我们可以称之为"越轨"，那么就会"丢脸"／"没面子"／"出丑"。侗人之所以时刻注意自己的言行，忌惮"丢脸"，爱面子，正是因为他们总是受到一个外在于个人的集体的监督、评判，而同时一旦"丢脸"也就意味着要受到众人的责难。

这里说的"礼性"，对于侗人来说，他们更强调其行为的面向，而非物质的面向，即所谓的礼物的往来。最直接的例证就是日常的串门做客。每次去别人家做客，无论是否对方邀请，都要带一点礼品，这个礼品其实就是个很虚的东西，有时候一包 5 元钱的糖果就可以了，而不必大包小包的有实际的贵重价值，因为他们更看重你"有没有这么做"这一行为本身。在人们对于南江小学前任校长吴诚知的评价上，这个观念体现得尤其明显。2002 年来到南江小学的吴诚知校长是个汉人，在执教南江小学的 10 年里，其获得了南江人的信赖，饱受好评，其中最关键的一点就是他"懂礼"。可能和他一样同是作为外来的汉人，在和岑吾人聊天的时候，他们总是会和我讲起吴诚知来。他们很少谈及吴诚知在改善南江小学教学水平上的功绩，而是不断重复其"懂礼"的一面。比如："吴校长每次放学走过村子的时候，只要见到有老人坐在那里，都要打个招呼问声好。""吴校长每次到我们家都要带点糖，我家里都没小孩，他也每次来总是带，我说不用他都不听。""他（吴诚知）也爱喝酒，经常来我家喝酒，有时候他还专门自己带酒过来，我还说我们家家都有酒，还用你来带酒，他总是能找到理由，搞得我没话说。"这样的评价在他被调去水口、新校长来了之后更是有了对比。人们都说新的校长冷漠、不懂事、瞧不起人，"每次路过，看到老人在，他从来不打招呼，跟没看见一样，和吴诚知简直没法比"。如果说侗人对自己的要求是应该"懂礼"，那么"懂礼"也就成了外来者融入当地、获得认可的重要标准。

在所有的红白喜事中，交礼和回礼都有明确的规定。礼包括礼金和礼物两部分，礼物方面，每样酒送多少都已成固定的风俗，而礼金会有多少的变化。除了丧事之外，其他的如三朝酒、起房子办酒、坐新娘、结婚，对于礼金和礼物的收取都不做登记。礼金上，丧事和结婚会多一点，而且因人们亲戚关系的远近在数额上有多有少，其他的喜事则一般都约定俗成交 30～50 元不等，不论亲戚关系和个人家境，都是那个数。岑吾寨更是在 2013 年春节后定了个标准，说以前交礼金都是 30 元，现在大家生活好了，物价也高了，再交 30 元有点少，就统一定为 50 元，以后都按这个标准交礼。从中可以看得出，对于礼金，当地人有着十分现实的理解和认识。有一次我和吴永学去他高寨的亲戚那里吃三朝酒，我俩都交了 30 元，中午吃完饭后回来，吴昌德就交代我说："你晚上别去哪儿啊，还是和永学去高寨吃，你们都交了礼了，就要吃两顿，不然不划算。"正如上述，侗人强调的是礼的行为，而非作为礼的物质。

在当地，人们要么同属一个房族要么是亲戚，红白喜事也就成

329

为因亲属关系聚合的人群的重要活动，房族和亲戚关系处理得恰当
与否，成为"礼性"的内容之一。我刚到岑吾寨不久，住在吴昌
德家里，他们就将我当作高窄房族的一员，而我要依照高窄房族的
身份参与各类活动。一次班凳房族的吴永贵家办三朝酒，我初来乍
到，去了之后就交了 30 元礼金，因为班凳和高窄是联合房族，都
是房族兄弟，按理不必交礼。后来这个事情被吴昌德知道了，有一
晚恰好吴永贵在吴昌德家吃饭，他就训吴永贵说："你上次做的事
情不合，小孙和我们是一个房族的，你杀猪他也去帮忙了，你还收
他的礼，他不知道，你还不知道。你这个人就是不懂事。"吴永贵
只好赶忙承认自己没有搞清楚情况。

还有一次，八劳那边邀请南江球队过去打球，球队过去之后，
八劳球队的人就邀我们先去吃饭，吃完了再打。本想着打球请吃饭
是惯常的待客之道，我们就欣然前往了。没想到去了才知道正好是
八劳球队的一个队员家在办三朝酒，这些南江球队的人一下子尴尬
起来，在门口站着进也不是走也不是，在一旁暗暗商量这家和我们
球队的人没啥亲戚关系，去了不合适，人们肯定有说闲话的，走了
又显得不尊重人，毕竟人家都把我们叫过来了。最后没办法，因为
已经到了门口，只能硬着头皮吃了。第二天我起来吃早饭，吴昌德
的老婆在饭桌上就说："小孙，听说你们昨天去打球，还去人家家
过三朝了？"我点头称是，还解释了下是怎么回事。她接着说：
"以后还是要注意点，人家没叫就不要去，去了让别人笑话的。"

"礼尚往来"虽然是一个从《礼记》里引申出的表述汉文化中
人际关系的成语，但同样适用于侗人交往中对"礼性"的理解。
个人之间的相互请客十分普遍，在寨集体的交往上，更是特别强调
有来有往。我在本书第二章中已经做了具体的讨论，无论是吹芦
笙、打篮球还是做众客，一旦受到邀请，那么之后一定是要再反请
对方，否则就会被当作失礼。不仅受邀的一方要依礼反请，做东的
一方如果招待不周也会被视作失礼，可以说做客和做东的双方都有

各自应遵循的礼节，失礼行为不仅会引发当事双方的不满，其他寨子也会议论，直接影响寨与寨之间的交往。如在本书第三章第三节中提到的务孖球队因为没有好好招待东郎的球队，消息传出去，七佰南江各寨都知道了，其他各村寨在之后打篮球的互相往来中，就很少邀请务孖参与，也不爱去他们那里打球。

对一个人的品行评判也被置入这样一套"礼"的话语之中，且被限定在村寨生活的情境之中，而与个人在村寨外的活动、地位、财富等没有太大的关系。吴顺利很少回寨里，寨上的人告诉我他在外面有点不务正业，经常在黎平、凯里一带混，和一些社会上的人来往密切，也干过一些或骗或抢的事情。但当寨上人跟我说这些时，并没有带什么道德判断的语气，只是陈述一个人在做什么，反而还说到他在寨里为人很好，坏事都在外面做，回到寨上对老人尊敬，对同辈人和善，寨上有什么事了做得也积极且不乱说话，所以即便在外作恶，但寨上人还是喜欢他。而吴永贵则是个饱受非议的人，他早年因为在外作恶入过监狱，出来后不知怎么接触上了六合彩，后来一直坐庄，整个水口的六合彩都由他来负责，因此发了财，身家过百万。可他在寨上的口碑却很差，就是因为他待客小气、贪财，说话做事都不合适，众人只是说他这个人不懂礼、没文化、不会做事，谈到他有钱，大家只能摇头，说他实在是运气好，家里坟选得好，不然在寨上无法生存，大家都不愿帮他。相比之下，吴顺智家几兄弟，虽然也有着百万身家，在七佰南江都算是最有钱的人之一，却没有因富有而脱离村寨内的"礼性"的牵绊。因为吴顺智父亲脚有残疾，且年事已高，只要是房族里面办酒的，他们一定会回来一个人帮忙，从未怠慢，我就多次见到顺智开着小车一路尘土飞扬地进寨，下了车挽起袖子就加入杀猪的队伍。而在送礼中，他们也没有因为家中富有而故意多送以示炫耀，正如前文所说，有些礼金是有规定数目的，如果故意多出太多，也会被其他人视为一种"傲得很"的表现，是对其他人的不尊重，也是一种失礼的行为。所以同样是和吴永贵一样富有，但他们获得的评价却是正面的。

为了能更具体地理解侗人爱面子、讲礼性，就要认识到，对于侗人来说，讲礼性已经融入了他们的生活之中，成为一种"理应如此"的行事逻辑，所以人们对之很少有成体系的表述，而是通过具体的情境化的实践表现出来。如果说依礼行事是侗人日常生活之常态的话，那么失礼就等同于"越轨"。由于侗人对礼性的信奉和对"丢脸"的拒畏，所以除了极少数的例外，在大多数时候，他们都遵循礼的要求并对自己的言行非常谨慎，因而只有在一些"越轨"／"失礼"的时候，爱面子和讲礼性的文化才会得到生动的体现。而我作为一个外来者，时常会做出一些与地方性知识不符的行为，而这恰恰成为挑起当地人表达他们爱面子、讲礼性之特点的机缘。所以本节接下来就通过几则我个人的"失礼"经历和对寨上人"越轨"行为的见闻来深入探讨侗人的爱面子、讲礼性。

一　我的"失礼"经历之一：亲戚往来的礼俗

2012 年 9 月的一天，刚到岑吾寨不过月余，没有什么访谈计划的我，在早饭后走到了寨中，想随意看看能否突然遇到些什么事情，好顺藤摸瓜。除了正在忙碌的古楼师傅，寨中空荡再无其他人，平静得有些空虚。我正发愁这个早晨就要这么晃悠过去的时候，远远地就看到对门岑烂寨口正有人准备起房子，已经聚集了不少人，正在搭排搬木，于是抄小路顺着田埂匆忙赶了过去，心想可以去了解一下侗人起房子的知识，也探一探在起房子中帮忙的人的角色。

房子是次日凌晨才起，当下只是搭排，也叫"排扇"，即先将木架搭起，到时拼接即可。我一到就拍了几张照片，发现帮忙的人里大旋和高窄房族的人来了不少，都是房子主人家的亲戚。大多数人都在忙碌，年青的爬到架子高处拼接，其余的人则负责运送加工好的木料。由于寨口空间狭窄，除了地基没有多余的地方，所以木工活都在寨子里的坪子上做了，从坪子到地基还有几十米的距离，众人就像蚂蚁搬家一样地扛着一根根木料来回往返。看着大家忙碌，我也难得插嘴，岑吾寨上已经和我相熟的人又在一旁开玩笑地说："小孙，你也来帮忙啊，别光看着啊。"抱着融入其中的心情，我顺势参与到了搬运木料的队伍之中。帮忙搬搬抬抬，一上午不知不觉过去了。

临近午饭，我正准备回岑吾那边，一同干活的吴廷如把我叫住，让我和他们一同去吃饭，只是留我，没说理由。我以为是帮忙的人都被主人家留下吃饭，想想也许席间能出问题，没有太多犹豫就和他们同去了。可走到寨中就看到又有几个岑吾的人从那边过来，还带着几挂鞭炮，一到岑烂寨地界就放了起来，才觉得不对，糊里糊涂地跟着他们到了一家，里面已经坐满了人，在一旁的桌子落座，问询之下才得知原来他们是来参加岑烂寨一户的三朝酒的，几个岑吾的人都是主人家的亲戚，和起房子帮忙没有任何关系。当时只是心想反正都是调查，三朝酒这样的喜事当然也是多多益善，于是和同桌的人吃喝起来。唯独主人家来加酒，在座的人纷纷从口袋里掏出三十元、五十元交礼的时候，我因为早晨没有预料有这事而未带分文有些尴尬。旁边的人并不在意，还说我是外面来的大学生，本就不用交，我也就只好装糊涂地一笑带过。饭后便随他们回了岑吾寨。

我住在吴昌德家里，因为他家房子在坡上，我一直在寨中待到了傍晚才回去。刚回到家他就拉我和他一同去高寨做客，说是那边有家人和他是好友，今晚要请高寨那边的古楼师傅吃饭，也请他去，还特意交代要带上我。走在路上的时候，他问起我是不是中午在岑烂吃三朝了，我就讲了事情经过，正惊讶他怎么对我的行踪知晓得这么清楚时，他突然语气硬了起来，对我说："你有我的电话嘛，以后要去谁家吃饭了，不管有没有人叫你去，你先打个电话问问我。你现在住我们家，也算我们家的一分子了，中午那家不是我们的亲戚，你这样过去吃，晚上又不去，又和我去了别家，到时候人们会讲闲话议论的。不好看。"我也知道这样做欠妥当，但"不好看"还是刺痛了我，在我一再追问下，吴昌德解释说："在我们这里，这样的人就是混吃混喝的，不懂事，做的事情不合适，会叫人看不起。因为你是在我们家，你这么做，别人会以为是我们没有跟你说好，别人会笑我们。"听到此话的我只能尴尬地笑着应承以后不会如此了。到了高寨寨口，吴昌德又买了些面包带着，说是去人家家做客，得带点东西，我们两个人去，买个十块钱的面包就行了，而此后没有再提我去岑烂的事。

这是我来到南江之后受到的第一次"教育"，吴昌德作为当地人又是长者温柔却不失力量的简单提点，将我带入了侗人村寨生活的情境中，也让我认识到自己一旦进入其中，当初以为可以作为"研究者"而游离于他们生活之外的想法太过幼稚。吴昌德的评论立场，把这件事情引入此地侗人一般化的态度和理解之中，虽未言明，但他的意见中蕴含的"地方性知识"，已将我的行为判定为"不好看的""不合适的"。显然，影响侗人交往实践的，不仅仅是房族、村寨、"七佰南江"这样的范畴，另一套行事原则也在制约着他们。但吴昌德的一句"不好看"却揭示了更多的问题。"越轨"可能预设了既定的规则的存在，而在现实生活中，却没有统一的标准，所谓的"行事原则"，并不是侗人独善其身的修炼，而是通过和他人发生关系，在关系场中获得判定而得以确定的。一个人在具体情境中应该怎么做，事情的"合"与"不合"，虽然有其俗例，但侗人更重视他人加诸的意见。

二　我的"失礼"经历之二：情景化的饮酒礼俗与社会规范的自我呈现

侗人爱酒，待客更不能缺酒，若是有客人来了没有让客人喝好，会显得主人招待不周。有时去做客，留宿一晚，夜晚畅饮，第二日早晨宿醉还没醒时，主人就已经伴着油茶端出了米酒。无论一日三餐、日常待客还是红白喜事、节庆或仪式，酒都是必需品。我初来乍到，又是外地客人，自然逢餐便酒。吴昌德因为生病，已经有一年多不沾酒了，但他还是在家里备了一大桶酒，一为待客，二为能保证我也有酒喝。有客人来了，主人家若是不胜酒力，还会专门请来能喝酒的房族兄弟来陪酒，自从我到了吴永学家里，也成了"陪酒专业户"。有时正在寨中做调查，吴昌德会突然打个电话过来说："小孙啊，晚上别去别家吃饭啊，家里要来客，你要来陪酒啊。"如此，水口一带，酒风尤其盛行，在柳州古传的俗语中就有"要吃好酒，龙额水口"之说。我在侗寨待久了，日渐濡染，对酒也有了天然的亲切感，却只通了"酒文化"，未通侗人交往的谨小慎微，稍一沉溺，便出了问题。

那是在一次老人过世的丧事中。一日，我正随南江的球队去务赧打球，是务赧庆贺新球场落成发出的邀请，是夜要留球队在务赧吃饭。可球赛结束不久，就听说岑吾那位班凳房族的百岁老人突然过世了，便随球队匆忙地赶了回去。风水先生看的日子，后日就要上山，我们一回到寨子，近处亲近的亲戚已经挑着盛满米的筐一波波地来了。高寨来的人最多，几乎全寨都来了，因为老人的两个女儿都嫁去了高寨。百岁高龄过世，老人的儿子已经亡故，只有两个孙子跟随着风水师傅守在灵前，一步步地完成着慰送亡灵的仪式。到了夜里十点左右，岑吾的坪子上已经聚满了人，由于坪子还未铺上水泥，又堆放着起古楼的木料，显得分外拥挤。灯火通明之下，班凳、金苗和高窄合并房族的人在吹鼓手的喇叭声中忙碌不已，安排着杀猪、接待亲戚、准备伙食、入枢出殡的各项事宜。

虽然如此，一波波前来吊唁的亲戚并无太多拘谨和严肃，房族的人也是一样。吹鼓手一边吹一边走进死者的房子，与过世老人同房族的吴泰平还和一个吹鼓手开玩笑，挠对方的头，吹鼓手也是个老人，两个老人打闹了半天。亲戚们来的时候也是笑嘻嘻的，只有到老人灵前时，才要痛哭一阵，尔后留下女人守在老人身旁不断哭诉，男人们走出房子，又换上了轻松的表情，三三两两地聚在一起，随处都有人在开玩笑，聊些与丧事无关的话题。这一夜，本房族的人和近处的亲戚要一同守夜，有些人干脆支起了牌九的桌子打起牌来，围观的人里三层外三层，吆喝声不绝于耳。

图 5 - 1　百岁老人的丧事

　　热闹一直持续到了次日清晨，亲戚都回去了，寨子才清静下来。房族的人却不得休息，由于百岁老人下有三世人，亲戚众多，房族的人要撰写通知各地亲戚的讣告并派人送去，还要准备晚上亲戚来时的饭菜，准备杀猪，一直忙碌不停。下午五六点，亲戚又陆续来了，房族的人将亲戚分去各自家中招待，饭后又都回到了坪子。在坪子上，牌九的桌子又支了起来，气氛和前日一样轻松欢快，仿佛守夜只要人到即可，生死已在生活之外，只是围绕着丧事有三件事引发了些许的讨论。其一是老人过世出鼓手的问题。按理说老人的母亲家、女儿家都要出鼓手，但这样算来至少要七对，这超过了新立的七佰南江规约里限定的五对。老人房族的人特意找来了村干（村支书也是规约的村级负责人）商量，说来说去，大家普遍的看法是，本来百岁老人过世就是大事，全黎平县也没几个，这属于特殊情况，还要特别通知水口镇的。子孙要来是他们要尽孝心，不让来也不合，几样相权，干脆折中，来就让他们要来的都来，但上坡的时候就吹五对。其二是戴孝的问题。老人百岁过世，按侗人的风俗，已可算红喜事，可以戴红，可这老人的孙子没有儿子只有女儿，结果不仅红孝戴不了，连孝也不能戴，准备做孝的白布只能闲置，旁人无不惋惜，说这是"又喜又悲"的事情。其三是发帖（讣告）通知的事情。按理每户都有两个人要过去发帖通知，但务赖的亲戚却十分不高兴，或许是亲戚太多人力有限，而务赖那边的亲戚并不亲近，于是只是找人带了帖过去，并没有专人去通知，那边的亲戚就觉得主人家看不起他们，虽然如此，收了帖的人还是都来了。

此后的出柩、上坡、安葬一路妥当，上坡当日的两餐都由主人家招待，也是丧事待客的正餐，至此丧事的主要环节就算告一段落，此后就是为时一个月的守月和出月的酒席。到了晚餐，我和几个高窄房族的人同桌吃饭，无论是亲戚吃饭还是房族吃饭，席间也是各聊各的，有说有笑。好像是被这种气氛给浸染了，我一下懈怠下来，又因为这两日连早带晚地参与观察和询问，没怎么睡觉，积累的疲劳一下子迸发了出来，竟然一碗米酒尚未喝完，就晕头转向了。同桌的人谈得也欢畅，不时地开着玩笑，到了兴起，我举着碗提议一同干杯，却被同桌的人赶忙劝住，讲这是丧事，不能干杯。可我终于还是在一碗酒之后就几乎丧失了行动能力，在两个人的搀扶下才回到了吴昌德家，一到家就吐得天昏地暗，不省人事。

第二日醒来，头疼不已，对昨晚的记忆时断时续，我昏昏沉沉地来到楼下，家里人早已吃过早饭，聚在厅房里看电视。吴昌德的儿子吴永学一见我就将我昨日醉酒后的行径戏剧性地描述了一番，又语中带气地说："怎么我稍微没有看着你，你就喝多了呢？"我低头嗫嚅，努力想为自己找个理由，可什么也说不出口，只能回应说："我也不知道啊，就喝了一碗。"吴永学接话说："我也还纳闷呢，我走的时候你还好好的，看你和他们在聊天，刚出去没一会儿，我老婆就来叫我说你喝多了，我当时还说'怎么可能，他刚才还好好的'。你以后再别喝多了。"听了他对我醉酒后的描述，我担心在下面做了什么不合适的事，可记忆这时候完全不管用了，我问道："我没做什么错事吧？"吴永学的母亲昨夜在主人家帮忙，也目睹了我醉酒，她在一旁说道："你出来的时候还有礼哩，'宁老''宁老'地叫人，见了老人还用侗话说'宁老，我醉酒了，我先上去了'。老人都不知道说什么好。老人还在那儿说'小孙喝多了还讲礼哩'。"

　　正说着，住在屋上坎的吴顺恒下来了，说是要看看我今日酒醒了没有。永学就拉着我俩到门口坐着聊天。永学和顺恒这才告诉我，一般白事是不能醉酒的，否则老人会说（意思是老人会批评），别人会认为醉酒的这个人不懂道理。听到这话我呼吸都要暂停了，心想为了融入这个地方的努力，难道要因为一场不合时宜的醉酒就前功尽弃了。也许是他们看出了我的情绪低落，永学又告诉我，如果是当地人的话，老人肯定会说的，但我是外来的，老人就不会那么在意了。虽是这么说，可我还是消沉不已，再加上醉酒后遗症，于是在房子里待了一整天没有出门。

　　再下去已经是醉酒后的第三日早晨，我收拾好心情和吴永学一同来到坪子上，已经有不少人聚在那里看古楼师傅施工。见到我时人们倒是有说有笑，张口就问昨日为何没见到我下来。吴永学抢先说："还不是你们把他搞醉酒了嘛。"他这么一说，直接将话题引向了醉酒一事。在场的人不置可否，只是谆谆教导般地跟我说："以后喝酒时要多吃点饭啊。"继而纷纷讨论起若是不吃饭如何容易醉酒的问题，不少人还添加进了自己的经历为佐。吴顺恒的父亲坐在我旁边，拉着我继续说："你看吧，我早就跟你说了，喝酒不吃饭一下子就醉了。我都是跟你讲好的，讲直的，你听了不会吃亏。"正说着，我看到过世老人的孙子从房子里走了出来，便犹豫着走了过去，表达了自己失态的歉意，对方却说："没事的，本来就一百多岁了，是喜事嘛。"言下之意，因为是喜事，就不必用惯常的白事来衡量，醉酒也不算造次和失礼。一早晨的闲聊和讨论下来，人们对我醉酒的问题，偏向了寻找开解的一面。其一是归结为我喝酒没吃饭，所以才醉了。其二是说那些和我同桌的人的不是，他们明知道不能喝多还在劝我喝酒。其三是说因为算是喜事，醉酒不会受到责难。其四是后来讨论出来的，我的身份，在他们看来"既是主又是客"，前者讲的是在归属和活动参与方面，我已经算是岑吾寨的一员了；后者则讲的是在礼俗情理判定上，还是要用"外来的大学生"来判断我，这也印证了吴永学昨日的说法。

　　寨众对于我这次的"失礼"行为，一直做着消解的努力，这是他们待客的善意，但也反映着他们的认知中实践关系场的界限所在。从对我"既是主又是客"的定位上，足以看出他们在应对如何对待像我这样一个外来者时的智慧。正当我在苦恼地思考一个人类学调查者的身份如何在变成当地人又不是当地人中游走时，他们却已经给出了一个颇有"和而不同"精髓的答案。在他们看来，虽然我可以通过学习和掌握地方文化知识而获得对他们的理解，哪怕学会讲侗话、唱侗歌、弹琵琶、吹芦笙，一起去打篮球，找到自己在房族中的归属，但我依然未在，也不必要在他们的人际关系网络中占据一个位置。我并没有气馁于没有"真正地变成当地人"，被善意的拒斥的我反而通过他们对我的定位，看到了那些在外显的"大"文化之外，作为一个当地人/自己人的言行受到的牵制，这也是他们生活的意义，是"细碎的文化"的意义所在。所以顺着

339

他们的看法，也很好理解为什么现在如此多外出打工的人，在过年放假时虽然跟工厂定好了返程的时间，却因为家里有房族或亲戚办各种红白喜事而一拖再拖。这个关系场，虽然常常只能用"当地"指代，但其模糊之处在于，其并非一个地理空间，而是由人们之间的互动关系构造出的意义空间。

但是，当地人替我消解"失礼"行为的努力，并没有掩盖他们因为这一"失礼"行为本身而感到的不适。"既是主又是客"的定位并非万能的，对事不对人和转移责难，成为他们调和这种不适的"避难所"。虽然此次醉酒，我并没有像当地人一样受到老人和其他人公开表达的教训与闲话，但"白喜醉酒"还是像标签一样在整个田野过程中跟随我始终。一旦遇到各种办酒的场合，吴昌德一家人总会提前提醒我，再不可醉酒了。而但凡到了酒桌之上，同桌的人甚至熟络的主人家都会及时地先给我盛上米饭，让我先吃饱了再喝（侗人喝酒的习惯，大都是喝好了再吃饭，或者喝了酒就不吃饭了，常常都是一桌人只有我一个在边吃边喝），就像总有一两个老人在那里监督提点着"小孙啊，以后喝酒要先吃两碗饭，不然容易醉"。而在我待在岑吾寨的一年里，不同的人在不同的场合会因为不同的原因聊到我在寨中的表现，"小孙啊，你在这里还是可以，和什么人都处得来""小孙啊，你的性格好，什么时候都是笑嘻嘻的""小孙啊，你们大学生就是不一样，做事情合情合理的""小孙酒量厉害，我们寨上可能没几人能喝赢你"。我还在腼腆应对的时候，他们总要话锋一转地加一句，"就是那次（百岁老人过世）醉酒了"，即刻又把我拖入尴尬之中。

"失礼"行为本身给他们留下的印象，是那种他们彼此知晓、如履薄冰地对待却难以用概念把握的"关系"的形象化展示，它又像在当地流传的许多充满隐喻、富含教育意义的故事一样，提点着每一个听说眼见的当地人如何在这样的"关系"中生存。不适感来自他们对于"越轨"背后所强调的情境化的言行规范的普遍接受，所以我的故事于他们，成了一段深刻的记忆，使他们念念不忘。

当我因为"客"之身份享受着众人对我的"赦免"之时，作为寨里的人却背负起了本应属于我的责难。就在我醉酒之后首次来到寨中当日，吴启明和吴启辰两兄弟就没有讲原因地突然叫我到吴启辰的家里吃饭，这也是他们首次叫我吃饭。他俩在我醉酒那天和我同桌，同桌的七个人里，只有他俩是长辈，其他几个人和我年龄相去不多，都是他们的儿子辈。晚饭开始时还只是寒暄，吴启辰笑说我来了这么久，从来没来他家吃饭。喝了一阵酒，话题就转到了前日醉酒上面。二人先是说我们明明都喝的一样多，只喝了一碗，怎么也料想不到我就醉了。又讲到我当时想要干杯，还是他们将我阻拦了下来。吴启辰就说："你还是不懂我们这儿的道理，我们这里只有喜事才能干杯，白事上要是干杯了是对主人家不尊重，旁边的人会笑话，有时候房族的人知道了还会打人的。"接着，又提起醉酒的事，吴启辰继续说："这个事情吧，寨上人肯定会说闲话……"他的话头刚提起，就被吴启明制止了，他简单一句："这个别讲，讲这个干什么"，吴启辰就立即闭口不谈了。因为他压低了声音转向了吴启辰，还专门将聊天一直用的普通话换成了侗语，我多少感觉到他在回避什么。

饭后回到家中，吴昌德一见我就问："你去公全胜（吴启辰）家里吃饭啦？"我点头称是，他继而说："哦，哦，应该的，他们是应该请你吃顿饭。"我一时摸不着头脑，不知"应该"从何而来。后来问了吴永学，他才同我讲："他们在那桌子上是长辈，那天你醉酒，他们也有不对。这两天在寨子上，大家都在说他俩，不分场合要你喝酒，把你搞得醉酒了。所以他们今天才叫你去吃饭的。"这下我才恍然大悟，原来这是一餐"赔礼饭"。人们将本应指向我的矛头转向了他们，他们成了"丢脸"的人。此次请我吃饭，是他们在众人的压力下弥补他们"丢脸"之错误的方式。同时，在言谈间也可以感受到，他们试图将自己的行为和"丢脸"划清界限，不断强调我们喝的一样、喝得不多、他们还劝阻了我的失礼举动，以此来还原一个真实的过程，是为了表明他们在当日的作为都是合适的，事情本身若不是与我无关，也至少是一个"意外"。

可以看到请客赔礼至此对于他们来说，有着对外和对内的双重意义：对外来说，这涉及"礼性"，侗人对之如此看重，即便寨上的人善意地消解了我的过错，却还是无法容忍过错本身，从而从自己人中找到了"替罪羊"，而他们请客赔礼也就成了"应该的"行为；对内来说，二人迫于众人压力的赔礼行为，是自己成为"丢脸"者无可奈何迫不得已的结果，其目的并不是从我这里"找回脸面"，而是作为一次展演让自己能够在他人那里重获认可，进一步，通过与"丢脸"划清界限来纾解这一无缘无故被贴上的"污点"，在自我实现的层面上，贯彻自己在这一关系场中从未偏离过（绝不会偏离）的人生立场。

对于侗人爱面子、讲礼性并讲究情境，喝酒是一个很好的参考。他们在爱酒、劝酒和醉酒三者间谨小慎微地选择，在多数时候，都保持着克制。我在有了醉酒"越轨"的经历后，才开始在不同的喝酒场合中注意人们喝酒的情况，几乎可以说，在面对公众的时候，他们极少放肆地喝酒，白事或仪式性的活动自不待言，大多数人只是喝一碗就开始吃饭或离席，而即便是在允许醉酒的红喜事中[1]，也少有真正放开喝的人。因为在他们看来，只要是公开的场合，喝醉酒都会导致自己丢丑。我也见过个别人在岑吾寨庆贺芦笙完成送师傅、三朝酒或起房子时喝多后，第二日清醒了，只要一到了古楼或坪子上，就表现得十分不好意思，逢人便说"哎呀，

---

[1] 在红喜中，如果喝醉了，主人家的房族兄弟会将醉酒之人送回家中，沿途还一路放炮，意思是表达感谢之情，因为这人看重主人家，才愿意喝那么多酒。

昨天实在是丢丑了，醉酒了"。好像即便不会受到他人责难，也要自我批评一番才妥当。克制和自我检讨必须表现得非常主动，因为无论是在白事还是在红事之中，每个人都会成为被劝酒的对象。这可以说是最为吊诡的地方：人们都希望对方能够喝好，若是不劝酒，就显得不懂礼，可每个人对醉酒抱有不满，而对于自己醉酒更是不能原谅，克制自己又给别人频频加酒，爱面子和讲礼性同时存在，影响着人们的言行。私人的场合则与此不同，虽然是互相劝酒，但喝多了是正常的事情，人们也不忌惮喝多。在古楼里，中午或晚上，常常能遇到那些醉醺醺刚在某家喝完酒出来的人，到了古楼晃晃悠悠，说些酒话，过一阵就跟着酒劲或躺或睡下，人们只是问问他在哪里喝的酒，却再不管他是醉是醒。喝醉的人到了第二日，最多是抱怨几句昨日喝多了，身体难受，却没有像那些在公众场合喝多的人一样，一来就先自我检讨一番。

三　关于"失礼"行为的见闻

（一）送炮洗面

古楼刚建成后没过几日，吴世泽结婚又让寨上的人忙碌起来。结婚当天，房族的人分作两批，一批年轻人随吴世泽挑着担子去新娘家送礼，另一批年长一点的就留在寨中，准备一日两餐的喜酒。寨上无论哪家办酒，全寨的老人都会受到邀请且不必送礼，以前都是请到家中吃饭，此次因为新古楼建好了，寨上的人一商量，就决定恢复以前的风俗，让老人都在古楼里就餐，到时由吴世泽房族的人挑酒菜礼肉过来给他们。

到了午餐的时候，老人们都聚在古楼里面，房族的人准备妥当，就欢欢喜喜地挑着担子进了古楼。没过多久，吃过饭的亲戚陆续出来，有的人就习惯性地进到古楼里休息，吴世泽的堂姐夫吴泰安就是其中之一。他到古楼的时候，老人们正吃到一半，他随便挑了个空地方坐下抽烟。正抽着，看到有些离席的老人桌上还留着吴世泽家送来的礼肉,他就问怎么回事,怎么不吃了、不带走。那些老人就说:"都是肥肉,吃不下,不要了。"这个曾自己评价自己"性格硬,敢说话,不怕得罪人,不管老的小的,只要做事情不合就直接说他们"的退任老主任,一下子火就上来了,对着老人就一顿训斥,说他们不懂礼,这是吴世泽办喜事专门送来的礼,是对他们的尊重,他们居然还挑剔。他边说边去将桌子上的饭菜礼肉收到筐里,全然不管还有老人在吃,然后说:"我是吴世泽的(堂)姐夫,你们既然挑剔,不尊重他,我就替他把东西都挑回去,你们也不用吃了。"说着就真的把东西都挑回了吴世泽家,之后又回到古楼,继续训话,说现在生活好了,大家都不吃肥肉了,但这个是礼肉,不管肥瘦都得接受,这是主人家的一片好意,老人们这样做,简直不像老人。这些老人一开始心虚,后来听着听着也爆发了,有几个就同吴泰安吵起来,讲你这样做也不合,突然就把肉挑了回去,还有人没吃完呢,这是对老人不尊重,况且要挑也是人家房族的事情,你这样做让吴世泽房族怎么办。两边相争不下,一直到吴世修从新娘家的寨子赶回来调解才勉强缓和,吴泰安也气鼓鼓地回了家。

也许是一下午的时间让吴泰安消了气,他也思度起自己的不妥来:再怎么说,这次公开地顶撞老人,且手段激烈,确有不合的地方。晚上他在吴世泽家和岑烂支书的父亲石老师在一桌,石老师在岑烂威望很高,全寨干什么事都听他讲。吴泰安一见石老师就说:"石老师,我今天出丑了,顶撞了老人,要送炮洗面了。"接着将中午事情的经过都说了一遍。石老师听了,开始给吴泰安出主意:"你这么做的确是对老人的不敬,但这么做是对的。还是那些老人不懂道理,讲话不合。这时候,你再挑礼回去,送炮洗面,那么就是树了榜样。以后再没有人敢这么做了(指对别人送礼挑剔,讲闲话)。"听了这话,吴泰安深以为然,立马就找来了吴世泽的父亲和吴世修商量,他们也觉得这么做是最好的办法。第二日中午,吴泰安又逐一地通知了全寨的老人，一到中午放着炮，挑着礼肉和饭菜到古楼给老人们吃了一餐。前次的不快才算化解，之后，寨上再没有人提过这件事情。

送炮洗面是一种很形象的说法。侗人有俗语"犯天，打天醮；犯地，拜地公；犯人，送炮洗面"。意思是对人做了不敬的事情，出丑丢脸了，就像脸上有了污点，而送（放）炮赔礼道歉，就如同在河里洗净了脸面，将因不敬出的丑洗刷掉了。

（二）洗寨醉酒

洗寨的故事在本书第三章已经有了具体的描述。在那天夜里河边的仪式举行之后，人们吃鸡鸭粥的时候，几乎所有人都知道这是个关系寨子与寨众安全的仪式，都谨慎地对待。唯独吴卜亦做了出人意料的举动。因为举行仪式要用到酒，于是寨上人带了一大壶米酒过去，用过一点之后，就放在那里给众人吃稀饭的时候喝。本来大家都是传递着有限的碗，每个人喝上几口就作罢，可是吴卜亦却一碗接着一碗不停地喝，不一会儿就把自己喝醉了，最后甚至失去了行动能力，是在他儿子吴昌亦搀扶下才回了家。当时已经夜深，人们都回去休息了，可到了第二日，斥责就接踵而至了。

先是在古楼里，众人都说吴卜亦的不是，说他儿子都到了要结婚的年龄了，他作为一个大人还如此不懂事，那种场合岂是能够醉酒的，实在是不像话。吴卜亦也在场，他蜷缩在古楼的一个桌子边上，低头听着众人的议论，一言不发。作为同房族又是长辈的吴昌德，火气最大，他直言不讳地对着吴卜亦讲："凡是寨上出什么问题，都跟你脱不了干系，你样样不行，出去打工又存不下钱，穷得不行，房子搞这么久还搞得不像样子，什么都没有，就知道涨酒（喝醉酒）。"老人们又接过话茬，继续讲，他这么做，万一洗寨之后寨子出了什么问题，他难逃干系。如此这般地训了他半天。

在这样的批评氛围下，古楼里的人，有的开始数落起吴卜亦的不懂事来。坐在我旁边的吴泰金就说："你看他有多不懂事吧。我和他是亲戚，看他在家没钱，田又少，我就让他把自己的田整完了就过来帮我盘田埂，一天给他 100 元。可他却说'那里太麻烦了'就不干了。后来我自己盘，两天就搞好了。他反正是在家里没钱，日子难过得不行，本来我自己也能做的事，我是看不下去了，好意给他送钱，结果他居然都不要。你说他这个人是不是不懂事。"又有人讲以前和他一起在广东打工，本来找到了待遇不错的厂子，他偏偏天天跑去喝酒，结果喝醉和老板发生口角，让老板给辞了，好多天的工资也不给发，搞到困难得不行。这个早晨，古楼里俨然上演了一场针对吴卜亦的声讨大会。

后续的讨论

侗人很少直接表述关于"爱面子"的问题，或者说他们对之的看法并不是获得正向的强化，而是避免"丢脸"这一负向的行为判定。在"面子"问题上，他们追求的既不是通过突出表现自我的炫耀行为来"长面子"，也不是严于律己循规蹈矩保持自己"有面子"，而是要保证自己不会在群体生活中"没面子"。

之所以如此，首先和他们对于"礼性"的重视有关。笃信"讲礼性"是当地人最基本的操守和修养，也是他们行事的风向标。而失礼和丢脸通常是一体两面的概念。因而丢脸多数时候意味着这个人或这个群体做了失礼的事情，这不仅是他者，甚至是越轨者本人也难以接受的。此外，"丢脸—失礼"也将当事人置入了一个群体议论的氛围之中，他们会受到众人的责难，就像吴永贵、吴卜亦一样，甚至导致群体对他们的为人产生质疑，从而影响他们在村寨中的地位以及人际交往。

为了弥补丢脸带来的负面评价，当地人发展出了各种方式来对丢脸的行为予以禳解。送炮洗面就是其中最富仪式性的，它以一种富有"礼性"的方式来达至对于失礼造成的丢脸的纠正，为的就是显示丢脸的人并非不懂礼，相反他是懂得的，只是一时激动犯了糊涂，而向被冒犯的人赔礼，也就使自己复归到了讲礼性的"正轨"之中。自我批评和反省，虽然没有送炮洗面那么行之有效，却也有着相同的含义。而这些禳解的方式最为显著的特点就是它们都是面向公众的。正如丢脸会引发集体的责难一样，"找回脸面"也必须在集体的评价和认可下才能得以实现。这进一步说明了爱面子和讲礼性对于我们理解侗人日常实践的重要意义，它们揭示了在集体之中个体实践的界限。

三朝酒的事例和吴泰安的个案则说明，爱面子和讲礼性与侗人所处的结构性群体范畴并未割裂开，相反，结构性群体范畴所赋予的任何一个侗人的身份，都暗含着已经规定好的"礼性"的成分，但同时"礼性"也有超出结构性范畴规定之外的部分。所以吴泰安虽然送炮洗面了，却处于一个又对又错的复杂语境之中，因为一方面，老人挑剔主人家的回礼，就是一种"失礼"，作为吴世泽堂姐父的吴泰安表达不满的确应该；但另一方面，作为中年人的吴泰安顶撞老人，也是一种"失礼"，所以仍要送炮洗面来道歉。

第二节　"讲闲话""好议论"：个体行为集体化

"讲闲话"在南江蔚然风行。南江人在总结自己特点的时候，也总是说"我们这里的人爱面子、讲人情，再就是爱讲闲话"。从上一节可以看到，讲闲话和侗人"爱面子、讲礼性"总是相伴而生的，失礼的行为必然会引发他人讲闲话，在考虑一件事情做得对不对的时候，人们也总是忌惮"别人讲闲话"，而"丢脸"往往就和"被人讲闲话"画上了等号，所以才有"不好看"之说。

但是"讲闲话"还有着更为丰富的内容，讲闲话与爱面子只是包含与被包含的关系。若要对讲闲话做一个大略的分类，可以将其分作对他人行为基于"礼性"的对错评判、对他人行为基于个人经验的评判、对他人行为的猜度性判断、讲述听闻并评判、对现象基于个人想象的描述和猜测。有关面子和礼性的讲闲话，只是其中的一类，当然也是十分重要的一类。

之所以要将"讲闲话"作为讨论的内容，是因为"闲话"绝不是众人闲来无聊的闲言碎语，而是具有力量的实践行为，它影响着侗人村寨的集体生活、人群关系和个体行为选择。这种影响力表现在：其一，如前所述，与面子和礼性关联起来的闲话，将个人和群体都置入集体的监督之中，从而使得个人和群体都在一种整体规范的习俗轨道上运行；其二，闲话对个人自由的剥夺；其三，闲话成为结构性范畴所聚合的群体对抗和关系变迁中可操弄的话语；其四，闲话能够通过传递、修正和被接纳来凝聚集体的"共识"。

讲闲话同样具有情境化的属性。没有无缘无故的闲话，也就是说所有的闲话都是和具体的人、事联系起来的。所以为了理解讲闲话的社会意义，我们需要进入到具体的事件情境之中。同时，当地人对于讲闲话的态度处在对立又兼在的状态——既怕且讨厌别人讲闲话，又爱讲别人闲话，因而使地方社会呈现出一种整体紧张的情绪。讲闲话也可分作公开的和私人的两种，二者并无轻重之分，它们共同反映着当地人在头脑中所钩织出的个人化的人际关系图景。

有事众议是当地人处理集体事务时采取的基本方式。在公众场合，只要是有什么事情被抛出，每个人都有权利发表自己的意见，因而无论是开会还是闲聊，当地人都表现得十分"好议论"。然而对于调查者而言，闲话和议论之于当地人，却是一组大略可以分辨但实际复杂不清的概念。一般而言，闲话内容多是负面的、具有破坏性的，有时说闲话也会和当地伦理观念相关联，虽然人们都在讲闲话，但"那个人爱讲闲话""有的人就是爱讲闲话"这样的话语常常会作为对一个人的负面评价被当地人使用。议论则不涉及当地人的价值判断，而是被看作一种常态，有什么事情解决不了或关涉集体的利益，个人不做决断，而是会说"这个事情还是要大家议论过了才能决定"或"我个人说了不算，要大家都讨论了，听过了同意了才行"。因而议论也体现着建设性的一面。这就引出了另一个可以区分闲话和议论的方面，即虽然都是有目的性的，但闲话通常是开放的、无结果的，而议论则是封闭的、寻求结果的。其复杂性在于，有时候公开的闲话会成为议论的引子，而有时候有些人议论的言论会被其他人斥为"不认真讨论问题，净在那里讲闲话"。这全要看具体情境中人们对事件的判断或大多数人看法的走向。但无论是讲闲话还是议论，都是一个将问题引向集体的过程。

一　闲话别人，互相讲闲话

在论述起古楼活动和岑吾寨人的日常生活中，我已经多次提及闲话的存在。虽然当时没有将其作为主要的内容加以讨论，但毫无疑问，闲话是影响事件、个人态度和行为选择变化的关键因素。当我们闪回似的回顾时就会发现，在古楼工程中，作为负责人的吴世修、吴启智、吴顺恒等人，无不为众人的闲话所困扰。本小节要讨论的闲话，是个人化的闲话，主要是指这样的闲话只是一个人或个别几个人在讲，并非集体一致的看法。也可以将其分作公开的和私人的两种，其效力体现在，公开的个人化闲话将被讲闲话的人抛入了集体的关注中，它有着散播的可能，因而导致被讲闲话的人背负压力，情绪上受挫；私人化的闲话则表达并强化着个人对于其所处的人际关系网络的构想，从而影响着人们彼此之间的交往。

（一）两个老村干的苦恼经历

吴昌德和吴泰安都是 2012 年初才卸任的老村干，前者在村委工作了十多年，从民兵连长一直干到了村支书，卸任时已经担任村支书整整五年；后者则是在四年前重新当上了村主任，一直干到卸任。回顾起他们担任村干的那些年，两个人脸上都流露出骄傲的神情，南江村在他们任职期间，一年一个样地在变化，可他们还是免不了吐几句苦水，这苦涩就和村上、寨上人的闲话有关。

吴昌德能当上民兵连长，和他年轻时在寨上的活跃不无关系。

寨上老人都说吴昌德当年芦笙吹得好，是芦笙队的头子，又能喝酒，南江村都没几个能喝过他，且为人大方，好说话但说话公正，所以青年、老人都喜欢他。再加上他本就辈分高，所以更有了几分威信。在 2000 年的时候，就由村委提名做了民兵连长，就是管理以青年为主的民兵。当了两年，村主任卸任，他顺理成章地接过班当起了主任。

"刚当上主任没多久，"吴昌德回忆道，"就遇到了抓计生。那时候严得很啊，有句话讲'通不通，十分钟，再不通，龙卷风'。意思就是拉人去做人流或者做结扎、罚款，一开始先做思想工作，再不行就牵牛拉猪、拆房揭瓦。那时候要么就是填表，不填表了就跟着政府的计生干部一家一家地问，做工作，也干过不少拉牛拉猪、拆房子的事"。他还详细地跟我讲起一个用强硬手段迫使高寨一个怀孕女子做人工流产的事例。当我问起吴昌德作为当地人如何开展工作时，他不假思索地说道："那时候一开始的确招人怨恨，也有老人说我，不少人也说闲话，说我不讲人情，政府说什么就是什么。但我想这是政府安排的任务，作为村干就应该干好，村干都不支持，他们（政府）更难做，那还要你做村干干吗。再说，我又不偏谁，是不是亲戚房族都一样。后来村上人看我亲戚房族的人也都抓，他们就懂了，理解了，也就不说话了。"

因为在计生工作中的突出表现，水口镇政府发展吴昌德入了党员。与吴昌德相比，同时期任支书的高寨人石世相就太过逊色了。我调查期间刚开始去找石世相访谈，询问他家在哪里，寨上人问我找他何干，我说要问问他在任时的村委情况，寨上人就跟我说："你找他也没用的，他什么都不知道，他那个支书是白当的，什么都没干。你不就住在公东升（吴昌德）家嘛，你问他就行了。"吴昌德也对石世相有意见，他告诉我："他（石世相）当支书的时候，真是不行，开个会都不敢讲话，你说还有谁听他的。而且他那会儿一个党员都没发展，就怕别人当了党员抢了他的位置。我当党员还是镇上直接发展的。"后来，当上党员的头一年，吴昌德就取代石世相当上了支书，而他主任的位置就由刚从广东打工回家、有着多年当村干经验的吴泰安接任了。这两人的组合十分强势，吴昌德就评论道："当村干就需要这样有魄力的人，有些事，比如去政府开会，就要为村子争取利益和项目，你要是不敢说话，怕政府，那就不成。公依依（吴泰安）就敢说话，政府有讲得不合了就敢当面说。"

这两个人搭配起来后，村委一下焕发了活力。时值 2007 年，寨上外出打工的人已经不少，打工经济使寨众的生活水平有了不小的改善，几乎家家都有了电视、摩托车、冰箱，可村貌的变化却不大。水口到南江的通村公路虽然早就修通了，不过到了村口就没有再修，村道都是各管各的，高寨出村得过河走过岑烂才能上公路，而岑吾更是麻烦，得走过一片稻田的田埂，因为过田埂踩到水稻的事情，岑烂人和岑吾人没少争吵。政府推动篮球活动，年轻人也对打篮球开始热衷起来，但那个早年在老乡政府门口的篮球场早被人左占一块右占一块地盖起了房子，村里年轻人活动的地方被占，篮球水平上不去，打球赢不了别的村寨，也是个事情。用电也是问题，各家家用电器越来越多，但是南江的电网一直不好，供电不足，且有的地方电线重叠混乱，存在发生火灾的隐患。此外，南江小学很多老师都是外地的，由于没有专门的教师宿舍，他们就被安排在老乡政府的楼里住，和村委共用一个楼，没有专门的办公室和活动室，这个事情前几任村干迟迟没有解决。这些事情要不要办、怎么办的问题都落在了吴昌德和吴泰安的头上。充满活力的吴昌德毅然决然地就接下了这些问题。"那个时候身体还好，走得动路喝得动酒，我就拉着吴泰安，我们两个人，天天去政府争取，一开会了，总是我们两个人抢着发言。"吴昌德讲道："但是那个时候，不是样样政府都答应，有的事情，他们说得好好的，但你左等不来右等不来，也不知道什么时候才能办成。干脆我们就去县里。有些以前在水口（政府）上班的，认识的，我们就去找他们，他们不行我们就去民政局、教育局、县法院，反正到处跑。买几包好烟，带点茶油。一次不行两次，两次不行就多跑，反正一直到他们答应了为止。"就这样，在他俩任上，项目接连不断，拖着的问题一样样都解决了。

看起来"政绩斐然"，可关于这些事，吴昌德和吴泰安又道出了令他们难过的一面，关键就是闲话不断。关于这些闲话，吴昌德讲："主要是说我们拉来了项目，有的钱被我们装到自己的口袋里去了。我好赌（六合彩），玩的数也大，个个都盯着，就说钱被我拿去（赌六合彩）了。可他们不知道我赌的大，赢的也多，数我都记着的，都是我自己的钱嘛。还有项目拉来了，钱有限，活路就得我们自己做，有的人就说闲话，说那项目的钱里包括工钱了，不愿意干活，要我们雇人做。说我们找村里人干活，工钱就被我们贪了。我生气了就拿政府的文件和合同给他们看，看是不是包括工钱，没有嘛。他们看了也没话说了，主动干活去了。"提到这样的闲话，吴昌德说有一次最让他气愤。那是在村道并接通村公路修好之后，因为岑吾有几户人住在坡上，上去只有一条寨里的土路，狭窄泥泞，所以他就想用修路剩下的经费顺着新修的路辟一条宽一点可以走车的路上坡，并在寨中修一条石板路上去。讲起这件事，他说："当时剩下的钱不多，我就想让住在上面的人再凑一点钱来搞。因为我的房子也在上面，有的人就说这是在用村里的钱给我自家修路。而且听到要出钱，就连坡上的几户也不愿意了，说寨上有路了，能走，还搞那个（新的路）干什么。我听了就气，立马就开会说这个事情。我说，一个我是站在全村的角度考虑的，要保证每家每户都有路走，不是说我家在上面，我家不在上面我也会说要修这个路。现在全村就这几户在坡上，上下不方便，尤其是家里都有老人小孩，那个路不好走，就应该搞个好点的路。而且我也不是要全村全寨出钱，只是用剩余的钱，多出来的就我们坡上的几户来出。这路修好了，也不是我们几户得便宜，从这路上去，后面山上都是油茶地，还有水田，不是我们几户有，很多人都有份，修了这个路了，能走车了，大家也方便是不是，但还是有几户坡上的不高兴。我当时也气，就说反正路我是修定了，大不了我一家出钱。后来我还是找了另两户，总共就我们三户人出钱把这个路修了，你看现在多方便。"

在任职的最后两年，吴昌德病情恶化，经常全身红肿，力气匮乏，酒也不能喝了，所以对村里的事情有心无力。身体健康的吴泰安也表现出一样的颓态来，关于任职的后期，他告诉我："一开始还积极地去拉项目，跟着公东升（吴昌德）直接去县里面，后来也不想拉了。因为拉来了，明明是为村里面办好事，去县里吃住都是我们自己掏腰包，可反倒遭人讲闲话。说我们拉的项目多，自己也吃（贪）的多，我最听不惯别人这么说。所以干脆就不拉项目了。"最终，在 2011 年下半年，吴昌德主动因病请辞，坚持到了2012 年春节换届选举，正式退任，而吴泰安也提出自己愿意一起卸任。两个人的说法都是："我们也干（村干）够久了，年纪大了，应该让有能力的年轻人来做。"随后接任的，便是两个三十出头的年轻人。

（二）吴永学和吴顺智的互文

要在岑吾寨找一个不抽烟、不喝酒、不好赌的人，恐怕只有吴顺智了。不过对于岑吾寨人乃至七佰南江人来说，这绝对不是吴顺智的特别之处，他的特别在于他"有钱"。不同于吴永贵因六合彩生意而暴富，吴顺智从五金厂的小工做起，一步一步凭借机缘和自己的头脑，获得了现在的财富。他在三水的五金厂子里一直做到了模具师傅，因为出去比其他人都早，当时还是 20 世纪 90 年代初，周边出去的人不多，而广东的工厂正是上升期，老板就要吴顺智回家带人出来，按人头给他提成。老板的这一举措点醒了吴顺智，他看到水口一带交通的限制和日渐增多的外出打工者中蕴含着商机，于是在有了一点积蓄后，就贷款买了辆小班车，专跑水口到三江一线，当时这条线路唯独他一个人在跑。"一个春节，我就赚了将近10万块钱，一下子就把买车的钱给补上了。"讲起当时的情况，吴顺智如是说。这么跑了两年，他就不满足于水口到三江的线路了，因为陆续有了别的车跑，竞争多了，于是他又用那两年攒的钱，和人合伙，买了一辆100多万元的长途班车，跑起从三江到中山小榄的长途来，一直干到了2013年。虽然没有赚大钱，身家也在百万，只是如他所说："钱都在车上，身上没什么钱。"

无论是2013年还是刚出去打工那会儿，虽然外出打工的收入都是在寨中远不能比的，但在广东的五金厂里，收入也有巨大的差异。这和当地人出去能做的两种工有关，一种是小工，一种是师傅。前者纯粹靠的是密集的劳动，工资每月并不固定，做纽扣、拉条、表带，都是按件计费，90年代初打工刚兴起那会儿，小工平均一个月的工资在100～400元。师傅则是技术工，他们主要负责制作模具和维修机器，每日的工作量比小工小得多，但一个月的工资却比小工多了10倍。很长一段时间，寨上有两个当师傅的人最出名，一个就是吴顺智，而另一个则是吴永学。当上师傅并不是一件容易的事，一来这些跑去打工的侗寨人多是中学毕业，甚至有的中学都没毕业，且年龄小，对于技术上的事更是从未接触过；二来当师傅的也与他们不熟，没有任何教授的义务，自然不会带他们。所以要想从对模具、机器一窍不通的小工变成师傅，除了需要精明的头脑外，当时唯一可取的方法就是——偷师。对于当上师傅的艰难过程，吴顺智是这么说的："刚去的时候，也是做普通工（小工），工资只有两三百。做了一年，因为开始带人，有钱赚，老板就安排我去做饭，工资差不多，但是轻松。做饭做了一年后，觉得做饭也不好，赚钱都是固定的，不像做普通工那样多干多得，于是又开始做普通工。那个时候，我就留了个心眼，看师傅赚得多，每次他修机器的时候我就凑过去。他们每次都赶我走，我就下来一个人看机器怎么做，拿着废模具看，有机会了还是去偷看师傅做活路。这样干了两年多，师傅的东西我觉得自己都会了，我那时候胆子也大，就跟老板讲我也要做师傅。老板那时候肯定不同意，他哪相信我会做。但是因为这几年我给老板带了不少人，在一个厂子干得久了，和老板感情也好，他就让我试试。我一试果然可以，就是没那些师傅做得好。老板为了留住我，就答应我做师傅了。工资一下子就涨到了3000多元，有时候还能拿到4000多元。就这么继续干了三四年，后来被三水另一个厂挖走了，那边出4500元，我去了又干了四五年，就不干了，自己当老板（跑车）了。"

　　吴顺智成了远近地方去广东打工第一个当上师傅的人，收入陡增，也让他家这个原本的贫困户发生了巨大变化。"我家是最早买电视和摩托车的，那时候寨上还没摩托车，更别说电视了，很多人都羡慕得很。"（吴顺智语）这种转变和对生活条件变化的羡慕，让广东产生了非比寻常的吸引力，也成了他能够带领当地人外出找工的重要条件。吴永学就是紧随着吴顺智外出的打工大军中的一员。"我那时候在中学调皮，被学校开除了，在家养牛，吴顺智要带人出去，我就跟着去了。那是（19）98年，跟着他到了三水，也是进他待的五金厂。刚到厂子，老板嫌我年龄太小，不要。还是带我来的卜金花跟老板请求，老板才同意留下试用。小孩子手脚麻利，老板喜欢，就留下了。一开始做五金，是手搬机，都是用手工敲。工资一个月只有100元，三个月发一次，我干了一年，回家还带了几百块，过完年又回那个厂。回来了就开始看自动机，我虽然读书被开除了，那是因为我不爱读，但我觉得自己脑子还是很聪明的。看自动机，一边看一边学，看了一个月就会修了。老板加工资到了700元，干了一年，因为另一个厂说给1200元，就跳了厂，但新的厂子伙食差，又想跳，老板说再补400元，就留下来干了一年。这一年我也是跟着人学修机做模具，可能是我运气好，那个师傅人也好，愿意教，我跟着他学了半年多，就都会做了，和他边做边学。后来我换了厂子，到现在和师傅还有联系。这年因为我学会技术了，走的时候老板说下一年涨到 1900 元。但我回去就结婚了，在家待了一年，再下广东的时候也没去那个厂，有技术了嘛，到处都抢着要师傅。找了另外一个厂，一个月 2500 元，没做几天，又被原来那个厂叫了回去，一个月 2500 元保底，然后计件，这么下来一个月有 4000 多元。我弟弟那年也跟着来了，我已经当上了师傅，就教我弟弟，我弟弟跟着我干了一年多也去别的厂做师傅了。"（吴永学语）当大多数人在广东务工谋生时，吴顺智已经转去做跑车的生意，吴永学可以说是吴顺智之后寨子上出的第二个师傅，寨子上的人提起那段时间和吴永学在一起打工的时候，还是流露出羡慕之情。他们提到大多数人还拿着几百块不到 1000 块工资的时候，吴永学已经拿着三四千的工资了，是他们不能比的，而且那时候小工都是几个人挤在一起住宿舍，可吴永学则有自己的单间，过得十分舒服。就是这两个让寨上羡慕的师傅，曾经在三水的工厂里有过两年短暂的交集，却落下了一段藏在各自心里的恩怨。

那一次在吴顺智家里吃饭，本是吴老师（吴顺智父亲）邀请我去的，到了傍晚我去他家时，恰逢吴顺智跑车休息，也回到家中。我们三个人坐在一起，吴顺智不喝酒，就我和吴老师两个喝，有的没的聊一些寨上的事、古楼的事。吴老师年纪大了，喝了一碗就不喝了，吃了点饭就离了席，坐到一边去研究六合彩去了，还特意嘱咐我慢慢喝不着急。吴顺智见状，便开了一瓶啤酒，陪我边喝边聊。我问了他一些跑车的事和外出打工的经历，他突然跟我说："卜东升（吴永学）简直不是人。"我一时惊愕，没反应过来，吴老师在那边赶忙对吴顺智说："别讲那些。"吴顺智却对他父亲讲："没事的，我知道讲的什么。"吴老师也就没吭声了，一个人挂着拐杖出了门。吴顺智接着同我说："我知道你现在住在他们家（吴永学家），你整天和他接触，但你可能不了解他，所以我才要跟你说。那时候我和他都在三水的厂子里，我做师傅，他做小工。因为是一个寨子的，他年纪又小，有什么事情了我都帮着他。他干了一阵，跟我说想跟着我学修机器做模具，我想着都是一个寨子的，见他做事情挺勤的，就教他。他学得是快，没几个月就学得差不多了。但当时厂子里面师傅够了，也不可能让他做师傅，他就动起坏心眼来。那会儿做模具的机器有三套，每套都值几万块钱，因为老板信任我，就让我来管。没想到，他为了陷害我赶我走，就偷了一台藏了起来。那个机器那么重，有近百公斤，也不知道他那么小的个子哪来的力气。老板肯定生气，我也没有办法。后来你猜在哪里找到的，就在那个家伙（吴永学）的床下面，他还不承认，说不是他偷的。你说我好心帮她，他居然反倒来害我，你说他是不是人？我当时也很生气，但是没有说害他，他自己不好意思，没干多久就辞工去别的厂了。"讲完这个事，吴顺智又把话题转向了他的家庭和未来的打算，不仅当晚，此后我在岑吾寨的日子里，他都没有再提过这件事情。

　　知晓了这件事的我分外难受，不仅因为我就住在吴永学家，而且我和他感情一直很好，情同兄弟，所以对于这件事，在吴永学面前我也绝口不提。但是有次和吴永学聊起他的打工经历时，他却主动跟我讲起，不过，完全是另外一个版本的故事。他讲到自己如何跟着吴顺智外出到广东，如何落脚五金厂，但讲起吴顺智来，他告诉我："吴顺智这个人不行，他这个人小气得很。我那时候跟他一个厂，我聪明、做事又麻利，老板也喜欢我。我想和他学技术，他就找借口，其实就是不想教我，怕我学会了抢了他的活路。我就偷偷学，有机会了就去看，自己摸索。他可能就是看着我学技术快，眼红，就跟老板说我坏话，还陷害我说我偷东西，搞到我跟老板的关系也不好，就是想把我赶走。当时有别的厂出的工资高，我就干脆不和他在同一个厂干了，转去了其他厂。"

　　发生在同一时空的两个版本的故事，着实让我难辨真假。也许是听了这两个人互相诋毁对方，我在寨上观察的时候，隐约感觉到两人关系的疏远，同在寨上时，人们闲下来了总是在坪子上、古楼里聊天，互相开玩笑，但这两个人却是极少互相说话的。一次坐车的事情更强化了我的感觉。有一次我要回学校，永学也要和我一同下广东找厂，恰逢吴顺智回家，也说次日要走，因为他开小车回来，我就想搭他的小车先去三江，不必再坐班车，到了三江也好搭他的长途车去广东。我把这个想法告诉了永学，想让他问问顺智，因为以往寨上人出广东，只要是顺智在家，都是愿意拉的。可吴永学却明显犹豫了，跟我说："我看坐他的车也麻烦，还不如我们坐班车下去。"在我反复要求下，他又说："那你跟他打电话问问，说不定他车上的座位都满了。你就问问他车上还有没有两个空位。"总之，他就是不愿意自己联系吴顺智。无奈之下只好由我打电话过去。吴顺智倒是爽快答应了，可第二天坐上他的车从水口到三江，从三江到佛山，以及中途他邀我俩和司机一同吃饭的整个过程中，吴永学和吴顺智几乎没有交流，吴顺智几乎不怎么和吴永学说话，而吴永学要问关于路途的事情，总是差我去问吴顺智。到下车了，吴永学还在说："平时车票没这么贵，我们还是一个寨子的，他也没说便宜一点，还比平时的贵。"不知是我的心魔还是他们的心魔在从中作梗。

（三）武林开的处世之道

武林开家是岑吾寨上唯一的一户杂姓。他们家来到岑吾寨是他父亲那会儿的事情。他的父亲是双江人，讨了吴广德的堂姐做老婆。那时候政策还没开放，可能是双江那边的条件不好，于是就来了岑吾寨。可因为还在搞生产队，来了之后分不到田地，没有粮食，于是靠老四队的吴泰盛、吴泰安等人接济，于是他干活就和老四队一起，算是其中的一员。到了分产到户时，他也分得了自己的田地，终于落户下来。而因为和泰安、泰盛他们合意，于是一商量，问过老人之后，举行了简单的仪式，请班凳全房族的人吃了一顿饭，在老人的操持下合了筷子（每户拿一双筷子，武林开的父亲也拿一双新筷子，一同放在竹筒里，摇混了之后，再每户随意拿一双筷子回家，意思就是都是自家兄弟，不分彼此了），成为班凳房族的一员。到了武林开这一辈，已经完全成了岑吾寨的一员，虽然没有改成吴姓，但他们与班凳房族的人如同有血缘关系一样。

和寨上许多人一样，武林开中学一毕业就开始了他的打工生涯，却比寨上大部分人的打工经验都要丰富得多。他中学毕业的时候才15岁，当时是1984年，南江这一片还没人去广东，他就一个人去黎平闯，找到了在沙场碎石头的苦工。他回忆那时候"辛苦一天只有12元钱，足足干了两年。用存下的钱给自己买了一套中山装、一双解放鞋，穿回寨里。（一九）八几年那会儿，寨上还没人出去，很多人都还在穿侗衣，哪有人穿那么好的衣服啊，风光得不得了"。后来他又回去继续做，但一个偶然的机会接触了电焊，有了兴趣，就去了一家搞防盗网防盗门的公司，技术学得差不多了，也赚到一点钱，就自己开了家店。但因为生意一直不好，难以维持，于是和在黎平搞汽修的姐夫一同干起了汽修。没干两年，又因为钱上面的事情，和姐夫合不到一起，当时已经是2004年，他看到别人都在广东找到不错的活路，便跟姐夫拆了伙，跑去了揭阳。回顾起在黎平打拼的那十来年，武林开告诉我："那段时间，因为自己做生意，难得很，官场上的，社会上的，什么人都要打交道。我那时候什么都见过了，经历过了，也学到不少做人的道理。"

后来在揭阳，不同于大多数人去五金厂做工，武林开凭着自己电焊的手艺找到了一家装锅炉的厂子，一干就是8年。他讲道："那里的活路轻松，有时候就干半天，也算一天的工，你去了手快，一早晨把锅炉装好了，下午就休息，和保安聊天、喝茶。一个月有3000多元，而且还有外快赚。比如你帮人家把锅炉装好了，还有其他的管子要装，再找公司要 36 元一米，短则百米，长则几百米。我们就说我们私干，一米只收 25 元，他们当然觉得划算，愿意让我们做。这些钱我们就几个师傅分掉，商量好到时闭口不谈就行了。"有这么好的工作，到了 2012 年，武林开却辞工回了寨子。对于如此突然的决定，他说："有一次，我出去装锅炉，坐在车上，突然听到车上播的歌，就是那个《常回家看看》，眼泪一下子就掉下来了。想家，想家里人。我父亲去世 10 多年了，我母亲那会儿也 80 岁了，身体不好。我就想在外面赚这么些钱有什么意思，还是要看别人眼色，给别人打工，家里人也一年见不到一面。于是就决定回来了。"

回到寨上没多久，武林开就买了一辆货车。他对此有自己的考虑："我刚回来的时候，手上还有几万块钱，就想这钱放在手里迟早要花掉，于是就买了这个货车。当时想做点生意，卖水果。但赚不了多少钱，到现在，钱都花在这个车上，身上反倒没钱了。但有这个车吧，就不怕，伙食费还是能保证。不卖水果了就去黎平、凯里帮人家拉货。遇到赶场天了，跑跑水口，一天也有一百来块，虽然比不上跑车，但也够个烟钱。以后再看吧，老人（母亲）年纪大了，一直得病，活不长，若真是这两年过世了，就把车卖了，再做点别的生意，我也考虑去广州开出租车。"

武林开在讲他的打工经历的时候，不时地掺杂着他这些年的人生感悟和对于寨中情况的看法，也不断摘取各种"典故"来表达他积累出的为人处世之道，"比起村子里面的那些人，我的经历要多得多了。我没什么文化，就靠这些年的社会经验。并不是看不起村里面的人，而是觉得他们的经历太浅，许多事不明白"。说着，他问我："你知道赵本山吧，他一个农村出来的人，为什么现在那么红？"我说他小品演得好，他摇摇头跟我说："他小品演得好当然是原因，但关键是有人捧他，没人捧他他能那么红？你说是不是。做人是一样的，别人都讨厌你，你肯定不行。"接着，他像传授人生经验一样跟我一条条地讲起："我跟你说，除了这个（赵本山的'典故'），我还有几个要跟你说，第一个是'穿鞋的人'，你懂什么意思么？就是只有穿鞋的人才知道什么是适合自己的，别人讲的都是没用的，有时候还会害了你。第二个是成功的时候，也要低调，不能太张狂。第三个就是凡事勤劳还是最重要的，勤劳第一，也要经受得住生活的苦。"随后，他好像要"理论结合实际"地说明他是如何践行自己的处世之道一样，同我讲："我在村里，虽然觉得村里的人不如我，但是人情我还是讲的。我这个人，有自己的看法，只要是违法违纪的，哪怕再亲（的人），也不会帮。但只要是合理合法的，我只要能做到，不管是谁都一定会帮。在村里，我也不爱乱讲话，讲，就都是要有理有据的。"

尽管如此，在寨上人看来，武林开的行为却没那么"合理合法"。知道我去找过几回武林开，坐在一起的人总会问："你见过他老婆啦？"我一边点头称是，一边就在纳闷为什么大家会感兴趣这个问题。后来才知道，武林开现在的"老婆"并非其原配，他还有一个尚未离婚的妻子在广东，和武林开育有一儿一女，儿子正在南江小学读书，女儿已经出嫁。现在这个"老婆"是高寨人，他从广东回来的时候，在广东的妻子就没跟着回来，他回来没多久，那边离婚还没办，这边就从高寨又接来了现在这个女子，酒也没办，就接到了家里。寨上的人就觉得他这么做于礼不合，说他是岑吾寨的"陈世美"。

有一回，人们在坪子上讲起这个事，恰好武林开走过，坪子上有人就直接冲他说："你这样不好吧，万一佳威（武林开儿子的小名）的妈回来，看你怎么办。"武林开毫不畏惧，回道："你们这些在田埂上的，莫要担心我这在河中船上的，我能在河上行，便是有不翻船的把握，不要为我闪折了腰。"说罢扬长而去。后来我问起他这个事情，他才把说那句话的意思解释给我听，他一口气列了几个缘由，"第一，佳威他妈在那边从事的是不正当的行业。第

361

二，她已经签下离婚协议书了，只是还没办手续。第三，我家里面母亲生着病，要人照顾，我之前叫过她回来，她却坚持不回来，是不孝。就这么三点，所以不必担心她有什么道理"。至于对寨上人讲闲话的事，他的态度是："那些人都不明白这个事情是怎么回事，就在那里讲闲话。这是我自己家的事情，我当然是有把握的，我这个人不会乱做事情。这些事我也懒得跟他们解释，毕竟是佳威她妈，说这些了对佳威也不好。"

集中的讨论

村干的遭遇和古楼工程中负责人的经历是类似的。当个人被集体认为是有权力的一方时，立即就被置入了监督和质疑中，这和侗人对于公平的追求是有关联的。同时，即便是那些认为自己在为集体付出的个人，也会被这种闲话影响，备受打击，从而选择逃避或者不作为，进而失去了自身的能动性。

吴永学和吴顺智这种同一个事情有不同版本的情况在寨中十分普遍。比如高窄房族的人自己看待自己和外人看待他们就有着很大的差异。而在年龄群体的对峙中，年轻人认为老人守旧过时，老人认为年轻人懒散贪玩，这样的言论每日都在发生。他们习惯于在日常生活中去评论和自己有关的他者，每次讲闲话的时候，讲闲话的人都将自己放置在道德或行为的制高点上，从而形成了一个个个人化的人际关系网络图。而他们生活空间中的人际关系和群体关系，就是这些众多个人化的人际网络关系图交织构建出来的。

武林开的故事反映出个人应对闲话积极的一面。当我们翻转视角，不再从外人的评论而是从吴永贵个人的角度来看待村寨生活时，也可以看到类似的情况。对于个人而言，他们有着自己的处世之道和价值观，只要是没有触犯地方性的礼俗，他们也可以按照自己认为有意义的方式生活。这与吴世修和吴泰盛所表达的"桥是桥，路是路"一样，总有一种在众人闲话中做好自己的处世原则，只是未必都那么彻底罢了。

　　另外，当我们透过这些在侗寨与寨外的世界穿梭的人看去，一个侗寨所面对的，并不是一个单纯的民俗切片式的封闭环境，他们面对着外来人，也面对着外来的意识形态。Besnier 在对"闲话"（这里就把 gossip 译作闲话）的研究中特别指出，闲话唯有在一个更大的社会关系情境和象征符号不断变化的过程中才能真正得到理解，同时，经由闲话，也可从中发现人们在一个市场的、流动的后工业化社会中如何表达"地方感"（localness）和"情感的政治性/政治的情感性"（political nature of emotion/emotional nature of politic）。① 过去 30 年或更长的时间，岑吾这样一个有着强烈的内部认同、共同体意识并崇尚集体生活的侗寨，被卷入了一个日益开放、流动和市场化的社会中，身处变化之中，我的故事和吴永贵、武林开的故事从"内/外"两个角度构成了互文。如果说"既是主又是客"是当地人在用超越地缘和族群身份的文化属性来表达他们的"地方感"和于变中求不变的群体存在感的话，那么"桥是桥，路是路"则表现出侗族世界和更大的世界并接时加诸个体的矛盾感。至少是在这几个故事中，闲话与议论的问题在于，它们在构建集体秩序的同时，也将个体逼入了两个世界的夹缝之中。

二　集体性的闲话与争吵

（一）吴永贵春节跑车遭遇的抵抗

　　吴永贵本来只是做六合彩的生意，但在 2013 年春节前夕，却心血来潮买了一辆面包车。每个赶场天，他便开着车在水口和南江两地拉人赚钱。春节临近，水口几乎天天都跟赶场天一样，村里上水口采购年货的人也多起来，村上的几辆面包车每天都来回跑个不

---

① Niko Besnier, *Gossip and the Everyday Production of Politics*, Honolulu：University of Hawaii Press, 2009.

停。也许正应了寨上对吴永贵的评价——"贪钱、小气",吴永贵第一个提出,班车春运的时候涨价,面包车也要涨,平日里都是一个人5元,现在要涨到7元。这完全是他自己的主意,而非所有开面包车的人共同的想法,所以在头几天里,他在路上只要碰到跑这条路线上的车,就会拉下车窗同迎面来的车主讲:"哎,涨价了啊,现在春运,都是7块钱了啊。"

刚开始的几天,其他的车主倒也听话,一同将价格涨了起来,可闲话也跟着来了。有的人就说:"人家班车春运涨价,是有春运证的,这些面包车又没有证,凭什么涨价,有本事他们也去搞个春运证啊。""就是贪钱,尤其是吴永贵,以前过春节从来没有涨过价,他没车的时候也说过要春运,现在他有车了,就说什么春运涨价。"其他的车主迫于大家的不满带来的压力,纷纷将车费改回了5元,唯独吴永贵还是坚持7元。因为春节往返人多,车少人多,且必须上街采购,所以大家没办法,还是得坐他的车。

但是过完春节,人流量一下降下来,大家也没有那么多要紧的事情去街上了,就又在坪子上、古楼里讲起吴永贵来。言谈间不仅讲他"贪钱""做事情不合适""不讲人情",还说起他开车之后其他的不是来。有的说:"像其他的车,那些小孩都不收钱,坐他的车,再小的小孩都要算一个人来收钱。"有的说:"周五学生放学从水口回来,像很多人看着天晚了,学生在路上走,不收钱就拉回来了,都是本村的孩子嘛。他是从来都要收钱,没钱的还不给上车。"有的说:"别人的车都是拉满了就走了,最多超载两三个。他的车是一路不停地停,不停地装,挤得不行,看着都不安全,还耽误时间。"一来二去,大家竟然商量出了一个共同的决定,以后谁也不坐吴永贵的车,看他怎么办。对于吴永贵涨价一事,不光是岑吾寨有意见,南江村的另两个寨子一样积攒着不满,所以岑吾寨一做出这么个决定,传来传去,一下子成了全村人的"决定"。几乎是过了正月十五没多久,每个赶场天,其他车来来回回都坐满了人，单是吴永贵的车，跑来跑去都没人坐，除非是实在有要紧事了，有那么一两个人坐，赚不回油费。后来吴永贵也发现了这个问题，可没有办法，车只能像摆设一样停在家门口，赶场天也不跑了。就这么闲置了3个月，便将车转手卖了出去。

（二）对高寨古楼的看法与自省

高寨的古楼和岑吾寨的古楼都在同一年里修建，修建的整体进程比岑吾寨晚了两个多月，其修建的过程从始至终都成为岑吾寨人观看他者和自我的一个参照系。

有关起古楼财务上的问题，一直都为两个寨子的人密切关注，几乎成了起古楼的核心问题。在处理这个问题上，两个寨子采取的方式很不一样。高寨采取的是凡事记工算钱的办法，而岑吾寨则除了集体做工时记工算钱外，其余的都算作自愿。所以到最后算总花销的时候，岑吾寨虽然还多修了一个球场，但花费总额仍低于高寨。对于这样的差别，岑吾寨上的人却有着较为一致的看法。负责岑吾寨起古楼财务的吴（泰昌）老师就告诉我："他们那边（高寨）事事都要记工，是因为他们那边没有我们这边那么团结，如果不是都记工的话，很多事情可能就没有一个人愿意去做。我们这边的人，比如去买个电线、油漆、材料什么的，都是自愿去的，不算钱。虽然有时候有人讲闲话、抱怨，但抱怨归抱怨，古楼上需要啥了，只要大家一讲，总有人去的。"吴昌德也讲："上面的寨子（高寨）比我们的寨子大，也比我们有钱。但他们太硬了，事事都要讲钱。你看我们请师父来了，说好了他们的伙食都包括在工钱里了，还是家家都会请他们去吃饭。但是高寨不行，他们都是安排好，师父轮流一个一个地去寨上的人家里吃饭，今天这家管一餐，明天那家管一餐。这样其实显得他们不热情嘛。"在平日的聊天里，"傲得很""太看重钱""不团结"总是出现在岑吾寨人对高寨的评论里。

和岑吾寨一样，在高寨起古楼过程中，人们也免不了因为闲话、激烈的议论而发生争吵，其中最严重的一次，是因古楼地基的问题爆发的。如今高寨寨前面河边的一排房子所用的地基以前是拦河坝。还没建拦河坝的时候，河边的房子常常因为南江河发洪水受袭，1984 年在村委的倡议下，高寨全寨人一同努力，填埋了一部分河道，在河边修起了拦河坝。而这坝上的地基，属于全寨公有。随后，因为人口增多，地基有限，许多人就在这公共的地基上盖起了房子，如今已经占满了沿河的水坝。此值高寨起古楼，风水先生看过古楼的地基后所定的位置，恰好紧贴着前排的一户房子，这房子占去了古楼地基的 1/4。高寨人纷纷议论，说要拆了房子，但是意见也不统一。有的人说就拆了占了地基的一户，而这户人则说既然都是公共的，为什么只拆一家，这么一说，很多人也赞同，觉得趁此机会，就应该整顿一下，把占了公共地基的房子都拆了，这又引起更多房主的强烈反对。前排房子的房主和寨上其他人争执不下，气氛十分紧张。

　　一天中午，水口小学的石校长邀请学校的杨主任来家里做客，石校长正是高寨人，而他的房子也是后来在河边起的，属于寨上人要求拆除的其中一户。在酒桌上，石校长就讲起了自己房子要被迫拆除的事情。也许是喝了点酒，也许是要讨好石校长（这原因是后来高寨人分析的），杨主任主动要为石校长出头，跑到寨子上的坪子那里，拿着手机不停拍照，还扬言拆民居是违法行为，如果寨上谁敢拆校长的房子，校长不敢讲，他就敢讲，写材料告到县法院去。本来就一触即发的紧张气氛，被杨主任的几句话一下点燃了，寨上在坪子上休息闲聊的人，将之团团围住，夺走了他的手机，扬言要打他。石校长眼看自己无法劝阻，真打起来恐怕会出人命，只好打电话给镇上派出所，那边听到消息，书记、镇长和派出所所长三人急忙驱车赶来，总算阻止了打人事件的发生。后来讲起这个事情，石明晓告诉我："当时要不是有人拦住我，我第一个把他打一顿。这是我们寨子里的事情，我们自己怎么处理是我们的事，谁有意见就提，我们也会听。他（杨主任）一个外人来讲，还说要告我们，就不合，他凭什么告我们？"在旁的喜儿也说："这个事情，还不算完，现在是政府的人在保护他，以后有机会了，还是要收拾他一顿。"

听闻高寨发生了这样的事，岑吾人免不了说几句。他们也同意石明晓的看法，外人管本寨的事情，就是不合适。但是对于整个事情，他们却有更多的说法。相较于本寨填鱼塘的事，他们还是认为高寨人不团结，太看重个人的利益，不为集体着想。在古楼里，吴启智就结合自己的观点讲起了他在高寨的见闻，他讲："那天（高寨）吵架时，我就在高寨。我就讲'人多办事就是这样'，有几个妇女听到我这么说，就笑着冲着我说'这个你也知道啊'，我就对她们说'我当然知道了，我们都经历过了'。这个事情，还是他们高寨人太弱了。老人怕得罪人，这个说他们也听，那个说他们也觉得有道理。办这个事情（集体对个人），还是要靠我们中年人、年轻人团结，一鼓作气。如果我在高寨，早把房子拆了。这（起古楼）是公益事业，那地基本就是全寨辛苦搞出来的，谁占着地基不拆，现在来讲，就是村霸。"听了吴启智的见解，吴泰金赞同地说："这个事情就是高寨太软了，而且从一开始就不合。当初搞好水坝，说好是集体的，他们就不应该让人在上面建房子，个个都盯着那个地，争那个地，都跑去起房子，才搞到现在这么麻烦。"而吴昌德稍显折中地说："那个水坝，也不是他们一个寨子搞起来的，说要搞水坝的时候，我们寨上的人也都去帮忙了。那个地基应该说是村里的。但是现在说拆就拆也有不合，很多人都是把旧屋拆了，现在突然说拆房子，让他们去那里坐（待着）？这还是他们一开始计划得不合，早早地就应该说这个地方要起古楼，要拆房子，给人家准备的时间。"其后，寨上的人在古楼里你一言我一语地讲着这个事，他们普遍的看法是：两寨在起古楼的过程中都有问题，只是岑吾的已经克服了、解决了，完成90%了。区别在于，吴永学和吴世修，尤其是吴永学活灵活现地对我说，那时个人也反对的，但是群众干起来了，所以挡不住。他们还没反应过来，钩机（挖掘机）就用沙子把水塘填掉了，就像吴启信说的"农民干事风风火火，说干就干，什么也挡不住"。

不过这个事情还是给岑吾寨人提了个醒。没过两日，寨上人就召集老人和组长在古楼里开了个会，专门讲球场以下一直到寨口平整出的坪子，也是属于集体的，现在有人开始准备在边上起房子，谁也不能占了集体的地基，还专门指出了正在起房子的吴世强家就占了一些坪子，要跟他讲，让他把占的再铺回来，不准做地基用，商量好了明日就告知全寨，相互监督。作为老人的吴启信就跟我说："这样早早地定好了，就不会和高寨一样，以后出事情了再来争吵。"

高寨因为拆房子而引发的争吵事件对于岑吾的影响，还有一段小插曲。彼时，镇长、书记和派出所的人赶来处理纠纷，车就停在岑吾寨的坪子上，因为高寨那边事发突然，岑吾寨上很多人还不清楚怎么回事，有的人就传言说高寨那边起古楼，县里面给了八万块钱，政府的人专门来发钱了，高寨那边还杀猪庆贺招待他们。这话说得有样，坪子上的人都信以为真，还猜度说是不是我们也有钱，让负责人给吃了。这样的传言很快因为事件真相传来而不攻自破，杀猪也是因为次日高寨有人要办三朝酒。可事后寨上一些人，比如吴昌德、吴启智、吴世修、吴顺恒等，对这些传闲话的人十分不满，讲寨上总有些人乱讲闲话，最为讨厌。

有关起古楼，水口镇政府当初有过经费支持的口头许诺，可寨上的人左等不来右等不来，于是心情总在满怀期待和心灰意冷间徘徊。岑吾寨起古楼在前，所以他们看着高寨人对政府的态度，反照出了他们自己当初的心情。当年10月，岑吾寨那边贺楼已毕，高寨这边还在紧锣密鼓地建古楼。他们在镇书记的支持和允诺下，修缮起寨前的河道来，清理垃圾，重筑拦河坝，抬高水位。高寨起古楼的负责人告诉我："我们前两日去水口找邹书记，讨排水管，他立即就给了我们一百多米的管子，他还说，把河道疏理干净，先搞个简单的拦河坝，然后寨上每户放十条鲤鱼进去，到时候他再给我们沙子和水泥好好地搞这个拦河坝，在上面建个花桥（风雨桥），贺楼的时候多好看。"对于高寨的大兴土木，岑吾寨人的态度就冷了许多。他们在古楼里讲起这件事，有的人说："我们搞这个水管，政府一分钱都没出，都是我们自己出钱搞的，光搞这个（水管）就花了一万多。我们对政府还是太软了。他们（高寨）为什么能讨到水管，因为喜儿和猫仔（都是绰号，两个本地的混混头目）他们带着人去讨，他们是社会上的，政府也怕他们闹事，才给的。"但是关于河道疏浚和起风雨桥的事，岑吾寨人则因为有了买球架的经验，抱着看笑话的心态评论道："现在看他们这么积极，肯定一分钱都没有，到时候看他们怎么办。"补贴水泥和沙子的许诺在其后果然石沉大海，再无下文，修好的简易拦河坝就在那里任由河水冲击，随时都会垮掉的样子，而贺楼之后的河道里，又布满了垃圾。高寨的人对此也愤愤不平，或者干脆不再提起。而岑吾寨人讲起这个事，总是不忘加一句："看吧，我就说吧。"

（三）寨人都说"邹大炮"

在经历了修建古楼之后，岑吾人一说到政府和镇党委书记，就用"邹大炮"这个绰号来指代。为镇上的一把手——邹书记——冠上这样一个戏谑的绰号，是因为在寨众看来，邹书记是他们古楼修建和村寨建设期许落空的始作俑者，这么叫为的就是表达他们的不满和愤恨。而所谓"大炮"，即是说他雷声大雨点小，只会动嘴皮子，说得好听，没有实际的行动，允诺的东西从未真正地兑现。

最先对邹书记有负面评价的，是村委里三个年青的村干，作为村寨和政府的"中间人"，为古楼建设的事情，三个人从一开始就和邹书记有着不停的正面交涉，因而感触最深。修建古楼的一年里邹书记的言行不一，的确让南江人伤透了心：许诺的经费支持，没有；许诺的沙子、水泥，没有；许诺的篮球架，迟迟不来，岑吾人因为没有等而自己买了还受到书记的指责；许诺的电网改建，来改了，可本来应该政府出钱变成了村寨人自己出钱；两个寨子搞古楼这么久的时间，从没一次来看一看、问一问，一点都不关心。不清楚情况的寨众将责任推给了"政府"这一概念化的存在，几次都气势汹汹地说："干脆政府一分钱都不要，以后也别管我们，我们事事靠自己。"而几个村干却明白主要是邹书记"靠不住"。

　　早在古楼修建的中段，文书吴世修就表露出对邹书记的不满。他一直在强调"邹书记这个人油嘴滑舌，太能吹了，只动嘴，讲得好听，但不干实际的事"。他认为邹书记有一套独到的学问，善于把事情往好里讲，笼络人心。有一次，临近贺楼，大家在坪子上讨论事情的时候，他就讲起他在政府的遭遇："当初我们三个人（三个村干）去找他讲我们要起古楼，他讲的好听得很，说不用申请，到时一个寨子几万元。现在什么都没来。后来我们三个又去找他讨经费，本来是有点生气的，一去他办公室，还没开口，他就笑着说'我早就想找你们来着'，然而也不谈经费的事情，而是拉着我们说他的想法，说怎么建设南江，以后要以南江为中心搞宣传，还要在这里搞整个水口的艺术节，发展旅游，把南江建设成一个旅游村，让我们要加油做，把村子建设好。一开始听到还真的觉得挺好的，实际上都是他一个人说，骗人的。"接着，吴世修又借着球架的事讲起："说什么给球架，最后还不是我们自己买的，他（邹书记）还说什么'你们寨子有钱啦、厉害啦'，这种话，哪里像书记说的。我们买球架说明我们积极，这是好事，他还埋怨我们。"坪子上有的人还有一点期待，讲可能政府到时送礼时会有一笔丰厚的礼金，算作当初的允诺，可吴世修正在气头上，就说："政府的人到时送多少就算多少，报销什么的也不管了，有就有，没就没。我们就靠自己。"

　　贺楼当日政府送来 1200 元礼金彻底让寨上人的期待破灭了。贺楼次日，寨众在古楼里吃"洗锅水"（用前日剩下的骨头、菜做一大锅，全寨一起吃），整个古楼里已是怨气凝重，个个都在生政府的气。有人就觉得这 1200 元礼金实在太少，而且说给了钱还要专门去村委盖公章，好拿去报销，根本不是政府出钱。文书就说："这个邹书记真应该叫邹大炮！"寨众听了个个都笑言说是。大约就是从这个时候开始，"邹大炮"一称便在南江不胫而走。他们还提到在贺楼致辞的时候，已信村在政府任职的"亮书记"（亮，是因为他秃头，大家开玩笑的绰号）作为政府代表发言，结果他在台上说自己是七佰南江人，于是"代表南江村，感谢政府大力支持"。在回顾"亮书记"的言行时，大家都半是嘲笑半是气愤，吴泰金十分激动地说："他（亮书记）在上面讲这些话，真是丢丑，怪不得人人都叫他'亮书记'，都是看不起他。他有什么资格代表南江村。还'感谢政府大力支持'，我们根本不感谢，大力支持个鬼，全是我们自己一手搞的，现在就变成政府的功劳了。"听到这话，吴顺奇在一旁讥讽地说："的确支持了，搞古楼的土地证、砍伐证都要他办，不然还要罚款。"他的言外之意即是说没有支持不说，还有各种限制，起古楼什么都要政府批。

　　此后，"邹大炮"就成了岑吾人的统一用词。他们在古楼里不时地还谈到他之所以配得上"大炮"的听闻。有人就讲到 2012 年在水口搞艺术节的时候，"邹大炮"找来工程队让他们修宣传墙，答应好了给钱，可墙修好了，钱一直没有给，那工程队的老板就要打他，工程队上的人也气愤，说："打他，打死他才好。"也有人讲"邹大炮"这个词不光这里在说，他在黎平任职的时候，就爱吹牛，黎平政府的人也都叫他"邹大炮"。还有人讲他这个人做人就是不行，他过年搞来四头本地猪，让政府的工作人员连夜把肉烤干，那些人手都烫伤了，他还训人，嫌他们烤得太慢。烤好了之后一点钱和肉也没给人家，他一个人全拿去黎平送礼去了。各种传言在古楼和坪子上流传，言语间尽是嘲笑和不信任。

（四）款场与争吵

我在村里一些家户中做调查或是做一些私人访谈时，他们常常会在谈论某个问题的时候以一句诸如"我们那时候在款场说过……""听别人在款场说……""你看款场也听到……"作为开头。"款"兼有说话、闲聊、开会的意思，而款场就是发生这些活动的公共空间。公开的闲话、对集体事务的处理无不发生在这一空间之中。

图 5 - 2   在古楼中集体议事

对于当地人来说，他们口中一语带过的"款场"，有着具体的所指。在有古楼的时候，古楼就是他们的款场，而在古楼被拆毁的几十年里，寨中适合人群聚集闲聊的坪子便替代古楼成为他们的款场，而这个坪子往往又临近或就是老古楼的地基。不过，在南江村两个寨子的古楼修建好后，夏日最热的一段时间，古楼里闷热难受，高寨和岑吾寨的人还是愿意在露天的坪子上闲聊说事，因而坪子和古楼都可算作他们的款场。

图 5 - 3　古楼修建时坪子作为款场

　　古楼自然有其集体生活的象征含义和更多的文化内涵，但之所以坪子也同样被视为款场，是因为对于侗人来说，"款场"的定义在于其集体生活"沟通的公共性"。也就是说，在款场，所有的话题都是抛向全寨的，而寨子全体成员在古楼中都有着平等的发言权。而款场也成为侗寨中人们日常生活产生交集的一个中心。侗寨生活一日的景象就是早饭过后，没什么事的人都不会待在家中，而是聚集在款场闲聊，中午回去吃饭，饭后又来到款场，然后是晚饭，继而又到款场一直待到夜深。即便是农忙时节，人们也会在一上午的忙碌过后，来到款场待到猛烈的日头稍显缓和，才懒洋洋地去家里拿上农具下田上坡，有的人中午干脆就在款场寻一处舒服的地方，任由别人说得火热，自顾自地躺下酣睡。所以款场可以是一个浪漫轻松的地方，侗寨里的人在这里闲谈、开玩笑、讲故事、分享彼此的经历和见闻，甚至什么也不说只是弹起琵琶唱几首悠扬深邃的侗歌；也会变成一个严肃的地方，人们在这里议论和决定所有的集体事务，在这里表达对于寨上发生的事或人的不满与指责，传授关于整个族群的历史，指定一年之中的农时与节庆，处理严重的纠纷，也有因为意见相左而发生的激烈争吵。

款场同样是一个蕴含着秩序的地方。其一，年龄群体的互动规则，因为不同于房族（年龄群体在侗寨的结构性范畴中体现的是集体生活的秩序），所以款场这一同样是集体生活的空间的重要性就被凸显出来。虽然当下侗寨的年龄群体关系已经发生或正在发生变化，年轻人逐渐崛起，而老人对寨子的影响力逐渐减弱，但对老人的敬重和老人在文化礼俗传承上的重要性，作为当地人根深蒂固的文化观念中的一部分仍然在产生影响。

在款场上，老人和中年人讲的话最多，虽然现在年轻人对一些事情也有了发表意见的能力（权利总是有的），但也只是个别几个人在说，大多数青年在款场还是选择聆听和沉默，坐在边缘的地方，听老人和中年人闲聊或商量正事。而一旦涉及集体事务的决定或文化礼俗上的问题时，重心基本都落在了老人身上，哪怕老人只是听了众人讲，但最后的决定，还是要"过问老人，老人说了才算"。就像吴广德讲的："我现在才 57 岁，还算不上老人，事情还是要老人决定。我们只能是给老人提意见，提建议。"我也有不止一次这样的经历。有次讨论贺楼的问题，人们都聚在坪子上，其他人都在讲接待安排的事情，我和寨上的几个年轻人就在一旁商量到时球赛是南江组一个队打还是南江三寨各组一个队打，岑吾的几个队员都说要按寨组队，但是他们仍难下决定，当时球队的主要负责人吴文俊就跟我说："按寨组队才合，我们寨贺楼嘛，他们两个寨（高寨和岑烂）都是来做客的。但这个事情我们决定不了，还是要过问老人，要老人来定。"说完，他就怂恿着我跑去问坐在另一边的老人们。老人们听了我们的意见，认为我们的想法也合，当下就决定三寨分别组队，并特地嘱咐之后写请帖的时候，高寨和岑烂的帖上还要写上是连球队一起邀请的，这样他们就明白是要他们自己组队了。还有一次，众人在古楼里闲聊，我坐在吴启智的旁边，因为正值春末，谈话的内容都围绕着水稻、种子、肥料等，我就问起吴启智关于泡种插秧的农时，本想着他是风水师傅，对这些应该清楚，他却告诉我："这个事情要问老人，由老人来定。"尔后他就大声问了出去，转眼这个话题就成了他们谈论的中心。最后，时间在当日定了，并说通知全寨人都按照定下的日子泡种。不仅如此，虽然款场常常充满玩笑，但是只要有老人在，涉及坐姑娘或是男女关系的问题，是不能讲的，若老人不在，则可畅聊。

其二，款场的秩序还体现在对闲聊和正题的严格区分上。闲聊在款场中占的比例最大，其中不乏玩笑，人们常常在款场中相互打趣，或是讲些奇妙的见闻。同时，在款场中的闲聊并不是全体参与的，款场提供的沟通空间，在闲聊时显得十分松散，一般都是坐得临近的人一起聊些话题，所以在款场中的闲聊，多是几个人一团地聊着不同的事情。但是严肃正题不同，这个是款场所有人共同参与的，在款场上开的全寨的会议，全寨人都要参与其中。严肃的正题和集体事务有着互致的特点，即只要是严肃的正题，都是有关集体事务的，而只要是有关集体事务的话题，都是严肃的正题。这个时候，开玩笑、小群体抱团聊些不相干的事情，都是不被允许的。比如那次岑吾寨洗寨的事情，最早就是在古楼中老人谈起种种不好的预兆，讲起应该进行一次洗寨的仪式，因为之前都在闲聊，话题突变，有些坐得远的人还在聊着自己的事情，可一讲到洗寨，就是全寨的严肃话题，立即就有人冲着那几个还在闲聊的人严厉地讲道："听着，别讲其他的。"他们听到后瞬时住口。有时在集体讨论事情的人后，有的人一时兴起，或是对话题无甚所谓，就接着讲问题的人的话头开起玩笑来，这时候这些人总是会被众人斥责，"听着，也不看是什么时候，还开玩笑"。那开玩笑的人也只能掩口再无多言。

集中的讨论

与个人性的闲话不同，本节讨论的是集体的或是最终以集体的形式展现的闲话和议论。从吴永贵和邹大炮的个案中可以看出，这样的闲话的意义在于，通过讲闲话，人们凝聚起了共识，本来只是几个人在言说的事情，因为在公开场合的传播，形成了较为一致的看法和判断。不仅如此，当共识形成之后，本来只是如风的言语，也具有了对于人们心理和日常生活实质的影响力。吴永贵就在这样的情境下被集体排斥，从而导致其发横财的愿望破灭，而对邹大炮的调侃式的议论，不仅宣泄了人们对于政府的不满，也凝聚出了消极的反抗行为。

此外，通过闲话议论，人们也达至了对于自我的理解，对高寨古楼频出问题的议论，让岑吾寨人不仅愈发清晰地梳理出了两个寨子的区别，认识到了本寨的特点，也反躬自省，开始预防一些集体事务中可能出现的公私冲突的矛盾。不仅如此，在这种比照中，他们对于政府行为的理解开始清晰起来，或者说建立起了一套对于政府行为的理解，而这一理解也影响着他们其后和地方政府的互动方式。

无争吵不议论，大概是对当地人讨论集体事务最好的概括，款场就是争吵密集发生之地。不论岑吾寨内还是别寨，都认为岑吾寨人"好争吵"，好像这就是岑吾人的特点，但同时寨内寨外也认为这是一种"好的"争吵，反倒表明大家的团结和对集体事务的关心。当然，这一"好的"争吵也是有所限定的，一方面是其必须是关于集体事务的讨论，另一方面也是更为重要的，就是要在恰当的场合——款场——进行。关于集体事务的争吵表达着寨众平等参与公共事务的权利，款场则作为一个公共的社会空间，承载了公共的讨论，建立起了公共讨论的秩序，从而使得公共的争吵有了合法性。

小　结

我对于"细碎的文化"的关注，实则源自对于侗人日常经验的重视，这和社会秩序构建的讨论中，对日常生活中面对面互动和言语交流之意义予以重视的理论路径紧密相关。① 在这一理路下，视社会为先验存在的结构－功能分析，转向了一种社会经由人们的互动实践构造的生成性分析，而社会结构则成为互动得以发生的语境（context）。② 其中，日常生活的"拟剧性"特征和符号互动与仪式化行为对自我的建构受到重视，从情感与规范两个层面，呈现了个体有关自我身份获知获得时对集体意识的背负。③ 不仅言语和非言语的符号交流隐含的道德价值和社会功能被揭示④，互动过程的文化表征和政治性⑤、情感的私人性与集体性也成为值得探究的面向⑥。延续这一理路，本章通过对岑吾侗寨日常生活中的面子和闲话的研究，对这两个概念做出了更富地方性和动态性的理解，进而达至对侗人日常生活特殊意义的探讨。

自 20 世纪中期以来，面子和闲话就受到中西方学者广泛的关注。他们不仅对这些概念做出了具体的界定，也对其给予细致微观的研究。有关面子的研究，不仅从心理学的角度对之做出了分析，也将面子和人情联系起来，将之看作一种与个人的身份地位、人际关系有关的社会性概念。⑦ 然而这类研究的不足在于，将面子视作

---

① Moshe Shokeid, "Exceptional Experiences in Everyday Life," *Cultural Anthropology* Vol. 7, No. 2 (1992): 232 – 243.

② William Roseberry, "Balinese Cockfights and the Seduction of Anthropology," in William Roseberry, *Anthropologies and Histories*: *Essays in Culture*, *History*, *and Political Economy*, New Brunswick: Rutgers University Press, 1989, pp. 17 – 29.

③ 〔美〕欧文·戈夫曼：《日常生活中的自我呈现》，冯刚译，北京大学出版社，2016。

④ John Beard Haviland, *Gossip*, *Reputation and Knowledge in Zinacantan*, Chicago: University of Chicago Press, 1977.

⑤ Nina Eliasoph and Paul Lichterman, "Culture in Interaction," *American Journal of Sociology* Vol. 108, No. 4 (2003): 735 – 794.

⑥ John Sabini and Maury Silver, *Emotion*, *Character*, *and Responsibility*, New York: Oxford University Press, 1998.

⑦ 相关研究可参见黄国光等《面子：中国人的权力游戏》，中国人民大学出版社，2004；翟学伟《人情、面子与权力的再生产——情理社会中的社会交换方式》，《社会学研究》2004 年第 5 期。

一种中国人特有的一般性概念，缺乏对于其在不同地区和人群中特殊意义的分析。有关闲话的研究，则将闲话视作一种人类普遍的行为，闲话通常和集体或群体有关，通过将之比喻为一门技艺或艺术，学者们凸显了这一边缘化的日常生活中的实践行为所具有的社会和文化功能，例如传递信息、强化群体的道德价值观、与社会结构的互动。① "面子" 和 "面子功夫" 所揭示的日常生活世界具有的 "拟剧性"，以及个体有关自我身份获知获得时对集体意识的背负，可溯源到戈夫曼②甚或毛斯③，尽管它在不同社会文化中有着不同言语的表达，却代表着一种个体面对集体生活时可能会发生的对集体的意识和道德价值 "归化" 与 "内化" 的普遍过程。

在侗寨中，面子是和礼性相关联的一个概念。礼性是侗人在日常生活中关于 "该怎么做" 的礼俗规范，作为一种常识被侗人们所默认和遵守。因而，侗人有关面子的看法，首先，表现为人们不是在追求 "有面子"，而是在意是否会 "丢面子"（丢脸、不好看），因为丢面子表明行为的当事人破坏了当地的礼俗规范。其次，当丢面子和破坏了礼俗规范联系在一起时，行为当事人也就被贴上了 "不懂事、不懂礼" 的污名化标签，从而会受到众人的责

---

① 相关研究可参见 M. Gluckman, "Gossip and Scandal," *Current Anthropology* 4 (1963): 307 – 316; R. F. Goodman and A. Ben – Ze'ev, *Good Gossip*, Lawrence: University Press of Kansas, 1994; J. Sabini and M. Silver, *Moralities of Everyday Life*, New York: Oxford University Press, 1982; 薛亚利《村庄里的闲话：意义、功能和权力》，上海书店出版社，2009。

② Erving Goffman, *Interaction Ritual: Essays on Face-to-Face Behavior*, Chicago: Aldine Pub. Co., 1967.

③ 毛斯（Marcel Mauss，又译作莫斯）通过跨文化比较和历史溯源，探讨了人的概念和自我的概念形成的理念演进历程。其中，毛斯通过民族志材料说明了普埃布洛和夸扣特尔印第安人中，个体缺乏自治，面具、姓名在个体承担起部落集体特定角色中发挥作用，并提及拉丁语 "Persona" 的原意为 "面具"，意味着个人本性如何以特定方式与集体的道德理想虚构的人物贴合，从而使个体获得被认可的 "人" 的身份。〔法〕马塞尔·毛斯：《社会学与人类学》，余碧平译，上海译文出版社，2003，第 271 ~ 298 页。

难，同时为他在村寨的生活带来负面的影响。最后，为此，人们发明出了一种"找回面子"的方式，即通过"送炮洗面"，可以摆脱这一污名，从而回归到正常的关系轨道。而这一仪式化的实践作用更在于使过去的越轨行为可以一笔勾销，仿佛从未发生过一样。此外，面子和礼性也极富情境性，一方面，它只在一个既定的关系场中才有意义，这一关系场和侗人生活的具体时空及本群认同有关，侗人由此区分出了自己人和外人。另一方面，无须言明，在这一关系场中的人们可以清晰地区分不同的场合不同的身份什么行为才是得体的，且这往往表现出一种张力。以喝酒为例，主人要让客人喝多才是讲礼，而客人必须不能喝多才是讲礼。值得着重一提的是，礼俗规范不是通过宣示，而是作为常识和一种做人的标准，内化到了关系场中的每个行动者的身心之中，尽管失礼导致的丢脸行为会带来外部的责难，但是人们还是将遵守礼俗规范视作一种自我实现、使人生有意义的准则，使之成为侗人自我修养的一部分。

闲话和面子是包含与被包含的关系，即违反礼俗规范的行为通常都会招致闲话，但是闲话有着更宽泛的内容，也凸显了更丰富的社会意义。对于侗人来说，闲话具有两重性：一般意义上的无根据的闲言碎语或讲人是非，是负面的；一种评价人或事对错的正当性的力量，是正面的。从这两重意义上我们可以理解，为何他们一方面认为爱讲闲话的人不好，一方面又担心做了不合规范的事而遭人讲闲话。

首先，闲话的社会意义在于它具有破坏力，个人的能动性往往因为闲话而被压制。实质性的稳定性的权威难以出现，不仅是不同群体之间博弈的结果，闲话也是消解他们的权威性的一种方式。其次，闲话展现出寨子中人际关系的实际状态，没有任何一套统一的标准去衡量是非与好坏，每个人都通过讲别人闲话和被人讲闲话确立了自己在关系场中的位置和这一位置包含的地位与价值，村寨中日常生活的实景，就是这种个人化关系网多重交织的状态。尽管如此，闲话也有其限度，这和个人的应对有着直接的关系，只要是问心无愧的行为，就可以通过"桥是桥，路是路"来化解，即他们说他们的，我做我的，从而让自己走在集体的边上。

与闲话相关的一个概念就是议论，有时候，它们会被视作一个意思，即好议论等于好讲闲话，但是多数时候他们是可以被区分开的。区别之处就在于前者不寻求结果，而后者是结果导向的，因而表现出了建设性的一面。由于同样是一个把个人引向集体的实践行为，议论不仅具有凝聚集体的能力，也给予人们以集体为单位外观和内省的机会，同时还制造出了一个高悬于个体之上的有强制力的"集体"。

激烈的议论通常会演变成争吵，或者说，几乎每一次议论都有争吵存在。寨众对于议论和争吵有着深度的自觉，参与议论的人通过争吵确认集体事务中每个人都有的平等权利，彰显了他们去权威化的取向。而这一切都是依托他们所生产出的具有"沟通的公共性"的社会空间——款场——来表达和实现的。款场虽然有具体的所指，即寨中的古楼或公共议事的坪子，但人们也会将所有讨论集体事务的空间视作款场。款场与侗寨中人群的集体和平权的观念也构成了互致的关系，通过人们的实践活动，二者相互印证、相互生产，共同构筑了侗寨中的人集体生活的意义。

第六章　流动的人：卷入市场的人群关系与日常生活

　　波兰尼（Polanyi）曾经区别过两种类型的经济，一种是实质意义的经济（substantive meaning），另一种是形式意义的经济（formal meaning），区分二者的标准在于经济过程与社会文化的嵌入与脱嵌的关系。[①] 黔东南的大多数村寨在中国改革开放之后面临的新变化在于，其开始卷入到一个全球化的市场体系中，这不仅表现为地方商品经济的发展和各类道路修建带来的紧密联系，更重要的是大批打工者的流动和打工经济的出现。打工者的出现使得任何侗寨或区域都不再是一个自成一体的单元，通过人的流动，其各方面的生活都与一个更为广阔的空间连接在了一起。打工经济也并不只是改变了地方的经济结构，同时也引发了地方社会文化的整体变迁。当地被卷入社会主义市场经济的过程，是否也经历了一个从实质经济向形式经济的"巨变"（the great transformation）？地方社会文化的整体变迁是否如波兰尼所言，以生活所有物包括人本身的商品化转变来展现？这是本章要探讨的问题之一。

　　当我们细致地观照一个黔东南侗寨所述区域经历的历史和政治过程，并对其中人群的传统社会结构与规则对于该地人群关系和日常实践的影响加以关注之后，打工经济带来的变化就将我们引向了一种更为开阔的视角来理解一个小地方经历的变迁，从而可以帮助我们对该地方当下情境中的人群关系和日常实践有一个更为立体的

---

① 〔英〕波兰尼：《巨变：当代政治与经济的起源》，黄树民译，社会科学文献出版社，2013。

把握。其中"嵌入"、"脱嵌"和"再嵌入"自然成为流动的人和市场参与过程中值得深思的问题。当然,在广东和侗寨中来回奔波的人无疑是经济参与的主角和社会关系构建的践行者,而他们所遭遇的,不仅仅是在两个不同的经济空间中的流转,而是在不同的社会文化空间中的往返。所以我们要面对的问题也决然不只是经济和社会文化之间的互动关系,而是人与其深植其间的文化意义体系和社会关系的互动过程。

第一节　走出去,1992:打工的历程与生活

一　前往广东的路

好像是一个没有过渡的转变,广东突然就出现在了南江人的面前,经济的大门陡然打开了。发生翻天覆地变化的,不仅仅是依靠口岸开放和"三来一补"的手工业、制造业繁盛起来的珠三角,雨后春笋一般林立起来的工厂,也将中国腹地乡村的劳动力像抽水一样抽了过去。这些务工者的生活和他们的家乡,和以往任何一个时代都大不相同。

在前往广东打工之前,岑吾寨及周边侗寨已经有不少人开始外出找活路,医疗条件改善后人口逐渐增加,有限的田地趋于饱和,全都留在家里已经难以为生,没有其他经济收入只能等着挨饿。向外界出走,也是个由远及近的过程。刚开始他们并没有走远,还是沿着以往老人们的路线,去到洪州一带帮人打谷子。洪州距离南江有三十多公里,是水口镇乃至黎平县内一片出名的大坝子田,那里广阔田土的种植和收割需要很多劳动力,南江人拾掇完了自己可怜的有限的田地,就带着浑身力气去洪州了。插秧、收割、打谷子、搬扛,那时还没有什么机械,靠的都是力气,辛苦一天的收入虽只有几块钱,相对于20世纪80年代当地的物价水平,已是可观的了。

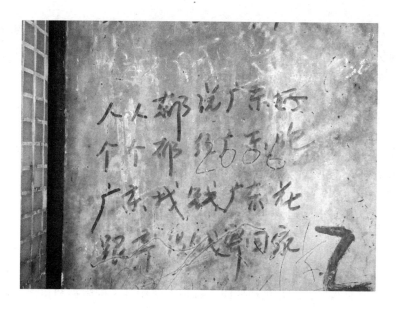

图 6-1　南江人在佛山务工的工厂宿舍一角

图 6-2　广东佛山的五金工厂

农业上的活路总是会干完的，且依赖年度农事周期，空闲的时间仍然是多的，收入没有持续性，平均到一年里，洪州的活路只能算是微薄的收入。有的人不满足，像跑场子一样转战到广西，就在那儿，人们听到了广东的消息。

听到消息，人们开始犹豫了。近处的活路，都是在侗人的地界，而广东是汉人聚居的地方。从南江一带有汉人进入开始，汉人给他们留下较多负面印象。同时，刚刚适应了从公社到政策放宽的南江人，对于国家时局的稳定，也抱持着怀疑的态度。去广东，并不是件容易的事情。

然而，面对着家中衣食难保的现实困境，广东虽然令他们困惑，却也像黄金乡一样吸引着他们。总有那么几个不安分的年轻人，十七八岁，一心想往外闯，哪怕有家中老人的阻拦和担忧，还是踌躇着上路了。

关于他们是如何走出寨门迈上未知之路的故事，我是2013年4月在揭阳的一个小工厂里听来的。向我讲述的人叫吴通志，宰洋人，现在已经是揭阳一个小五金厂的老板，算是自有打工以来，七佰南江最成功的人之一。在工厂的办公室里，这个年届四十的侗家男人一边熟练地沏着工夫茶，一边给我讲述他最早外出的事情，讲得平淡无奇，远不如他谈起自己现在的生意那么激动。想想也是，看看现在的生活，再回望20多年前，巨大的差别，恍若隔世。也不知道这个当年出门找工一路功成的故事他讲了多少遍，肯定难免有些厌倦了。如今再与我道来时，不论辛酸，只是平铺回忆罢了。

20世纪90年代初，从南江到广东，并不是一件容易的事。山河阻隔，道路时断时续，一趟行程要换几种交通工具。先从南江走到水口，再从水口乘船南下到高安，换船再到柳州，这就花去了近两天的时间。柳州有了绿皮火车后，挤上火车仍要一天的时间才能到广州。下了火车，在杂乱的火车站一隅找到前往南海揭阳一带的汽车站，终于才摸清了终点的方向。

揭阳这个目的地也只是口传耳闻，充满了不确定性。到达的时候已经入夜，只身前来的吴通志人生地不熟，那时身上也不可能带多少钱，只好抱着几件衣服卷成的行李，在路边凑合着挨打天光。到了白天，他就开始试探性地找厂子找工作，因为没什么钱在身上，找到能吃住的地方最为紧要，所以也顾不上什么害羞和担心，硬着头皮一家一家地问。终于在一个生产手表表带的厂找到活干，工资是计件的，做得多就赚得多，一开始也不知道一个月能有多少收入，但一听老板说包吃住，吴通志就想也没想地留了下来，没想这一留，就在这个厂子待了近十年。

如果将吴通志孤身赴揭阳寻工视作开启南江一带外出务工潮的序幕，确实稍显夸张，但的确是他外出且落脚之后传回来的消息打消了许多人的疑虑，此后，一波接一波的人开始外出了。

另一个比吴通志稍晚一点外出的南江岑吾人吴顺智，对于当地人大规模外出务工也有着非凡的影响，甚至可以说，他是个推手。几乎是沿着和吴通志一样的路线，吴顺智来到了广东，但他没有转去揭阳，而是到了佛山南海，彼时南海也是一个凭借五金制造业迅速发展起来的"专业镇"，工人需求量极大。吴顺智到达南海后，找到了一家纽扣厂做工，由于做工勤快，人也机灵，很得老板赏识。由于是下半年才出来的，没干几个月就临近过年，顺智计划着要回家过年，老板主动约他谈了几次，因为缺少工人，老板很想让他把老乡带出来做工，当时对工人的争抢十分激烈，通过内部熟人引介，能省去了不少工夫。顺智还在犹豫着，精明的老板先开出了条件，每带一个人进厂，顺智就能获得相应的报酬，按人头计。这对顺智的诱惑很大，于是他就将这个事当作一件工作认真地去做了。

回到家里，有了工资的他如何描述外出务工的生活都不为过，这对于许多家里连锅都揭不开的人来说充满了吸引力，所以他几乎都不用做什么工作，很多人便已经欣然向往了。唯一的阻力来自老人们，他们还是对自己的孩子出门心存顾虑：路途遥远不说，万一找不到工怎么办，毕竟是个超出自己想象的环境，孩子万一出了什么危险怎么办，如此种种。顺智还是从近处入手，房族内的、关系近的、亲戚家的，从这些人里寻找有心外出的人，所以第一波跟他出去的人不多，只有四五个，且都是亲近的兄弟或亲戚。待到第二年回来，看到他们一年赚的钱带来的改变，人也平安壮实，又有更多的人跟他出去了。而顺智也从中得利不少，因而他坚持每年都往外带人。到了第三个年头，他刚回到寨子上，便了解到许多人下定了决心过完春节就要外出，富有经济头脑的顺智也不再满足于只赚个介绍费，因为他早已熟悉了自己和同伴外出时在路途上的花费，他开始考虑是否能将外出人员的交通也承担下来，利润或许可观。

这是一个大胆的尝试，想到就干，就像只身跑去南海一样，吴顺智趁着年未过完，就一个人来到高安，租下了一艘船，准备带着要出门打工的人经水路直达南海。这一趟，他带着十几个年轻人出了门，这些人既有寨上的，也有村里另两个寨子的。到高安一切顺利，可没料想这一上船却足足走了七天七夜。除了他，其他出门的人一早给了他路费之后身上几乎没有多余的钱，干粮也早早地吃完了，途中饿得连船主晾晒在船上的干货都吃光了，吴顺智只好在经停的码头分批购买口粮和水，才挨到了南海。这趟虽然算不上赔了夫人又折兵，可的确没有赚到什么，且异常辛苦，所以此后几年，顺智再没有做过租船运人的事，但这次尝试还是让他意识到交通客运潜在的商机和利益。1997年一过，想要外出的人打消了最后的顾虑（他们当时担心香港回归中国会打仗，广东会首当其冲，可能有危险，所以很多人还是不太敢外出），南江一带迎来了外出务工的高潮。这时的顺智早已在五金厂里当上了师傅，收入是之前不能比的，且比同期的小工高出了近十倍，已经有了一定的积蓄。也差不多是这个时候，三江到广东的汽车也通了，但水口到三江却没有客车，外出还是不便。他再次看到了开客车赚钱的机会，于是左借右借，并通过父亲去贷款，加上自己的积蓄，买下了一辆中巴车，干起了从水口往三江拉人的生意。当时只有他这一辆车，完全没有竞争，平日里生意虽不红火，但仅就一个春节拉人，就回了本，干了两年后，他便将车卖了，连本带利与人合股，购置了一辆跑三江到广东中山的长途客车，一直干到了2013年。如今他已经是南江一带和吴通志齐名的有钱人，在众人的议论中，他俩算是自有打工以来做生意最成功的两个人。

由此，广东揭阳和南海成了南江及周边一带侗人外出打工主要的落脚点，在吴通志和吴顺智开拓后，凭依着房族和亲戚关系，人们自然而然地向这两个地方聚集，当然这也和这两个地区的制造业在广东起步最早且最繁盛有关。但南江还有一部分人在广州留了下来，当时广州市内没有什么工厂可以进，留在广州的人走了一条和在其他两地的人很不相同的路。最早在广州找活路的是吴顺智的叔叔吴泰金，他是随顺智一起来的，在南海也干过一阵，但他不习惯工厂的生活，于是和几个亲戚一同出了厂，想找一些农活做做。他们在番禺的村镇找到砍竹子的工作，本来南江就有不少竹子，这对他们来说得心应手，于是便承接了下来。一路在山上砍竹子，很偶然的机会，他们见到山里有一大片花圃，询问之下才知道是广州白云苗圃公司在这里搞的种植基地。一开始只是好奇，但他们私下考虑了一下，竹子的活路快要做完了，之后还不知能找到什么做，干脆问问养花要不要人。没想到一问即中，果然招人，于是他们在砍完了既定的竹子之后，就转投了白云苗圃，干起了养花的活路。和去南海与揭阳一样，他们也接连带了不少房族的人和亲戚进来，渐渐地，苗圃里的人南江人占了一多半，他们不仅负责种植，也有人去了工程部打架子搞焊接，或是去了天桥部负责广州天桥的绿化和维护。

从1992年到1997年，由于交通所限和对外面世界的担心，南江一带虽然接连有人外出，但并未形成一种整体的趋势或生活方式。就像上文所说的，到了 1997 年之后，才出现了家家户户都有人外出的局面。原因当然也是多方面的，交通改善、政局稳定在他们看来都是积极的因素，提高经济收入和生活水平也是最现实的推动力量，而正因为已经有了房族兄弟或亲戚在外，依赖着这种血缘或姻亲关系外出，也给他们提供了工作的门路和初入广东时心理、生活的双重保障。

二 在广东生活：传统人群关系的"移植"

几乎没有一个个案可以完整展示当地人在外打工的生活和过程，每个人的经历都有特殊性、碎片性和记忆简化的特点，拼凑在一起，却可以大致描绘出他们的历程与在广东的生活。

个案一：

吴建才

第一次出门打工时 17 岁，初中上完，在家里也没事做，2003 年初的时候，跟堂哥和堂叔一起去了南海。先坐拖拉机到独洞，那里有去南海的车，一个人要 140 元。出门的时候都没有钱，车费都是堂叔给的，到了南海身无分文。他们以前就在南海干，在一个五金厂，做纽扣，带我去了之后，我也进了那个五金厂。三四十人的一个厂，就住在厂子的楼上，房间挺大的，但是里面放了四个上下铺的床，就住在里面。一天只有二十几块钱。一直干到年才回家。刚去时小，赚了钱都想给自己买东西，有时候也去一起吃饭，本来工资就少，回到家没剩下什么，还被老爸骂了一顿。

2004 年正月又出去，还是去南海，这次是和吴永学兄弟出去的，他弟弟吴永安也是第一次出门，那时候吴永学已经当师傅了，想跟他学，就一起去了他的厂。还是做纽扣，一个月

700～900 元都有，计件的。一天要干 11 个半小时，一个月才有一天休息，就是每个月的初一发工资的时候。十分辛苦。休息的时候就去沙边市场那里转一转，因为发了工资，和我们（同寨的）几个人就去吃顿好的，打打台球，或者去上网，也没有太多事可做。我不爱赌，吴永学喜欢，他就经常去那里的游戏城玩。

一直干到 2005 年，那个厂子不行了，没有货做，没工资发，就自己另谋出路，听一个堂哥说他那个厂子一个月 1500 元还包吃包住，就去了那边，干到过年回家。

回家之后听这里的亲戚和房族的人说揭阳那边的工资高，待遇好，过完年就和他们去了揭阳。到了简直想哭，住宿太差，都是铁皮房子，白天热得人中午根本不能休息。但是工资的确可以，一天 60 元，干 12 个小时，包住包吃，一天给厂里 5 元，还是厂里老板找人做饭。也可以去厂子旁边的饭店吃，吃好吃坏都看自己。

在揭阳干了将近四年，不知道转了多少个厂，看工资待遇、有没有事做，6 月是淡季，没事做的厂就辞了，因为在揭阳都是计件，没事做就没钱收。在揭阳不像在南海，没有一整天的休息，是每个礼拜六的晚上休息。一到礼拜六晚上，揭东棉浦一带就变成了"小南江"，也有很多水口和从江的老乡，在街上讲侗话就可以了，都是我们侗族的。

有时工资多，有 2000 元左右，能寄点钱回家，寄回去 700 元左右。有时工资少，一个月都花完了。到年回家，听说有人能带 5000 元回去，那是少数，太能节省了，很多年轻人都是空手回去的。

2009 年开始学做道轨，还是五金，做得好一个月有 2500 元，但干到 10 月就不干了，老爸叫我回家砍树。其实我自己也想回来，在揭阳那里的工资和砍树差不多，但是工作时间长，没自由，而且朋友和老乡都太多了，经常在一起吃饭，花得太多，每年都在干，到头还是没钱。回来之后每个月还能有几百块剩下来。

在家主要是什么事都受保护，因为父母在，干什么都得听他们的，但是在外面就不一样，出去就要自己有主见一点，很多事情不用过问父母，比如换地方、换厂，都是做了之后才告诉家里面，也有一些社会经验。

在家里一直待到 2012 年，本来想出去的，但是老婆怀孕了，又刚好遇到起古楼，青年人都说要有几个人留在寨上，可以帮忙，也好和外面的青年联系，让我留下，砍树的活路还有得做，我就留下了。

个案二：

吴明理

我是 1997 年出去的，那时候世达（三儿子）刚出生，超生了，罚超生款 2000 元，无处找钱来交，家里面就有两头猪，准备杀一头猪来还钱。刚好有个亲戚，是宰洋的，表妹嫁过去的，在揭阳打工，于是就跟他去广东了，干了一年回来才把超生款交上。

当时是先坐船到高安，又坐车到老堡，转火车到广州，最后从广州坐车到的揭阳，当时也有班车到揭阳，但是太贵了，为了省钱就麻烦点。到了揭阳很难找工作，没有熟人进不了厂，我就是那个亲戚带进去的，进了一个表带厂，七佰南江的就我们两个，江西人多，因为离得近，贵州人也有一些，是从江那边的。

厂子有 100 多个人，那时候刚开始做，一个月 500 元，厂子不管吃住，得自己找地方租房子，揭阳那会儿也很破烂，都是土路，只有国道是公路，我就住在亲戚那儿，一间小房子。

干完第一年回去，家里面三个男孩要饭吃，我们那时候三兄弟分田，分家之后没什么田剩下，根本不够吃，于是决定过完年再去揭阳。

第二年来揭阳，我们一共下来了10多个人，都是七佰南江的，到了揭阳是半夜，很苦，没有地方落脚，只能睡在厂门外面。天亮了之后，又不知道带的行李放哪儿，厂里人看我们人多，不给进。我一共就带了400元出来，车费花了200多，剩下100多，做伙食。我们一伙人找了三四天，找不到厂进，好不容易找到磐东镇政府旁边税务在起楼，去做小工，做一天得5元，管饭，但是没做两天又被人家给辞了，说我们不会做。

实在没办法了，我就和一个宰直人又跑去了表带厂，让亲戚帮忙求情，老板看就我们两个人，才让进厂，工资还是500元一个月。在表带厂先是做杂工，后来就看冲床，一干就是七八年，前面的三四年还可以，老板看我老实，做工认真，一点一点地涨工资，涨到了一个月1000元。但后面几年就不行了，工资一直没有涨，我嫌工资太低了，就要求老板加工资，老板不同意，于是我就骗老板讲肚子疼，不来上班了。那时候都是这样，人往高处走，哪里工资高就去哪里。

从表带厂出来是2005年，有一个已信的亲戚，我老婆的妹妹嫁给他，他在一个分条厂做，于是就经过他的介绍，进了分条厂。只干白天的工，一个月有1500元，晚上加班，一天15元。分条至少要两个人，师傅负责操作机器，另外的人就拉料和整理，我就做这个，一边做一边跟师傅学。边干边学两年，自己出师了，当了师傅工资一下涨到了4000多元。以前都是初八没到就出来了，怕来晚了自己的工就被别人抢去了，找不到工，现在当了师傅有把握了，这个厂不要，有的是厂要，有时候到了初八老板就打电话过来催了，还是不着急，等过完十五才出门。

在那个厂干了三年，现在干的这个厂的老板就挖我过来，一个月给我 6000 元，我就跳到这个厂来了，和我那个亲戚一起过来。后面又带了一个堂侄过来，一起租了一间房子住，现在这个厂就我们三个七佰南江的，还有七个江西的，两个本地的。

七佰南江的在这人多，但未必都认得，讲话了才知道。尤其是那些小的、年轻人，跑到这里，哪里认得到，只能问他爸是谁，才认到。

和本地人、江西人很少打交道，一个厂子里的聊得来的还可以，发工资了也叫他们一起吃饭。每个月发工资了都要一起吃一顿，亲戚、房族的，在揭阳的都一起喝点酒，开心一下。过节也过，主要是过甲戌节，还有就是十月十二，姓吴的和姓石的互相请，也把在这里认识的朋友叫上，不能出来了就忘了传统。

现在一个月有 6000 元，也算可以，就是晚上加班太多了，有点辛苦。给人打工还是不自由。现在我有了技术，对分条都懂，在这个厂子这么久，他（老板）怎么做我都知道，师傅我也认得不少，都是自己人，就是没有投资，搞不起。

（一）传统关系网络中的流动

以亲属为基础，同寨或同属七佰南江的人群认同，成为外出打工者在广东落脚和寻找工厂的关系网络。基本每一个首次外出的侗人，要么是跟着房族兄弟、同寨中人，要么是在七佰南江内广寻亲戚，随之外出。这一传统的关系网络也成为他们在广东寻找工厂期间流动的凭依。相对而言，在工厂工作中结识的外地工友，彼此的联系就十分短暂而脆弱，大多数这类被他们称为"朋友"的关系，在结束了同一工厂的工友关系后，也就随之解体。对于已经有多年工作经验的人来说，他们虽然在找工厂上有着更多的能动性，可以自己独立寻找，但是传统关系成为这些网络中的节点，成为他们在招工中可以落脚和中转的地方。

我在2013年春节之后，跟随几个年轻人一同踏上了外出打工的路，由于没有稳定的工厂可以进入，他们其实是如同第一次外出一样，需要到了广东之后再开始寻找工作。对于哪里能够找到工作，他们并没有主意，一脸茫然地说心里没有什么准备。在这样的情况下之所以能够无所顾虑地外出，是因为他们在广州、揭阳都有可以依靠的落脚点。第一站到了广州，一下车他们就联系好了同寨没回家过年的吴顺廷。吴顺廷在白云区的一个灯具厂里工作，已经做了主管，在厂子所在的村子那里租了一个两居室的房子，因为老婆怀孕七个多月，不适合舟车劳顿，于是就选择在广州过年。我们一行五人到了他不足三十平方米的家中，吃住全在他家，白天他们一同外出找工，晚上回来就打牌，沙发、床上、地上挤着睡。他们在广州找工的两个点分别是吴顺廷所在的厂和白云苗圃，白云苗圃那边也是因为高寨人多、亲戚多，也有几个岑吾寨的人在，可是两边都因为工人饱和拒绝了他们。无奈之下，一众人又一同坐车去了揭阳。到了揭阳，他们便直奔吴明星租的房子，在房子二楼的小阁楼里安顿下来，彼时已经有几个从寨子里来的人住在了吴明星家中，也是刚到没两天，正在找工。到达当晚，同寨已经在揭阳工作的人都来到吴明星的房子，大家互相寒暄一阵，外出消夜，并分享目前揭阳各地的招工情况。次日，所有人便一同组队外出找工，先是去认识的亲属在的厂，有的留下了，有的因为工资太低或工作没做过继续寻找，花了一个星期的时间，所有人才陆续找到厂，算是安定下来，然后陆续分开，搬去工厂安排的住宿点。虽然他们也在来的路上宣称，之前在揭阳干过一阵，有一些朋友，但这些朋友并没有真的出现在他们找工的过程中。

（二）传统人群关系的分与合

即便是基于亲属关系、同寨关系和七佰南江的认同，当地人在广东打工有了一个可以流动的传统关系网，但其中也有分有合。

人的联系因为技术而改变。对于两代打工者来说，他们的打工很不同的一点就在于，日常联系的紧密程度和打工的稳定性。对于第一代打工者而言，通信的不发达很大程度上限制了他们彼此之间的沟通和流动，每年只有在外出的时候才能有连带的关系，一旦进入广东之后，无论是和家里还是彼此之间，联系变得弱化了。一些中年在外打工的人讲起最早来到广东的经历，提及那时候进了厂就开始干，只知道本寨的或者七佰南江的人在这里也有，但哪知道在哪里啊，别说广东了，光是揭阳就到处都是工厂，也不敢说不干就不干了，万一走了找不到人，那两边都没有工作了。但是对于第二代打工者来说，从21世纪第一个十年的中段开始，情况变得有所不同了，他们开始陆续用上了手机，并且有了网络通信工具，彼此的联系日渐频繁起来，关于广东各地工厂的环境、工资的情况以及每个人在哪里，都可以通过这些通信工具进行交流，所以随工资流动、频繁换厂的情况也日渐成为常态。他们与同寨在外的年轻人的聚合、与远在贵州的村寨的联系变得更为紧密，起古楼过程中年轻人作用的发挥，很大程度上依赖了通信工具带来的改变。

不仅如此，网络通信的使用也激发了人群间原有的结构范畴的区界关系。例如，岑吾寨在外的年轻人建立起的全体年轻人参与其中的QQ群，就具有排他性，以寨为单位拒斥了寨外青年的加入。过年期间，寨上一个青年将南江村高寨的人拉入了QQ群，立即引发了大家的不满和讨论，最后在群主即腊汉头吴世强的斥责下，高寨的人被移出了QQ群。

如果说QQ群的事情表明寨与寨之间的分立，其实打工的生活中，还是有一些隐藏的竞争关系，不仅包括寨与寨之间的，也包括个人之间的。可以说，打工的唯一目的就是赚钱，能否赚更多的钱也成为引发竞争的根本原因。值得一提的是，这种寨与寨之间的对立和竞争，本书中已经多次提及。在村落生活中，打工之前，竞争更多建立在人群势力之上，比如房族大小、人数多少、凶悍程度等，但是随着打工经济的兴起，富有程度成为一个很重要的因素。岑吾寨的老人就曾告诉我，以前对面两个寨子凶得很，因为他们人数多、狡猾，但是现在他们搞不赢我们，因为他们凶归凶，不如我们寨子能找钱。可以说，这种竞争所采取的标准，是因时代不同而变化的。在当下以赚钱多少为评判的情境下，对打工市场的占有和个人技能的凸显，就成为他们可以动用的资源。

其中最明显的莫过于高寨对于白云苗圃的占据。白云苗圃因为是国有企业，其制度管理与揭阳南海一带的私有企业截然不同，入职之后不仅有"五险一金"的保障，而且有着稳定可观的加班费。一个人一个月的工资加上加班费，有 3000 ~ 4000 元。现在在白云苗圃的 60 多人，基本都是高寨的人，其他人在缺乏引介的情况下，很难进入。而高寨则以本寨的亲属联系逐渐在内部扩大他们的人数占比。在南江，这已成为一个不言自明的事实，我问起不少高寨以外的人为何不去这样一个收入稳定又丰厚的地方工作，他们只能无奈地说："那里都是高寨的人，他们都是一个房族去好几个人，要不就是本寨的亲戚，我们难得进去，有的进去了也不舒服，待不久又出来了。"

个人之间的竞争，无疑是对亲属联系破坏最大的。但是迫于人多厂少、工资多寡的区别以及家庭生活水平升降的压力，个人也迫不得已被卷入到了竞争之中。吴永学和吴顺智之间的师徒争斗就是一例，也说明这种竞争有可能带来的对于寨中人际关系的负面影响。对于大多数人而言，竞争并不会如吴永学和吴顺智之间那么激烈，人们更多选择采取尽力维护亲属关系的隐性策略。其一便是技能的多样化，在广东，五金业是南江人外出打工选择最多的行业，行业的单一必然引发竞争，所以很多人选择去其他的行业工厂，比如鞋厂、丝光厂、灯具厂。在寨中和不同打工者聊天，他们很注意强调自己掌握技能的特殊性，这不仅显示了他们更能找到赚钱门路的一面，也避免了亲属关系带来的负担（工种相同的话，亲戚或房族的人会要求其帮忙介绍工作，如果介绍不到还会遭到埋怨，工种不同就成为一个好的借口）。

（三）礼俗的牵制与失效

刚到揭阳的时候，我想去吴通志的厂子去找他访谈，了解一下他从一个打工仔变成老板的经历，但因为并不认识，我就想找本地人带我过去。听闻岑吾寨吴顺礼和吴通志是同一个房族的，还是叔侄关系，于是我就拜托吴顺礼带我过去。吴顺礼听到我的请求，一开始有点犹豫，但在我的央求下，还是带着我去了吴通志的厂。他俩见面并不像叔侄一样亲密，简单地打了招呼，我就和吴通志聊了起来，吴顺礼坐在另一边沉默不言，自己一个人抽着烟、喝着茶，时不时去厂子里转一转。第一次见面回来后，吴顺礼向我道出了他的难处。原来，以前在寨子里没出来的时候，吴顺礼也爱玩，晚上常常去坐姑娘，和宰洋的一个姑娘发生了关系，但是后来没有结婚。没想到没过几年，这个姑娘就嫁给了吴通志，这一下让两个人的关系变得十分微妙。所以即便都在揭阳，吴顺礼也很少去吴通志那里走动，即便对方不说什么，总觉得不好意思。后来几次吴通志约我，总是要叫上吴顺礼来陪，无论是吃饭、喝酒还是唱歌，吴顺礼都表现得十分尴尬。

吴顺礼也许只是一个特例，但从其他外出打工青年的选择中也许能看到礼俗牵制的一面。在吴通志的厂子里，除了几个亲近的亲属外，很少有南江人，反而是江西人居多。我问在揭阳打工的人，为何不图这个亲属关系，去他厂子干活，很多人讲，如果是不认识的老板，还好说话，拖欠工资什么的，可以争一争，如果工资太低了，也可以说走就走，但如果去了吴通志的厂子，都是一个地方的人，就不好意思这么做，怕人讲闲话。此外，对于外出打工者来说，虽然他们找厂子要依靠亲属关系，但是他们却不愿在本地人多的厂子里待。吴建才就告诉我，同一个厂子南江一带的人多了，当然有好处，彼此可以相互照应，下班了也能玩在一起，但是本地方人多限制也多，尤其是厂子里有本房族的长辈或者亲戚在，工作的时候如果偷懒了就会被他们说，而且有时候工作时和厂子里的女孩子一起玩，如果长辈在，或是老婆家的亲戚在，就不合适，会挨训，回到寨上了都有人讲闲话。

南江人通过礼俗来对人进行道德判断，通过赚钱多寡来区分寨子和个人的势力，以及他们在打工中遭遇的复杂情境，使得礼俗也有着失效的一面。之所以失效，是因为它将人们在外的生活，以及与村寨的联系，都划分出了清晰的"场域"。由第五章中吴顺利的例子就可以看出，在外面做什么，哪怕是法律意义上的坏事，并不影响他在寨众中获得的正面认可。"场域"的区别，在当地人看来，分成"本地人的"和"社会上的"两种。"本地人的"场域是跨空间的，既在寨中也在广东，它是由同一地方的人的接触和互动构成的。在这样一个场域中，传统的礼俗和社会规则仍然十分重要。但是"社会上的"却在这种"本地人的"人群结构之外。在寨里的时候，很多老人都说，只知道年轻人在外面打工，但对于他们具体在干什么并不清楚，只要能找钱回来就行。2013 年的时候，几个宰洋和东郎在揭阳打工的青年，因为抢劫被抓，并因其名曰"黎平老乡帮"的团伙犯罪而"出了名"。这个消息传回南江的时候，其实并没有引起太大的关注，很多人对之并无所知，当我以之为话题去探寻当地人对这样的情况的评价时，他们的态度要么是无所谓，要么就是又进入"本地人的"场域中来评判。比如吴通泽认为，这些青年太懒了，不想劳动，所以才会选择这个不劳而获的方式，那些人他都认识，还有的是亲戚家的，没出去的时候都见过面，做事情也是合理合法的，并无不妥。唯一令吴通泽以及很多当地人不高兴的地方在于，他们这么做搞坏了南江人黎平人在外的名声，以后出去大家都不好过。这样的例子屡见不鲜，如岑吾的几个青年因为小偷小摸被抓去关了一两年，回来后人们并没有因为他们的违法行为而疏远他们，反倒是热情地办接风酒。而这些青年还因为在外有能力，获得了不少青年的认可，寨中青年有什么活动，他们也成为骨干。高寨的喜儿就是一例，他闻名于揭阳和水口南江一带，因为掌控着社会势力，按当地人的说法，可以看作黑社会一样的，但是他在寨中因为做事情合适，可以笼络人，为寨子乃至七佰南江在当地的势力提供支持，甚至成为"寨老"性质的人物。

（四）"南江"在广东——人群关系的"移植"

正如吴明星所说，"不能外出了就忘了传统"，因为大量外出并在有限的地域聚合，南江人将村寨生活中的人群关系"搬"到了广东。亲属关系的联结已经在上文中提到，但是南江人在广东的生活，更受到来自不同层面的传统结构范畴的影响。

在前文中已可看到，房族关系在人群往返于广东和家乡村寨的流动过程中扮演着重要角色。在广东的生活中，房族内部的亲近关系成为他们日常工作之外联系的主轴。以房族为单位的聚集是比较常见的，最初找工的时候，他们会以各个房族为主来寻找关系；在日后工作稳定后，有了彼此的据点，人们并不会经常以寨为单位活动，而是各自寻找自己的房族，平时下班或是放假，就是房族之间的人坐在一起玩牌、闲聊或是出去玩。

甲戌节和十月十二（农历）分别是南江的吴姓人和石姓人过的节日，届时他们会互相邀请。这也成为南江人在广东最看重的节日。我在广州参加过两次他们的节日，都是在白云苗圃附近的饭店办的，一次是 2012 年的十月十二，石姓人请吴姓人；一次是 2013 年的甲戌节，吴姓人请石姓人。过十月十二的时候，我以为只是白云苗圃内部过节，其实不然，因为白云苗圃主要是石姓人，只有个别几个吴姓，石姓的人就把在广州及周边过节的人都邀请了过来，甚至还有专程从揭阳过来的人，每桌10～12人，坐了有10多桌。在吃饭之前，吴姓和石姓的中青年还专门分成了两个队，在白云苗圃中的球场打了两场球赛。因为我常住岑吾寨，就成了吴姓的一员，寨子那边在家的年轻人还急切地打来电话，关心比赛结果。当得知两场皆负之后，那边的青年很激动，说要在寨子里也打一场，也是按姓组队，一定要赢回面子。

在揭阳，一些爱打篮球的青年，总是想和揭阳本地村镇的篮球队较量较量，但是苦于寨子或村子的年轻人分散在广东，七佰南江就成为一个更广阔的具有内聚力和认同的单位，于是他们便各处联系，通过亲戚探寻，最后组成了一个七佰南江联队，和揭阳当地的球队比赛。

作为七佰南江人的认同，有时也是通过跟外部的人群对抗表现出来的，尤其是这种对抗移植自家乡。水口一带各村寨都有人在外打工，在水口，七佰南江、佰二己流、三佰水口就有对抗关系，在广东因为地域和空间被混淆了，不像在家乡有固定的活动空间，所以对抗就更易发生。2013年我从南江回到广州后，突然听闻岑吾寨上一个青年吴建成在南海被人用刀捅了，赶忙前去探望。到了之后才了解，在南海，南江人和己流人也一直不和，但是势力相当且都在打工，也就维持了井水不犯河水的局面。吴建成的事因一天晚上他和几个七佰南江的人一同在饭店吃饭，同在饭店的还有佰二己流的一伙人，因为醉酒，两方起了冲突，己流的人就用刀把吴建成捅了。很多七佰南江的年轻人都聚在医院，看完吴建成便讲，这个事情并不算完，他们已经了解到过那个己流人是谁，到过年回了家中，一定要去己流找他算账。

由于跨省的流动和人群接触，南江人在广东的聚合范畴，也被引向了一个超出传统的更大的层次——省份。南江外出的打工者总会提到他们和广西人、四川人、湖南人、江西人的接触和对抗；也讲到贵州人团结，到哪儿都不怕，四川人不团结，广西人软，所以都不成气候。2013 年年中，在我要离开岑吾寨的时候，吴顺礼回到了寨中，一开始他只说是因为那边工资不好，不如回家，一次喝酒时，他却道出了回来的原委。就在他回来的前一个月，贵州在揭阳的一群社会势力和江西的一群社会势力发生了冲突，贵州这边的老大就号召在揭阳的贵州人都聚起来，吴顺礼也参与了进去，贵州老大一呼百应，一下聚集了上百人，将江西帮派的气焰压了下去。但是吴顺礼讲，他还是担心在那边有江西人寻仇，恐怕会伤及自己，所以干脆跑回了家中。

第二节　"传统的手"：不能远离的家乡

对于外出打工者难以融入城市，而最终又要回归到乡村的生活中，难以实现真正的"脱嵌"，相关学者常常将之归结为城乡二元结构和户籍制度这些国家制度化因素导致的结果，或是认为他们缺乏融入城市或工作中社会网络的社会资本。外出打工者的确也遇到了这样的困惑，但是这一困惑在刚性制度和资本匮乏之外，还有着回望的一面，即传统也成了一只"看不见的手"，努力地将他们往回拉，并且影响着他们的选择。现实条件和改变经济生活之需产生的推力和传统文化联系的拉力共同作用在他们身上，这是他们外出务工面对的另一种"推—拉"，而每个人在追求自己希望的生活之时，既发现来自家乡传统的束缚，也感受到了其提供的安全感，因而不得不面对这一"脱嵌"迷局。

一　贯通的声名与亲属关系

正如前文提及的，南江人基于礼俗的评判，会进入到一个"本地人"构建起的跨空间的"场域"之中。在礼俗规范中的言行，不仅受制于广东南江人群体和村寨生活，也有着贯通的一面。因而，在广东的生活也会影响村落中的生活实际。

　　吴永学在南海打工时，很喜欢和女孩子玩，有过几个女朋友。在结婚之后，他还是习惯不改，因为老婆没有同他一起出来，所以在南海时，他还和以前玩的女孩子保持着若即若离的暧昧关系。同寨也在南海的人多少知道一点，但不知是谁，在春节回家之后，讲起这个事情，这一讲不仅岑吾寨，包括南江村都知道他在外是个爱玩姑娘的家伙。

　　吴永学春节也在家中，他听说别人这样讲他，十分生气。当然，来自老婆的责难和他在村寨中的面子受影响是一方面，但他考虑得更多。他告诉我，别人这样讲他闲话，他也无可奈何，有些方面的确是自己理亏，但他不是担心来自家人和寨上人的责难，如果只是他一个人，倒无所谓，他是担心影响了家人在寨中的生活以及亲戚之间的关系。一来，他这样做，别人会觉得是家里没有好好地教育和监督，他父母也会承受一定的压力，他们在寨子里乃至七佰南江的日常生活都会受到影响。总之就是，自己做错了事，不想让父母来承担。二来，也是他认为最严重的，是如果仅仅老婆责难也就罢了，假如闹到老婆的寨子那边也知道了，恐怕会让老婆房族的人都不高兴，两个房族之间也就不和睦了，那么以后家里父母有什么事情需要亲戚帮忙，也难得帮了，也不好意思去亲戚那边做客走动。

　　吴永学的故事，可以看作在广东的言行影响个人及其家庭乃至房族在寨中生活的实例，而吴锦辉的事例则正相反。吴锦辉总是被寨上的人贴上一些标签，比如小气、好议论、爱讲话、压别人、想让别人都听他的，很多人都对他表示不满意。岑吾起古楼那阵，他从广州回来帮忙，一回来就处处发表自己的见解，俨然是一个主导者。对此，他告诉我："起古楼老是出问题，为什么？就是因为没有一个人敢站出来说话，个个都怕别人议论，想当老好人。我就不怕，都是为了寨子好，我有什么就说什么，只要能把这个古楼搞好。反正过几天我又下广东了，他们爱怎么议论是他们的事。"然而现实的情况并不如他讲的那么洒脱，一方面，人们对他的议论的确是在他回了广州之后一直存在的，而且还用他电话末尾的四个号码给他起了个外号，一讲起他就用号码指代，好像大家都有了默契一样，总是讲他的小气和好压人的性格。另一方面，吴锦辉在广州的生活也受到了孤立，除了过节会邀请他去之外，平日里在白云区的人都是互相联系，唯独对他不理不睬。虽然他在广州电信管花园绿化，也分得了宿舍，但是寨上春节后来广州找工的人，基本都不去他那里，而是去找吴顺廷或是白云苗圃的吴廷光。我在吴顺廷那里看到七八个人挤在一起那么辛苦，就问起他们为何不去吴锦辉那儿住，他们也是语带讥讽地说："去找他也是没用的，他那么小气，总是找借口。也从来不帮忙，万一我们去他那儿住了，以后他就总是跟我们欠他什么似的，还不如不去。"

二　互助伦理

在本书第三章中我们看到，无论是房族、亲戚之间的活动，还是寨子之间的互动，有来有往的礼俗规范和其中蕴含的互助伦理，是南江人人群关系中十分重要的交往机制。对于一个大部分青壮劳动力都外出打工的村寨而言，起房子、各类办酒，房族亲戚之间的互助就显得尤为重要，因而在外出打工的人日益增多的情况下，互助伦理作为人们应对人手匮乏的机制，在村寨中被进一步凸显了出来。

对于岑吾人吴世来来说，2012 年算是十分奔波忙碌的一年，因为这一年里他不得不经常在广东和南江之间往返，因为家里这一年要起房子。起房子是个大工程，要上山砍树、扛树、排扇和最后竖立，此外还有起房当日的办酒和其后的装修。通常在外打工的人，如果是家里要起房子，一般都会放弃外出打工，在家里面待上一年，专门为起房子忙碌。但是吴世来却割舍不下在揭阳的工作。他在揭阳一个五金厂里做了很多年，现在已经算是主管之一，不用再做工，而是升到了管理层，因而能够在厂中稳定下来，有着不错的工资，却相应地失去了其他人可以随意弃厂而去的灵活性。年初决定要在家里面起房子，但是他家里只有他一个青壮年，除此之外就是父母和刚上小学的儿子。自己只身在揭阳，家中的父亲年纪大了，干不了太多的体力活，所以他不得不在起房子的关键环节请假回家，不过这始终不是长久之计，太过频繁的请假可能引起工厂老板的不满，他也就面临着葬送掉这份有着上升可能性的好工作的风险。

不得已，起房子的大部分重担都转交给了他房族的人。恰好他的两个堂兄弟吴世修和吴世泽分别因为起古楼和要结婚没有外出，留在了家中，所以这两个堂兄弟承担起了原本需要他做的出工出力和指挥、请人等方面的工作。不光这两个堂兄弟帮了大忙，整个房族也都在帮他。按照惯例，一般请木匠师傅过来了，房族每户都要请师傅吃一顿，算作帮忙，也是房族内互助伦理的体现。但是由于吴世来不在家，老的房子拆掉之后，他家新搭起的小棚子和厨房要管师傅的餐饮或油茶并不十分方便，所以房族内的各家户也就并没有限于只请一顿，尤其是吴世修和吴世泽家，不但多次叫师傅过去吃饭，而且有时还专门做好了油茶端去吴世来家的工地上。

虽然在砍树、拆老房子的时候，吴世来也请假回来了两次，可在竖房子的节骨眼上，因为工厂那边工作繁忙，老板不让请假，他没能回来。于是竖房子和办酒都是由其房族的人，尤其是吴世修和吴世泽负责的。到了同年 10 月中旬，吴世泽办结婚酒的时候，吴世来没跟家里人说就跑了回来，说是工厂那边刚好空闲，终于又请到假了，他参与了吴世泽结婚的全程，杀猪、挑担子都表现得十分积极。

对于这次仓促的行程，吴世来有自己的说法。他告诉我，一来是出于情感的原因，毕竟自己起房子不在家，吴世泽帮了大忙，积极一点置办自己兄弟的婚礼，也是为了感谢他的帮忙。二来因为彼此是堂兄弟，亲亲的人，房族内部相互帮助理所应当，每个房族都要出人，别的青年没回来，那是他们在别的事情上有过帮助，自己什么都没做，这次更应该回来。三来他也在意寨上人的看法，吴世泽帮他起房子了，如果吴世泽的婚礼自己不回来帮忙，不但于房族礼数不合，寨上人也会议论说闲话，认为他这个人不通礼性、不讲人情，这样以后自己在寨上也不好处。

三 婚俗的得失

南江一带去广东打工的人，多数第一次外出都是在初中之后，也就是十六七岁的年龄，青年时间都在外度过，除了打工，他们面临的另一个大问题就是很快便步入了适婚的年龄。而在广东的生活带来的改变，拓宽了他们在交往上的范围，以往在家时坐姑娘的范围只局限在七佰南江之内，然而在打工地他们不仅能够接触到本地方七佰南江之外的女孩，还遇到了来自广西、湖南等地的姑娘。平日一起工作、娱乐，在这个年龄，双方难免产生感情，以致谈婚论嫁。

虽然在谈及南江当地的婚俗变迁时，人们都讲以前没有太多的自由，婚姻都由家里的老人来决定，且有着姑舅表婚的约定，① 现在因为打工多了，青年都在外面，老人也没有太多的强求，只要男女合意就可以。但事实情况却非如此，来自家中长辈的意见、房族势力的大小、姑舅表婚以及七佰南江内部通婚外部禁婚的婚姻禁忌，依旧影响着在外打工的青年们的婚姻选择。以下的三个例子都来自岑吾寨，可以看到这些追求婚姻自由的青年所遭遇的限制，对于他们和他们的家庭来说，其影响或许很难用好或坏来评判，打工的青年因为婚俗被深深地嵌在了传统的家乡之中，自由显得分外脆弱，人们在得与失中变得恍惚。

---

① 如果姑姑家或舅舅家有适龄的女孩，必须作为首选，或要首先过问。

个案一：

2001 年，20 岁的吴昌远开始了他的外出打工生涯。在南海的五金厂做工时，他结识了一位水口镇河口村的姑娘，并十分钟情那个女孩子，两个人不久就确定了恋爱关系。这段感情维持了两年时间，他们在广东一起打工，过年回家了，吴昌远就跑去水口与女孩子相会。寨上的青年谈起他们那时看到的吴昌远，只说他人很开朗，对那个水口的女孩很好，女孩也很喜欢他。可是在他觉得时机成熟，想要将女孩子娶回家时，却遇到了家人的阻挠。一方面，吴昌远的父母乃至房族的人都认为，南江人绝对不能娶水口那边的女孩子，会被人看不起；另一方面，吴昌远的母亲是从东郎嫁过来的，母亲的房族那边有几个到结婚年龄的女孩，必须以那边为先。

对此，吴昌远十分痛苦，不断地争取甚至发脾气，可仍然不管用。最终在迫不得已之下，结束了这段甜蜜的恋情，顺着父母的安排，在 2004 年娶回了东郎舅舅家的女儿。这件事情对吴昌远的打击很大，结婚之后的他并没有接受这场包办的婚姻，而是变得有些乖戾，嗜酒嗜赌、沉默寡言。不仅如此，他开始采取自己的反抗方式。2005 年，老婆怀孕之后，他便下了广东，一年的时间没有和家里有任何联系，到年回来后也是只待了一个多星期，就又下了广东，次年干脆没有回家过年，儿子出生也不管不问。

2007 年的时候，吴昌远的老婆专门跑去南海找他，却被他拒在了工厂的门外，不愿相见。面对这样决绝的情况，吴昌远的老婆实在受不了了，最终选择和他离婚，回了东郎，扔下了一岁多的孩子在岑吾寨里，由吴昌远的父母照顾。这次离婚并没有改变吴昌远的态度，他依旧不与家中联系，对父母和小孩都不管不问，打工的工资也从不寄回家里，家里没有办法，吴昌远四十多岁的母亲只好只身下广东打工，供养家中老人和小孩。

这一情况在我离开岑吾寨的时候还是如此，寨上的人都说吴昌远家中小孩可怜，母亲走了，父亲又不管，老人也辛苦，还得在外打工养家。可大家也明白其中的曲折，并不能再多说什么。

个案二：

相对于吴昌远的痛苦，吴成光的婚姻经历就显得有些戏剧性。吴成光是 2007 年跟着同房族的吴永安一起去南海打工的，在出门之前，他和同寨的青年一同去做坐姑娘时，喜欢上了宰洋的一个女孩子，女孩子也喜欢他，两人算是情投意合。他出去打工的第二年，女孩也来了南海，两个人工作之外，就经常在一起约会。可惜好景不长，在快到春节的时候，吴成光本想着能够当年回去就提亲的，但在回家前的最后一次约会时，女孩却告诉他，家里已经帮她找好了结婚的对象，且偏偏还是跟吴成光一个房族的，是宰洋那边的一个堂哥，当年过年就要结婚了。

深受打击的吴成光回到厂子的宿舍后，对着吴永安哭诉了一番，坐在床上一个劲地讲自己运气怎么那么不好，一辈子都找不到老婆了，不想回家了，回家也没什么意思。在吴永安的劝说下，成光最后还是情绪低落地回了家。没想到回了家却峰回路转，家里面父母为他找好了高寨的一家，一回去就由房族的几个长辈带着去说亲，堂兄弟也帮忙，天天晚上带着他往女孩家跑。两边的房族在当地都不算小，彼此合意，一来二去就说定了。高寨那个女孩长得漂亮，家里面的活路也做得好，吴成光突然有点不知所措，自己上一段感情刚因为房族的安排而结束，这又因为房族的安排找到一个条件这么好的女孩，心中有失落也有欣喜。当年春节之后，两家就办了结婚酒，吴成光还是高高兴兴地把高寨的女孩娶回了家。

后来吴永安经常在喝酒的时候开吴成光的玩笑，向青年描述他当初在南海要死要活，说自己再也找不到老婆的那个晚上的事。青年们也跟着笑他，说他运气哪里不好，分明是好得不得了，找到了这么漂亮能干的老婆。吴成光在桌上只能跟着呵呵傻笑，再无言语。

个案三：

吴永安是寨上第一个讨了外地人做老婆的青年。2003 年和哥哥吴永学出门打工的时候，他已经 22 岁。在南海的一个五金厂子里，认识了现在的老婆。对方是广西独坡那边的侗族，虽然语言上稍有不同，但是用侗语交流并没有问题。双方合意，他就把这个事情告诉了父亲吴昌德，哥哥其实在南海的时候已经劝阻过，说找外地人太过麻烦，不合。但是父亲那边却显得十分开明，只要吴永安觉得双方合适，能够一起生活就行。

既然家里没有什么阻力，吴永学也就不再干涉。2004 年两个人回家之后，吴昌德就张罗着包了一辆面包车去广西提亲。这个消息在岑吾寨里自然不胫而走，吴永安也承受着来自寨上的压力，每次只要他出现在寨中的坪子上，人们还是会议论纷纷，老人们就会讲："不要找个讲话我们听不懂的回来啊。"房族里面也有顾虑，在一起吃饭的时候总是讲起这个事情，但是吴昌德是房族中辈分最高的，以往房族有什么都是由他来主持和定夺，他此次决定了，房族的人也不好说什么。在吴昌德看来，能够接受的原因在于：其一，现在这么多青年在外打工了，就应该变一变，不能老是父母说了算；其二，其实找的姑娘是广西的，还是侗族，而且不是找水口、己流的，所以也就没那么在乎这个禁忌，在外面找到老婆，说明男孩子有能力，以后到了广西也有亲戚，多好。提亲回来之后，吴永安当年就办了酒。

这个远距离的婚姻的确带来了一点不便，2010年我第一次去岑吾寨调查时，正遇到吴昌德家起房子，在拆掉的老房子的地基上，吴昌德讲起了起房子的辛苦，就提及了吴永安的婚姻，他讲到因为永安的老婆是广西来的，亲戚都在那边，路途遥远，难得来一次，所以起房子时亲戚帮不上什么忙，有点麻烦。此外就是饮食和节日的风俗上有点不同，但是也能够克服。只要吴永安和老婆日子过得好就行，两个媳妇（吴永学的老婆是己信的）之间关系也处得好，所以并没有太大的问题。

20世纪90年代开始的外出务工，使得南江一带大量的侗人开始了在广东和村寨之间的流动。随着外出的人日渐增多，他们在广东又凝聚了起来。流动并没有带来脱离村寨传统的自由生活，不仅这一流动要接触在村寨的亲属关系，而且随着外出的人的聚集，他们也将村寨传统的人群关系和礼俗规范"搬"到了广东。此外，村寨的人群关系和礼俗规范跨越空间的作用，也使得远在广东打工的人与村寨的联系，不仅仅体现在经济的依赖上，在广东打工的人并没有获得完全的自主。不可否认，外出打工者的流动与生活，的确受到了来自国家制度和市场经济的影响，使得他们在广东打工地的融入度并不高。但是我们也可以看到，其中的原因可能更为复杂，作为地理意义上的村寨虽然远隔，作为文化意义上的村寨生活却从未远离，这或许也是我们理解外出打工者在流动生活中遭遇的复杂性需要看到的一面。

第三节　等不到的财富："发展主义"下的焦虑

当和南江的老人聊起当地的变迁时，他们无不感叹于自从有人开始外出打工之后村寨的变化，以前吃不饱的景象不再有了，起了新房子不用几兄弟再挤在一起了，有电视、摩托车、冰箱，甚至还有人用上了电脑，随便想要点什么东西也有钱去水口买了。但是，在一一细数物质生活上的巨变之后，老人们却告诉我了一句透露着无奈的话："这里的变化，全靠了广东，也只能靠广东。"

对于这个"交通闭塞、田土有限、资源缺乏、发展落后"的"贫困"山区而言，打工的确带来经济水平上的提升，打工经济也取代农业成为当地主要的生计方式，[①] 但其带来的影响在于当地社会被纳入现代的发展主义之中，他们不得不越来越依赖市场来进行再生产，同时要面对更多的现代性的消费和需求。[②] 他们也意识到经济的增长并非真正的发展，对打工的依赖只能让生活维持现状或者逐渐下滑，本地没有可供持续赚钱的门路，离开了打工，生活就难以为继。

通过吴顺礼的话也许能更好地理解老人们面对现状的无奈。吴顺礼有一次从广东回到家中，看着寨上人在起房子，坐在一旁的他对我说："你不要看现在全村都在起房子，家家都住在漂亮的新房里，实际上都穷得不行。出去打工几年存点钱，回来盖了房子一下花光，只能继续去打工，就这么打一辈子工。"打工的中青年们在表达这一无奈的时候，想得更多，他们感受到了打工生活的不自由和枯燥，以及随着物价飞涨工资面临着入不敷出的现状，珠三角加工业渐显颓势，打工也变得不那么稳定。所以，这些在外打工的人，希望能够在家乡干出一番事业来，另谋出路，但又不得不面临两重困境：一方面，由于资源有限、文化程度低、缺少资本，他们

---

① 黄平、E. 克莱尔：《对农业的促进或冲击：中国农民外出务工的村级研究》，《社会学研究》1998 年第 3 期。

② 〔英〕伯恩斯坦：《农政变迁的阶级动力》，汪淳玉译，社会科学文献出版社，2011；杨小柳：《外出务工与少数民族贫困地区的社会变迁——以广西凌云县背陇瑶为个案》，《贵州社会科学》2012 年第 5 期。

不得不依赖政府的扶持，但基层政府面临着几乎同样的问题，缺少竞争力的政府和村寨同时被卷入了市场之中；另一方面，创业者们觉得自己在外打拼已经积累了一定的社会经验，回来后却要面对来自本土人群关系和观念的诸多限制，从而陷入理想与现实存在差距的困境中。

一　开发的困顿——市场中的政府与村寨

（一）改革中的政府与村寨

从本书第二章我们可以看到，20 世纪 80 年代初期的改革，首先发生于政治领域，全权统管和命令式的政府尝试着向推动村民自治的辅助性角色转变，但通过对于村民物权和计生等方面的监管，对于资源分配的掌握，以及对于村干选举和管理的干涉，政府对村寨仍有一定的控制力。然而，随着村民的大量外出和社会的逐渐开放，乃至地方共同体和传统社会结构的觉醒，政府和村寨的关系处于受到挑战和受到依赖的张力之中。

经济领域的变革稍显迟缓。20 世纪 90 年代初以前，自由市场尚处于试验阶段，计划经济仍然是主导，农业生产仍然是地方经济的主要内容。但是随着 1992 年水口撤区并镇，水口被卷入国家城镇化建设的浪潮之中，社会主义市场也在这一时期日渐成形，基层政府和村寨都被抛入依靠市场谋求发展的格局中。

对于这一改革历程中政府和村寨的关系，可以借鉴许慧文在东北的观察。她认为，政府的权力模式正在从侵入式、压制式、限定式向管理性、促进式转变，并在彼此关联中变得更为具体和稠密。[1]

---

[1] Vivienne Shue, "State Sprawl: The Regulatory State and Social Life in a Small Chinese City," in Deborach Davies et al., eds., *Urban Spaces in Contemporary China: The Potential for Autonomy and Community in Post-Mao China*, Cambridge: Cambridge University Press, 1995, pp. 90 – 112.

但这一管理性、促进式的角色建立在对资源的掌控之上，随着 2005 年税费改革，基层政府逐渐面临资源的匮乏，其管理和促进的角色承受着来自多方面的压力。其一，来自国家的发展主义和积极行政的高压，尤其是近十年来的"西部大开发"使基层政府不得不应对国家整体开发规划中设立的各项任务指标，如道路修建、招商引资、新农村建设；其二，面对财政匮乏的事实，政府缩减向村寨提供公共产品与服务，反而以城镇开发的任务指标为导向，这使得村寨民众的期待屡屡落空，对基层政府缺乏信任和认同；其三，为了完成任务指标，基层政府必须整合更多的资源，并获得村寨民众的配合，但其"谋利型"而非"疏利型"、一次性而非可持续性、重项目而非重服务的发展方式，受到了来自民众的质疑和抵制，所以又必须对村寨加以管理上的限制，因而制造出了基层政府和乡村的紧张关系。

对于水口镇这样一个位于黎平县东南角，囊括了 37 个行政村，拥有 3 万多人口的大镇来说，进入市场之后发展的困境变得更为具体。

（二）产业化的障碍

要认识水口的产业化发展，就必须对之所处的区位有一个历时性的理解。在 20 世纪 50 年代公路建设开始以前，水口因为位于都柳江支流南江河的中心位置，而成为一个重要的贸易中转站，利用河道交通，它通过福禄、柳州等水路贸易集镇与两广联系起来，成为黎平乃至贵州的"南大门"，油茶、桐油和木材经水口南下，而布匹、烟、食品等则从两广进入水口，再走陆路古道到达贵州内陆。50 年代之后道路修建，使得陆路运输发展起来，水口的区位优势也向从江洛香一带转移，但在计划经济的控制下，这一区位优势转移对于当地的产业发展并没有产生太过明显的影响。

90 年代之后市场经济体制的逐渐形成，使陆路交通在商品运输上的重要性愈发凸显，水口成为一个交通闭塞、区位优势尽失的地区。虽然在 70 年代之后，也修建了水口至从江、水口至黎平的公路，但是这些县道的修建只是稍微缓解了交通的困难，山区道路的曲折、颠簸和漫长仍然是地方发展的桎梏。而通村公路的滞后则使得这一桎梏更为明显。例如 90 年代中期，水口政府就希望通过和村民签订合同发展村寨的经济作物如苹果、玉米的种植，但都因为交通不便，缺乏参与市场的竞争力而在短暂的一两年后就宣告失败。

区位的困境不仅表现在交通闭塞上，山地贫困的另一个原因就在于田土资源的有限。人均 0.5 亩的耕地维生尚难，且要面临粮食税费的征收，政府只能将发展的重点放在提高耕地的使用率和生产率之上，并置田土发展经济作物也被搁置起来。相对于同时期从江龙图和贯洞一带因为公路便利、田地相对平坦而发展起的椪柑经济，以及由此引发的村寨生活的转变，水口难望其项背。

随着粮食税费的取消和打工经济的兴起，农业在当地已经不再是主要的生计方式，对农业依赖程度的降低不仅为村民松了绑，也为水口政府松了邦。此外，随着两高（夏蓉高速公路、贵广高速铁路）的修建，水口设置了高速路出口，离水口半小时车程的洛香修建了高速铁路的站台，水口又通过交通找回了当年水道运输时期的区位优势。综合两方面的原因，市场竞争力的提升，让产业发展回到了政府工作重心的位置。

但是，产业发展也处在多重的错位之中。首先是道路通达和资源限制的错位。虽然交通便利了，但是山地资源有限的现实难以解决，田地的分散性使得成规模的农业经济产业难以发展，山林的覆盖率虽然达到了 60% 以上，但是基于山林管理和保护的法律法规，以及村民对于盖房等的硬性需求，山林的砍伐、转卖都受到限制。其次是整体规划和地方需求的错位。为了实现产业化发展，市场的逻辑是向资源丰富的地区偏移，水口镇的产业规划也顺应了这一逻辑，因而对于普遍田土有限的现状来说，产业发展的地区就偏向了那些相对于山地田土更宽广的地区，这样就更难为本来资源就有限的地区提供支持，使得同在一镇，贫者更贫、富者更富。再次是财政紧张和公共建设的错位。农业税取消之后，进入市场的水口政府在政府财政上愈发捉襟见肘，其产业化的发展也必须依靠"拉项目"和招商引资来实现，但对于该地方来说，大的交通区位格局之下还嵌套着小的区位格局，高速公路的修建并没有给镇内乡村的交通带来实质的改变，通村公路作为一个难题由于政府财政紧张长期难以解决，高速公路和通村公路难以并接，使得产业发展既是一个前景，刺激着人们投资与自谋出路，又成为人们的一个顾虑。

对于南江而言，上述的种种情况都在他们的困惑之中，七佰南江有9个行政村、1万多人，占水口镇人口的1/3，人口众多和紧凑的村寨布局使得他们的田土相较全镇而言更为紧张。所以，政府的产业规划难以向七佰南江所在的地区偏移，反倒偏向了那些人少地多的地区。而虽然修通了通村公路，一条县道也纵贯而过，但道路质量却堪忧，大车难过，小车颠簸。当高速公路水口至黎平段修通之后，南江人就抱怨，从水口到黎平一百多里路，不要一个小时就到了，从南江到水口十里路，居然要半个多小时，什么东西都运不出去、运进不来。不仅如此，他们似乎还进入了这样一个死循环中：国家城镇化发展的现代思维，需要基层政府促进新农村的建设，但在政府财政匮乏的情况下，就有待于村寨的自我建设。政府以管理为由进行监督和控制，如果村寨建设不好，政府就会进一步限制对之的项目和资源的扶持，村寨发展无门，自我建设难上加难。

（三）旅游开发的期待与落空

20 世纪 80 年代中后期，贵州省的民族特色旅游开始发展起来，为不少乡村的经济发展带来了巨大的变化。利用区域内的民族文化资源进行旅游开发，发展旅游产业成为改变资源匮乏的贫困山区的一个新的发展方向，也成为"西部大开发"背景下的重要政策，地方基层政府在争取国家资源扶持的时候，乡村旅游规划也成为其筹码。

黄应贵指出，"在新自由主义下，经济的力量往往通过其他形式来表现，特别是'文化'。这导致'文化'成为资本的一种形式，而文化产业或地方产业成了新自由主义经济的另一种标志"。①由于市场发展和旅游热，文化资本化带来的收益的确可以解释当地人为何热衷于打造自己的文化特色，却同时又对之一无所知，因为这些文化特色不再是他们生活的重点，而是他们改善生活的一种资本。或许可以这么说，他们打造所谓的"传统文化"之目的，恰好是为了获取改变自身"传统"之面貌的资源。对于文化资本化还有另一种解读，其至少是表面上弱化了市场的影响而强调国家的作用。我曾把自己关于"四脚牛"文化之打造和"古楼"建设中的困惑告诉黎平县县志办石主任，他告诉我，逻辑是这样的：农业只能解决温饱，打工只能改变物质生活，而村寨或乡镇要发展还是要靠国家投入。那么，一个默默无闻的地方如何才能获得国家的青睐而使其愿意投入呢？就要靠文化。搞出特色了，才有机会获得国家的支持。虽然两个故事最终的落脚点都在经济发展上，却彰显出中国当下不全然是资本主导的新自由主义式发展之路，国家对资源的控制仍然占据举足轻重的位置，因而在国家—基层政府—村寨三个层次上，文化作为资本的侧重点是截然不同的。

在现代化和市场的逻辑下，文化资本的运用和旅游开发，在国家看来，是一种让地方利用可利用的本土资源，寻找自身发展的模式，减少对国家的依赖，并入现代化发展轨道的计划与政策。但就像石主任的见解一样，国家对资源的掌握和地方缺乏竞争力，使得旅游开发成为一种向上谋求利益而非向市场谋求利益的策略。

---

① 黄应贵：《"文明"之路》第二卷，中研院民族学研究所，2012，第8页。

　　这也成为地方政府的逻辑。对于水口政府而言，旅游开发更多是一种手段，而非一种经济发展的目的。水口镇政府以"四脚牛"为名，通过宣扬其多民族融合之特色来发展旅游，即是如此。七佰南江作为"四脚牛"在水口镇境内可以利用的历史文化资源，成为建设的中心，一是通过七佰南江文化节的打造，二是以南江为中心的民族文化特色的复建，比如古楼、花桥等。不仅如此，政府还利用原来七佰南江民间文化爱好者所做的七佰南江侗族风情网，将之纳入政府的管理，改头换面，打造出了专门的四脚牛南江侗族网，用以宣传。

　　但没想到，这却变成了一件雷声大雨点小的事情，以至于在本来预计搞"四脚牛"研讨会的时间，政府的宣传却摇身一变，成了推广"一村一品特色农业"。七佰南江侗族文化节的打造，由于政府的监督也遇到困境，在两届之后难以维系。一方面是政府财政困难，缺少经费支持；另一方面是本来计划第三届在务耙村搞，但因为务耙村新农村建设上的滞后，政府更有了不予支持的理由。虽然古楼在村民的努力下建好了，但是对于当初畅想的更多的工程，如建花桥、更大的古楼、寨门、凉亭等，要把村子打造成像肇兴①一样的旅游景点，村民已经经费困乏，而政府也是无力投入，整个事情趋于停滞。

　　对于南江的人来说，旅游开发更多的是一个愿景，这一愿景既是水口政府提出的，也是他们自己所期待的。然而现实的经历却让他们最初的激动和积极变得现实、冷静，使他们开始更为理性地看待旅游开发可能带来的改变。尚处开发初期的旅游，仍属于文化特色打造阶段，相对于周边肇兴、小黄、占里等成熟的旅游村寨，尚

---

　　①　肇兴去水口驱车只需1个小时左右，其是黔东南侗族地区最大的侗寨，有"第一侗寨""千户侗寨"之称，现在是侗族地区乃至贵州省内最出名的旅游景点之一，不输黄果树瀑布。网络上关于肇兴的宣传不胜枚举，不仅国内游客不断，也吸引了大量的国外游客。

未形成竞争力，难以像石主任和水口政府希望的那样"叫出声来"，获得真正的国家资源倾斜，因而地方上的旅游建设，政府投入有限，主要还是依靠村民自己建设。对于村民来说，之所以短期的建设可以实现，还是在于他们打工带来的收入变化，但这样一来就使得打工经济面临着更大的压力，旅游收益的遥不可待，则让他们无法摆脱对打工经济依赖的现状。在2013年的时候，古楼竣工，但是对于后续建设，人们都"冷"了下来，尤其是对于旅游开发，也不像开始时热烈地讨论如何在村中修建步道、栽种观光树木、兴建农家乐。南江的村干告诉我，他们也不是真的想着能通过旅游来致富，而现在还期盼着旅游，是希望政府能够通过发展旅游争取来一些投资，把村子修建得好一点，以后自己也好做一点。而他们自己还是想寻找一些别的门路，如种植经济作物、做生意等，来更实际地获得经济上的改变。

二　理想与现实的错位——没有发展的增长

（一）运不走的杉树

对于村民来说，财富的来源不外乎种田、打工、种植山地经济作物和买卖杉木，前三项的局限性已经十分明显，杉木的买卖是一条可选择的路。但就是这条路，也是阻碍重重。

己信的支书、主任因为当村干的原因，近10年都没有外出打工，他们面临着孩子要上学的压力，于是一直在家中琢磨如何创业。早期，他们试图承包一片山地，种上楠竹，但是因为缺乏加工的技术能力，竹子只能作为原料出售，一根碗口粗的竹子才卖5元钱，扣除人力成本和其他支出，反倒亏本，于是作罢。其后，他们就干起了卖杉树的生意。

两人指出，对于招商引资以及早期的竹子种植，当初也找了老板来看，本来各方面都谈得好好的，但是政府就希望从中牟利，给想来发展的老板提出了种种要求，设定了高额的税费。这么一来，本来准备投资的老板闻风而逃，从此没了后话。讲到这个，他们说，自己遇到的并不是特例，不止一次有人想来投资，都遇到了政府设置的障碍，最终无法成功。

顺着这个话题，他们又谈到了自己现在从事出售杉木的生意。自从水口镇进驻了一个来自福建的木材老板之后，政府就实行了对村民自主出售杉木的严格限制。杉木要统一销给本地木材老板之后，由之作为中转再外销。这其中最大的限制在于，政府将杉木的价格压得十分低。在洛香和广西富禄、三江一带，杉木的价格已经涨到了 900～1000 元/立方米，但是水口本地的收购价格只有 600元/立方米。这一限制使得水口一带的村民常常偷偷向外运输杉木，但水口政府为了应对，在不同的路口和大的林场都设立了多人看守的关卡。

迫不得已，两个村干说，他们其实也是走上了一条铤而走险的道路，因为在政府中和社会上同时有人脉，所以通过一些手段疏通了关系，他们找到了偷偷向外出售杉木的渠道。他们说，有了这个渠道之后，他们就从村民手上成片地包买下杉树，以高于水口的价格——700～800 元收购，然后再运出去转卖。不过，在他们看来，这样如履薄冰的生意，其实并没有什么钱赚，刨去砍伐的人工和运输的费用，最后还是没有太多利润。此外，他们也看到了这条路的尽头，因为杉木的存量有限，他们也不可能到处收购，政府的监督依然在，如果做得太大太过火，肯定还是要被抓；再加上很多村民要留着木头盖房子，留给下一代，在他们可以控制的范围内，也不是个个都有卖的意愿，所以干不了太久。

说到杉木，他们还提到了水口的那片万亩林场，那是务孖一带 3 万多亩的林场，是 20 世纪 90 年代初世界银行扶贫贷款种植的。当时南江一带的人都被分派了种植的任务，若是无法完成还要罚款。这批林场的树木成材后，却一直没有下文，并没有像当初许诺的那样回馈村民，反倒是山地被占据了。于是前几年开始，务孖全村几乎每家每户都去盗砍林场的树木，由村干组织偷偷向外出售。按照水口政府一个官员的说法："（万亩林场）曾经是水口掌上的一颗明珠，现在成了水口最大的一块伤疤。"事发之后，务孖的村干因此入狱，周边的村民对此却是一种杂糅着羡慕和抱怨的态度。一方面，他们觉得务孖占了地利，这几年出去打工的人少了，村寨实力也上来了，本来是山上偏远的村子，在七佰南江中也是相对穷困的，但现在因为砍伐外卖这片树林，有了经济收入，而其他村子就没有这个勇气和地利。另一方面，他们也觉得务孖这么做不合适，当初种树的时候大家都出了力，但是到最后好处被务孖一个村子占去了，这让其他村寨都议论纷纷。当然，他们的议论并不是站在政府的立场上，而是站在七佰南江的立场上。

图 6 – 3　从务孖俯瞰山林

在我准备离开南江的时候，和己信的两个村干聊起今后的打算，他们觉得卖树恐怕是干不长久了，但是也没有别的生计。想要干点别的，资金有限，也缺乏人才，且外出的公路还不知道什么时候能修好。村支书告诉我，他现在有两个孩子，一个上高二，一个刚考上大学，家里经济太过紧张，只有老婆一个人在广东辛苦打工养家，不是办法，他准备下次换届就不再当村干了，也去广东打工。

（二）进不去的水口街

根据水口小学退休的校长所撰写的《水口村志》，在民国时期的水口街上，存在着三股势力，分别是掌握着地方武装的李家"枪杆子"，垄断水口商贸的王家"秤杆子"和以能文著称的朱家"笔杆子"。三家都非水口本地人，他们的到来可以追溯到清朝中期，水口因为水道便利而成为河流运输中的重要贸易节点，从两广、湖南甚至浙江来的商业移民逐渐入驻，并挤走了原居水口街的苗侗土著，也就是现在当地人的先祖。此后，水口街虽然经历了运输通道的改变，但作为当地重要的集市却被确立了下来，从20世纪50年代的供销社和杂货铺到80年代的"三、八场"，水口既是一个周边村寨居民定期汇聚的市场，也发展成为一个稳定的商业区，如今水口街上百货商店、旅社、超市、饭店一应俱全。但是自从外来的商业移民进驻之后，他们就占据了对这一市场的主控，市场的门面和地基也都是这些湖南、两广人的，周边村寨的人难以进入其中。南江人对于参与市场的记忆，仅仅限于六七十年代作为挑夫，将从外地运到水口的货物沿古道挑送至黎平。

很多周边村寨的人对于无法进驻水口街也表示了不满，很多人就讲水口的侗人太过软弱，好地方都被汉人占去了，比不上肇兴，肇兴的商铺都是本地人开的，外地人一进来就被肇兴人赶了出去。2010年水口政府开始在水口街另一侧修建新的商业区，这给了周边村寨的村民进入水口市场的机会，但是限于财力，大多数人还是心有余而力不足，也有人对之蠢蠢欲动，希望能够参与其中分一杯羹，吴永学就成为其中的一员。

图 6 – 4　平日里的水口街

图 6 – 5　赶场天的水口街

　　2009 年，吴永学因为家里起新房回到了村寨，在家待了一年，恰好赶上水口新的商业区落成，考虑到外出打工也难有积累而且工作不自由，家中父亲又有病在身，于是他决定去承包一个门面做点生意。但是事情远不如他想象的那么简单。凭借着父亲当了多年村干和政府的关系，他拿到了5万元的贷款，先开起了一家服装店。新落成的水口新区并没有立即吸引来人流，"三、八场"的主要据点还是在老街上，人们主要的活动场所也是在老街上，赶场天还稍有人来，平日里则是门可罗雀。同时，水口街上的服装店也有不少家，对于新手吴永学来说，进货渠道不稳定，难以拿到低廉的价格，在价格上就失去了竞争力，店很快就经营不下去了。没有办法，贷款还在那里，店铺的租期也还有两年，于是他就另谋出路，为了能获得在水口街上的竞争力，他又开了一家当时水口还没有人开的以买地砖为主的家装店。但是紧接着他之后，水口街上又迅速出现了几家同类的店铺。虽然如此，看起来买地砖还是有市场的，一来水口新区和楼房的修建有需求；二来周边村寨的居民很多在起新房的时候也开始铺设地砖。结果吴永学的生意还是红火不起来，他发现自己遇到了两方面的阻碍。一方面，对于水口新区的楼房建设来说，基本所有房子铺设的地砖要么是直接从黎平进货，要么是被那些已经和水口政府有长期合作关系的湖南商户抢走了；另一方面，面对周边村寨的时候，吴永学发现，村寨的人也不爱来他这里买东西。对此，他总结出了自己的看法，他认为村子里的人就是有这个问题，一是他们看不惯那些外地来的人霸占商业街，但是他们也接受不了本地人在商业街上牟利，"就是看不得自己人里面哪个有钱了"；二是本地的人群关系对此也有影响，比如知道他是南江人，水口和己流的人就不爱来他这里买东西。但是七佰南江里面不是房族就是亲戚，都有人情，这些人来买东西，卖不出价格，有时候平价卖给他们了，他们万一发现更便宜的，还要说闲话，说"都是亲戚，还卖贵给我"之类的，生怕吴永学赚了他们的钱。

随着2012年水口到黎平段高速公路的修通，水口至黎平只要不足一小时的车程，水口街整个市场都受到了冲击，更多人选择去黎平购买所需的物品，吴永学苦苦支撑了两年的店铺终于还是关门大吉，而其开店时的贷款丝毫没有偿还。迫不得已，2012 年 10月，吴永学又带上行李，踏上了去南海的班车，继续开始他的打工生活。

（三）合不拢的农场

高速公路修到了家门口，对于当地人来说，始终是一种刺激。不少活跃的年轻人想通过在家里种植经济作物或者从事养殖谋求一点出路，不想再继续打工的生活。在修建古楼的一年里，岑吾寨留在家中的几个年轻人——吴建才、吴世修和吴建和，就经常坐在一起谈论本地有没有什么有前（钱）景的农业或副业资源可以利用起来，他们谈到了养鱼、种植反季节蔬菜等，还谈了一通又一通该如何搞、如何销售的想法。

我对于他们的想法表示了赞同，觉得这不失为自力致富的好办法。可吴建才听到我说后却立即给我泼了冷水。他讲，不要看我们现在谈得多么好，这些事情我们也不是现在才有想，早都有想过，但是真干起来，没几个能干成的，因为寨上的人合不起来，一说要赚钱，一个都防着一个，生怕对方贪了钱，这个地方的人又好赌，更是彼此都不相信了，只要是做生意，就连亲兄弟都合不到一起，更何况不是亲兄弟的人。

虽然有这样的顾虑，吴建和和高寨的两个青年石昌明与石远贵在 2013 年 4 月的时候，以每个人出资两万元的合伙形式，还是先一步搞起了一个养兔场。养兔场的地基利用了高寨后面的耕田，田是石昌明家中的。谈到为何要搞养殖场，吴建和讲到他在中学学到兔子养殖的时候，就有了这样的念头，但是后来出去打工，自己资金不足，所以一直未付诸实践，这次过年回家，和高寨的两个同学在一起又聊到了这个事情，恰好两个同学也不愿再外出打工，想在家中做点事业，一合计，就决定一起做了。

他们利用初始的资金在地基上修建了一个小的养殖场，又去柳州购置了饲料和兔种，在当年5月就开始养起兔子来。他们当时计划先用自己的钱把厂子搞完善了，再去黎平注册公司，水口政府对于微型企业有帮扶的政策。此外，就是在这笔资金用完之后，到兔子多了，再要买饲料时，就去水口信用社贷一笔款。同时，光买饲料还不行，还要把周边的田都种上草，当饲料用，但是田都是高寨的，还要去和田的持有者商量，以过去的产量用稻谷或者折现赔给他们。

这里面有一个插曲。在吴建和他们干劲十足地建兔场的时候，我有一次和南江的三个村干在一起吃饭，他们先是聊到了镇上邹书记鼓动他们在村里搞合作社种韭菜，说是前景很好，都联系到凯里那边收买。但是三个村干对此完全不看好，说是种韭菜的确是个门路，可关键是这里的人合不拢。只要是合着搞的，就会各干各的，各自盯着自己的那一份利益。如果只是一个人搞起来，田地又合不拢，因为每个人的田有限，而且都是各处分散，要成规模就得把很多人的田合到一起，但哪怕赔钱或谷子给他们，他们都不愿意，不是舍不得田，就是怕干这个事的人比他们有钱了。提到吴建和他们三个人合作办兔场，村干先是表示了支持，但他们也说，如果要办成，就必须这三个青年真心合意，互相不计较小的得失，为人要大方，否则也是没用的。

吴建才的话和村干的顾虑，好像都成了预言，吴建和他们的兔场很快就遇到了危机。一是因为尚未形成规模，注册公司没有成功，政府的扶持没有了。二是他们发现贷款比想象中的困难，水口信用社的贷款很多都是通过关系内定了，尚未发贷就有不少人联系好了，他们三个青年以及家中都没有关系，结果钱也没贷到。三是由于经费紧张，饲料购买就受限，兔场周边的地也谈不妥，除了两丘是石昌明房族的田愿意给他们外，其他人都找各种理由拒绝了。四是当地吃兔子的不多，本地市场基本没有，水口市场难以进入，只能依赖外来的老板来进货。第一批兔子长大后，倒是有一个柳州的老板在他们的联系下说要他们的兔子，但是人家一次就要一卡车，才愿意来进货，可他们现在的规模只有一百多只，满足不了柳州老板的需求，对方就不来了。这一下让吴建和的兔场陷入了恶性循环之中。面对困境，三个青年又内部失和，因为都好赌，一开始又没有设立清晰的财务管理方法，三个人都生了猜疑和嫌隙。结果，这个兔场只办了三个月，在7月份就彻底垮掉了。

吴建和办兔场失败的同时，吴世修和从广东回来的侄子吴顺礼也开始了他们自谋生路的尝试。他们听说在柳州那边卖一种叫作钩藤的草药市场十分广阔，本地也有很多野生的钩藤，说明南江适合其生长，就想试一下。他们先是在网上查阅了相关的栽培技术，又上山讨来了一批野生钩藤，在他们两家的田上搭起了大棚，试种起来。但是他们也面临着相同的情况，因为不成规模，柳州那边不愿来收购，运去柳州的成本又太高，以现有的种植没有营利的可能，而试图扩大规模又换不来田地，只能在当年也放弃了。两个人只好又合买了一辆面包车，干起了帮人拉货和赶场天拉客的生意，简单地维持在家的生计。

小　结

2013年3月6日的夜里，岑吾寨的球场上人头攒动，寨中大部分的年轻人都聚在坪子上，等待着预定的长途汽车将他们载去广东。此去的青年们带着对家的留恋和在广东工作赚钱的期待的复杂心情，踏上了前往广东的路，一年的工作之后，他们会在来年的春节前夕，陆续地结群回到南江。这只是南江人近30年打工生活的一个缩影。每一年，这些侗人都如同潮汐般地从村寨中离开又回归，而村寨的生活也因为他们的往返，在喧哗热闹和平静冷清中摆动。侗寨正在面临的其中一个问题便是人在这种空间上抽离和回归的往复中，地方性的传统文化的维系和转型是如何发生的。

个体化（individualization）主题是贝克（Beck）等人提出的自反性现代性或第二现代性的一部分。这一理论强调个体化的发生发展，既源自新自由主义思潮所倡导的反对国家干预经济和个人的自主自由，也有制度化的基础，包括个体从原有的国家、阶级、亲属、家庭的关系中脱离而嵌入到一个社会化的集体之中，以及福利社会对个人生活的保障，现代化制度对公民权利、政治权利和社会权利的确认。因此，贝克夫妇（Beck and Beck-Gernsheim）将这种产生于欧洲现代化发展的个体化称为"制度化的个体主义"。①

阎云翔以一种和贝克夫妇之个体化理论对话的姿态，检视了新中国成立后的历史。他认为，中国也发生着个体化的崛起，但因其自有的历史脉络，发展出了不同于欧洲的个体化之路。阎云翔将新中国成立后的个体化分为两个阶段，第一个阶段是集体化时期的部分的和集体式的个体化，这个时期的个体化可以算是一种国家社会主义实验的副产品——由于高度的集体主义对个人生产生活的管制，导致"个人从家庭、亲属和社区所构成的传统网络中抽离出来，并摆脱了以儒家和父权为主的传统价值与行为规范的束缚"。而第二个阶段随去集体化的改革开放开始，其不仅表现为个体的兴起，也包括社会结构的个体化。前者表现在个人生涯模式的变化上，后者则是体制改革、政策变化及市场经济带来的后果。要言之，市场开放和国家体制改革分别从农村和城市将劳动力解放出来，也带动了人口流动，工作机遇、选择和风险的增加不但增强了个人的权利意识，也将个人塑造成积极进取的自我。这种个体化源自市场和国家的合力，而其导向仍为国家制定，个体成为国家实现现代化的手段。不过，个体的崛起又在谋求权利过程中对

---

① 〔德〕乌尔里希·贝克、〔德〕伊丽莎白·贝克－格恩斯海姆：《个体化》。

国家起到了制衡作用。①

　　暂不论阎云翔的论述由于迫切与贝克对话带有"西方中心论"的取向，以及他以汉文化社群代指全中国的语调。仅从事实出发，我认为阎的论述存在以下几点偏颇：第一，其对于毛时代集体主义造成的部分个体化的论述过于笼统，只有概念上的演绎而缺乏地方之实际。从前文讨论集体化的过程就能看到，虽然国家强制地将人群以集体的方式组织起来，但个人未必被从传统的联系中抽离出来，相反，这些联系反而可能被加以利用。第二，20 世纪 70 年代后的个体化，强调人口流动——以农民工为例——为个人与传统联系脱嵌提供了机会，即他们从原有的家庭、亲属、村寨的联系中走出来，又要以个体的身份去面对城里的生活与工作。然而，实际上在外打工的人，仍在外出过程中以亲属结伴的形式聚成群体，更有同寨、同村等联系，以及更广泛的同乡会之结合。同时，现代网络通信工具的普及，使得他们能够即时地与家中取得联系，同时也凭依这些通信工具与分布各地的亲属、同寨的人构成跨越空间的网络连接。他们仍然被卷入到村寨的、集体的和亲属的生活之中。第三，对打工者而言，虽然个人生活方式有了更多的选择和自主，但一旦回到村寨中，他们会回到村寨中之年龄群体、亲属、寨集体等人群范畴所规定的权利义务之中，并且极为在意个人化的生活方式可能引来的村寨集体的评价，且会因之做出改变。

　　与人的流动不同，打工生活带来了经济从广东到南江的持续输入，因而改变了当地的生计方式，农业经济已经被打工经济所取代。这一转变同样是人群依赖的过渡，人们从对农业的依赖转向了对打工的依赖，因而才有当地老人的那句"全靠了广东，也只能靠广东"。随着中国市场化改革和外出打工的开始，当地人被深度地卷入到了市场中，人们物质需求的增加和所有物高度的

---

① 阎云翔：《中国社会的个体化》，第 358～376 页。

商品化，使人们陷入一种发展主义的焦虑中，他们在面对现实时，对打工经济的依赖成为一种"没有发展的增长"，因而对于摆脱这种依赖有更大的期待，却又在做出改变的途中遇到了来自国家制度和地方社会传统的双重限制。于前者，我们不仅看到了国家制度限制下人们在融入广东过程中受到的限制；同时在地方上自谋出路时，地方政府的管制也限制了他们对于资源的利用。于后者，打工环境进入的艰难使得当地人在外地仍要借用传统的关系网络，同时也卷入了远在黔东南一隅的家乡的社会文化生活中。

当地人的生活，处于一个基层政府、市场、地方社会共同构成的三角之中。他们受到的影响来自三者的互动。有限的自然生态环境和卷入市场的现实，不仅使得侗寨人，也使地方政府陷入"没有发展的增长"的焦虑中。所以在"西部大开发"的背景下，基层政府也希望借用地方的文化资源作为资本发展旅游产业。为了摆脱对打工的依赖，侗人积极地应对，但很快就陷入一种投入和收入不成正比的困惑中。他们对于旅游的无限畅想变成了有限的期待，又转入到通过实体经济改变生活的努力中。但是在他们配合基层政府打造特色文化的过程中，传统文化不仅成为发展旅游的资本，也成为他们可以和政府乃至国家博弈的资本，他们意识到即便不是为了发展旅游，对传统文化的弘扬，也有可能为村寨的建设引来更多的投入。

此外，也有学者指出，侗寨旅游发展是在中国现代性发展的逻辑下进行的，因而其内在的影响是侗寨人群也必然面对接受现代性以及文化转型的过程。① 在这一过程中，无论是"四脚牛"的再包装、七佰南江协会的创立和共同体意识的延续与强化，还是南江自

① 林淑蓉：《文化传统 VS. 农村现代化——以贵州侗族的文化观光与经济发展为例》，安晓平、徐杰舜主编《社会与文化转型——人类学高级论坛 2012 卷》，黑龙江人民出版社，2013。

身通过古楼等的修建对作为中心的宣示，都是一种对于传统文化延续的基础上的重构和发明，其内含的意义既非传统与现代的对立，亦非传统与现代的并接。南江人既不生活在传统中，也未唯现代马首是瞻，他们兼具主动与被动地将二者承接下来，共同构成有关当下生活的意义和具体实践。

在南江的调查让我感觉到每个人都表现出了发自内心的焦虑和无力感，他们的焦虑和无力感在于，在变动的社会中，他们开始愈发清晰地意识到改变的可能和受到的限制。

结　语

　　本书的初衷是透过侗族的传统社会组织——"款"组织——来探究侗人社会文化生活，然而随着调查的展开和研究的推进，因"款"连接的区域性多村寨联合中人群结合及其互动的多样性和复杂性，使我们重新思考"款"的内涵以及其作为社会组织所呈现的特性。以"款"切入的研究，往往站在研究者的立场，通过利用汉文文献、简略而片断化的地方事实、民间文字或口传资料构建起来的关于"款"组织的想象，来把握侗人社会文化生活的形貌。这一视角如今看来过于刚性和僵化，也有着本末倒置的危险。它固然可以帮助我们粗浅地了解侗人的社会结构和活动规则，却遮蔽了侗人生活的实质。一个具体而微的研究，不是要用一个研究者树立的结构去嵌套充满复杂性的人群的生活，相反，而是以"结构化"的辩证的进路，去分析人与其生活的社会之间的互致关系。换言之，一种自下而上、自内而外的富于生活化的视角显得尤为重要，它使我们不再从结构、组织去理解人的活动，而是从人的活动本身，透过他们的情境化的实践去探讨人群的结合、互动以及区域性关系网络的建立，从而达至对结构和组织的理解。

　　为此，本书从人群关系和日常生活的角度，对贵州东南部都柳江流域一个九村十二寨的侗寨联合中侗人的社会文化进行了分析。研究沿着两条相互关联的线索展开，一方面，通过口传历史的收集去梳理"七佰南江"这一村寨联合形成的过程，继而讨论当它与一个其所属的更大的社会体系联系在一起时，来自国家和市场的影响引发的地方社会的变迁，其中既包括现代国家建设和基层治理对于村落秩序的新构，也包括市场拓展和发展主义引发的经济结构的改变和人群关系的转型。另一方面，立基于南江的一个侗寨，探讨对于侗人生活有着深刻意义的结构性范畴——房族、年龄群体和寨集体，以及他们日常生活中的礼俗规范和实践——讲礼性、爱面子、好议论、讲闲话，不仅从概念上予以分析，也展现了在具体的情境化场景中侗人如何因之而实践。从中可以看到，"集体"对于侗人生活所具有的"整体性社会事实"的意义。这不仅表现为在纷乱复杂的现实生活中，集体成为侗人践行生活、寻找确定性的原则，也表现为侗人通过公共空间的确立、多面向的文化活动的展演和基于礼俗规范的实践去不断强化和生产着集体，侗人因而呈现出了"集体"的人观。

本书首先关注的是南江及七佰南江的历史过程。在有限的文献和口传资料中，南江所在的南江河流域自清中期以来的历史，就呈现出一个与中央政权相互对峙，乱与治乱，地方组织为中央政权利用和改造的过程。而当地人的认知和口传历史，也让我们看到无论七佰南江还是"四脚牛"，都并非一个纯然的地缘联合的组织，而是一个由南江分拓形成的有着原生性的强联系的村寨联合。尽管南江所在南江河流域，因为河道疏浚，在清中期之后成为都柳江市场网络中重要的一环，但以水口为中心的村寨并没有随着市场的拓展深度地与之发生关系，而南江人的历史，主要是通过政治过程中人群的分合展现的。因而，我将 20 世纪 50 年代以来新中国地方政权建设和治理作为讨论其历史变迁的起点，原因在于，新中国地方政治秩序的建立，其深度和广度都与过去截然不同，且和当下南江人的生活有着直接的联系。这具体表现为土地的收归国有和再分配，乡镇—村—组体制对于地方人群结合的重新组织，政治管理的一致和集中，以及以国家赋予的权威树立起村级领导人。虽然集体化时代之后的改革使得政治经济管治有所改变，但是行政治理的方式仍然保持了一定的连续性。村民自治的推行依然是作为基层政府行政的一部分而开展的，村寨生产生活的诸多方面，都有国家基层政府的涉入。宏观制度变迁在地方上的实现是多方面的，其中包括土地收归国有和再分配、乡镇—村—组体制的建立、基层法制建设和依靠国家所树立起的作为新权威的村干。

但是我们从南江公社被戏称为"难讲"公社却看到了另一番景象。南江及七佰南江固有的结群原则、人群关系和规范，不断地对国家基层治理做着或明或暗的反抗，寻求着自身特有的与国家基层治理并行的发展空间。不仅在行政建制上，以寨和房族为单位的认同与活动消解着村组结构下的管理，其基层法制建设也唯有依靠传统的款的联结下的习惯法才能推进；同时，作为新权威的村干，也处在了面上（基层政府）和面下（村寨集体生活）的夹缝中，其权威如同村组结构一样，因为侗人对于集体和平权的追求而被架空。

在国家基层治理的变迁过程中，南江人的因应表现为吸纳、反抗和依赖兼有，因而其当下的生活也呈现出多元并置的复杂状态。其一，依靠迁徙分拓的历史记忆、仪式活动和婚姻禁忌等，所建立起的十二寨村寨联合与基层村组体制下的分立管理的并接与断裂，一方面反映出侗人在文化上追求着共同体的认同和共生，另一方面却因为土地划分的产权仪式重构着他们的公私观，从而接连引发了七佰南江内部各村之间的山林田土纠纷。其二，"寨"作为侗人社会文化生活中重要的人群结合的结构性范畴，仍然是他们认同和活动的最小地缘单位，但是行政村的建立也为他们提供了新的认同和活动单位，因而侗人在选择和实践中，要不时地应对寨与村之间的认同张力，分合变动不居。其三，七佰南江规约的屡次制定和面临失效的尴尬情境，则反映出依照国家法律和基层治理制定出的习惯法与当地生活的矛盾，习惯法不再是内生的需要，而是自上而下的生产，这可以从两个方面理解：一是规约存在的结构性基础，原有的"款"的结构是以南江为中心的父子寨的聚合关系，而如今则表现为上层为基层政府和法院，下层为分立的各村的层级关系，面对以此为基础的规约，七佰南江各寨毋需对彼此负责，而是各自独立出来点对点地对政府和法院负责；二是法理层面，作为基层法制建设的应用，规约制定正好处于由韦伯所言的传统和克里斯玛式的权威向法理权威转型的过程中，① 对于侗人来说，规约之所以有效，在于其获得了大多数人的认可，人们不仅认可规约本身，且认可规约的制定者、监管者和执行者。然而在这一转型中，作为保障规约实现的法理权威，无论是国家法律条文、执法部门还是规约上的公章，都具有威慑力，却尚未实在地获得认可。因而出现了双向的不匹配，即法院和政府依赖村民，村民又依赖法院和政府，双方都希冀对方发挥作用，却又无法完全地实现彼此的希冀，在相互诉求和相互推卸中，七佰南江规约的效力显得疲软空乏。

在一个"国家－地方社会"的框架中进行历史叙述，使得我们必然会选取一些基于文献的要素进入一个国家介入与地方因应的模式之中。但是这样往往会抑制我们对于这群有语言无文字的人群其特有的历史记忆和表述方式的观照。对于南江人来说，历史并不

---

① 韦伯权威理论的出发点是他关于"权力－支配"关系的分类。他强调权力的获得与支配的实现是建立在一定的"合法性基础"（legitimacy）上的，而权威正是建立在合法性之上的权力。因而，他区分出了三种"理想类型"（ideal type）的权威：传统权威、克里斯玛权威（也称魅力型权威）、法理权威。传统权威的合法性基础是历史传承下来的习俗传统；克里斯玛权威则是个人的超凡魅力和追随者的认同作为合法性的来源；法理权威是建立在现行正式制定的法令和相应制度的合法性之上的，且被韦伯认为是现代国家建立的基础。需要说明的是，韦伯的区分属于理想类型，而现实生活中，常常存在三种权威混杂的状态。这就有待学者对于其研究的社会进行细致分析，抽象出占据主导的支配类型。参见〔德〕韦伯《支配社会学》，康乐、简惠美译，广西师范大学出版社，2004。

是事件的因果序列，而是一种承载着价值观，进而赋予当下生活以意义的文化形式。通过分拓的故事，南江一直在强调自己的中心地位，而有关婚姻禁忌产生的故事，也对于当下的婚姻禁忌及与周边村寨联合的对立关系做出了解释。即便是在进入新中国行政体制之后，对于那些曾经的村级干部和基层管理者人生命运的评论式记述，如同树立"范例"一样，实现了他们对于消解权威的整体追求，这种记述因而对当下生活有了教育意义。简言之，南江人的历史表述和记忆在于不断地对他们的社会结构、规范、人群关系的确认和意义的赋予，因而具有"超时间性"，传递并指导着人们的实践。

在本书的第三、四、五章，我集中讨论了侗人人群分类的结构性范畴和他们日常生活的礼俗规范，并通过具体的情境化的活动，将之放入社会过程中来论述和阐释。为了更为细致地展示，我在讨论基本概念的基础上，以岑吾寨的人群活动作为研究的中心。从中可以清楚地看到房族的结合原则、规范和彼此争夺寨子话语权的对抗关系，也有年龄群体构建起的象征性阶序和实质的权利义务，以及当人们结成一个边界清晰的寨集体时所拥有的消解个人的意义。在国家治理和市场的影响之下，也可以看到其人群关系和他们的生活状态正在发生的变迁。

无论是南江侗人的结群和运作方式，还是礼俗规范的牵制，首先都体现出了集体的面向。所谓的集体并不是单指他们共同构成的社会或寨集体，还包括每一类依据一定结群原则凝聚成的群体。其不仅表现为每个人都要归属于一定的群体，并以群体赋予的身份行动，同时还有他们管理和运作所坚持的任何一个群体中平等的议事权和少数服从多数的决定方式，并为此确立了特定的公共生活空间，在这一空间中他们不断地通过实践确立和生产着集体的秩序。在此过程中，人们的能动性表现为他们基于特定身份的自我呈现，以及他们通过言行对于他者的牵制，从而保证了整体按照既定的集体原则运行。可以说，集体是由侗人凝聚而成的，也是通过他们的实践活动生产出来，并得以维持和强化的。礼俗规范的适用性还表现出了其极富情境性的一面，我的介入是一个可供理解的参照，通过礼俗规范对于我的牵制力是否有效的定位，以及对于自己人/外来者的归属区分，可以看到侗人的"集体"实际上是一套存在于他们脑中的有着意义边界的存在。

人群聚类、互动和日常规范还表现出了在文化意义体系和社会生活的不同脉络中并行不悖的一面。合并房族内部同宗房族之间的对立就是其中最直接的反映，以血缘为基础的同宗房族，成为侗人活动和在侗寨中彼此对抗的基本单位，但是合并房族的联合作为互助和外部通婚的功能性共同体，却可以在一寨之内彼此对立的情况下得到维持和延续。同时还有年龄群体关系中老人和年轻人之间的对峙，在文化礼俗的象征层面对老人的尊敬和依赖，并不影响年轻人对村寨事务影响力的争夺。

这种不同的结群原则，使得侗人在其生活中会面对多重的集体相互嵌套的问题，因而也让他们的行动显得分外复杂。但是寨集体始终是他们结群和认同的核心单位。从内部而言，一寨之内分立竞争的房族和年龄群体，可以被统合在一寨之中，当面对寨集体的问题时，就发生了打破隔阂的转换。同样，从外部来看，以寨为单位的互动涉及的是寨集体的荣誉感和认同感，最明显的例子莫过于高寨、岑吾寨和务赧的山林纠纷，岑吾寨的金盆房族在务赧有着支系，彼此是一个同宗房族的，但在以寨为单位的对抗时，同宗房族的血缘关系和交往规范可以暂时弃置不顾，一旦寨与寨的对抗结束，同宗房族的亲密关系继续得以延续。可以说，这种以同宗房族为基础的具有集体性的人群结合理念，是随着地理空间的扩大而逐层扩展的，并在每一层级都根据具体情况调试和融合，由此形成的区域性的人际关系网络，大约可以被称为侗人通过款组织展现出的社会结构。[①]

这一关系化的结构，并不纯粹是外在而有强制力的存在，人们对之有着充分的自觉，关系是通过人们的实践构建起来的。因而，我们看到当国家行政步步深入的时候，当地人如何接纳并依靠自身的传统重构行政管理的制度，尤其表现为岑吾寨中的活动对于行政村和村委管理的疏离，以及通过寨集体、年龄群体对于村干的权威的消解。此外，那些被当作常识的日常生活中的礼俗规范，人们对之也有清晰的知觉，他们不是在追求"有面子"，而是通过主动的自觉的言行来维持一种不"丢面子"的状态，甚至发明出了"找回面子"的禳解仪式。虽然有来自外部的讲闲话、议论的集体牵制，但它更多是每个侗人自我检视和实现的一部分。此外，年龄群体关系的转型，也是源自他们对于既有的因年龄所获身份及权利义务的认同所做的努力。同时，各类集体事务商议和决定中的讨论通常都会发展为激烈的争吵，也体现出了人们对于个体归属与责任的强烈意识。

自涂尔干以来，社会和个体的二元关系就一直是人类学、社会学探讨的核心问题之一。通过侗人的人群关系、互动、礼俗和文化生活，可以看到"集体"具有了作为侗人社会"整体性社会事实"的意义。而涂尔干之后的学者对于社会与个体之间关系研究的推进，尤其是实践论的添入，得以让我们用一种辩证的、动态的、互致的视角去理解社会与个体的关系。反观南江侗人所强调的"集体"，它尽管有着强制力，却不再是外在的客观的实在，而是经由

---

①　有关这一看法，我受到了芮德菲尔德（Robert Redlfield）的影响。他借用英国人类学学者对于社区生活的认识，认为："这些风俗、习惯、组织、规章、制度等体现出了能够和一个特定社区的总体特征完全相协调的那种类型的居民们之间的特定人际关系。"进而指出："不妨用'社会结构'这个名词来指一个社区长期存在而且起十分重要作用的人际关系网络。"参见〔美〕罗伯特·芮德菲尔德《农民社会与文化：人类学对文明的一种诠释》，王莹译，中国社会科学出版社，2013。

侗人的实践活动被"生产"出来的。我要进一步强调的是，社会
与个体的二元，始终是构成这一解释的预设，然而对于南江侗人来
说，"集体"并不仅仅是其社会文化生活"结构化过程"的节点，
而且还具有人观上的意义，即是说，"集体"深植于每一个侗人的
意识之中，他们依此来理解自我与想象他者，并构筑起了整体的社
会文化生活。

　　正如侗人的日常实践中所体现出的文化意义体系和社会互动的
并行不悖一样，社会性的、结构化的集体与作为侗人有关人性本质
之理解的集体同样共存，因而他们的自由，也呈现出"消极的自
由"和"积极的自由"的双重性。一方面，毫无疑问，作为结构
化的集体消解着个体的能动性，尤其是从岑吾寨修建古楼的集体活
动中就能看到，集体更像是杂糅着言论的、责任义务的、人群关系
的、身份的、认同的、利益的和惩戒的混合物，个体不仅受制于其
中，也以集体之名去衡量、评判和牵制他者，使得每个人都谨小慎
微，甚至逃避责任（自由）。另一方面，当我们把结构和个体的二
元关系暂时搁置，从人生意义的角度理解侗人的集体观时，可以发
现他们未必将集体视为一种限制，相反，集体给他们的生活提供了
吉登斯所言的具有确定性的"本体性安全感"，以集体来思考如何
做人，成为他们自我修养的核心，对于权力和社会地位追求的主动
隐退或放弃，反而带来了更充分的信任和更好的口碑，从而令他们
在结构化的集体中获得了相对更多的自由。

　　本书始终都在关注南江侗人经历的及当下正在发生的变迁。这
与这个地区成为中国现代化进程中的一部分息息相关。尤其是从
20 世纪 80 年代后期开始，中国经由市场化改革进入到一个全球化
的资本体系中，南江侗人也因之被深度地卷入到了市场之中。其中
十分直观的变化就是当地外出务工的兴起和地方生计方式的转变，
农业已经不再成为生计方式的依赖，人们的依赖完全地转向了打工
经济。我们首先看到的是村寨生活的拓展，流动成为侗人生活的常

态，他们周而复始地在广东和南江之间往返。特别要强调的是，已经难以用一种断裂的视角来理解侗人在黔东南一隅的生活和在广东的生活，而是要将同时生活于两地的人看作一个彼此关联的整体。南江不仅在黔东南一隅，同时也分散在广东沿海的加工业市镇之中。体制对于城市融入的限制、外出务工者的定期回流、现代通信工具建立起的"同时在场"感和来自家乡的文化认同与传统限制，共同构成了"跨空间"的联系和整体性。

生活状态的改变，不仅体现在活动的地理空间上的拓展，经济依赖和生计方式的转变也带来了南江人观念和人群关系的变迁。于前者而言，当人和其所有物都被强制商品化之后，他们的需求和他们可以满足需求的能力就发生了冲突。尤其是他们在市场活动中的被动，使得他们产生了一种"发展主义的焦虑"，而当他们试图以个人创业的方式改善生活时，来自市场、政府和地方传统的三重限制又加深了这种焦虑。于后者而言，经济地位的改变和观念上的交锋，也引发了年龄群体之间关系的转型，老人的权威日渐衰弱，同时对于财富和经济发展的追求，弱化了基层政府和村干的影响力。七佰南江各村寨的团结和共同意识的维系，也在遭遇基于村寨财富宣示的实力竞争所带来的新一轮挑战。

侗人对于他们的文化和遭遇的变迁，都保持着自觉，就像那句"那时候没有广东，也没有侗族"，现在看来，变成了"既有了广东，也有了侗族"。前者表现为外出广东打工的收入改善了他们的物质生活，也对他们的社会文化生活产生了影响；后者则表现为他们对自己作为一个国家分类下的民族身份的发现，也是在跨文化接触中对于自己具有的文化特性和地方性的认同。然而在这一过程中，他们有了更新的认识，他们开始发现对于广东依赖的困顿之处，同时也在旅游发展中认识到了其被宣扬的文化作为资本所能达到的限度；在个人自谋生路的过程中，也意识到传统的人群关系和观念所带来的限制，人们有不满有挣扎又有无力感，同时他们发现打工生活造成的人的抽离，也伴随着传统习俗传承的断裂。现代性获得的代价，在于他们所展望的未来，是一个因变迁而生的"没有广东，也没有侗族"的充满不确定性的未来，而人类学学者所要做的，正在于对这种不确定性产生过程的反思，以及对人们在变动却依然继续的生活中寻找确定性的过程的理解。

参考文献

一 文史、地方志资料

侗族简史编写组编《侗族简史》，民族出版社，2008。

湖南少数民族古籍办公室编，杨锡光、杨锡、吴治德整理译释《侗款》，岳麓书社，1988。

黎平县林业志办公室编《黎平县林业志》，贵州人民出版社，1989。

黎平县县志编纂委员会校注《黎平府志（点校本）》下册，方志出版社，2014。

黎平县志编纂委员会编《黎平县志》，巴蜀书社，1989。

黔东南苗族侗族自治州概况编写组编写《黔东南苗族侗族自治州概况》（修订本），民族出版社，2007。

《清实录》，中山大学数字古籍资料库。

任可澄、杨恩元等纂《贵州通志·前事志》，贵州省文史研究馆点校，贵州人民出版社，1985。

《水口村（街）志概述》，未刊稿。

（清）徐家干：《苗疆闻见录》，吴一文校注，贵州人民出版社，1997。

中共黎平县委党史研究室、中共榕江县委党史研究室、中共从江县委党史研究室编《黎榕从合围》，1991。

中共黔东南州委党史研究室编《黔东南的土地改革》，1992。

二 档案资料

《黎平县第六区准备土改工作计划》（1952 年），贵州省黎平县档案馆档案，档案号：2－1－23。

《水口乡已土改村工作总结报告》（1952 年 10 月 22 日），贵州省黎平县档案馆档案，档案号：2－1－29。

《黎平县土地改革总结报告》（1952 年 11 月 6 日），贵州省黎平县档案馆档案，档案号：2－1－14。

《贵州省一年来农业生产互助合作运动的发展情况及今冬明春工作的安排》（1953 年 1 月 18 日），贵州省黎平县档案馆档案，档案号：85－1－1。

《南江乡工作总结》（1953 年 7 月 20 日），贵州省黎平县档案馆档案，档案号：85－1－11。

《黎平县水口区关于民族政策执行情况的检查总结报告》（1956 年 6 月 30 日），贵州省黎平县档案馆档案，档案号：85－1－3。

《黎平县南江人民公社召开大队以上干部会议》（1964 年 9 月 17 日），贵州省黎平县档案馆档案，档案号：87－1－10。

《黎平县南江人民公社革命委员会本公社文件和资料》（1970 年 5 月 15 日），贵州省黎平县档案馆档案，档案号：87－1－41。

《黎平县南江人民公社党委召开支部以上干部座谈会以及各种会议记录》（1974 年 3 月 30 日），贵州省黎平县档案馆档案，档案号：87－1－65。

《南江公社关于生活中安排的请示报告》（1975 年 2 月 17 日），贵州省黎平县档案馆档案，档案号：87－1－72。

《南江公社各种报告、情况和决心书》（1978 年 3 月 25 日），贵州省黎平县档案馆档案，档案号：87－1－97。

《南江乡－南江界林场合同书》（1985 年），贵州省黎平县水口镇政府档案室档案，无编目。

《关于南江乡缺粮的联合调查情况报告》（1988 年 3 月 12 日），贵州省黎平县水口镇政府档案室档案，无编目。

《南江乡党委关于深化农村改革的工作报告》（1988 年 11 月 20 日），贵州省黎平县水口镇政府档案室档案，无编目。

三 著作

中文

〔英〕埃德蒙·R. 利奇：《缅甸高地诸政治体系——对克钦社会结构的一项研究》，杨春宇、周歆红译，商务印书馆，2010。

〔美〕埃里希·弗洛姆：《逃避自由》，刘林海译，国际文化出版社，2002。

〔德〕埃利亚斯：《文明的进程——文明的社会起源和心理起源研究》，王佩莉、袁志英译，上海译文出版社，2009。

〔法〕埃米尔·涂尔干：《社会分工论》，渠东译，生活·读书·新知三联书店，2000。

〔英〕埃文思－普理查德：《努尔人——对尼罗河畔一个人群的生活方式和政治制度的描述》，褚建芳等译，华夏出版社，2011。

〔美〕保罗·拉比诺：《摩洛哥田野作业反思》，高丙中、康敏译，商务印书馆，2008。

〔英〕贝思飞：《民国时期的土匪》，徐有威等译，上海人民出版社，2010。

〔美〕本尼迪克特·安德森：《想象的共同体：民族主义的起源与散布》，吴叡人译，上海人民出版社，2005。

〔波〕彼得·什托姆普卡：《社会变迁的社会学》，林聚任等译，北京大学出版社，2011。

〔英〕波兰尼：《巨变：当代政治与经济的起源》，黄树民译，社会科学文献出版社，2013。

〔英〕伯恩斯坦：《农政变迁的阶级动力》，汪淳玉译，社会科学文献出版社，2011。

陈大斌：《从合作化到公社化——中国农村的集体化时代》，新华出版社，2010。

邓敏文、吴浩：《没有国王的王国——侗款研究》，中国社会科学出版社，1995。

〔美〕杜赞奇：《从民族国家拯救历史：民族主义话语与中国现代史研究》，王宪明等译，社会科学文献出版社，2003。

〔美〕杜赞奇：《文化、权力与国家——1900～1942 年的华北农村》，王福明译，江苏人民出版社，2003。

〔德〕斐迪南·滕尼斯：《共同体与社会》，林荣远译，商务印书馆，1999。

费孝通：《江村经济》，上海人民出版社，2007。

〔挪威〕弗雷德里克·巴特：《斯瓦特巴坦人的政治过程——一个社会人类学研究的范例》，黄建生译，上海人民出版社，2005。

〔英〕M. 福蒂斯、〔英〕E. E. 埃文思－普理查德编《非洲的政治制度》，刘真译，商务印书馆，2016。

〔英〕弗里德曼：《中国东南的宗族组织》，刘晓春译，上海人民出版社，2000。

〔美〕葛学溥：《华南的乡村生活——广东凤凰村的家族主义社会学研究》，周大鸣译，知识产权出版社，2012。

〔挪威〕贺美德、鲁纳编著《"自我"中国：现代中国社会中个体的崛起》，许烨芳等译，上海译文出版社，2011。

黄国光等：《面子：中国人的权力游戏》，中国人民大学出版社，2004。

黄树民：《林村的故事：一九四九年后的中国农村变革》，素兰、纳日碧力戈译，生活·读书·新知三联书店，2002。

黄应贵:《"文明"之路》(全三卷),台北:中研院民族学研究所,2012。

黄应贵:《反景入深林——人类学的观照、理论与实践》,台北:三民书局,2008。

〔英〕E. 霍布斯鲍姆、〔英〕T. 兰格:《传统的发明》,顾杭、庞冠群译,译林出版社,2004。

〔英〕吉登斯:《社会的构成:结构化理论大纲》,李康、李猛译,生活·读书·新知三联书店,1998。

〔英〕柯林伍德:《历史的观念》(增补版),何兆武等译,北京大学出版社,2010。

科大卫:《皇帝和祖先:华南的国家与宗族》,卜永坚译,江苏人民出版社,2009。

〔美〕科尼利尔斯·奥斯古德:《高峣:旧中国的农村生活——对云南高峣的社区研究》,何国强译,香港:国际炎黄文化出版社,2007。

〔美〕克利福德·格尔兹:《文化的解释》,纳日碧力戈等译,上海人民出版社,1999。

〔美〕孔飞力:《中华帝国晚期的叛乱及其敌人:1796～1864 年的军事化与社会结构》,谢亮生等译,中国社会科学出版社,2002。

〔英〕拉德克利夫·布朗:《社会人类学方法》,夏建中译,山东人民出版社,1988。

〔英〕雷蒙德·弗思:《人文类型》,费孝通译,商务印书馆,1991。

〔美〕李怀印:《乡村中国纪事:集体化和改革的微观历程》,法律出版社,2010。

廖君湘:《侗族传统社会过程与社会生活》,民族出版社,2009。

林耀华:《义序的宗族研究》,生活·读书·新知三联书店,

2000。

刘小枫：《现代性社会绪论——现代性与现代中国》，上海三联书店，1998。

〔美〕流心：《自我的他性：当代中国的自我谱系》，常姝译，上海人民出版社，2005。

〔美〕罗伯特·芮德菲尔德：《农民社会与文化：人类学对文明的一种诠释》，王莹译，中国社会科学出版社，2013。

〔美〕罗纳托·罗萨尔多：《伊隆戈人的猎头：一项社会与历史的研究（1883~1974)》，张经纬等译，北京大学出版社，2012。

〔英〕马凌诺斯基：《西太平洋的航海者》，梁永佳、李绍明译，华夏出版社，2002。

〔法〕马塞尔·毛斯：《社会学与人类学》，佘碧平译，上海译文出版社，2003。

〔法〕马塞尔·莫斯：《礼物：古式社会中交换的形式与理由》，汲喆译，上海人民出版社，2002。

〔加〕玛丽莲·西佛曼、〔加〕P. H. 格里福编《走进历史田野：历史人类学的爱尔兰史个案研究》，贾士蘅译，台北：麦田出版股份有限公司，1999。

〔法〕米歇尔·福柯：《规训与惩罚：监狱的诞生》，刘北成、杨远婴译，生活·读书·新知三联书店，2003。

〔美〕欧文·戈夫曼：《日常生活中的自我呈现》，冯刚译，北京大学出版社，2016。

潘毅等编著《我在富士康》，知识产权出版社，2012。

〔英〕齐格蒙特·鲍曼：《流动的时代》，谷蕾、武媛媛译，江苏人民出版社，2012。

〔英〕齐格蒙特·鲍曼：《自由》，杨光、蒋焕新译，吉林人民出版社，2005。

〔英〕齐格蒙特·鲍曼、〔英〕蒂姆·梅：《社会学之思》，李康译，社会科学文献出版社，2010。

琼仁：《黔湘桂边区剿匪记》，贵州人民出版社，2005。

〔美〕施坚雅：《中国农村的市场和社会结构》，史建云、徐秀丽译，中国社会科学出版社，1998。

石干成：《走进肇兴》，中国文联出版社，2002。

〔美〕斯蒂文·郝瑞：《田野中的族群关系与民族认同——中国西南彝族社区考察研究》，巴莫阿伊、曲木铁西译，广西人民出版社，2000。

苏力：《送法下乡：中国基层司法制度研究》，中国政法大学出版社，2000。

谭同学：《桥村有道：转型乡村的道德权力与社会结构》，生活·读书·新知三联书店，2010。

王铭铭：《社区的历程：溪村汉人家族的个案研究》，天津人民出版社，1997。

王晴佳、古伟瀛：《后现代与历史学：中西比较》，山东大学出版社，2006。

〔英〕威廉·乌斯怀特、〔英〕拉里·雷：《大转型的社会理论》，吕鹏等译，北京大学出版社，2011。

〔德〕韦伯：《支配社会学》，康乐、简惠美译，广西师范大学出版社，2004。

〔美〕维克多·特纳：《仪式过程——结构与反结构》，黄剑波、柳博赟译，中国人民大学出版社，2006。

〔德〕乌尔里希·贝克、〔德〕伊丽莎白·贝克－格恩斯海姆：《个体化》，李荣山等译，北京大学出版社，2011。

吴大华等：《侗族习惯法研究》，北京大学出版社，2012。

吴大旬：《清朝治理侗族地区政策研究》，民族出版社，2008。

〔美〕夏兹金、〔美〕塞蒂纳、〔德〕萨维尼主编《当代理论的实践转向》，柯文、石诚译，苏州大学出版社，2010。

冼光位主编《侗族通览》，广西人民出版社，1995。

项飙：《跨越边界的社区——北京"浙江村"的生活史》，生活·读书·新知三联书店，2000。

薛亚利：《村庄里的闲话：意义、功能和权力》，上海书店出版社，2009。

阎云翔：《私人生活的变革：一个中国村庄里的爱情、家庭与亲密关系（1949～1999）》，龚小夏译，上海书店出版社，2006。

阎云翔：《中国社会的个体化》，陆洋等译，上海译文出版社，2012。

杨懋春：《一个中国村庄：山东台头》，张雄等译，江苏人民出版社，2001。

杨庭硕、潘盛之编著《百苗图抄本汇编》，贵州人民出版社，2004。

姚丽娟、石开忠：《侗族地区的社会变迁》，中央民族大学出版社，2005。

应星：《农户、集体与国家——国家与农民关系的六十年变迁》，中国社会科学出版社，2014。

于建嵘：《岳村政治——转型期中国乡村政治结构的变迁》，商务印书馆，2001。

〔美〕詹姆斯·C. 斯科特：《国家的视角》，胡晓毅译，社会科学文献出版社，2011。

〔美〕詹姆斯·C. 斯科特：《弱者的武器》，郑广怀等译，译林出版社，2011。

张乐天：《告别理想——人民公社制度研究》，上海人民出版社，2012。

〔美〕张鹂：《城市里的陌生人：中国流动人口的空间、权力与社会网络的重构》，袁长庚译，江苏人民出版社，2014。

张应强：《木材之流动：清代清水江下游地区的市场、权力与社会》，生活·读书·新知三联书店，2006。

赵旭东：《权力与公正：乡土社会的纠纷解决与权威多元》，天津古籍出版社，2003。

英文

Bernardi, Bernardo, *Age Class Systems: Social Institutions and Polities Based on Age*, New York: New Rochelle, 2007.

Bagne, D. J, *Principle of Demography*, New York: Johnson Wiley and Sons, 1969.

Besnier, Niko, *Gossip and the Everyday Production of Politics*, Honolulu: University of Hawaii Press, 2009.

Davies, Deborach et al. , eds. , *Urban Spaces in Contemporary China: The Potential for Autonomy and Community in Post-Mao China*, Cambridge: Cambridge University Press, 1995.

Garfinkel, Harold, *Studies in Ethnomethodology*, New Jersey: Prentice – Hall Inc. , 1967.

Goffman, Erving, *Interaction Ritual: Essays on Face-to-Face Behavior*, Chicago: Anchor Books Aldine Pub. Co. , 1967.

Goodman, R. F, Ben-Ze'ev, A. , *Good Gossip*. Lawrence: University Press of Kansas, 1994.

Harrell, Stevan, eds. , *Cultural Encounters on China's Ethnic Frontiers*, Seattle: University of Washington Press, 1995.

Hostetler, Laura, *Qing Colonial Enterprise: Ethnography and Cartography in Early Modern China*, Chicago: University of Chicago Press, 2001.

Haviland, J. Beard, *Gossip, Reputation and Knowledge in Zinacantan*, Chicago: University of Chicago Press, 1977.

Lefebvre, Henri, *The Production of Space*, Oxford: Blackwell Press, 1991.

Roseberry, William, *Anthropologies and Histories: Essays in Culture,*

History, and Political Economy, New Brunswick: Rutgers University Press, 1989.

Sabini, J., Silver, M, *Moralities of Everyday Life*, New York: Oxford University Press, 1982.

Scott, James, *The Art of Not Being Governed: An Anarchist History of Upland Southeast Asia*, New Haven: Yale University Press, 2009.

Sabini, John and Silver, Maury, *Emotion, Character, and Responsibility*, New York: Oxford University Press, 1998.

Siu, Helen F., *Agents and Victims in South China: Accomplices in Rural Revolution*, New Haven: Yale University Press, 1989.

Turner, Victor W. and Bruner, Edward M. eds., *The Anthropology of Experience*, Arizona: University of Illionis Press, 1986.

四 论文

中文

程美宝、蔡志祥:《华南研究:历史学与人类学的实践》,《华南研究资料中心通讯》第 22 期,2001 年 1 月。

傅安辉:《论侗族的群体意识》,《原生态民族文化学刊》2010 年第 1 期。

郭星华、王嘉思:《新生代农民工:生活在城市的推拉之间》,《中国农业大学学报》(社会科学版) 2011 年第 3 期。

郭于华:《心灵的集体化》,《中国社会科学》2003 年第 4 期。

郭于华:《转型社会学的新议程——孙立平"社会断裂三部曲"的社会学述评》,《社会学研究》2005 年第 6 期。

郭正林、周大鸣:《外出务工与农民现代性的获得》,《中山大学学报》(社会科学版) 1996 年第 5 期。

何国强、〔美〕保罗·霍金斯:《论奥斯古德对昆明高峣社区的人类学研究》,《云南民族大学学报》(哲学社会科学版) 2008

年第 6 期。

贺雪峰：《论乡村治理内卷化——以河南省 K 镇调查为例》，《开放时代》2011 年第 2 期。

黄国信、温春来、吴滔：《历史人类学与近代区域社会史研究》，《近代史研究》2006 年第 5 期。

黄平、〔英〕E. 克莱尔：《对农业的促进或冲击：中国农民外出务工的村级研究》，《社会学研究》1998 年第 3 期。

黄哲：《喧嚣与躁动——当代 C 寨侗族的日常生活研究》，博士学位论文，中央民族大学，2013。

雷广正、李知仁：《侗族地区"洞"、"款"组织的特征和作用》，《民族研究》1980 年第 5 期。

李国庆：《关于中国村落共同体的论战——以"戒能 – 平野论战"为核心》，《社会学研究》2005 年第 6 期。

林淑蓉：《"平权"社会的阶序与权力：以中国侗族的人群关系为例》，《台湾人类学刊》第 4 卷第 1 期，2006 年。

林淑蓉：《文化传统 VS. 农村现代化——以贵州侗族的文化观光与经济发展为例》，安晓平、徐杰舜主编《社会转型与文化转型——人类学高级论坛 2012 卷》，黑龙江人民出版社，2013。

刘握宇：《农村权力关系的重构：以苏北土改为例 1950 ~ 1952》，《江苏社会科学》2012 年第 2 期。

刘志伟：《地域社会与文化的结构过程——珠江三角洲研究的历史学与人类学对话》，《历史研究》2003 年第 1 期。

罗义云：《侗族社会结构与生存策略——桃源村的个案研究》，博士学位论文，中南民族大学，2012。

墨磊宁等：《"民族识别"的分类学术与公共知识建构》，《西南民族大学学报》（人文社会科学版），2008 年第 6 期。

石开忠：《侗族款组织的文化人类学阐释》，博士学位论文，中央民族大学，2007。

石开忠：《侗族习惯法的文本及其内容、语言特点》，《贵州民族学院学报》（社会科学版）2000 年第 1 期。

粟定先：《论侗款源流》，《中南民族大学学报》（人文社会科学版）1992 年第 4 期。

孙旭：《20 世纪 50 年代民族地区土地改革的特殊性——以贵州黔东南黎平县侗族地区为例》，《西南民族大学学报》（人文社会科学版）2016 年第 6 期。

孙旭：《侗族社会年龄群体关系转型——以黔东南岑吾侗寨起鼓楼为例》，《原生态民族文化学刊》2014 年第 1 期。

孙旭：《谁来填平沟壑——黔东南南江河流域侗族"款组织"的"再组织"》，《中央民族大学学报》（哲学社会科学版）2017 年第 5 期。

王明珂：《历史事实、历史记忆与历史心性》，《历史研究》2001 年第 5 期。

王铭铭：《口述史·口承传统·人生史》，《西南民族大学学报》（人文社会科学版）2008 年第 2 期。

王显家：《城步苗族、侗族款文述略》，《民族论坛》1991 年第 2 期。

王彦芸：《区域的结构过程与文化创造——以都柳江下游富禄为中心的人类学研究》，博士学位论文，中山大学，2013。

吴浩、邓敏文：《侗族"约法款"对现实生活的影响》，《贵州民族研究》1993 年第 1 期。

吴治德：《〈侗款〉的"款"字探源——兼谈"都"字》，《贵州民族研究》1992 年第 2 期。

吴治德：《侗款初探》，《贵州民族研究》1983 年第 1 期。

伍光红：《"侗款"的最高权威非人格化及其借鉴价值》，《广西民族学院学报》（哲学社会科学版）2005 年第 4 期。

萧凤霞、刘志伟：《宗族、市场、盗寇与蜑民——明以后珠江三角洲的族群与社会》,《中国社会经济史研究》2004 年第 3 期。

萧凤霞:《反思历史人类学》,《历史人类学学刊》第 7 卷第 2 期,2009 年 10 月。

〔美〕谢丽·奥特纳:《20 世纪下半叶的欧美人类学理论》,何国强译,《青海民族研究》2010 年第 2 期。

辛逸:《"农业六十条"的修订与人民公社的制度变迁》,《中国党史研究》2012 年第 7 期。

邢志萍:《三江侗族的"款"和"款词"》,《民俗研究》1991 年第 2 期。

徐庆坚:《太平天国时代贵州苗民起义》,《史学月刊》1959 年第 5 期。

杨昌嗣:《侗族社会的款组织及其特点》,《民族研究》1990 年第 4 期。

杨进铨:《侗族款的名称》,《民族论坛》1990 年第 2 期。

杨进铨:《再谈侗族款的名称——〈《侗款》的"款"字探源〉质疑》,《民族论坛》1993 年第 1 期。

杨小柳:《外出务工与少数民族贫困地区的社会变迁——以广西凌云县背陇瑶为个案》,《贵州社会科学》2012 年第 5 期。

杨秀绿:《"侗款"的产生、功能及承传试探》,《中南民族大学学报》(人文社会科学版) 1988 年第 6 期。

翟学伟:《人情、面子与权力的再生产——情理社会中的社会交换方式》,《社会学研究》2004 年第 5 期。

张世珊:《侗款文化》,《求索》1991 年第 2 期。

张小军:《史学的人类学化和人类学的历史化——兼论被史学"抢注"的历史人类学》,《历史人类学学刊》第 1 卷第 1 期,2003 年 4 月。

张银锋、张应强:《姓氏符号、家谱与宗族的建构逻辑——对黔东南一个侗族村寨的田野考察》,《西南民族大学学报》(人文社会科学版）2010 年第 6 期。

周晓虹：《流动与城市体验对中国农民现代性的影响——北京"浙江村"与温州一个农村社区的考察》，《社会学研究》1998 年第 5 期。

周星：《中国民族学的文化研究面临的基本问题》，《开放时代》2005 年第 5 期。

英文

Eliasoph, Nina and Lichterman, Paul, "Culture in Interaction," *American Journal of Sociology*, Vol. 108, No. 4, 2003.

Gluckman, Max, "Gossip and Scandal," *Current Anthropology* 4, 1963.

Shokeid, Moshe, "Exceptional Experiences in Everyday Life," *Cultural Anthropology*, Vol. 7, No. 2, 1992.

后　记

　　本书是在我的人类学博士学位论文基础上修改完成的。它源自2011年至2013年并不连贯的两次田野调查。2014年以来，我陆续回过书中所写的侗族村寨几次，但多是短暂的"探亲访友"，没有刻意调查，也未在经验资料上做扩充。本书修订之处，仅来自离开田野之后的资料查阅、阅读和简略思考。书中有太多的不足和遗漏，同时，作为一项关注微观政治的研究，难免有揭短的嫌疑，我希望读者能够多少做到持平，没有绝对的对错，当地人和我们一样，有着难以解决的烦扰，但对人处事，是诚恳的。书中任何问题和错讹，由我文责自负。

　　那次长程的侗寨生活，构成了我对"田野"的全部印象和认识。我本以为在不同的空间和文化中穿梭，可以自由出入，慢慢才发现，田野已经成为另一个自己、一种人格，紧紧地跟随着我到每一个角落。从那以后，无论是看自己还是看世界，我总要透过田野的才能看得明白。

　　如果没有文荣叔，我的田野经历和本书的内容，都会与现在大不相同，我想表达的不同，是指它恐怕会失去成为一个作品的"aura"或质感。可惜，死亡不期而至，尤其是在我身心都尚未能理解的时候降临。2013年文荣叔突然病故，也仪式性地宣告了我田野的结束。在寨子一年多的时间里，文荣叔既是慈父，给予我生活上的关爱，也在如何做人的道路上指导着我。在文荣叔过世后的一段时间里，一到吃饭时间，我总是恍惚，期待着他关切询问我是否有落脚之处的电话，实在寂寞。守在他身边，直到他痛苦的喘息归于平寂，我的心情却异常平静，在屋前听着家中叔妈和小孩的悲哭声，我竟又开始思考起有关自由的问题。也许自由这种东西根本不存在，唯有死亡才带来最终的自由，让人不必再卷入世人的评判之中，不必再在意他人的眼光和闲言，也不必再有欲望和挣扎。寨上的每个人，都活在这样的人生中，被紧紧包裹。我一遍遍地涉入他们的一生，拼凑答案，最终其实有太多的臆想和徒劳。也许并不是生死无常、世事无常，无常其实是内心的坚持。文荣叔，在你走后，我是这么继续生活的。

寨子里面的人，他们在继续怎样的生活呢？在一个可能不太确当的理论分析装扮下，这本书更像是对寨子里人们一段时间生活的记录。围绕着他们历时近一年修建古楼的公共活动，通过我的眼耳心手，略带偏见但努力克服着，我将他们那些转瞬即逝又生生不息的言说与情感在特定的情境中记录下来，并投影在一个更深广的时空中。此后几年，刺头的年轻人成了思索村寨发展的村干部，事事纠结的中年人如今乐呵呵地抱上了孙子，老人或守成或作古，有的人还奔波在家乡与沿海地区的工厂之间，有的人疲惫了奔波在家里寻找着谋生的机遇，村寨的面貌也在他们一次次的商议和践行中有了诸多变化……他们每时每刻的创造，是这本书难以囊括的。感谢村寨中的每一个人，我怀念过去的他们，也期待与未来的他们相见。

这本书成书的机缘要追溯到 2007 年。那一年，我在中山大学人类学系和张应强老师有了真正意义上的交流。此后，张老师一直是我的导师。感谢张老师将我带入黔东南清水江和都柳江流域令人着迷、丰富多彩的世界。张师不擅尖锐的批评，却总能在关键处提点，辛劳而通达地为诸位师兄弟姐妹和我开辟出一条坚实的学术之路。一路走来，我焦躁疏懒的性格在观摩中日渐沉稳，也是因为张师，让我不那么私狭地将人类学当作一门学问，而是带着情感和精神的人生体验学习和研究，这是我最为珍惜的成长经历。

王彦芸师姐和我是在都柳江上互相遥望的人。每每低落时，我总是不加顾忌地向她倾诉和问询，然后又能正能量充沛地前行。台文泽和谢景连与我同时入学，能有幸结识他们，令我时常暗喜。共同成长的过程有艰辛也有欢乐，文泽兄敏锐的思考和富于建设性的批评，景连兄沉稳的处事和扎实的学风，令我受益良多。

近几年，师兄弟姐妹在清水江和都柳江流域延续和开拓着他们的研究，每年总有一些时光，跟着张师，我们在江水两岸的村寨中游荡、体悟、求知、讨论，相互激励。他们带着我开阔眼界，加深着我对黔东南这片水土的理解和热爱。我学力有限，未能将种种启发融入书中，但获得的启迪让我更审慎地对待自己研究的不足，积累的问题亦是我继续前行的动力。

对父母和妻儿，有着说不完的抱歉，他们最大限度地关怀我，包容我不负责任地长期离家以及写作过程中的负面情绪。若是还要在人类学的路上走下去，估计还是会如此不断循环吧。此生，我们的爱，是彼此守望。

本书能够付梓，多亏社会科学文献出版社宋荣欣女士和赵晨编辑。赵晨编辑细致审校，耐心答复，修订了书稿中许多错漏和不确之处，并指明了公开出版物应有的规范，于我既是帮助也是教益。

话语如风，我总是担心说太多感谢，因为真正亲近的人，是不必用言语道谢的，说出来，好像就划了一条看不见的边界。南江的父老和朋友、水口镇的弟兄们、秀山哥、龙福哥、熊队长、露哥、石干成主任、中山大学人类学系的各位老师，师兄姐和师弟妹们，你们的好，我都记在心里。此路不远，此后再一起把酒言欢，分享悲喜吧。我相信那句话，人世间所有的相遇，都是久别重逢。

2018 年 11 月 15 日于重庆嘉陵江畔

图书在版编目（CIP）数据

集体中的自由：黔东南侗寨的人群关系与日常生活／
孙旭著．－－北京：社会科学文献出版社，2019.8
（清水江研究丛书）
ISBN 978－7－5201－3571－9

Ⅰ．①集…　Ⅱ．①孙…　Ⅲ．①侗族－社会关系－研究
－贵州 ②侗族－社会生活－研究－贵州　Ⅳ．①K287.2

中国版本图书馆 CIP 数据核字（2018）第 218291 号

清水江研究丛书

集体中的自由

——黔东南侗寨的人群关系与日常生活

著　　者／孙　旭

出 版 人／谢寿光
责任编辑／赵　晨

出　　　版／社会科学文献出版社·历史学分社（010）59367256
　　　　　　地址：北京市北三环中路甲 29 号院华龙大厦　邮编：100029
　　　　　　网址：www.ssap.com.cn
发　　　行／市场营销中心（010）59367081　59367083
印　　　装／三河市龙林印务有限公司

规　　　格／开本：787mm×1092mm　1/16
　　　　　　印张：29.75　字数：397 千字
版　　　次／2019 年 8 月第 1 版　2019 年 8 月第 1 次印刷
书　　　号／ISBN 978－7－5201－3571－9
定　　　价／158.00 元

本书如有印装质量问题，请与读者服务中心（010－59367028）联系